Trail Guide to Movement  2nd EDITION

# 运动机能训练彩色图解

（第2版）

[美]安德鲁·比尔　著
丁自海　张露青　主译

山东科学技术出版社
·济南·

The original English edition of :
Trail Guide to Movement 2nd Edition by Andrew Biel
has been published by Books of Discovery, Boulder, Colorado, USA
Copyright © 2019 Books of Discovery. All rights reserved.
This Chinese translation is made by arrangement with Books of Discovery.
Simplified Chinese translation copyright © 2022 Shandong Science and Technology Press Co., Ltd.

版权登记号：图字 15-2021-34

**图书在版编目（CIP）数据**

运动机能训练彩色图解：第 2 版 /（美）安德鲁·比尔（Andrew Biel）著；丁自海，张露青主译 . -- 济南：山东科学技术出版社，2022.6（2024.7 重印）
ISBN 978-7-5723-1236-6

Ⅰ.①运… Ⅱ.①安… ②丁… ③张… Ⅲ.①功能（运动生理学）- 运动训练 - 图解　Ⅳ.① G804.21-64　② G808.1-64

中国版本图书馆 CIP 数据核字 (2022) 第 062565 号

**运动机能训练彩色图解（第 2 版）**
YUNDONG JINENG XUNLIAN CAISE TUJIE（DI 2 BAN）

责任编辑：冯　悦
装帧设计：李晨溪

主管单位：山东出版传媒股份有限公司
出 版 者：山东科学技术出版社
　　　　　地址：济南市市中区舜耕路 517 号
　　　　　邮编：250003　电话：（0531）82098088
　　　　　网址：www.lkj.com.cn
　　　　　电子邮件：sdkj@sdcbcm.com
发 行 者：山东科学技术出版社
　　　　　地址：济南市市中区舜耕路 517 号
　　　　　邮编：250003　电话：（0531）82098067
印 刷 者：山东联志智能印刷有限公司
　　　　　地址：山东省济南市历城区郭店街道相公庄村文化产业园 2 号厂房
　　　　　邮编：250100　电话：（0531）88812798

规格：16 开（210 mm × 285 mm）
印张：17.5　字数：350 千
版次：2022 年 6 月第 1 版　印次：2024 年 7 月第 2 次印刷
定价：148.00 元

# 著 者

Andrew Biel 是畅销书《推拿按摩的解剖学基础》和《运动机能训练彩色图解》的作者。他曾在博尔德按摩治疗学院和西雅图按摩学校工作,并在巴斯帝尔自然疗法大学为人体绘画师教授人体解剖学。他和家人Lyn、Grace、Elias生活在美国华盛顿州的汤森港。

# 绘图者

Robin Dorn 是一名医学插画师和执业按摩师,她为《推拿按摩的解剖学基础》创作插图,其作品曾在美国西海岸和法国展出。

**主　译**　丁自海　张露青

**副主译**　刘玉新　郑雪峰

**译　者**（以姓氏笔画为序）

　　　　丁　冉　南方医科大学

　　　　丁自海　南方医科大学

　　　　邓雪飞　安徽医科大学

　　　　史本超　南方医科大学珠江医院

　　　　付　饶　中山大学医学院

　　　　吕叶辉　上海健康医学院

　　　　刘玉新　宁波卫生职业技术学院

　　　　李筱贺　内蒙古医科大学

　　　　杨光宇　武汉铁路职业技术学院

　　　　张露青　南京大学医学院

　　　　周宇琨　南京大学医学院

　　　　郑雪峰　暨南大学基础医学院

　　　　赵庆豪　南方医科大学第三附属医院

　　　　姜雪梅　广州体育学院

# 致 谢

本书的完成是一个团队努力的结果，如果没有这个团队的智慧和贡献是难以完成的。十分感谢 Robin Dorn 在有限的时间里、在职责之外创作了独具特色的插图。十分感谢 Dana Ecklund 整理了全书的插图。十分感谢 Jessica Xavier 为本书排版。我们的优秀制作团队成员还有 Jerrod Taylor、Michelle Kondrich、Brittnie Wigham 和 Ron Ellis。

十分感谢 Books of Discovery 全体工作人员提供的意见、鼓励与支持。难以想象如果没有我们的副主席 Melinda Helmick 耐心地聆听、细致地编辑及财务方面的工作，没有 Rhoni Hirst、Linda Lee、Jack Leapoldt、Allison Lusby、Kate D'ltalia、Timothy Herbert、Louisa McGarey、Rebecca Campbell 的团队，我无法完成这项工作。因为你们的帮助，本书才得以面世，谢谢。

谢谢 Selena Anduze、Barbara Behrens、Jim Donak、CAMT、MPNLP、Tara Fay、Katic Flannagan、Peter Lakis、Allen Moore、Eli Thompson、KMI 对本书的校对。感谢 Reese Beisser 对内容进行编辑及指导。

在与 Risa Booze、Nada Diachenko、James Earls、Ganesh、Whitney Lowe、Thomas Myers、Robert Shleip、Liz Stewart、Michael Terborg、Ruth Werner 的交流中，启发了我关于人体运动的许多新颖的想法。

感谢在模型方面提供帮助的工作人员：Nicole Amold、Bob'Baker Butler、Jared Burton、Trenton Burton、John Darst、Daniel Fager、Ash Ganley、David Garcia、simon Harrison、Ellen Hine、marty Hine、Kat Mackinnon、Julia McGarey、John Martin、Anna Mason、Martina Mason、John O'Brien、Renee Rosario、Kayann Short、Mindy Tallent、Jerrod Taylor、Lizzie Taylor。

感谢 Brenda Hadenfeldt 对本书进行的最后润色，感谢 Allan Nolan、Ray Leveque 以及所有在 Kromar Pringting 辛勤工作的人们。感谢 Roger Williams 对 Robin Dorn 一直以来的支持。

最后，感谢我的夫人 Lyn Gregory 一如既往的耐心、鼓励与建议。本书献给我的家人——Lynnie、Gracie 及 Elias。

## 校对者

Barbara J. Behrens, PTA, MS
Professor, Division of Math, Science & Health
 Professions
PTA &OTA Program Coorsinator
Mercer County Community College
Trenton, New Jersey

Reese S. Beisser, MS
Neurophysiology and Biomechanics
Boulder, Colorado

Tara Fay, MS
University of Scranton
Department of Biology
Scranton, Pennsylvania

Katie Walsh Flanagan, EdD, LAT, ATC
Director of Athletic Training Education
Department of Health Education
East Carolina University
Greenville, North Carolica

W. Allen Moore Jr., PT, PhD
Associate Professor
Lynchburg College
Physical Therapy Ptogram
Lynchburg, Virginia

# 前 言

我10岁那年，遇到了拳王穆罕默德·阿里，那是在芝加哥的奥黑尔机场，我的父亲侧身小声说："安迪，快看。"

径直朝我走来的是"最伟大的人"，我当时呆若木鸡。他巨大的手握着我的手："很高兴见到你。"他继续他的行程，我一个星期没有洗手。

那个暑假我用破布填满我父亲的一个旧军用布袋，并挂在一个树枝上，每天我都像电影《舐犊情深》中的情节去练习拳击。尽管我的拳击训练没有持续整个暑假，但是在编写本书时我思考了很多关于那次在奥黑尔机场的偶遇。

在拳击场上，阿里充分展示了敏捷、平衡和力量——人体运动的三要素。他的步伐在拳击场上快速移动，他的猛击闪过空气，他的勾拳借助脊柱振动力击中对手。

对我们这些普通人来说，拥有阿里、米娅·哈姆或迈克尔·菲尔普斯那样的身体最多是一个梦想。然而，这些现在已成为运动科学的从业者或客户的期望。过去的三十年里，人们对平衡、运动及姿势的理解有了很大的进步。手法治疗、瑜伽、运动及个人训练、按摩和普拉提只是当下众多增进身体运动能力方法中的一部分。

不幸的是，一个人由其动机及意愿驱动的身体活动并不总是与其身体的最佳利益相一致。对关节及肢体的过度使用、使用不足或不当都可能导致短期及长期的疼痛不适。作为运动、康复专业的学生，健身从业者或者指导者的部分任务就是满足和支持患者对身体柔韧性、减轻疼痛并增加活动度的要求。通过理解运动如何发生、失平衡的表现，您可以在损伤即将发生时为身体提供更好的帮助或保护。

当我们进入运动与静止的世界中，就像阿里有一次指出的那样，我们不需要"像蝴蝶一样轻盈，像蜜蜂一样灵活"。我希望这本书能够帮助您在自己的领域成为冠军。

# 中文版前言

我们近期翻译的由美国著名按摩治疗师安德鲁·比尔撰写的《运动机能训练彩色图解（第2版）》即将与读者见面。首版中文版出版以后，深受读者的喜爱，相信您读完这一版，同样会爱不释手。在这一版，比尔秉承他一贯的与时俱进、精益求精的风格，形态与机能紧密结合，宏观与微观相互映衬。全书图文并茂，语言通俗，简明扼要，趣味盎然，以拟人手法，从日常生活中的一举一动解释深奥的肌肉运动、生物力学、姿势和步态的原理；深入探讨不良动作、姿势和步态对人体形态结构的影响；通过典型案例阐明每一个复杂运动的产生过程。让我们知道了一个简单的拿苹果动作竟然有原动肌、协同肌、拮抗肌、固定肌、支撑肌、稳定肌等二十多块肌肉参与，才使手得以稳定、平衡和精准地拿到苹果，任何一块肌肉出了问题，这一动作就不能完成。这样的写作模式使初学者能够看得懂，并且有一定工作基础者阅读起来也不会感到浅显。

第2版的每一章都增加了本章要点，使读者更容易把握本章的核心内容。作者和插画师修改、重绘和调整了三分之一插图，并对相应内容进行了修改和补充，对肌筋膜单元、生物力学又做了深入浅出的解释。更突出了本书的优势和特点，使各章内容更加充实。这本著作的姊妹篇《推拿按摩的解剖学基础（第6版）》也将出版，两本书各有侧重，优势互补。如果您案头上也备一本，二者相得益彰，对您的工作、学习或运动会有更多的帮助。

这本著作虽然涉及的解剖学内容较多，但不是严格意义上的解剖学教科书，应是按摩治疗师、康复医师的实用培训教程，是运动爱好者的高级科普读物。因此，我们除了对原著中个别明显影响表达本意的不规范名词进行更正外，其他不予以矫正，尽可能照顾我国按摩师和运动爱好者的阅读习惯，让外文图书"入乡随俗"，提高阅读效率。

这本著作是为按摩治疗师、康复医师和健身教练写的，同样也是为每一位热爱运动的老年朋友写的。运动不仅仅属于年轻人，更属于生活富足、退休赋闲的老年人。这是一本关于"自己"的书。正确的运动、姿势和步态会使您身段保持灵活、柔韧、稳健、平衡和协调。今天的您如何运动将决定您明天的生命质量。运动是生命质量的晴雨表。社会交往和家庭琐事已经占用了您许多运动的时间。希望您通过这本书能够认识运动的本质，开阔运动的视野。

由于译者水平所限，译文中难免有不妥甚至错误之处，欢迎读者批评指正。

南方医科大学　丁自海

南京大学医学院　张露青

2022 年　春

# 目 录

## 1 概述    1
如何使用这本书 ········· 2
人体的部件清单 ········· 4
日常生活中的运动 ········· 6
在实验室：21世纪的运动 ········· 10

## 2 运动的基本要素    13
运动的基本要素 ········· 14
  运动机能学 ········· 14
  静力学和动力学 ········· 14
  动理学和运动学 ········· 15
  运动、稳定、平衡和协调 ········· 15
  同步的和序贯的运动 ········· 16
  运动模式和动力链 ········· 17
  比例、对称和代偿 ········· 18
复习题 ········· 19

## 3 结缔组织（上）    21
无处不在的结缔组织 ········· 22
  结缔组织的基础知识 ········· 22
  结缔组织的要素 ········· 22
  细胞 ········· 23
  细胞外基质 ········· 23
在实验室：迂回曲折的肌间通道 ········· 25
软组织的性质 ········· 26
  伸展性 ········· 26
  弹性 ········· 26
  可塑性 ········· 26
  蠕变 ········· 26

  触变性 ········· 27
  拉伸强度 ········· 27
  压电效应 ········· 28
  胶体性状 ········· 28
结缔组织的类型 ········· 29
  从结构上考虑 ········· 29
  从功能上考虑 ········· 30
  组织的推与拉 ········· 31
结缔组织结构分析图 ········· 32
复习题 ········· 33

## 4 结缔组织（下）    35
骨 ········· 36
  骨的类型 ········· 36
  骨的功能 ········· 36
骨的构建 ········· 37
  骨的结构 ········· 37
  构成骨的成分 ········· 37
  骨的主要结构 ········· 38
在实验室：Wolff's定律 ········· 38
在实验室：堆叠和压缩 ········· 39
软骨 ········· 40
筋膜组织 ········· 41
固有筋膜 ········· 42
  深筋膜 ········· 42
  肌外膜 ········· 43
  肌间隔 ········· 43
  腱膜 ········· 43
  骨间膜 ········· 43
  支持带 ········· 43

| | | | |
|---|---|---|---|
| 关节囊 | 43 | 终末感觉 | 80 |
| 韧带和肌腱 | 44 | 关节运动的类型 | 82 |
| 进一步说明 | 45 | 封闭和开放的动力链 | 85 |
| 组装 | 46 | 凹凸规则 | 86 |
| 　骨、筋膜及其他结构 | 46 | 关节面的位置 | 87 |
| 　结缔组织张力网的功能 | 46 | 使关节松动的力 | 88 |
| 　向日葵、液体和你 | 47 | 　弯曲力和扭转力 | 89 |
| 在实验室：局部，整体，内部和外部 | 49 | 复习题 | 90 |
| 在实验室：胶原蛋白，需求和应答 | 50 | | |
| 复习题 | 51 | | |

## 5 关节（上）　53

- 面和轴　54
  - 解剖学姿势　54
  - 面　54
  - 轴　56
- 人体的运动　57
- 关节总论　63
  - 关节的分类　63
  - 关节的结构　63
  - 纤维连结　64
  - 软骨连结　65
  - 滑膜关节　65
- 构建滑膜关节　66
- 滑膜关节的类型　69
- 关节的功能　71
- 关节的运动和稳定　72
- 关节分类表　73
- 复习题　74

## 6 关节（下）　75

- 活动范围　76
- 主动和被动活动度　77
- 活动度过大和可动性减少　79

## 7 肌肉（上）　91

- 肌肉组织的基础知识　92
  - 肌肉的类型　92
  - 肌筋膜单元　93
  - 功能：收缩　94
- 骨骼肌的成分　96
  - 宏观　96
- 构建肌肉　98
  - 构建肌节　98
  - 粗肌丝和细肌丝　99
  - 肌丝滑行原理　99
  - 收缩周期　100
  - 肌原纤维和肌纤维　101
  - 水管工和电工　102
  - 包装　102
- 肌肉组织的功能　103
- 肌肉组织的特性　104
- 复习题　105

## 8 肌肉（中）　107

- 肌肉的形状和排列　108
  - 结构　108
  - 平行肌示例　108
  - 羽状肌示例　108
  - 平行肌　109

| | |
|---|---|
| 羽状肌 | 109 |
| 功能比较 | 110 |
| 双方竞赛 | 111 |
| 肌肉设计 | 112 |
| 运动单位 | 112 |
| 全或无 | 112 |
| 扩展 | 113 |
| 多少？多快？ | 113 |
| 募集 | 113 |
| 叠加波（频率效应总和/时间总和） | 114 |
| 收缩纤维的类型 | 115 |
| 肌纤维类型 | 115 |
| 比值？ | 116 |
| 肌肉收缩的形式 | 117 |
| 向心性等张收缩 | 117 |
| 离心性等张收缩 | 117 |
| 等长收缩 | 118 |
| 反向运动 | 119 |
| 在实验室：紧张、缩短、伸长 | 121 |
| 复习题 | 123 |

## 9 肌肉（下） 125

| | |
|---|---|
| 骨骼肌的作用 | 126 |
| 肌不是孤岛 | 128 |
| 影响骨骼肌作用的因素 | 130 |
| 在实验室：被动和主动机能不全 | 132 |
| 在实验室：缺少腰大肌的仰卧起坐 | 133 |
| 在实验室：肌的额外作用 | 133 |
| 姿势肌和相位肌 | 134 |
| 姿势肌 | 134 |
| 相位肌 | 135 |
| X 标记线 | 135 |
| 长度和速度 | 137 |
| 力和长度 | 137 |
| 力和速度 | 138 |
| 复习题 | 139 |

## 10 神经（上） 141

| | |
|---|---|
| 神经和肌肉：动态组合 | 142 |
| 中枢神经系统 | 143 |
| 周围神经系统 | 144 |
| 构建神经元 | 145 |
| 神经元的组成 | 145 |
| 功能 | 145 |
| 分类 | 145 |
| 突触 | 146 |
| 从神经元到神经 | 146 |
| 包膜 | 146 |
| 周围神经 | 147 |
| 脑神经（CN） | 147 |
| 脊神经丛及其神经分布 | 149 |
| 颈丛 | 149 |
| 臂丛 | 149 |
| 腋神经 | 150 |
| 肌皮神经（C5-C7） | 150 |
| 桡神经（C5-T1） | 150 |
| 正中神经（C6-T1） | 151 |
| 尺神经（C8，T1） | 151 |
| 腰丛 | 152 |
| 骶丛 | 152 |
| 股神经（L2-L4） | 152 |
| 闭孔神经（L2-L4） | 153 |
| 坐骨神经（L4-S3） | 153 |
| 胫神经（L4-S3） | 154 |
| 腓总神经（L4-S2） | 154 |
| 复习题 | 155 |

## 11 神经（下） 157

| | |
|---|---|
| 按动开关 | 158 |

本体感觉与肌肉功能·················· 158
感受器和反馈······························ 159
　　肌梭细胞·································· 159
　　防范肌损伤······························ 159
　　牵张反射·································· 160
　　高尔基腱器······························ 161
　　搬起重箱·································· 162
　　保龄球······································ 162
　　环层小体和鲁菲尼小体············ 163
不伸长就无法缩短······················ 164
　　交互抑制·································· 164
　　木棒上的橡皮筋······················ 164
在实验室：高张性························ 165
在实验室：平衡高于一切············ 165
在实验室：反射···························· 165
付诸实践······································ 166
　　神经肌肉系统的运行·············· 166
　　本体感觉的准确性·················· 166
　　肩胛提肌从 5 到 8.5··············· 167
　　应用肌肉组织的属性·············· 167
　　牵张反射与拉伸方式·············· 168
　　运用牵张反射带来的优势······ 169
　　用高尔基腱器进行放松·········· 169
　　等长收缩后放松与交互抑制·· 170
在实验室：婴儿与终身模式········ 171
在实验室：门前的趣事················ 171
复习题·········································· 172

## 12 生物力学（上）　　173
生物力学的基础知识·················· 174
　　静力学和动力学······················ 174
　　骨运动学和关节运动学·········· 174
　　动理学和运动学······················ 174
　　力············································· 175

　　惯性和质量······························ 175
　　扭矩·········································· 175
　　矢量·········································· 176
　　摩擦力······································ 176
　　速度和动量······························ 176
重力·············································· 177
　　重力，反重力和跨越重力······ 177
运动定律······································ 178
　　第一定律：惯性······················ 178
　　第二定律：加速度·················· 179
　　第三定律：作用力与反作用力··· 180
力的详解······································ 182
　　力和矢量的概述······················ 182
　　线性力······································ 183
　　平行力······································ 183
　　共点力······································ 184
扭矩详解······································ 185
复习题·········································· 188

## 13 生物力学（下）　　189
杠杆·············································· 190
　　第一类杠杆······························ 191
　　第二类杠杆······························ 192
　　第三类杠杆······························ 193
在实验室：二合一杠杆················ 195
在实验室：在你的手中················ 195
稳定性·········································· 196
　　平衡·········································· 198
　　平衡的因素······························ 199
　　稳定性原则······························ 200
复习题·········································· 202

## 14 姿势　　203
姿势和步态·································· 204

| 两大挑战 | 204 |
| --- | --- |
| 姿势 | 204 |
| 步态 | 205 |

## 站姿 ... 206
怎样保持直立？ ... 206

**在实验室：关于姿势** ... 208

**在实验室：健康的姿势** ... 208

## 软组织在直立姿势中的作用 ... 209

## 构建肌筋膜核心 ... 210

## 构建姿势支撑系统 ... 212

## 稳定功能紊乱和疼痛 ... 213

## 直立姿势畸形 ... 214
- 锯齿形姿势 ... 214
- 圆背 ... 214
- 驼背 ... 215
- 脊柱侧弯 ... 215
- 斜颈 ... 215
- 平背 ... 216

## 其他常见的姿势畸形 ... 217
- 头前倾姿势 ... 217
- 圆肩 ... 217
- 隆肩 ... 217
- 下肢姿势综合征 ... 218
- 过度旋前足 ... 218
- 膝外翻和膝内翻 ... 219

**在实验室：坐、弯腰及平躺** ... 220

## 复习题 ... 224

## 15 步态 225

### 步态 ... 226
一步一步 ... 226

### 支撑相和摆动相 ... 227
- 支撑相 ... 228
- 摆动相 ... 229

### 步态和髋部 ... 230

**在实验室：步态其他参数** ... 231
- 各项测量参数 ... 231
- 步频 ... 231
- 躯干旋转和对侧肢体运动 ... 231

### 步态中的肌肉运动 ... 232

**在实验室：家具和服装** ... 234

### 异常步态 ... 238
- 肌无力或肌肉瘫痪 ... 238
- 关节活动度受限 ... 240
- 神经系统病变 ... 241

### 环顾四周 ... 242
评估自己和他人的姿势及步态 ... 242

### 日常生活中的运动 ... 246
一天中所有的运动 ... 246

### 复习题 ... 250

# 附 录 251

## 关节运动范围 ... 253

## 名词解释 ... 254

**在实验室：两只桶、两块腰方肌和一个脊柱** ... 259

**在实验室：脊柱形态的演变** ... 259

**在实验室：学步儿童＋汽车座椅＝核心** ... 259

**在实验室：膈肌的选择** ... 260

**在实验室：甩头** ... 260

## 是站还是坐——腰大肌的困惑 ... 261

## 参考文献 ... 262

# 1 概述

## 学习目标

- 列举帮助你构造人体的设计团队成员清单
- 描述本书中能帮助你理解人体运动的独一无二的学习方法
- 列举人体运动涉及的特定身体部位
- 概述"神经肌筋膜骨骼"系统的特定组成部位
- 总结现代运动

## 本章要点

通过阅读目录,你可能会猜测这不是一本普通的参考书。是的,本书基本目标不仅是帮助你学习通过必要的考试,还会激发和培养你对于人体运动的好奇心。换句话说,它是为你的专业实践而精心设计的。

然而,在这趟旅程中你并不孤单。为了探索和理解运动机能学,我们招募了由工人、实验室技术人员以及设计工程师组成的专家团队来帮助你塑造和装配一个有能力运动的人体,即一个能走路、能说话、类似于你或你的患者的智人模型。

因此,让我们从几个基本问题开始:如何使用这本书,如何定位人体部位,如何进行普通的现代运动。下面有几个问题可作为交流的开始:

- 本运动研究对于你选择的专业领域有何重要意义?
- 你注意最多的自己的身体运动是哪种类型?
- 当你观察其他人运动时,首先注意的是哪些运动类型和运动元素?
- 当我们健身时,你猜想哪类系统(神经、骨骼、肌肉、韧带)是运动的主要调节器?

| | |
|---|---|
| 如何使用这本书 | 2 |
| 人体的部件清单 | 4 |
| 日常生活中的运动 | 6 |
| **在实验室:21世纪的运动** | 10 |

# 如何使用这本书

## 是分开还是联系？

本书是《推拿按摩的解剖学基础》的姊妹篇，后者是定位肌肉、骨骼及相关部位的实践指南，它涵盖了触诊解剖学中人体表面解剖学标志。本书是探索骨骼、筋膜、关节和其他结构是如何组合起来产生人体运动的。推拿按摩的解剖学是训练你的手触摸组织的感觉；运动机能训练是让你的思维围绕着身体本身。

本书的目的主要是为学生、按摩师和健身教练学习人体运动提供指导。对于那些从事与人体运动相关工作的人而言，扎实地理解人体的结构、功能和生物力学是极其重要的。假如你不理解人体是如何工作的，你如何适应并改变它呢？与你愿意将自己的汽车给训练有素的维修工检修一样的道理，你也愿意让一个知识渊博、经验丰富的人来解决你身体的问题。

为了探索人体运动、平衡和稳定的奇妙艺术，我们需要深入人体来解剖它的各个零部件。历史上，这个过程通过解剖刀，一层层切开组织，由浅到深，直至骨骼和内脏（图1-1~1-3）。在过去的几百年间，已经证明这种"人体解剖方法"对于几乎所有的解剖学教材和运动学教材都是很有价值的，包括《推拿按摩的解剖学基础》这本书。

但是对于我们今天的学习目的来说恰恰相反，我们需要完全不同的学习方法。本书将人体重建成较大的、互相联系的整体，而不是将人体解剖成较小的、相互分散的组织。我们不是拆散，而是建造（第3页，图1-4~1-8）。

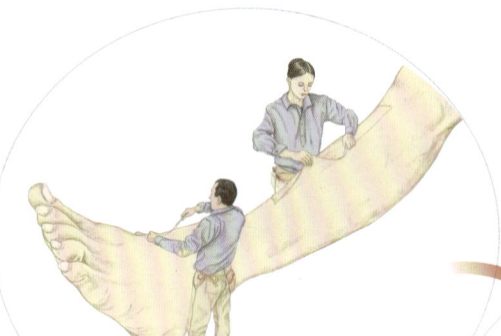

图1-1 典型的学习方法一般从去除皮肤和浅筋膜开始

图1-2 然后肌肉和筋膜也要移除

## 回归整体

作为研究人体的学生，你会发现最好的学习过程是将整体分为若干小部分。通常从骨开始，然后是肌肉、筋膜、神经。要学习每一部分是如何设计的，它的作用是什么。这一点很有意义，因为人体庞大且十分复杂。

然而，有时候需要从局部回归整体。打个比方，想要了解汽车的结构和功能，你需要分解并检查所有部件；但是要真正理解所有部件是如何一起运转的，你就得把它们组装成整体：汽车。

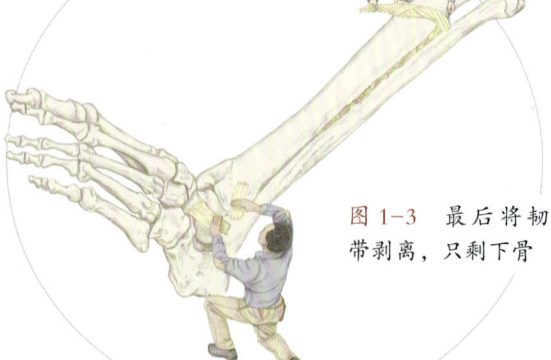

图1-3 最后将韧带剥离，只剩下骨

图1-4 这是一个不同的学习方法：从上肢的骨开始

图1-5 装上韧带与关节囊

图1-6 连接不同的肌肉和筋膜结构

图1-7 然后嵌入几根长条状的神经和血管

图1-8 如果我们重建得合理，身体各部分就应当有良好的功能。以前臂和手为例，最终的测试结果应当达到可以轻柔地抓起一枚鸡蛋而不会捏破外壳

通过从碎片开始构造、组装人体并使其系统化，会给读者提供参与整个过程的机会，以便更加深入地理解人体的功能。

而且，我们要建造和分析的不是别人的身体而是我们自己的——膝关节、肌肉和步态（走路方式）。正如《推拿按摩的解剖学基础》所建议的那样，需要你"撸起袖子"参与这个过程，可能并不总是需要你亲自动手，但一定需要利用你的思想和感觉。

请注意，我们并不是要建造人体的全部。比如肾脏和扁桃体（它们至关重要）就不是我们的建造对象。本书将着重涉及与运动有关的结构和系统。

首先，我们要设计运动必需的四种重要结构：①构成骨骼、筋膜、肌腱和韧带的结缔组织；②关节；③肌肉；④神经。在对你的"身体"进行姿势和体态（站立和走路）的测试中，我们还会应用一些生物力学原理。

# 人体的部件清单

如果我们的任务是建造一个具有平衡、稳定的运动能力及其他所有功能的人体，应该怎么做呢？怎样才能建造出一个会活动的人呢？既然我们已经对整体设计没有异议（智人、直立行走、有双臂和双腿等），那首先要列出一个部件清单。然后再研究组装方法，把这些部件组装在一起。最后，我们要对构建的人体进行实地测试，以确保其功能良好。

在总览人体的部件清单时，我们发现只需要四种类型的材料：结缔组织（骨、筋膜等）、肌肉、关节和神经。虽然人体结构十分复杂，但是与运动有关的要素则简单得多。

现在有了清单，我们将这些部件打包装入货车，直接运送到当地的人体商店（图1-9）。

图1-9 全体工作人员进入人体商店

当我们走进陈列骨骼、内脏和四肢的商店后，按照下列清单立马开始工作。首先是结缔组织（第3、4章）。就像一张桌子、一个洋葱头或一个树屋一样，人体也需要一个结构框架。结缔组织及各种类型的组织，如骨、筋膜、韧带、肌腱和关节囊，这些组织会为人体作为单一的、功能性的整体提供支撑（图1-10）。

尽管组建成为一个整体，但是你的某些部分却需要独立于其他部分而活动。为此，你需要骨之间的关节（第5、6章）。由结缔组织组成的关节就像门上的铰链一样，它们会让你的运动得以完成（图1-11）。

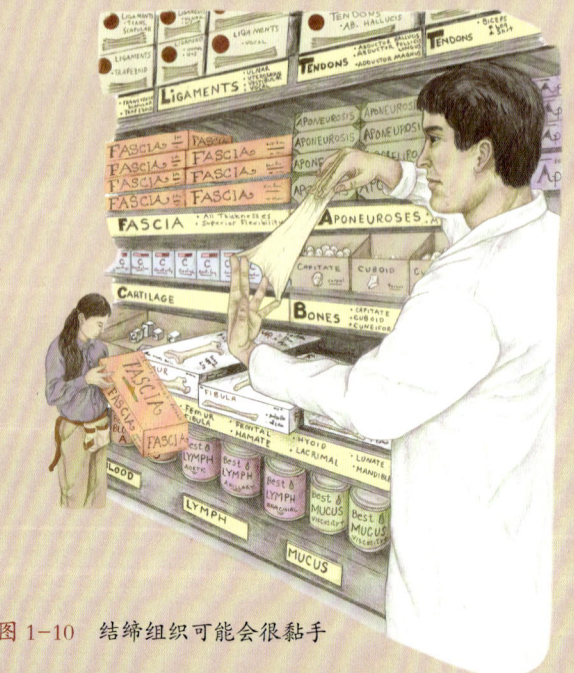

图1-10 结缔组织可能会很黏手

图1-11 这是关节的正确组装方法吗

允许运动是一回事，产生运动则是另一回事。为此，你的身体需要一些肌肉组织提供的动力（图1-12，第7~9章）。最后，你所有的零部件需要一个中枢网络系统进行协调。为此，我们将挑选一些高科技成分来制造一个神经系统（图1-13，第10、11章）。

稍后，我们将采用生物力学的原理，以确保组织在物理定律的范围内运行（生物力学，第12、13章）。最后，为了获得良好的结果，我们将测试你身体的站立和行走功能（姿势和步态，第14、15章）。

现在，我们先去收银台结账，然后把补给装进货车。在进入建造阶段之前，让我们先探索24小时的人体运动及其他作息事项。

图1-12 大块肌肉组织在出售

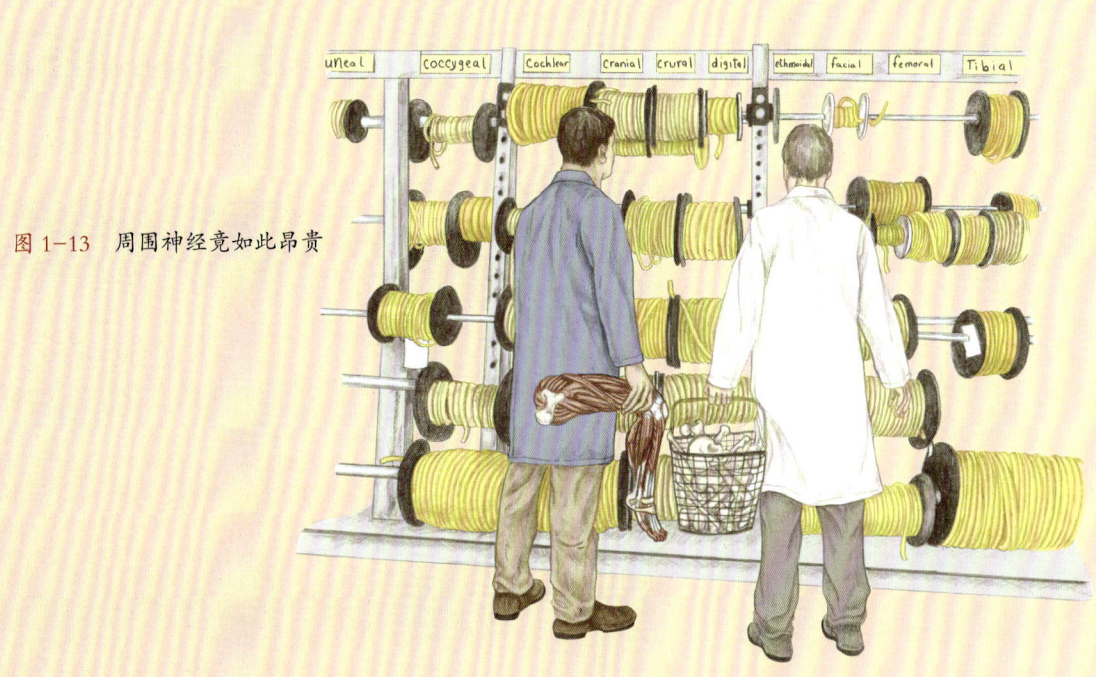

图1-13 周围神经竟如此昂贵

## 把所有部件组装在一起

科学家，尤其是解剖学家，一直在寻找把人体分割成更小部分的方法。我们将探索相反的方法：将人体的各部分组装起来。幸运的是，人体本身已经使我们的工作变得简单。如何实现？尽管人体运动需要很多系统，但实质上只有一个：神经肌肉筋膜骨骼（neuromyofascialskeletal）系统。

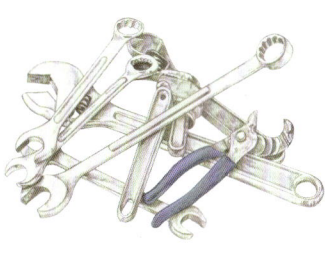

把这个词拆开就是：神经（neuro）支配肌肉（myo），筋膜（fascial）把肌肉包裹起来；同时，骨（skeletal）通过筋膜相连，靠肌肉来牵拉。所有运动都是在这个主要系统的协同作用下实现的，各个部分缺一不可。

第1章 概述

# 日常生活中的运动

下面四页主要讲述的是你在一天生活中经常要做的活动。因为这些活动太过平常，你可能从来没意识到它们，然而它们却十分奇妙（图1-14~1-27）。

举个例子，此时此刻，无论你计划做什么或不做什么，都尽量保持沉着、冷静、优雅，确保你的身心通力合作完成这些活动。这些活动包括平躺在床上，将食物送进嘴里，安全穿过打蜡的地板，穿上羊毛袜子，每一个活动都是一个小奇迹。

本书不仅与我们有关，也是为我们所写的。因为我们值得拥有一本关于自己的书。作为高智商的人类，在爬山、喝咖啡、耙树叶、忍受疼痛、盯着电脑或擦洗杯子时可能会想，生命到底是什么？

这本书为你而著，因为不论你是一名学生，还是医师或教师，都想对人体运动获得深刻理解。

你是否曾经想过自己是如何开始活动、站立或行走的？回答这个问题的一个好地方是站在镜子面前，你会观察到2个上肢、2个下肢和位于中间的躯干，上面连接头颈部。

人体没有设计成3个上肢或1个下肢，或者头长在前面。这是因为数万年的进化只有一个目标，即动起来。左右对称、双足行走和直立走动是最终的结果。消化功能和身体其他功能当然重要，但是所有的功能都是为了一个更大的目标：让我们从一个地方移动到另一个地方。

图1-14 伸个懒腰开始新的一天

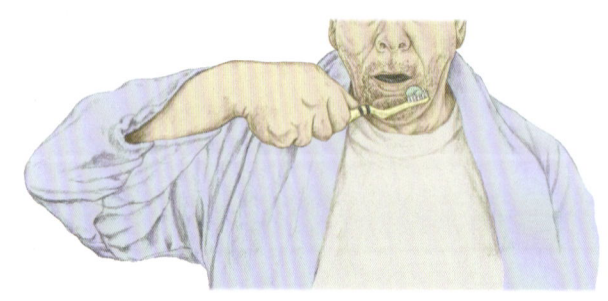

图1-16 刷牙时用手拿牙刷，但实质上这个动作是从上部的肩关节上提开始的

图1-15 步行去教室时与同学联系

图1-17 在海滩与宠物狗慢跑

运动是一个有许多过程的故事，其有时对立，有时协同：力量与软弱，结构与功能，重力与推举，稳定与灵活，拉伸筋膜与压缩骨骼，协调与失调，活动与镇静，支持与塌陷，运动与静止，固体与液体，平衡与失衡……

人类的活动包括平衡、姿势、移动、步态（行走方式）和稳定。它涉及关节、骨骼、肌肉、神经和筋膜，按摩治疗师、物理和职业治疗师、运动学家和运动训练师均对其有所研究。它可以通过普拉提、瑜伽、手法治疗、亚历山大疗法以及费尔登克拉斯肢体放松方法等使其进一步完善。

如果把我们放在动物王国中横向对比，按大多数指标来衡量，我们应该算是笨手笨脚的。毕竟我们放弃了四点着地的安全性，而选择了用双腿直立行走。

除了袋鼠、鸵鸟及其他不会飞的鸟类，其余物种都没有进化成完全的双足直立行走。对于人类来说，最初的设计都是水平体位，后来没演变为直立体位的其他物种，其结果并不算坏。

我们的直立姿势、灵巧的双手和其他结构、功能的获得并不是一蹴而就的。尽管现在看起来这些活动如此简单和完美，但这需要许多尝试和挫折才可达到现在的技能水平。拿出一个下午观察刚蹒跚学步的幼儿，你就会发现他们站立、行走，甚至抓起一个小汤匙，都是对神经肌肉系统的平衡和协同性的巨大挑战。

拥有技巧和意识，我们以平衡的姿势悠闲漫步，去享受缓缓退潮、微风吹拂带来的快感。但并非总是如此。身体拥有如此惊人的能力同样伴有潜在的损害。在你意识到之前，你可能已经陷入没完没了的腰痛、关节活动障碍或尖锐疼痛的折磨。身体各部分失去平衡，逐渐衰弱，在重力作用下各种病症接踵而至。

图1-18　用拇指在手机上聊天

图1-19　合气道：运动和扭转的融合

图1-20　随着时间的延长，一堂深入的讲座可能会引出各种姿势

膝部锁住，骨盆后倾

第1章　概述

近几十年来，我们的生活环境中已经逐渐减少了大量的活动。每年我们仅花很少的时间从 A 点到 B 点，取而代之的是在 A 点徘徊。

尽管我们已经把世界改造得仅需要很少的运动量，但运动仍然是必不可少的。虽然不像过去那样需要太多的活动，但是从沙发上起来到冰箱取食的这段旅程远远小于过去的那个年代（那时候离你最近的食物是在另一座山坡上游荡的野鹿），实际上这个小小的移动也需要你的肌肉、关节和其他组织参与其中。

不要忘记如何活动你的某些组织和四肢，站立和行走将会影响你的思维方式。你对这个世界的思考、观察和感知将影响你的决定。此外，当你从人生的一个阶段进入另一个阶段时，活动方式将会发生改变。

如果你在 80 岁的时候还想每周参加恰恰舞课程，那么很有必要仔细考虑一下这种活动方式是否适合自己。

我们喜欢运动和人体艺术（如舞蹈和戏剧）的主要原因是除了身体或心理上的享受之外，它给我们提供了一个见证人体之美的机会。

当观看芭蕾舞演员足尖旋转、篮球运动员快速运球过场、演员的个人独白，或者登山者征服珠穆朗玛峰时，你会本能地意识到人体运动的力量、平衡和优美。

无论从哪个角度认识，运动最终都意味着生命。当检查基础生命体征时，我们会本能地通过检查一个人的呼吸（即最典型的、伴随人一生的运动形式），来判断其是否还活着或生活质量如何。运动等于生命。

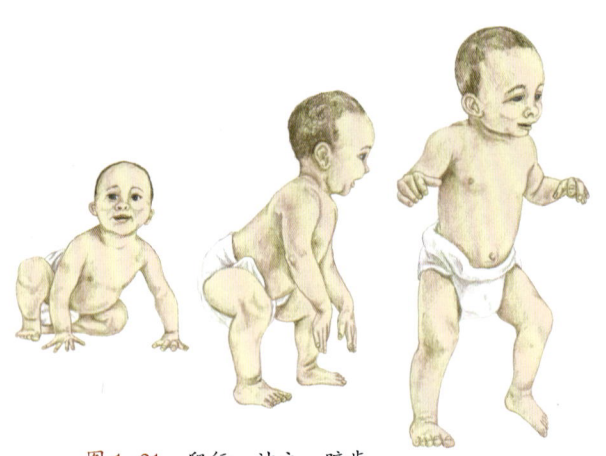

图 1-21　爬行，站立，踱步

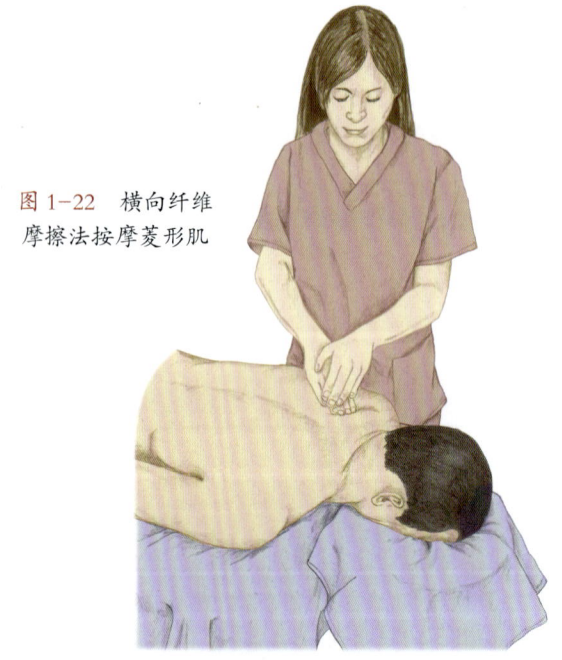

图 1-22　横向纤维摩擦法按摩菱形肌

图 1-23　悠闲地坐在沙发上

图 1-24　工具的形状有可能会影响你的体形

人体的动作可能是缓慢、快速、具有爆发力、单个或重复的，它们可能会给关节带来或轻或重的压迫或拉伸。你可能会在冥想时保持一个姿势，在穿越石子小道时尝试不同的走路方式，在柔道课上不断重复一种技术，或者只是站在原地纹丝不动。生活会给你提出许多活动和静止的挑战。问题是：你将如何应对？

即使在睡觉时，分管身体运动的神经、肌肉和筋膜仍然在"工作"。它们不仅要确保自身的组织结构不至于出现问题，还要处理千万个微小的生理过程。

最终，我们不可能总是优雅地活动；事实上，可能会变得笨手笨脚。然而，尽管我们在忍受疼痛、驼背、弓形腿及塌肩中勉强度日，但我们的身体仍然日复一日从早到晚地工作。

平衡：童年时期的基本挑战（也是乐趣）之一

图1-25　早期的游乐场挑战项目

图1-26　利用臀、肩和躯干去平衡你手提的购物篮的重量

图1-27　这种睡姿很舒服，晚安

我们将要讨论的运动和静止的内容不仅仅适用于自身，也同样针对患者的活动、姿势和运动习惯。感知自己的运动方式是一回事，而观察、判断其他人的运动则是另一回事，这需要开放的思维、敏锐的目光和认真仔细的触摸：所有这些素质都是你的患者欣赏和需要的。

第1章　概述

# 21 世纪的运动

经过"日常生活中的运动"（上一节）后，也许你注意到了一些有趣的事情：21世纪的运动变得有些奇怪。一方面，我们对有关人体运动的认识和创造力有了极大的进步（一本这样的书在一百年前是不可能出现的）；另一方面，在人类经过了数万年的进化和发展后，我们有意或无意地创造了一个让自己越来越少活动的生活方式和环境，也许在电影《机器人总动员》中描绘的那些像树懒一样的人类形象离现实生活不再遥远（图1-28~1-30）。

简单来说，这种生活状态可以归结为两个词：沙发和显示屏。对我们自己来说，舒适地坐在沙发上看着或大或小的屏幕，这并不是什么坏事。我们的远古祖先们可能梦想过"扑通一声躺在沙发上"，也许他们早已对盯着"只有一个频道的电视"——篝火的光芒感到厌烦。经过了几千年的辛苦劳动后，的确值得躺下来好好放松一下，不是吗？

答案是肯定的，但类似坐着看显示器的这种活动最好是短时间的，姿势要有利于支撑组织和器官。不幸的是，我们现在的生活习惯是在扭曲的姿势下坐的

图 1-28　乘自动扶梯代替了爬楼梯

时间太长。健康的运动已经被有损身体的长时间活动过少所取代。

我们步行和跑步越来越少，骑车和驾车越来越多。我们越来越少通过说话交流分享思想和情感，取而代之的是用手指敲击键盘。

我们可以辩解，现代生活方式中所有这一切都是难以避免的。在机场登机你要使用自动扶梯、电梯或机车。虽然在洗手间仍然需要某些活动，但不要指望转动水龙头、抽出纸巾或冲马桶之类的活动，这些活动对身体的运动并不起多大作用。无论你希望如何在空间中移动（向上、向下或前行），工程师都设计好了一种新的、巧妙的方法，以尽量减少运动量。

如果你不喜欢这种状态，需要对自己的身体进行测试。对身体设计的初衷并不是为了这种类型的活动：不太运动的生活节奏、活动度受限和长时间静止。我们的身体是为运动而造的。

图 1-29　挤在显示屏和椅子之间的疼痛，这是结构和功能不协调的典型例子

图 1-30　驾车和进餐

# 在实验室

这种生活方式对按摩治疗师有什么潜在影响呢?诚然,这是一项具有挑战性的工作,首先要对你自己和你的患者进行教育。这种工作无外乎就是理解你自己的运动方式,并且让你的患者意识到他们的生活习惯和身体的运动方式可能会有损健康。

的确,椅子很舒服,屏幕也有助于教育、学习和工作,但是我们需要找到动与静之间的平衡,同时对以下原则达成共识:21世纪的运动,就像我们在讨论开始时所说的那样,有点不可思议,那么不妨把它放在舞台上展示一下。没有什么能像舞蹈的旋转、扭动和扭曲的动作那样更能充分体现人类动作的丰富,尤其是那些古怪的动作变式。所以选择适合你的风格,去自由地运动吧!

当我们返回实验室开始构建人体之前,先翻过这一页了解一下运动的基本要素。

(姜雪梅 译,张露青 丁自海 校)

# 2

# 运动的基本要素

### 学习目标

- 运动机能学的定义
- 比较静力学和动力学之间的差异
- 比较动理学和运动学之间的差异
- 列出四个主要的运动参与者
- 描述你每天都做的熟悉的运动形式
- 解释一个常见的动力链

### 本章要点

在 1974 年 8 月 7 日的早晨，一名妇女正走在曼哈顿下城区，她抬眼一瞥，简直不能相信自己的眼睛。当她的手指慢慢指向空中时，其他纽约人都伸长脖子看向世贸中心双塔中间的位置。在那里——距离他们头顶上方 310 米——一个人正行走在云端。

Philippe Petit 是一位法国高空走钢丝艺人，他在悬吊在两座大楼中间的钢丝上走步、跳舞甚至平躺，持续 45 分钟。直到下雨了，他才停下来。

作为有史以来最伟大的运动力学壮举之一，Petit 在空中魔术般的表演，戏剧性地展示了许多我们将在本章探索的运动力学概念，如协调、序贯运动、生物力学，当然还有平衡！

- Petit 是通过哪些方式综合了移动性、稳定性、平衡性和协调性来完成此项空中壮举的？
- 当教你如何投球时，教练经常说投球之后的跟随动作至关重要。为什么一旦球离开你的手，你的身体做什么动作是很重要的？
- 当我们的身体在某种程度上不成一条直线时，它会通过代偿的方式保持平衡。假如你曾有受伤的经历，你注意到自己身体的代偿了吗？

| | |
|---|---|
| 运动的基本要素 | 14 |
| 　运动机能学 | 14 |
| 　静力学和动力学 | 14 |
| 　动理学和运动学 | 15 |
| 　运动、稳定、平衡和协调 | 15 |
| 　同步的和序贯的运动 | 16 |
| 　运动模式和动力链 | 17 |
| 　比例、对称和代偿 | 18 |
| 复习题 | 19 |

# 运动的基本要素

## 运动机能学

我们准备在实验室建造运动的人体之前,要突出强调几个关键名词和概念。

对运动原理的研究(这里是指人体的运动)称为运动机能学。要理解这个领域,需要结合其他三门学科:解剖学、生理学及生物力学(图2-1)。解剖学和生理学研究人体的结构与功能,生物力学则是研究生命体中相关的物理学原理。

举例来说,三角肌(图2-2)是一块附着在锁骨、肩胛骨和肱骨之间的多羽肌(解剖学),通过其收缩可以使肩关节产生一系列运动(生理学)。当肩关节外展时,三角肌产生的力可以与其周围的肩袖肌群相互作用来控制运动和维持关节稳定(生物力学)。

图2-1 解剖学、生理学和生物力学的融合创造出运动机能学

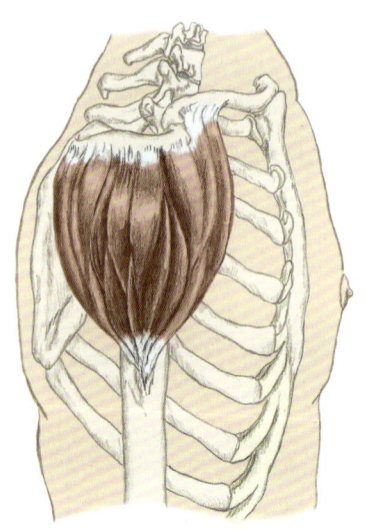

图2-2 覆盖在肩关节周围的三角肌(侧面观)

## 静力学和动力学

理想的情况下,我们将要建造的人体应当适应两种情况:①维持平衡且不移动(静止);②不平衡且正在移动(运动)。因此,生物力学可分为静力学和动力学。

静力学(或安静状态)主要是研究不活动(或者基本不活动)时的状态。静力学在我们设计骨骼排列及肌肉姿势时发挥作用。然而,静止并不意味着完全躺在椅子上的"柔软且被动的"状态,也包含动态静止状态。它通过相关的组织以及非常慢速的运动或者静止姿势的动力张力来实现(图2-3)。作为一名治疗师,你会有这样的体验,在静态下有牢固的倚靠,你就能持续按压患者的身体。

动力学针对的是运动时的状态。我们的目的是关注动态的身体(相对快速地改变身体的状态)以及各种各样的力是如何发挥作用的(图2-4)。在身体状态发生改变时感受一下运动发生并持续改变,它会影响到你在治疗中如何活动患者的关节并维持对自身状态的感知。

动力学可分为动理学和运动学(第15页)。

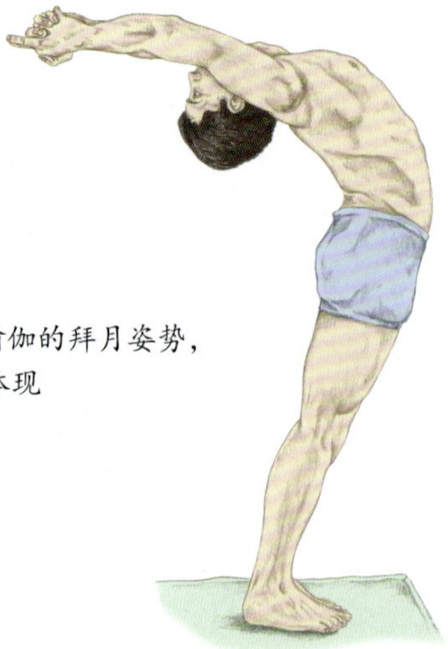

图2-3 瑜伽的拜月姿势,静力学的体现

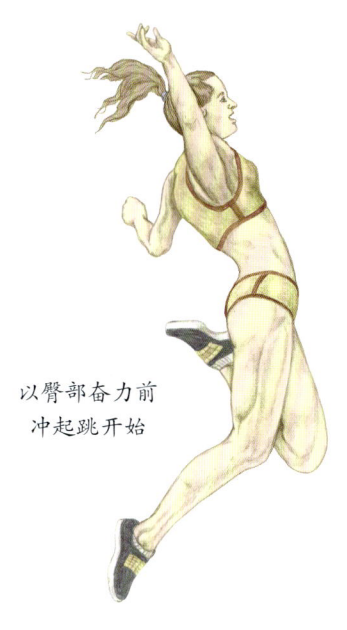
以臀部奋力前冲起跳开始

以臀部后蹲结束

图 2-4 跳远：运动中的动力学体现

## 动理学和运动学

动理学的研究对象是作用于物体产生或者改变运动状态的力（如重力、摩擦力和压力）。运动学研究则包括对运动的物理因素分析（比如时间和空间）。

从动理学的角度分析，踩到香蕉皮滑倒（图 2-5）包含的问题是香蕉皮和地面之间的摩擦力有多大，以及重力如何把你放倒。而运动学关注的是滑倒时的行走速度和重心下降的距离。

我们将在第 174 页深入讨论这些问题。

图 2-5 哎呀！

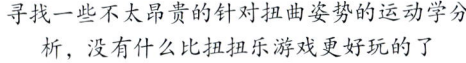
寻找一些不太昂贵的针对扭曲姿势的运动学分析，没有什么比扭扭乐游戏更好玩的了

图 2-6 运动中的稳定

## 运动、稳定、平衡和协调

人体活动这一"舞蹈剧团"有 4 位"首席演员"（基本要素）：运动、稳定、平衡和协调。我们几乎所有的日常生活都必须有这 4 个要素的参与。

运动，即移动的能力，是运动最明显和最具表现力的方面，应予以足够的关注。然而，它不为人知的搭档——"稳定"，却经常被忽视。无论你是在跨栏，还是站立不动，稳稳地固定或支撑的能力总是在背后发挥作用。利用时刻变化的关节队伍和肌筋膜单元（肌肉和筋膜成分），稳定为运动提供了有时可能是拮抗作用的必要支撑。

如果你想看看稳定的重要性，那就玩扭扭乐吧！它会在前面和中心位置把你固定在垫子上（图 2-6）。在你开始下一步移动之前，稳定已经发挥作用（稳定在移动之前），它会预估哪个部分需要加强，这样你就不会趴下。

如果一切按计划进行，你就能够保持平衡。这种体重的均衡分布可以保持直立和稳定，并且在生活的许多方面都是需要获得的属性，而不仅仅是身体方面。话虽如此，有一点需要注意，至少就我们的目的而言，失平衡并不总是坏事，因为如果没有失平衡，有些运动就不可能完成。例如，走在大街上需要在稳定和不稳定之间反复切换。

举个例子，假设你在走钢丝，希望向前一步迈进（图2-7）。首先，双脚站在绳子上并保持稳定。身体找到了平衡并保持相对静止。然后，抬起一只脚，身体稍前倾，你有意识地将身体置于稍微失衡状态。为了防止向前摔倒，你利用了这一小的动能，把失平衡引导至下一步，然后再次获得平衡！唯一能使它看起来很轻松的方法是神经、关节和肌肉（不同成分的组织）之间的协调。

图2-7　Philippe Petit

## 同步的和序贯的运动

如果你想体验同步运动，那就在滑板上滑下斜坡（图2-8）。注意你的身体是如何同步运动的。如不小心摔倒了，在艰难着陆后，让身体脱离地面需要一个更常见的运动方式：序贯运动（图2-9）。这个动作是通过一系列更小的铰接动作完成的。在这个例子中，从地上慢慢站起来，你会先弯曲脊柱（它一个关节接一个关节）；然后在屈髋之前先屈双膝，最后伸直双膝至直立姿势。同时足踝、手腕、肘部和肩部都会在需要时参与其中。因此，这"一个"运动包括了全身关节协调一致的动力链。

图2-8　同步运动

图2-9　序贯运动

## 运动模式和动力链

现在,先把人类活动的蓝图放在一边,像电影《迷失太空》中的机器人那样设计建造我们的身体。作为一个机器人,其四肢会使用一个高度分割和孤立的动作系统来活动。活塞点火,一个关节会弯曲;另一个活塞点火,以此进行下去。不用说,我们的动作就会像机器人一样犹豫不定和不流畅。

与之相反,人体的运动很少只由一个关节或一块肌肉来控制。每天的动作都是基于成熟的、十分熟悉的运动模式。

这些模式是安排有序的运动节奏,它将一组关节和肌肉连结在一起产生一个想要的动作。例如,在收拾盘子的时候,从一边走到另一边,把盘子放在柜子里。因为你已经做了很多次这个动作,这个动作模式通过臀部、腿和足的配合简单流畅地进行。

一个运动模式的可预测次序称为动力链。它是一系列的关节通过沿运动线路排列的肌与骨连结而成的。(如果这让人难以理解,那就回忆一下这首儿歌:"脚趾头连着脚骨头,脚骨头连着踝骨头……"这些都是连在一起的,没有这些连结,我们就不能运动。)

运动链包括关节链、肌筋膜链和神经链。这三个系统一起工作,完成了人体的运动。

比如一个棒球运动员,在打球时会使用这三种链:关节链、肌筋膜链和神经链,把力量从着地的足部转移到正在投掷的手。他整合了足趾、下肢、臀部、重心、躯干、上肢和手指的力量、灵活性和动作幅度来完成快速、精准的传球。在运动链条上的任何一点如果出现环节被打断或连接松弛,将损坏力量的传递,并导致动作失调。

另一个例子,当你挥舞瑜伽巾时,从肩部到手部包括骨骼、关节等所有组织构成了一系列的动力链(图2-10)(关于动力链的更多内容见第85页)。

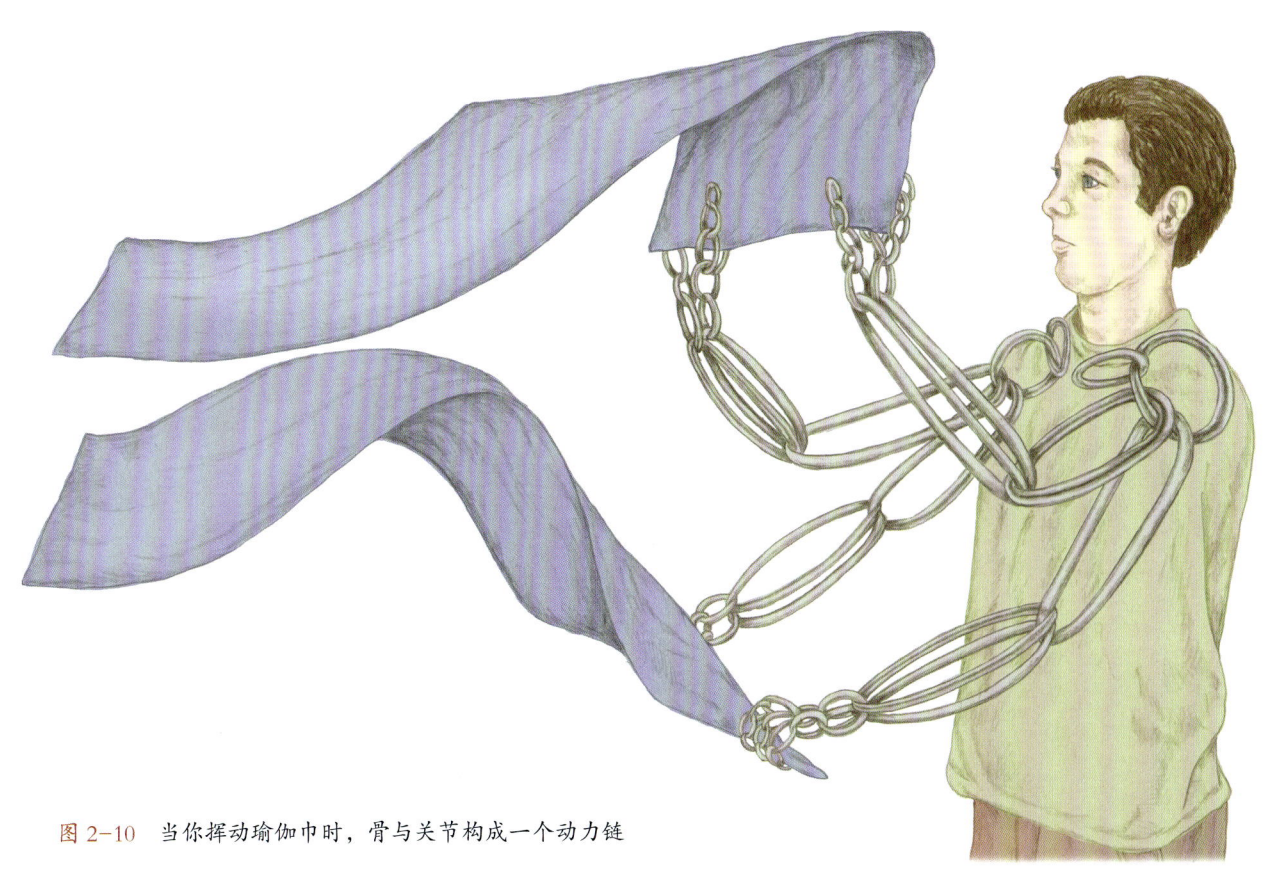

图2-10 当你挥动瑜伽巾时,骨与关节构成一个动力链

## 比例、对称和代偿

"维特鲁威人"是达·芬奇创作的著名人体画像，以其精准的比例和对称性著称（图2-11）。但在现实世界中，普通人的身材则有矮胖、过高、超重、瘦长、腰弯等各种不尽如人意的地方（图2-12，2-13）。从一侧到另一侧，从前面到后面，拥有完美比例和对称性的身材极其罕见。

身体设计的初衷可能是为了平衡与匀称，但这并不意味着它们一定会发生。解剖学课本无一例外地展示了希腊人优雅、匀称的身体，但日常生活中却经常会看到双腿不等长、高低肩、短躯干、身体前倾或大脑袋等现象，这不奇怪。

基因遗传的变幻莫测几乎必然导致我们的身体左右两侧不会完全对称，也使运动模式包含一侧优势手、主视眼，以及一些固定的习惯与行为等各不相同。

这只是我们从外表看到的，体内包括其自身的组织变异，例如略有不同的肌肉附着部位和筋膜组织的厚薄。这些千差万别不仅存在于身体的左右两侧，也存在于不同个体之间。

那么身体应该如何应对呢？实际上，就运动而言，身体做了它唯一能做的事——代偿。它通过神经系统支配肌肉、筋膜和关节产生代偿动作。第一个代偿行为发生在从子宫内的液态环境来到外面的重力世界的那一刻。从那时起，内力与外力之间的折中就一直在发生。

人们对比例、对称和代偿这些概念只有模糊的认识，但对于理疗师来说，这些是至关重要的，因为患者的体形和姿势将在很大程度上影响他们如何活动，以及其活动度、平衡性和协调性。

记住这些要素，我们还将构建为人体提供支持及架构的材料：结缔组织。

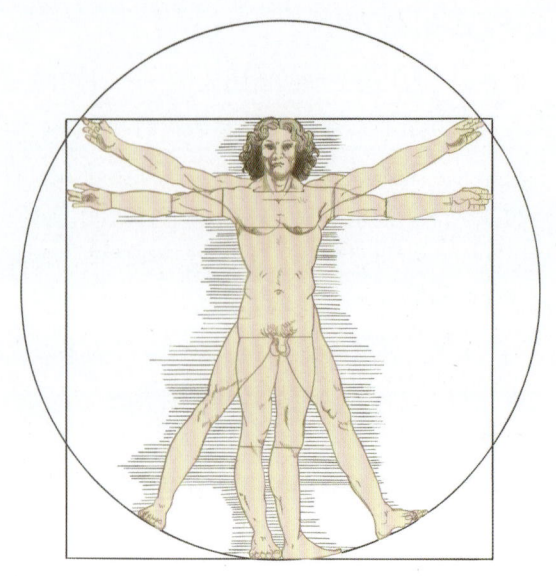

图2-11　维特鲁威人

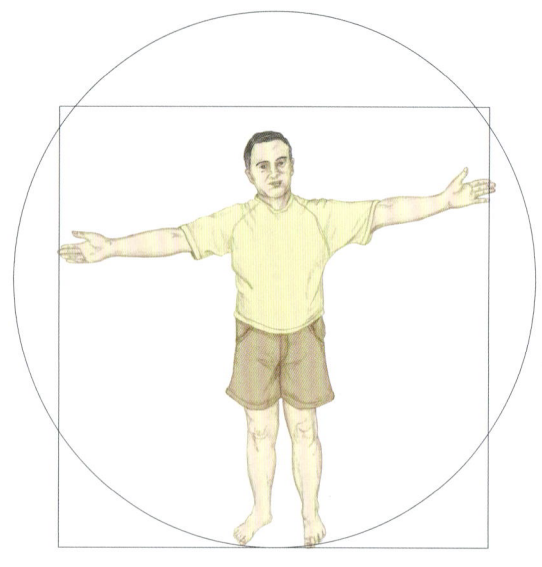

图2-12　旋转的股骨，歪斜的颈部和不对称的双肩

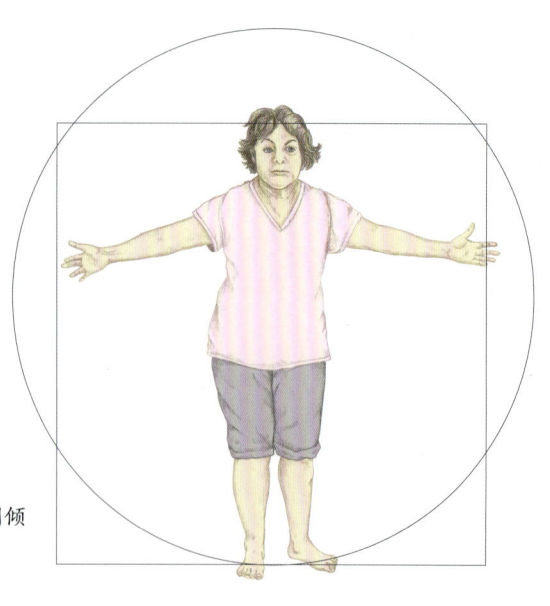

图2-13　躯干短，脊柱弯曲，骨盆侧倾

# 复习题

1. 对人体运动的研究称为____。（第14页）
   a. 解剖学
   b. 生理学
   c. 运动机能学
   d. 生物力学

2. 包含动态、静止状态和动力张力的稳固状态称为____。（第14页）
   a. 动力学
   b. 静力学
   c. 动理学
   d. 运动学

3. 身体改变形状和位置的能力称为____。（第14页）
   a. 动力学
   b. 静力学
   c. 适应
   d. 形状转换

4. 下列哪项研究的是重力、摩擦力和压力____。（第15页）
   a. 运动学
   b. 本体感受
   c. 生物力学
   d. 动理学

5. 日常生活中的活动例如刷盘子需要____。（第15页）
   a. 协调、力量和智力
   b. 移动性、稳定性、平衡性和协调性
   c. 比例、对称和代偿
   d. 补偿、平衡和比例

6. 当一个运动模式以可预测的顺序发生时，称为____。（第17页）
   a. 旋转
   b. 代偿
   c. 运动链
   d. 对称

7. 当机体的肌肉、筋膜和关节产生相反的作用时，称为____。（第18页）
   a. 代偿
   b. 比例
   c. 对称
   d. 力量

（姜雪梅 译，张露青 丁自海 校）

# 3

# 结缔组织（上）

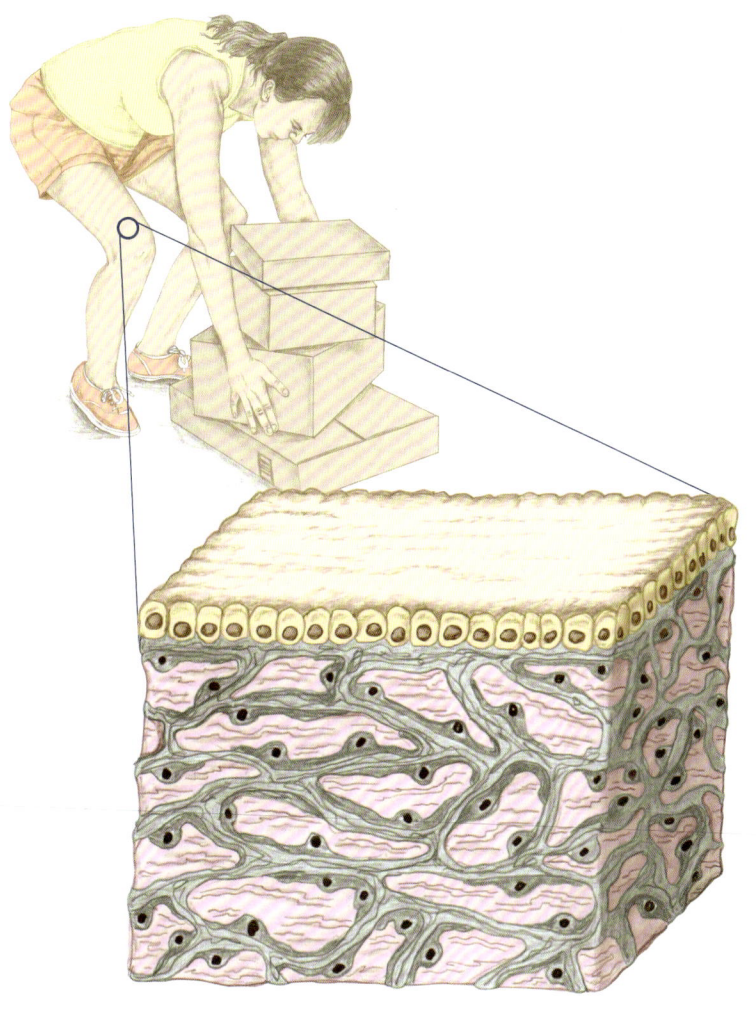

## 学习目标

- 列出不同的结缔组织类型
- 说出三种类型的胶原纤维
- 定义软组织的不同特性
- 根据结构描述不同类型的结缔组织
- 根据功能解释不同类型的结缔组织

## 本章要点

很长时间以来，科学家们已经意识到间质是一种渗透全身的、充满液体的三维结缔组织晶格。但直到 2018 年 3 月，《纽约时报》才报道 "研究人员在人体的缝隙空间方面有了新的发现"。

为什么科学理解存在长时间的滞后？以前的研究取材来自体内取出的组织样本，在这些样本中，间质迅速失去其内的液体和结构成分。如今，研究人员可以利用透射电子成像技术，在显微镜下实时探测患者体内的活体组织。

对于那些长期怀疑间质在健康和功能方面发挥更大作用的人来说，这项研究为未来发现的全新世界打开了大门。对人们来说，这也是一个令人兴奋的消息。在本章中，我们将探讨间质筋膜堂兄弟的成分、性质和类型。

- 想想你脱水的时候。脱水是如何影响间质的？
- 长时间不活动如何对身体软组织的特性产生负面影响？
- 开始健身时，我们通常先加热浅表组织层。这种作用如何影响皮肤下的结缔组织？

| | |
|---|---|
| 无处不在的结缔组织 | 22 |
|   结缔组织的基础知识 | 22 |
|   结缔组织的要素 | 22 |
|   细胞 | 23 |
|   细胞外基质 | 23 |
| 在实验室：迂回曲折的肌间通道 | 25 |
| 软组织的性质 | 26 |
|   伸展性 | 26 |
|   弹性 | 26 |
|   可塑性 | 26 |
|   蠕变 | 26 |
|   触变性 | 27 |
|   拉伸强度 | 27 |
|   压电效应 | 28 |
|   胶体性状 | 28 |
| 结缔组织的类型 | 29 |
|   从结构上考虑 | 29 |
|   从功能上考虑 | 30 |
|   组织的推与拉 | 31 |
| 结缔组织结构分析图 | 32 |
| 复习题 | 33 |

# 无处不在的结缔组织

## 结缔组织的基础知识

如同石油、木材和钢材一样,结缔组织是一种可转换的材料。正如石油可以转化为塑料或燃料,木材可以转化为木板或锯末一样,结缔组织这种非凡的解剖材料用途极其广泛。它可以形成多种东西,以你的小指为例,结缔组织可以形成从流动的覆盖物到柔韧的甲床,再到坚硬的骨等结构。

作为一种多元化的、无处不在的立体组织,结缔组织潜入人体全身结构的每一个角落。它是如此普遍,事实上,如果我们能神奇地从人体身上提取出除结缔组织以外的全部组织:肌组织、神经组织和上皮组织,人体的形态仍几乎保持不变(图3-1)。

同时,结缔组织的形状和构成也不是一成不变的。人体的骨、筋膜、肌腱、韧带、黏液囊、关节囊、软骨、骨膜、血液和淋巴、脂肪组织以及黏液等都是结缔组织。这些结构仅仅是名称不一样,每一种结缔组织都与其他结缔组织交织在一起。一个组织的"地面"是另一个组织的"天花板",一个组织的"登陆点"是另一个组织的"发射台"。他们并不是独立存在的。

有时,这种不同形式的组织似乎有着不同的目的:它在分离一些结构的同时,又连接其他结构。作为活动的人类,在移动机体的同时又要保持其结构的完整性。结缔组织在维持机体的机动性和稳定性两方面都发挥了重要作用。闲话少说,我们开始吧。

## 结缔组织的要素

你可能想知道这一组织类型如何创造出如此多的结构,但正如糕点师们都会告诉你的那样,大部分的甜点可以只用黄油、面粉和糖制作,不同的只是它们所占的比例。结缔组织的成分相对简单,这使它能成为构建人体框架、筋膜、脉络、"轴承和缓冲垫"等的完美材料(图3-2)。

本质上,结缔组织由两种基本成分组成:
- 细胞
- 细胞外基质

细胞是生物学中最简单的具有活性功能的单位,有许多不同的类型。细胞外基质是非细胞成分,由悬浮在基质溶液中的不同类型蛋白质纤维(由细胞分泌)组成。实际远比这个复杂,但是为了便于理解,我们仅做简单的解释。

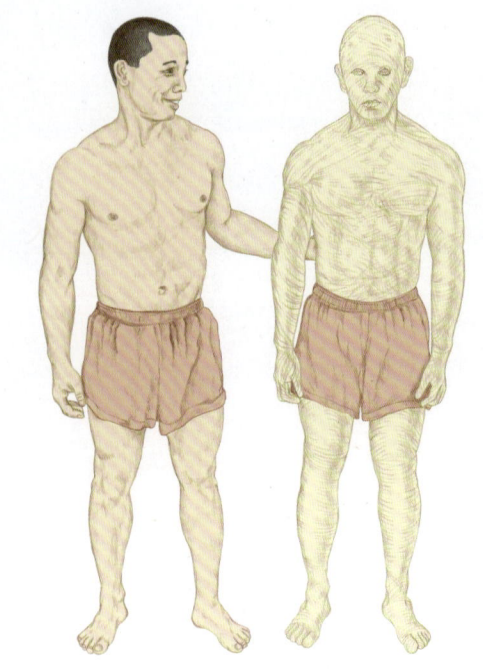

图3-1 Otto(左)和仅有结缔组织支持的自己(右)

> 有的结缔组织有丰富的血供和神经分布。而肌腱、韧带和骨等只有少量的血供。软骨被忽略了,既没有血管,也没有神经。

图3-2 关键全在成分的比例上

## 细胞

根据结构、功能和位置，结缔组织细胞分为几种不同类型。成纤维细胞是最常见的类型，分泌纤维和基质。成纤维细胞构建结构，如果构建成骨，称成骨细胞；如果构建为软骨，则称成软骨细胞。

成纤维细胞的数量和分泌的细胞外基质成分决定了所有特定结缔组织的质量。例如，肌腱的基质坚韧但易弯，而骨具有坚硬且几乎不可弯曲的细胞外基质。

结缔组织细胞也是独一无二的，因为它们有宽阔的间隔（不像肌细胞挤得像沙丁鱼一样），填充这些细胞间隙的就是细胞外基质。

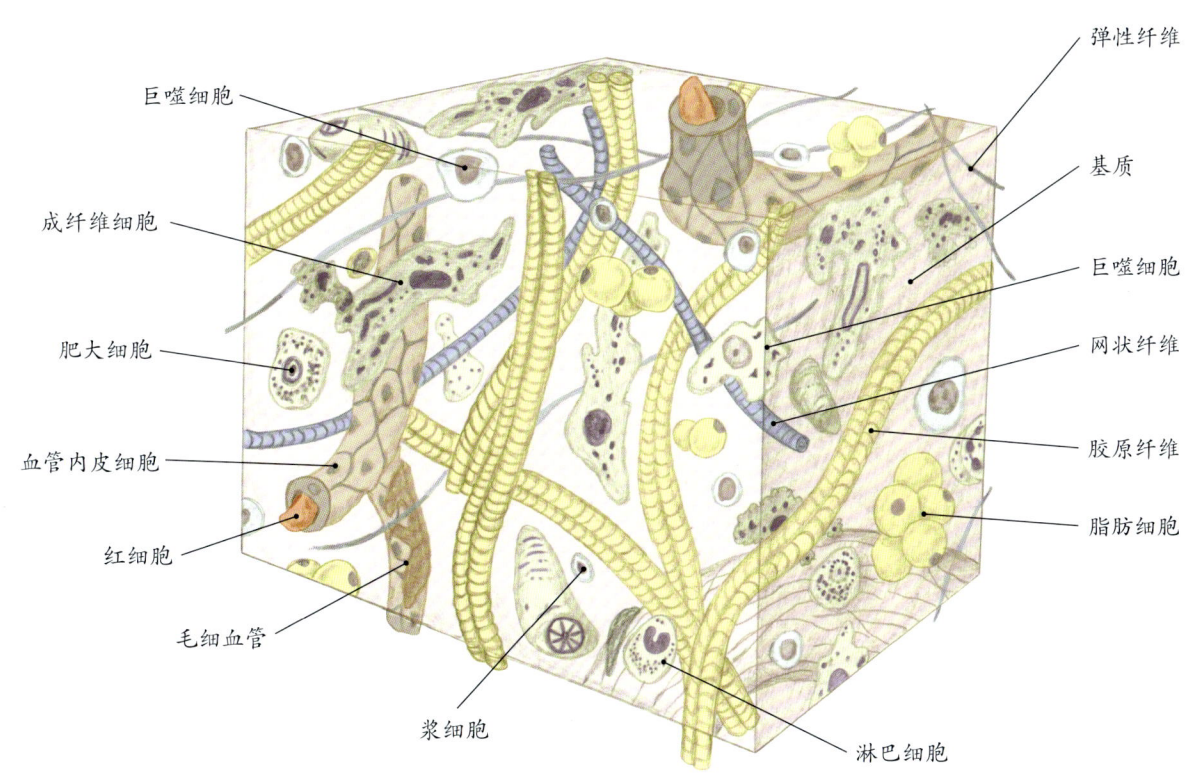

图 3-3　疏松结缔组织断面

## 细胞外基质

细胞外基质是一种主要由长链胶原纤维和无形基质组成的混合物，它的作用不仅仅是细胞之间的胶状填充物（图 3-3）。与神经和肌细胞决定整个组织的特性不同，结缔组织的无活性细胞外基质在很大程度上决定了其结构和功能属性。

胶原是人体内最丰富的蛋白质，它构成了细胞外基质中的一种纤维类型，在结缔组织中起着至关重要的作用。胶原纤维的抗拉强度类似于钢丝，保证了结构和功能的完整性，尤其是肌腱和韧带。根据结缔组织的类型，胶原纤维带可以呈平行或编织状、捆扎或鞭样交织（图 3-4）。在组织铺片上可以看到它们由数以百万计的、白色长条纤维组成，他们有着闪亮的光泽和条纹。

图 3-4　胶原纤维的排列

胶原是细胞外基质纤维成分的主要构成，另外两种纤维在结缔组织中也能找到。弹力纤维构成了纤维的一小部分，比胶原纤维薄，顾名思义，具有弹性，能拉伸至几乎两倍于自身静息长度而无损伤。这种纤维为结缔组织提供了弹性——被拉长后能够返回原始形状的能力（图3-5）。皮肤的拉伸纹就是结缔组织被拉伸超过弹性蛋白最大安全极限的结果，此时，弹性纤维已损坏，不能起到正常反弹的作用。网状纤维形成网格状的框架，支撑多种结构，如神经和血管。

结缔组织细胞和纤维在干燥的环境中不能生存，也不能增殖。相反，它们必须存在于含水和润滑物的基质中。这种透明的液体类似于生蛋清，充填于所有的结缔组织结构，甚至在纤维包裹的韧带和筋膜中，并创造了身体中所有结缔组织细胞生存的周围环境。

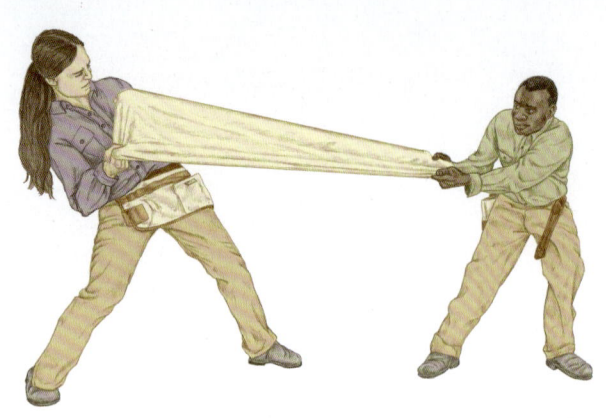

图 3-5 弹性蛋白坚韧，但有弹性

等待液体填充的胶原纤维

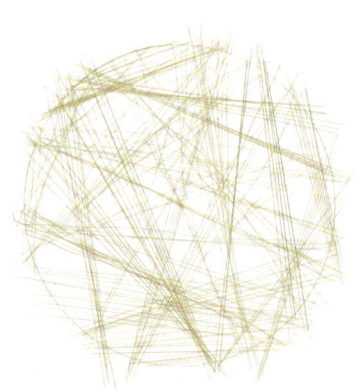

流体静压下，胶原纤维被拉紧

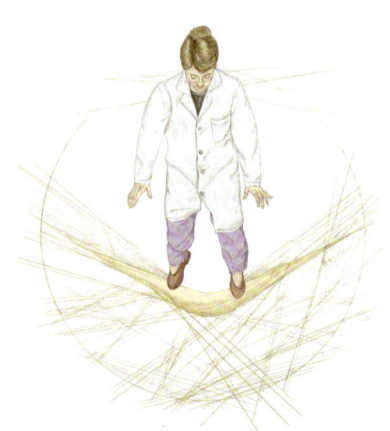

张力抵抗压力

像吸引氢和氧的活性炭一样，基质吸引并贮存水，它的亲水性自然地吸引液体，创造了一个将水分吸入细胞外基质的渗透环境（上图，左）。当将液体泵入密集的细胞网络时，基质就会膨胀，产生一种拉伸应力，拉开周围的胶原纤维。反过来，强韧的纤维可以抵抗这种压力，并抑制膨胀（上图，中）。这种动态张力使得细胞外基质变得坚实，协助抵抗压力（上图，右）。所有这一切都支持了水化的重要性，不是吗？

当我们开始组建时，基质的水溶性被证明是至关重要的。当间隙元素（激素、营养素和抗体）在动脉、静脉和淋巴网之间相关交换时，它们也将在基质的流体层中发生交换。

# 在实验室

## 迂回曲折的肌间通道

结缔组织可能无处不在,没有明显边界。若要清除这些物质,沿着肌间隙去找是最好、最简单的方式。一些家养的脊椎动物有着与人体相同的筋膜,如鸡、猪或牛。我们选择鸡来进行观察。

这样说吧,你在当地商店买了一只鸡带回家,打开包装放在柜台上。你也许没有意识到,筋膜网拉力的作用已经明显呈现出来了。鸡肉并没有像加热的布丁一样塌陷,这一事实证明了纤维结缔组织具有缠结和支持性质。即使已经死亡,仍可保持其原始形状。

抓住皮肤,试图把它从鸡身上分离,皮肤只移动一点点,而不会像宽松的衬衫一样脱落,这就是因为筋膜将它们固定在原来的位置上。用一把锋利的小刀,小心地在鸡腿上切开一个小口,将手指伸进皮下,试着松解皮下结缔组织,注意浅筋膜内的白色网状筋膜是怎样抵抗你的牵拉的。

继续翻开皮肤,探查深面的肌组织,一层又薄又有光泽的深筋膜包裹着肌腹,轻轻地捏住它,感受它们微小的移动。即使单独的肌腹看起来是独立的,但实际上与筋膜是不可分开的。

一只小鸡

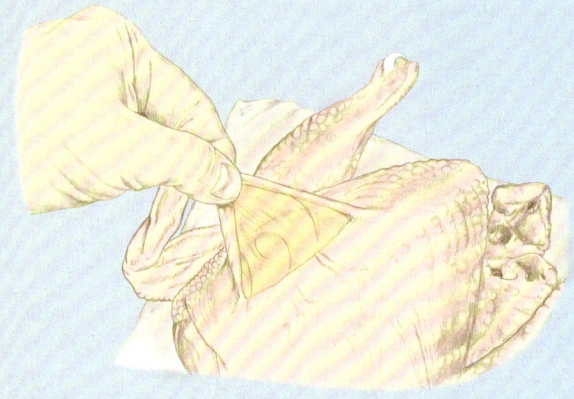

皮肤被结缔组织牵拉

用刀精细地分开肌腹,横切后仔细观察肌纤维束。由于筋膜网深入每一根肌微细纤维之间,肌纤维完全被包裹,因而不会松散开来。然后探索肌腹末端,观察这些肌筋膜层如何捆绑并形成肌腱。

继续解剖其他区域,会发现筋膜是如何连接韧带、骨膜、骨和器官的(如果你的小鸡仍然保留这些结构的话)。只要是你能想到的地方,筋膜都会存在。

最后,将鸡放在托盘上,在175℃的烤箱里烤90分钟,到时间后让其冷却。如果切开它,你可以取出一块几乎没有软组织的骨头,这在烘烤之前是做不到的。奇怪的是,肌腱和韧带仍然在原来的位置,但是皮肤和肌肉从骨上脱离了。

那些薄薄的筋膜组织怎么了?它们融化了,仅仅在托盘底收集到一些组织汁液和脂肪。收集这些汁液,将其放入冰箱,观察这些脂肪下方的胶原纤维是如何变稠形成凝胶冻的。即便在死亡或烤熟后,这些奇特的蛋白质仍保持原状。

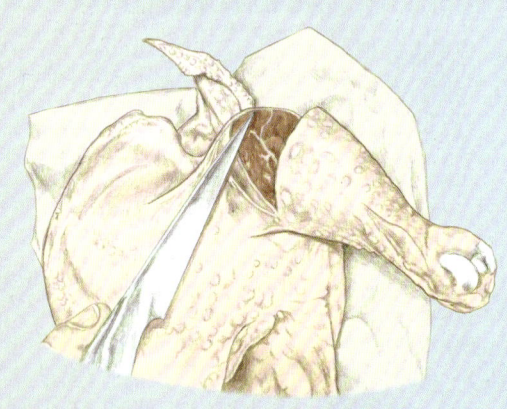

切开肌肉,发现深筋膜

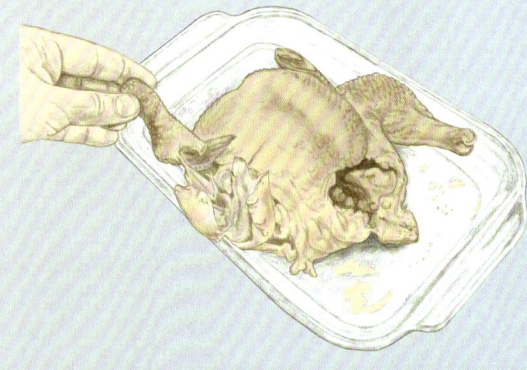

烘烤之后的肉很容易从骨头上脱下来

回到肌间通道,牛排横切面可以看到大理石斑纹状的肌纤维束和肌间脂肪。

## 软组织的性质

"软组织"一词包括筋膜、肌腱、韧带、软骨、支持带、脂肪、关节囊和滑膜、肌肉、神经和血管，不包括骨。

疏松结缔组织（如上所述）连接、支持或附于人体其他结构上。因为人体的身体结构最有可能集中于软组织，让我们来更仔细地观察它们的特征。

### 伸展性

您正在对患者托尼进行治疗。取仰卧位，抓住双手向头端用力牵拉上肢。他的软组织伸展，证实其在延长而不受损坏的情况下延伸的能力。这种延伸能力是运动的基础。例如，试着在不拉伸胳膊或手的任何组织的情况下去抓耳朵，那是不可能做到的。由于长期习惯性缩短的结构很容易受伤，因此在给托尼做伸展性锻炼时，需要缓慢而又温和地进行（图 3-6）。

### 弹性

在托尼呼气时，将他的手臂带回躯干两侧（图 3-7）。由于身体的弹性，他的组织不会保持先前的拉伸状态。这种弹性能力像橡皮筋和蹦床的弹簧一样，能将伸展（或变形）后的组织反弹到原来的长度或形状。托尼的致密结缔组织（如韧带和筋膜）有弹性吗？虽然由非弹性胶原纤维组成，但它们仍具有一定程度的柔韧性，这主要是由于胶原蛋白的褶皱形态。

### 可塑性

作为前体操运动员，托尼具有灵活的韧带、关节囊和筋膜，这使得他拥有令人印象深刻的关节活动度（图 3-8）。经过多年的持续拉伸，他的组织显示可塑性，即改变并保持新形态的能力。这与弹力不同。当一个组织变形后，无论是压缩还是伸长，它的弹性都会让其保持原来的长度。然而，当一个组织超过其弹性阈值，它就会表现出可塑性，并保持在一个新的长度。

### 蠕变

在托尼办公时，他的姿势有些不舒适。他头部向前的姿势使得颈部和肩部的一些组织松弛，另一些组织紧张（图 3-9）。当组织遭受挤压、牵拉或扭曲的缓慢持续的力时，其形状将逐步改变或是蠕变。这种力可以是重力或身体姿势，抑或是工作习惯导致的。

如果这种改变发生在组织的弹力范围内，则蠕变是暂时的。如果这种改变超过了弹力的阈值、进入可塑性范围时，这种改变将有可能成为永久性的。蠕变可能是有益的，例如当你在托尼的肩部进行缓慢的深部组织按压，蠕变可以减少组织的过度牵拉和延长已经压缩的组织。

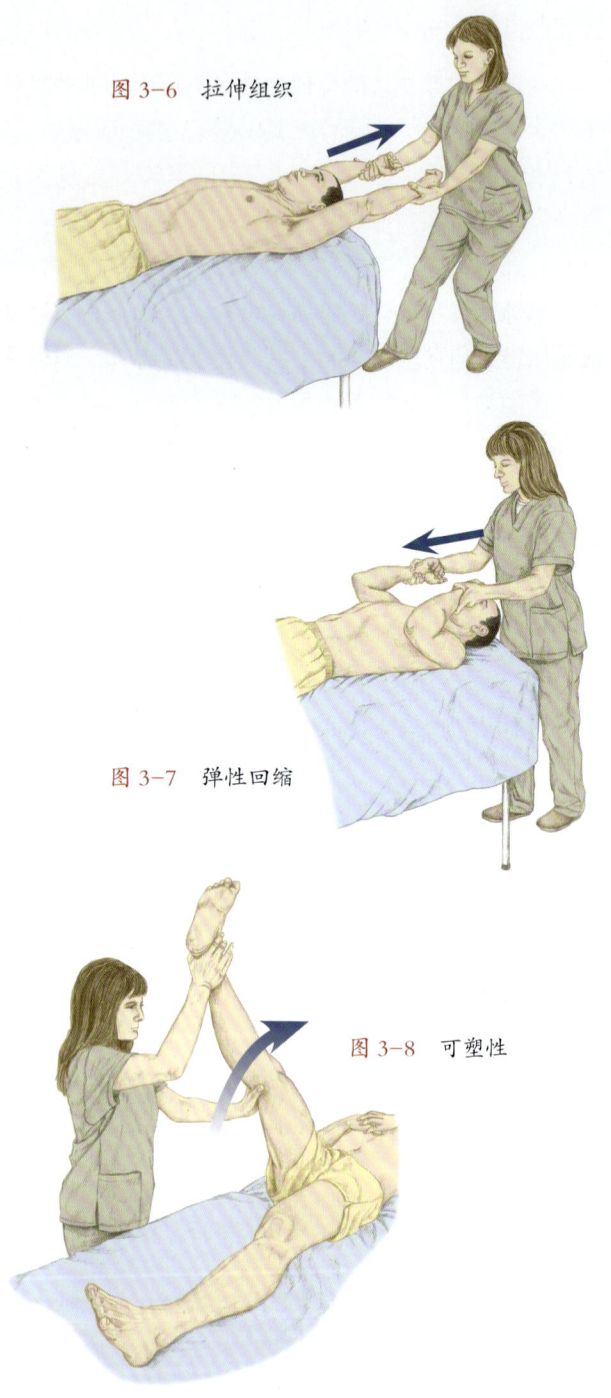

图 3-6　拉伸组织

图 3-7　弹性回缩

图 3-8　可塑性

图 3-9　缓慢蠕变的魔力

## 触变性

在深入按摩托尼的肩部之前，你要预热他的组织（图3-10）。幸运的是，他的基质会很乐意合作。基质具有触变性，它在应对温度（或压力等）的变化时，能从凝胶转化到液体（或溶胶）的状态，反之亦然。熔岩、蜂蜜和橡皮泥也具有触变的性质。

当冰冷又平静时，基质会变得又厚又黏稠。运动或是摩擦效应使其温暖时，基质会变得稀薄。当锻炼肌肉以加热关节和结缔组织时，你可以看到和感受到这种现象。手法按摩托尼的组织或使用热敷，利用触变性使得厚厚的冷基质液化，从而软化结缔组织，使其更有弹性。

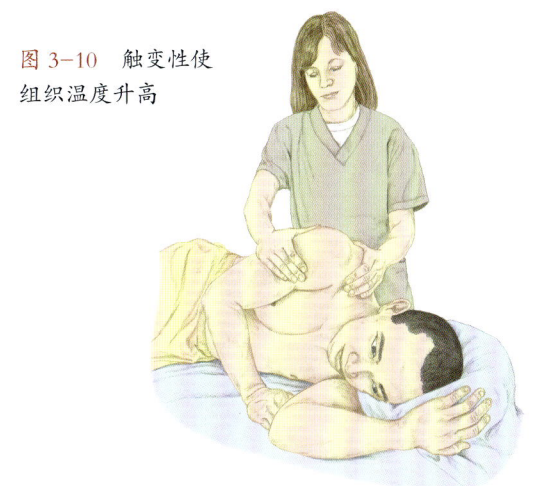

图3-10 触变性使组织温度升高

## 拉伸强度

对于这种性质，需要将注意力从托尼转移到你身上。当移动托尼的腿时，你的胳膊就会感受到结缔组织的拉伸强度。胶原纤维允许无损伤地向两个不同的方向牵拉，换句话说，承受张力。

例如，当你支撑他的腿时，肱肌及肱二头肌组织受到牵拉（图3-11），在相反的方向牵拉手臂的肌和筋膜。肌纤维的长度缩短而结缔组织被拉长。要承受这种张力，你的阔筋膜需要具备必要的拉伸强度。

必须明确，拉伸与拉伸强度不同。拉伸是组织可以变长的能力，然而拉伸强度涉及它可以抵抗多少拉力，无论是在缩短或伸长状态时。

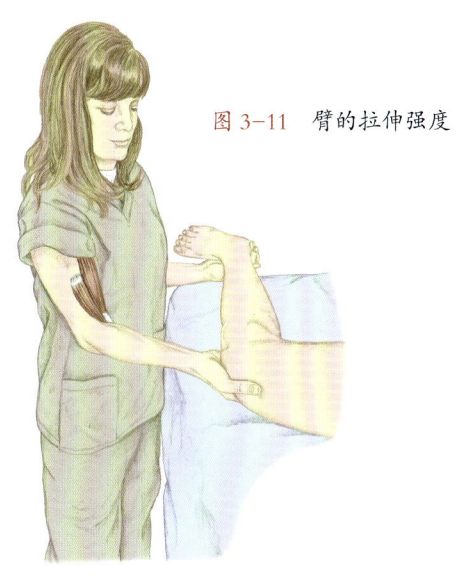

图3-11 臂的拉伸强度

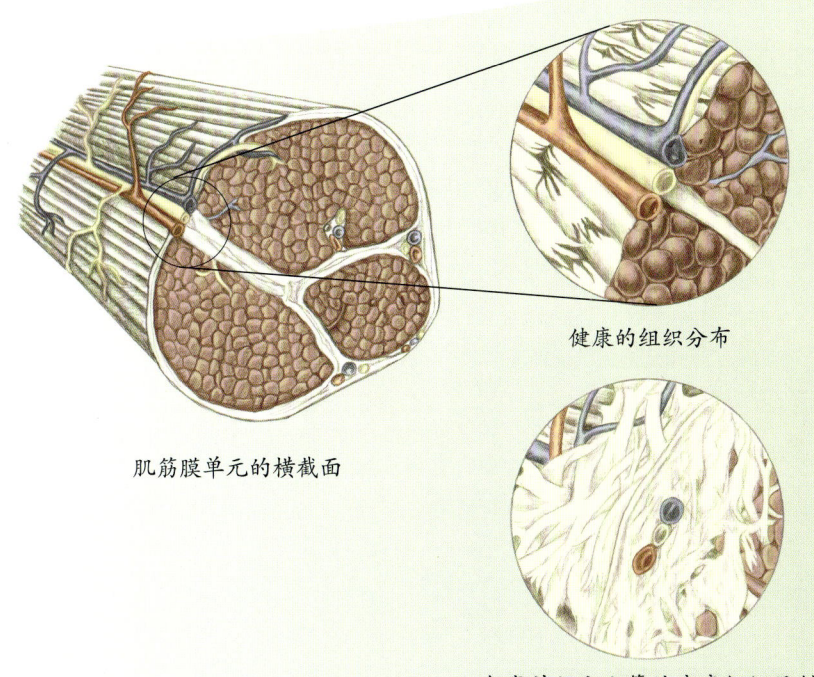

肌筋膜单元的横截面

健康的组织分布

包裹神经和血管的瘢痕组织限制肌肉的运动范围

### 瘢痕组织

托尼的身体受到两次擦伤并留下结节性红斑和挫伤。因此，身体明智地以胶原纤维为基础，在组织内部和周围形成瘢痕组织，从而修复和稳定组织。然而，有时也会分泌过量的黏性物质，将两个单独的组织粘连在一起。因为这些粘连限制了身体的运动和一般活动，应松解这类瘢痕组织。

## 压电效应

为了解释这种组织的属性，需要窥视原子大小的东西。从"纳米层面"看，我们发现当致密结缔组织受到机械应力时，其分子发生变化，并产生电荷（图3-12）。这种现象被称为压电效应，这一现象真实存在于人体的大多数组织（包括骨）中。它是组织受到运动的内力或躯体工作的外力挤压或拉伸而产生的。

这种微小的电荷刺激会发生什么？如果扩展到细胞水平，我们看到当附近的细胞受到拉力或推力时，它们受到刺激而产生纤维，这些纤维沿压电应力线重新排列细胞间质。

如果将其放大到"肉眼"水平，我们看到托尼向他的儿子扔一个球（图3-13）。在这里，这些微小压缩改变和释放液体到达软骨，使关节组织润滑（当被动地活动托尼的关节时，也会产生类似的效果）。如果托尼继续这些活动，由于压电效应，他肩部的韧带组织将随着时间的推移变厚变强。

这种活动产生的惊人的反应能力也可能产生意想不到的效果。例如多年来，托尼的颈部和肩部开始向前倾。每走一步路，他的分子都从局部推拉应力信号中获得线索，并通过产生机械传导和压电电流来做出反应。

反过来，细胞响应使数以百万计的微观结构变化而调整它的组织。它们稳定紧张的部位，缩短或延长其他部位，因此他的驼背应是正常的：这不是身体的错，一切都只是尽自己的义务。

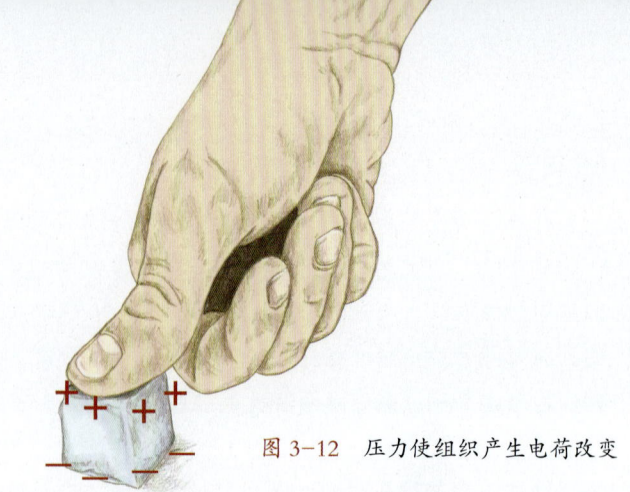

图3-12　压力使组织产生电荷改变

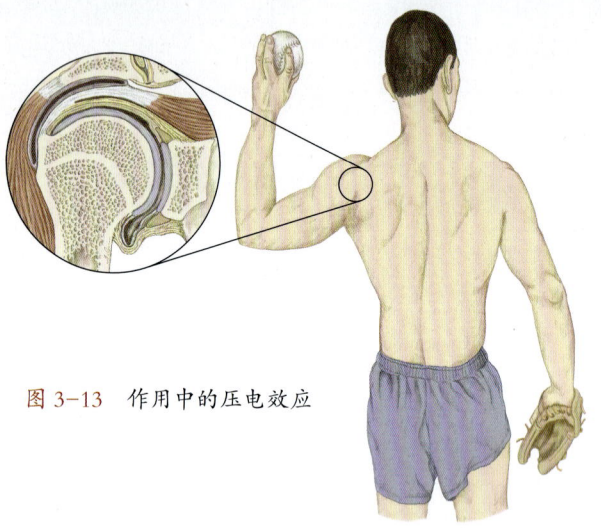

图3-13　作用中的压电效应

## 胶体性状

当你在给托尼治疗时（尤其是深层的组织），由于结缔组织的胶体性状，动作缓慢是非常重要的。结缔组织像石膏、厚厚的淤泥或奶油，都是由悬浮在液体中的固体颗粒组成的，结缔组织细胞和纤维作为浮标，而液体是基质。这样的结构既使它们灵活，又具有不可压缩性。

这是如何与机体运动相关的呢？因为它的胶体性状增强了它抵抗快速压力的能力。也就是说，推力越快，产生的抵抗力就越多。例如，当你慢慢地用一根棍子穿过厚厚的泥浆时，它出现轻微的拮抗作用。然而，试着用棍子在泥浆里猛拉一下，它将会产生很大的拮抗力。

当过度用力时，结缔组织和受电刺激的神经组织也会表现出相似的情况。所以当你练习以身碎石时，别怪组织"不合作"；相反，试着放松下来，慢慢进行，身体组织才容易配合。

做个家庭实验来探索胶体。在托盘里放一杯玉米淀粉，慢慢添加水，混合成黏稠的糊状。现在有趣的事情发生了：你的手指放进去，当你慢慢地滑动手指通过混合物时，注意，它的阻力很小（图3-14）；迅速推动它们，你就会感觉到它是如何变硬甚至裂开的。它对你的不耐烦表示没有"耐心"（图3-15）。

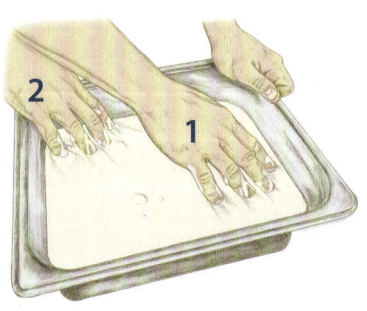

图3-14　在混合物中慢慢地滑动手指

图3-15　推动你的手指感受抵抗力

# 结缔组织的类型

## 从结构上考虑

作为体内最多样化的组织,结缔组织的成分可从两方面考虑,即结构方面和功能方面。

在结构上,结缔组织成分包括5类。

**1** 液态结缔组织包括细胞外基质的血浆,其中90%由水构成。血液、淋巴液和黏液都属于液态结缔组织(图3-16)。

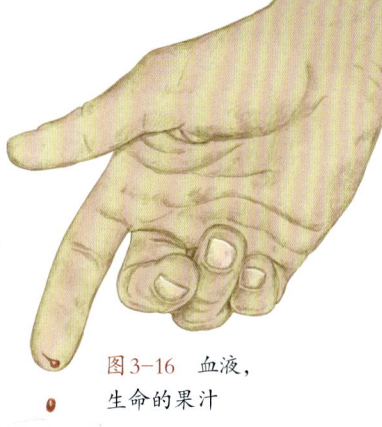

图 3-16 血液,生命的果汁

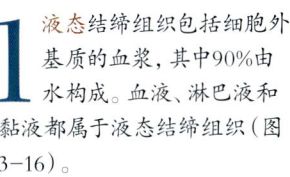

**2** 疏松结缔组织在大量的基质中分散有少量的纤维成分,这对位于皮肤或脂肪组织下的浅筋膜来说是完美的结合(图3-17)。

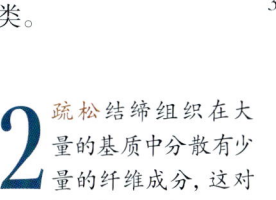

图 3-17 海绵状的疏松结缔组织

**3** 致密结缔组织是由密集的纤维成分和少量基质构成的,存在于深筋膜、肌腱、韧带、骨膜和关节囊中(图3-18)。

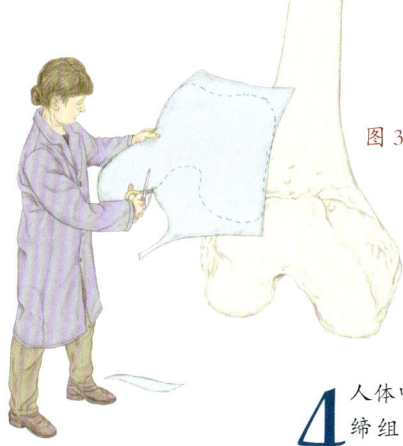

图 3-19 在骨端装配软骨

图 3-18 锯掉少量的韧带

**4** 人体中有3种软骨结缔组织,即透明软骨、纤维软骨和弹性软骨(图3-19)。

**5** 骨性结缔组织是由矿物盐混合成的坚硬结缔组织(图3-20)。

图 3-20 构成一块骨

> 请记住我们的"糕点师",可以只靠几种成分就能创造出各种各样的结缔组织。比如说,你需要一种液态的物质来进行代谢交换;很简单,将很少的纤维成分添加到大量基质中。如果减少液体并增加更多的纤维,就会形成一个柔软的晶格,为神经、皮肤和器官提供支持。进一步用更少的液体和更多的纤维可以获得一种致密的纤维材料(筋膜),可以包绕肌肉并塑造成肌腱和韧带。最后,如果添加一些矿物盐,将得到一种最坚硬的结缔组织——骨。

## 从功能上考虑

上一页是基于结构对结缔组织成分的划分。现在从功能上来看一下。

首先，每一种类型的结缔组织都有着不同的功能。骨作为杠杆，而韧带支持关节，同时其他组织输送营养、抵御疾病、修复组织、储存能量、保护和隔离内脏。但是对于现在的目的（基于人体运动的理解），结缔组织在功能上可分为两种，即压缩组织和张力组织。

在讨论这两类结缔组织前，需要先提出一个简单但至关重要的问题。如果你的身体要牵动骨、抬起四肢、弯腰和做其他动作，怎么能够得到支持呢？

最初，胡乱猜测可能涉及从下面支撑或从上面以木偶线支持（图 3-21，3-22）。事实证明，这两种想法听起来很可笑，但并不太离谱。我们只需要结合这两个概念，在体内即可完成它。

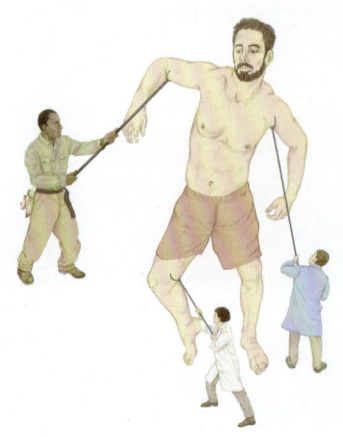

图 3-21 从下面支撑身体

图 3-22 从上面悬挂身体

究其原因，这些"木棍和线"的想法并没有那么牵强附会，因为只有两种方式可以支撑结构（至少在这个宇宙中），即压力和拉力。换句话说，即支撑或悬挂。例如，摩天大楼被撑起，而动态物体被悬挂（图 3-23，3-24）。

椅子、植物、茶杯、房子、蹦床等周围的一切以及人体都是基于这些设计的，所有的结构都是在必要时使用这两种力量。

例如，凳子就是一个典型的"支撑"装置，坐在上面，感受它是怎样利用压力来支撑你的体重的。各个腿的顶部和底部挤压在一起，同时较小的拉力扩张每条腿的周长（图 3-25）。

与此相反，吊床是一个典型的"悬挂"结构，躺在上面并感受它是如何主要靠张力来支持人体的。它的绳子伸展开，而其他压缩力使绳子的纤维聚在一起并变得更薄（图 3-26）。

这种压缩和张力之间的动态变化很容易在第 3 种情况中感受到，即健身球。其顶部和底部压缩在一起，而侧面依靠张力而隆起（图 3-27）。

现在让我们看一下结缔组织都起了哪些作用。

图 3-23 威利斯大厦（亦称希尔斯大厦），依靠压缩构建而成

图 3-24 动态物体靠张力组成一体

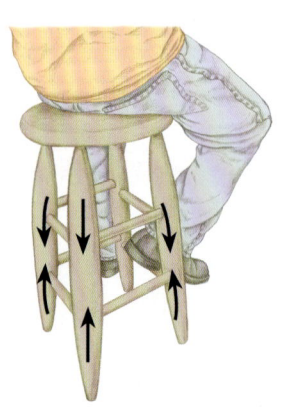

图 3-25 凳子：伴有些许张力的压力

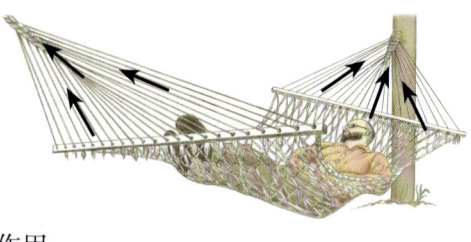

图 3-26 吊床：伴有些许压力的张力

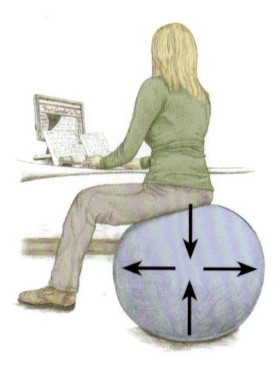

图 3-27 健身球：压力和张力的平等结合

## 组织的推与拉

压力和拉力与结缔组织之间有什么关系？一切都很美妙。你看，在重力、硬地板、桌椅、收缩的肌肉和其他部分之间，有很多内部和外部的力来影响即将构建的身体。我们需要以此来构建结缔组织，使其更好地支持身体。在其他功能方面，如位置、使用和设计都需要考虑，但可以归结为一个问题：一种类型的结缔组织是否需要主要承受压力或拉力？换句话说，它主要是被压扁还是拉伸？

在大多数类型的运动中，例如，当在小路上奔跑时，构建的骨和软骨是为了支持体重，它们将作为压缩组织（图3-28）。虽然拥有拉伸属性，但主要承担压缩功能。

其他类型的结缔组织称为筋膜组织，如固有筋膜、肌腱、韧带等结构将作为拉伸组织。当在那条小路上运动时，它们将主要起拉伸作用（图3-29）。

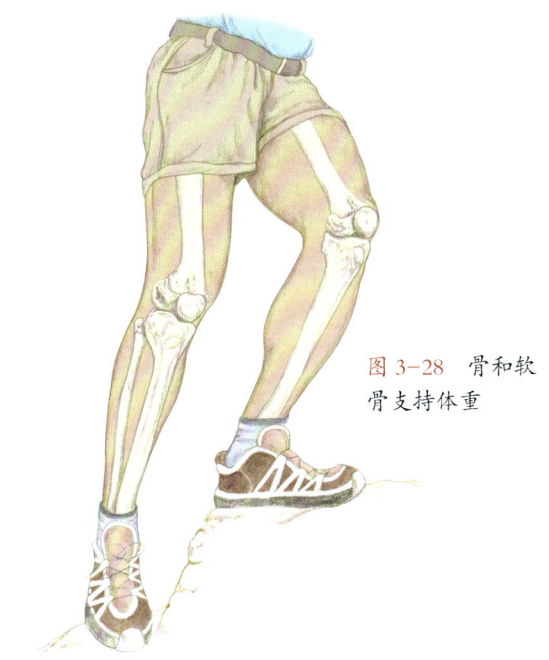

图3-28 骨和软骨支持体重

图3-29 具有拉伸功能的筋膜组织

这样一来，骨（身体中的"木棒"）将作为柱子来支撑重量，而筋膜组织（身体中的"线"）将悬挂四肢、器官和其他结构。这种推拉组织的动态组合将为移动的身体创造理想的内部框架。

这一系列结缔组织可以定义为两种不同的解剖网络。所有的拉伸组织（筋膜、肌腱、韧带）在身体中形成连续的拉伸网格（第46页）。如果把作为分散的垫片以提供张力网的骨和软骨包含其中，并将构成身体的液体填充到这个结构中，就会获得一个全身性的结缔组织网络（第46页）。

有了这一切，让我们来构建人的压缩单元，即骨和软骨。

帐篷杆（骨）

帐篷布（筋膜组织）

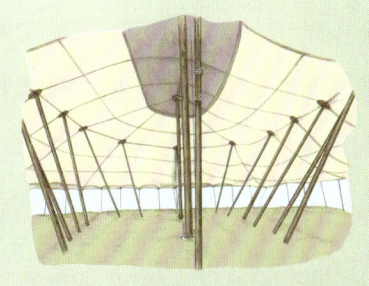

二者结合在一起

正如马上就会看到的，筋膜和肌肉互相依赖，筋膜和骨也是如此。筋膜自然拉伸的倾向依赖于坚硬骨骼间的空间和提升。缺少骨的"帐篷杆"，筋膜的"帐篷布"将会倒塌到地上。

另一方面，缺少了筋膜的"绑定"，骨只是无法堆叠的做压缩准备的木棒的总体，并会崩塌成一堆。骨和筋膜相互需要，身体最后"堆叠"并"悬浮"起来。

第3章 结缔组织（上）

# 结缔组织结构分析图

通过一个悬挂装置（一个典型的张力装置），让我们对结缔组织的性质和类型进行分析。

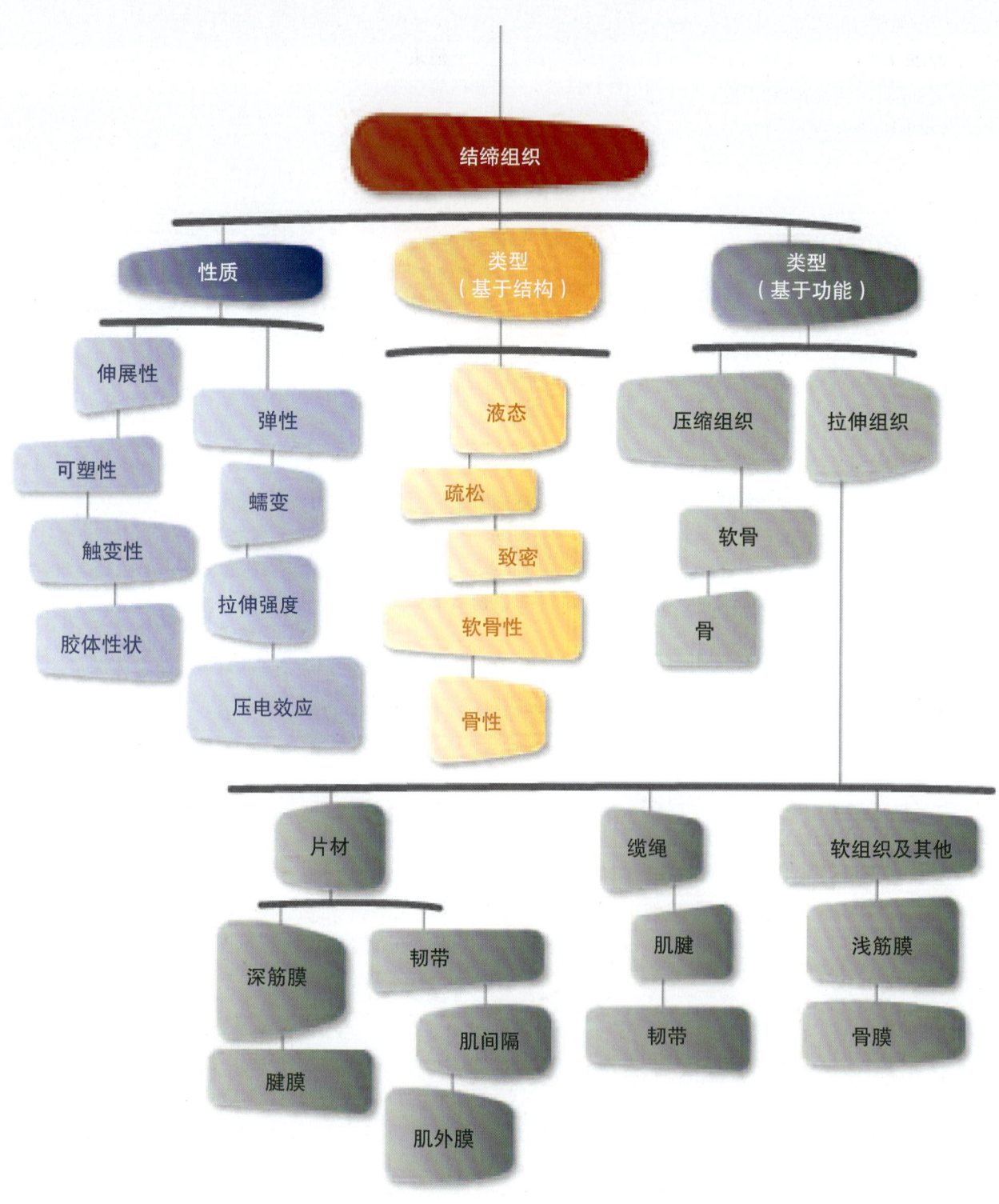

# 复习题

1. 以下哪种组织类型不是本章的主要关注点？（第22页）
   a. 肌肉、结缔组织和上皮
   b. 肌肉、神经和上皮细胞
   c. 结缔组织、神经和上皮
   d. 结缔组织、肌肉和神经

2. 结缔组织由哪两种基本成分组成？（第22页）
   a. 细胞，细胞外基质
   b. 拉力，压力
   c. 骨，筋膜
   d. 肌腱，韧带

3. 以下哪一项是在结缔组织提供功能和结构完整性的能力中起关键作用的蛋白质纤维？（第23页）
   a. 网状蛋白
   b. 骨蛋白
   c. 胶原蛋白
   d. 弹性蛋白

4. 哪种结缔组织特性能够被改变，然后保持新的结构？（第26页）
   a. 弹性
   b. 可塑性
   c. 收缩性
   d. 蠕变

5. 哪一种物质具有胶体性状？（第28页）
   a. 泥浆
   b. 水
   c. 氧气
   d. 污垢

6. 从结构上讲，脂肪和骨分别是什么类型的结缔组织？（第29页）
   a. 液体，疏松
   b. 软骨，骨
   c. 疏松，骨
   d. 液体，致密

7. 从功能上讲，结缔组织可分为哪两组？（第30页）
   a. 压缩和拉伸组织
   b. 筋膜和拉伸组织
   c. 压缩和骨组织
   d. 张力和伸展组织

8. 以下哪项是基于压缩性结缔组织示例？（第31页）
   a. 韧带
   b. 肌腱
   c. 皮肤
   d. 软骨

（邓雪飞 译，张露青 丁自海 校）

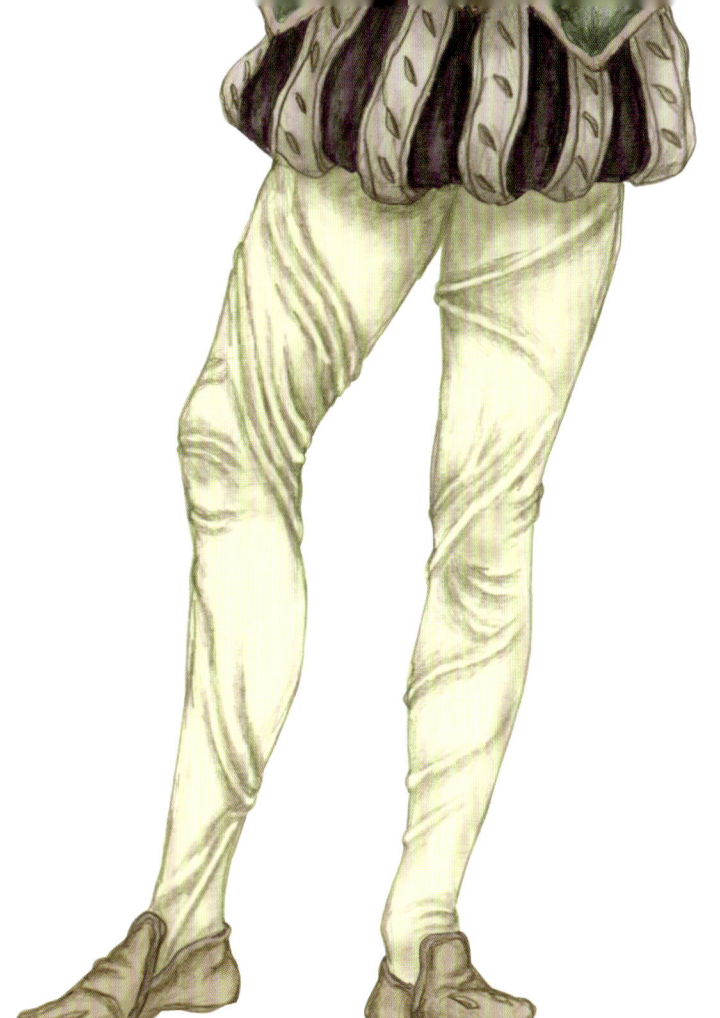

# 4

# 结缔组织（下）

## 学习目标

- 列出骨组织的功能和成分
- 定义并对比三种软骨
- 定义并对比肌腱和韧带
- 定义并对比筋膜组织的类型
- 列出并描述结缔组织网络的组成

## 本章要点

相信我，这个故事和筋膜有很大的关系。在一次高中莎士比亚的演出中，我迅速换上一件紧身衣，发现自己几乎无法在舞台上行走。我的腿被动地向奇怪的方向旋转。几年后，当我挤进一件扭曲的潜水服时，我也存在类似的感觉，这种材料的扭曲转移到我的手臂和躯干。

多年来，这些现象一直困扰着我。然后我读了艾达·罗尔夫的《罗尔夫与现实》，意识到我的（表面的）紧身衣所表现出的拉力与我的（深层的）筋膜织带相同。我腿上的扭曲迫使我的臀部换了一个不同的位置，影响了我的小腿和足的摆放。我感到身体错位，失去平衡。

我记得当时在想，如果一个人的筋膜排列是旋转的、成束的，或者被卡住了，生物力学的不平衡可能会影响他们的姿势、步态和功能！好吧，也许我不是这么说的，但作为一名未来的健身工作者，我发现这是一个启示。这一章的重点是结缔组织，如韧带、肌腱和其他筋膜结构，也许会给你带来一个深刻的启示。

- 重复的日常活动和姿势，如开车、使用电脑鼠标或操作视频游戏控制器，将如何影响手臂和胸部的肌肉？
- 长期不活动（如石膏固定）会对受伤手臂的筋膜产生什么样的影响？它会如何影响对侧手臂的筋膜？
- 艾萨克·牛顿爵士说过，对于每一个力，都有一个大小相等、方向相反的反作用力。这个概念如何应用于筋膜？

| | |
|---|---|
| 骨 | 36 |
| 　骨的类型 | 36 |
| 　骨的功能 | 36 |
| 骨的构建 | 37 |
| 　骨的结构 | 37 |
| 　构成骨的成分 | 37 |
| 　骨的主要结构 | 38 |
| 在实验室：Wolff's 定律 | 38 |
| 在实验室：堆叠和压缩 | 39 |
| 软骨 | 40 |
| 筋膜组织 | 41 |
| 固有筋膜 | 42 |
| 　深筋膜 | 42 |
| 　肌外膜 | 43 |
| 　肌间隔 | 43 |
| 　腱膜 | 43 |
| 　骨间膜 | 43 |
| 　支持带 | 43 |
| 　关节囊 | 43 |
| 韧带和肌腱 | 44 |
| 进一步说明 | 45 |
| 组装 | 46 |
| 　骨、筋膜及其他结构 | 46 |
| 　结缔组织张力网的功能 | 46 |
| 　向日葵、液体和你 | 47 |
| 在实验室：局部，整体，内部和外部 | 49 |
| 在实验室：胶原蛋白，需求和应答 | 50 |
| 复习题 | 51 |

35

# 骨

让我们回到构建模式。为了维持身体的灵活性和稳定性，就需要骨与骨之间相互连接形成一种复合物，从而为肌肉提供运动杠杆，为组织之间提供运动的间隙。换句话说，骨的存在是必不可少的。

## 骨的类型

成人有206块骨，大约有175块骨参与自主运动。当然也存有一些变异，如有些人的肋骨、椎骨、趾骨或者其他骨数目或多或少。

按形态，骨可分为几种类型：长骨、短骨、扁骨、不规则骨及籽骨（图4-1）。如股骨、肱骨属于长骨，手和足中的呈立方体状的骨为短骨；胸骨及髂骨属于扁骨；而不规则骨的形状不规则，如椎骨与颌面骨。此外，位于某些肌腱内的小骨称为籽骨，例如髌骨。

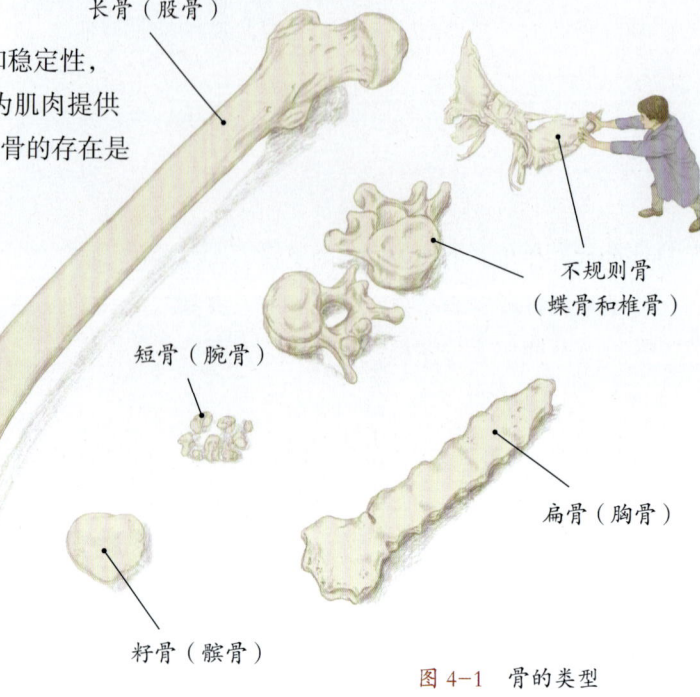

图 4-1　骨的类型

骨按部位可划分为中轴骨与附肢骨两类。中轴骨位于人体的中轴部位，包括颅骨、椎骨、肋骨和胸骨。而附肢骨包括上肢骨和下肢骨，上肢骨又分为上肢带骨（肩胛骨和锁骨）和自由上肢骨；下肢骨又分为下肢带骨（髋骨）和自由下肢骨。这些基本的划分有助于对步态和姿势的讨论。

## 骨的功能

骨有不同的功能，主要包括机械力学与新陈代谢两个方面。此处我们主要关注运动和支持功能。

作为一套连成一体的骨骼，既是支撑身体组织框架的重要部分，也起到保护、隔离周围组织的功能，有助于维持体形。当人们在做开合跳（jumping jacks）运动时（图4-2），多亏了有坚硬的骨做支撑，才不至于在一开始起跳时，人体就像可丽饼一样平摊在地上（图4-3）。

骨也必须能够承担人体本身以及比其体重更多的重量。当你站立时可能体会不到这种作用，但在连续做开合跳时，你将体会身体的每个部分所承受的负荷及冲力。不同的骨耐受不同的压缩力，加入筋膜的阻力和拉力后，人体才形成一个整体的动态平衡的有机体。

人体的多数组织及结构也需要一个锚，为此，骨通过向肌肉（经肌腱）、筋膜及器官提供坚实的附着位点来支撑这些组织（图4-4）。

图 4-2　有骨的人做开合跳运动

图 4-3　没有骨的人做开合跳运动

有趣的是，我们注意到以上提到的骨的全部 5 种机械力学功能，都类似于马戏团支撑帐篷的柱子。他们构筑了帐篷的支架，在帐篷顶、底及周边构建出空间，维持形状，承载重量，给篷布拉线、横幅提供了附着点。

最后，骨对于运动起着杠杆的作用。肌肉通过坚硬骨的杠杆作用，就像你使用的螺丝刀、核桃钳、剪刀所采用的杠杆原理一样。肌肉收缩，骨像杠杆一样被拉动，从而使得身体相应的部位产生运动。若没有坚硬的骨，运动就会减弱为滑动（图 4-4）。

既然骨有如此举足轻重的作用，那么让我们走进实验室，来了解一下它们的结构特点吧。

图 4-4　肌筋膜单位需要一个附着点

# 骨的构建

## 骨的结构

骨的物理属性简直令人震惊：坚如铸铁，却又轻如木材。你可能会觉得骨组织的配方势必非常奇特，但万万没想到它们只是些细胞、胶原蛋白、水和无机物成分。

## 构成骨的成分

骨组织细胞（占 10%）包括成骨细胞、骨细胞和破骨细胞。骨中也发现有特殊的结缔组织细胞。成骨细胞通过向周围的细胞外基质分泌胶原蛋白来建立新骨组织。当成骨细胞被困在自己的分泌物中后，就转变成为骨细胞。作为主要的骨组织细胞，骨细胞通过与血液交换营养和代谢产物来维持日常的新陈代谢。破骨细胞是分解和清除细胞外基质的巨型细胞。

有机物（占 10%）由为骨提供框架基础的、具有超强抗拉性能的胶原纤维组成。更重要的是，为骨提供硬度及密度的矿物质藏于它们交织排列的纤维之间。

无机物（占 60%）主要是磷酸氢钙组成的矿物质。这种固化剂是一种充盈在细胞外基质中的不溶性化合物，给予骨组织以硬度和密度。

水（占 20%）是一种关键的组成部分，即使在密度最高的骨结构中。

请注意，所有这些成分的百分比会随着年龄、活动水平和个体特征的不同而变化。

既然我们没有十几年的时间来观察骨的发育，让我们走一个捷径，用魔法"骨生长灯"来加快骨的生长发育

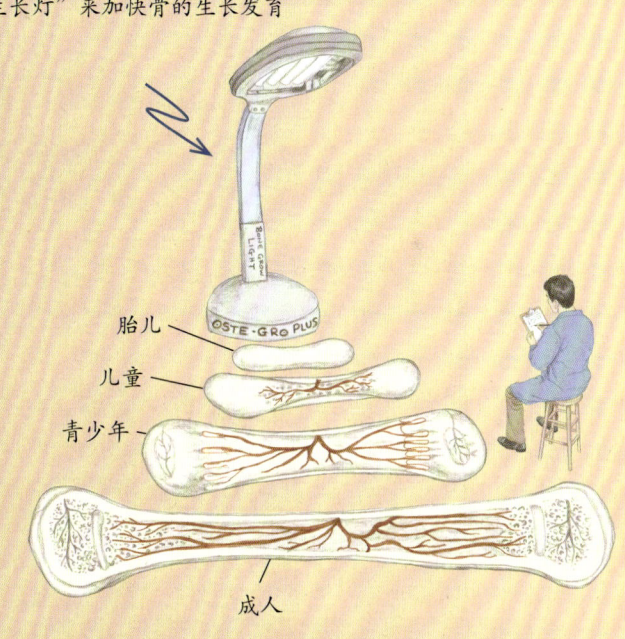

图 4-5　在生长灯下的骨发育

在这里，我们从零开始构建骨。但实际上，骨和软骨在子宫内就开始生长发育，然后贯穿于婴儿期直至成年。在走向成熟的过程中，这些组织通过所承受的重力和压力来调控并指导它们的生长。

第 4 章　结缔组织（下）

## 骨的主要结构

正如"骨生长灯"在骨的发育中能产生神奇的效果（图4-5），让我们检查一下骨密质，一种致密骨组织，构成长骨（如股骨）骨干的大部分（图4-6）。骨密质位于最外层，较薄，提供保护并抵抗体重和运动所产生的压力。并非巧合的是，当放大数千倍时，骨密质环状的设计类似于一个树干的年轮（图4-7）。

骨内的其他部分是由海绵状的骨松质组织构成的，排列得比较混乱，但是类似房子横梁功能的骨小梁能够抵抗压力和传递力。当你站起来或跑步时，股骨中的这种多孔设计将沿着应力方向重新排列，以便最大限度地发挥支持功能。

骨膜为骨外表面的薄膜，是筋膜张力网的一部分，详见第45页。

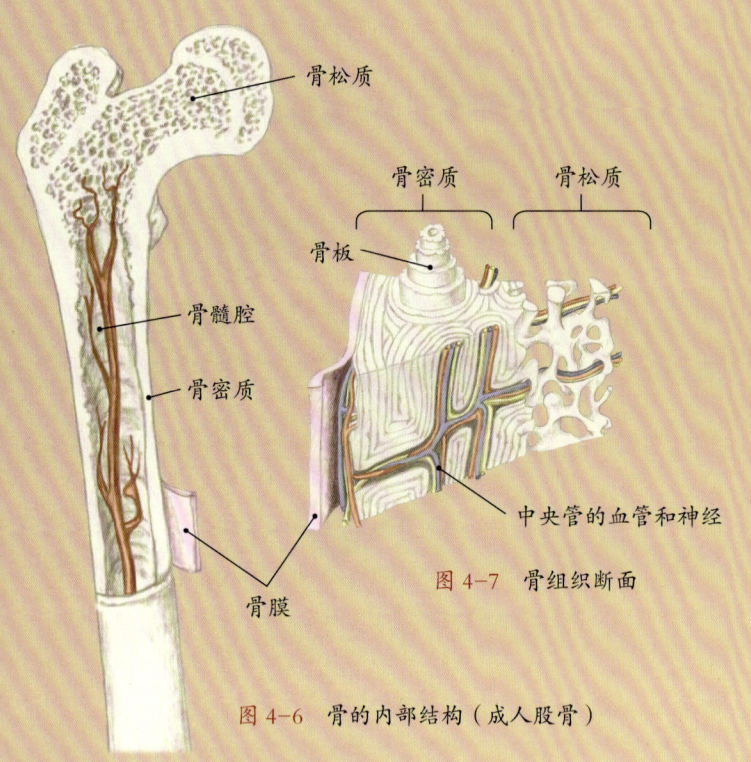

图 4-7 骨组织断面

图 4-6 骨的内部结构（成人股骨）

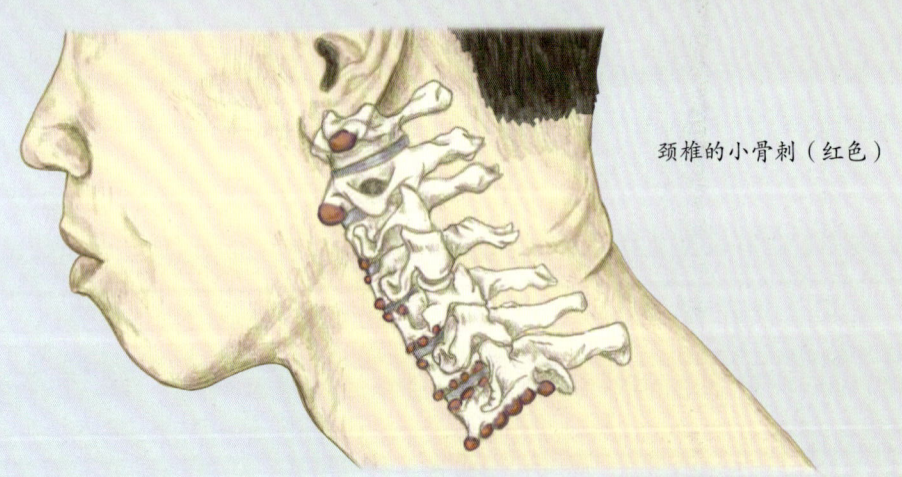

颈椎的小骨刺（红色）

## Wolff's 定律

骨在不断重建，分解旧组织，代之以新组织。在此期间，大概5%的骨质被回收，但在人体的不同部位，回收速率是不同的。如股骨远端每4个月可以更新1次，但若完全取代股骨干的部分则需要整个成年期。

骨是怎么知道何时以及如何重建的呢？是来自自身传递的信息。经常锻炼，它们将会变得更加强大。整个冬天坐在沙发上不动弹，就不要埋怨它们变得脆弱。

当受到应力时，许多材料会在应变作用下消减，但骨不会这样。Wolff's定律认为，依据压电效应原理（详见28页），骨组织在受到压力时将会变厚，形成一个更强的骨矩阵。相反，当压力移除后，骨会"垮"下来，重吸收未使用的材料，根据实际情况，"使用它或丢失它"。

你可能没有注意到，但是这种生理法则却真实地存在于每个人的生活中。例如托尼的胫骨粗隆和其他重要的骨性标志，由于肌腱的牵拉作用而增大。然而，他的颈椎却发生显著的变化。由于过度的应力施加于错位的颈椎上，已滋生出小骨刺（X线透视，上图），这就是一种发生在骨表面的异常钙化增生骨。

## 堆叠和压缩

让我们澄清关于骨的两个常见误解。第一个是相信我们的骨骼是一个多层塔或平衡的积木。这一概念的问题是，骨实际上不能维持垂直组合，更不用说把自己粘在一起。它们的关节末端不是规则的，而是包含圆形和不均匀的表面。这就解释了为什么教室橱窗里的骨架要悬挂在吊钩上或放置在台桌上。骨架是用螺钉或铜丝紧紧地固定在一起的，骨不能堆叠。

如果这是真的，那么骨骼又是如何承受体重和形成一个结构框架的呢？那是借助于周围的筋膜组织。这就引出了第二个谬论，即人体基本上是一个由堆叠单元组成的叠压结构。

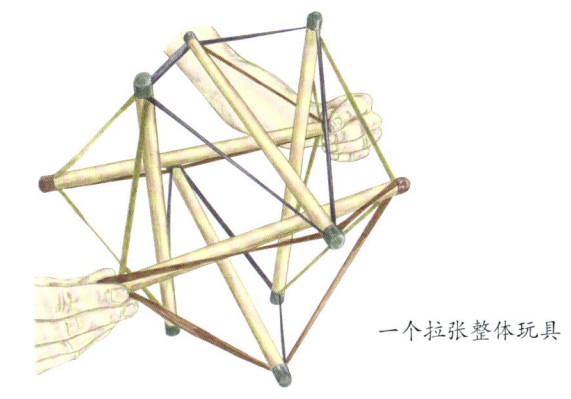

一个拉张整体玩具

这个理论像是说：头部位于颈部之上，它们均压在躯干上；头部、颈部和躯干均依靠在骨盆之上，然后又都位于足上。所以，足部承担着身体的压力和拉力的冲击。然而，这些力并不是从头传到足，而是仅通过骨。

事实证明，身体不像一堵墙，而更像是拉张整体玩具。这种巧妙的设备演示了销棒（骨）和橡皮筋（筋膜）是如何联合拉伸和收缩，以构建框架的。人体也有类似的这种团队合作，骨的位置由筋膜以及包绕的肌腹的拉力维持着平衡。

缺少筋膜支持，骨就会崩塌

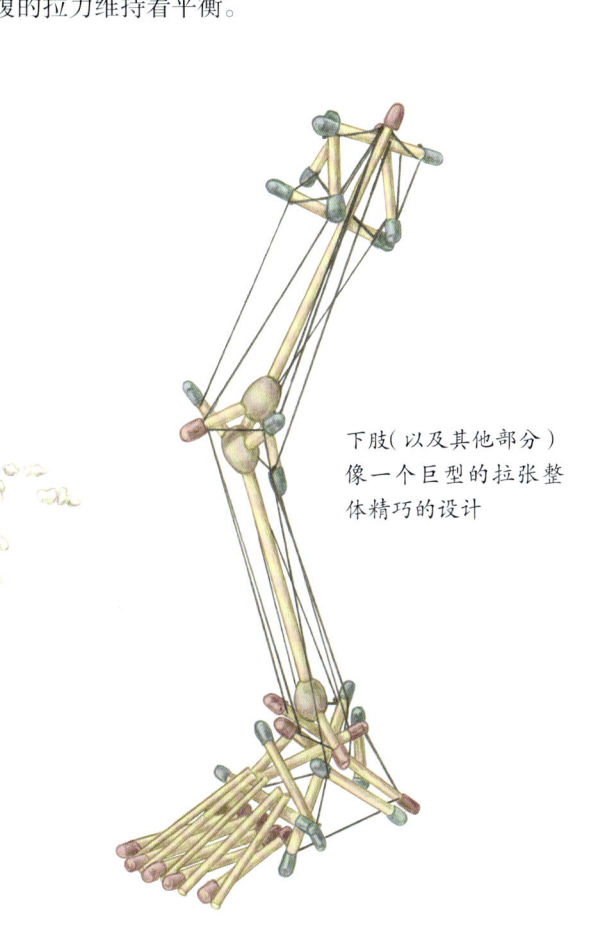

下肢（以及其他部分）像一个巨型的拉张整体精巧的设计

# 软骨

股骨（第 38 页）最终将与胫骨端对端结合形成膝关节。为了防止骨表面相互磨削，在骨的末端需要安装类似保险杠的装置。

更具体地说，需要为关节配备一种材料，这种材料能提供一个光滑、低摩擦系数的运动表面，能够承载巨大的负载（几乎整个身体的重量将通过膝关节传递），并且这种材料经过压缩后有足够的弹性恢复原来的形状。一种具有橡胶和软塑料属性且具有生命力的有机组织——软骨，正是我们身体所必需的。

软骨是由致密胶原蛋白和弹性蛋白组成的紧密网状组织，嵌入在凝胶状非亲水性基质中，因此软骨可以比韧带、肌腱等致密结缔组织承载更大的压力。但不幸的是，由于软骨的血运较差，所以受伤后较难愈合。

人体有 3 种类型的软骨。

纤维软骨：一种强抗拉（拉伸和张力）的最耐磨的软骨，是椎间盘、膝关节半月板（图 4-8）、肩关节外唇及髋臼的理想材料。

弹性软骨：最柔软的软骨类型。最适合保持结构的外形，如外耳（图 4-9）、咽鼓管和会厌。

透明软骨：俗称关节软骨，是体内最为常见的软骨类型，存在于大多数参与运动的关节中。位于骨关节面，作为骨关节的承载表面（在未成年时期是一种有光泽的不透明物质）。它可能仅有 1~7 mm 厚，但由于其兼具负重、柔韧和有弹性的特性，能够减少摩擦和缓冲力，它就是最适合存在于膝关节中股骨关节端的软骨（图 4-10）。

图 4-8　椎间盘（左）和半月板（右）由纤维软骨构成

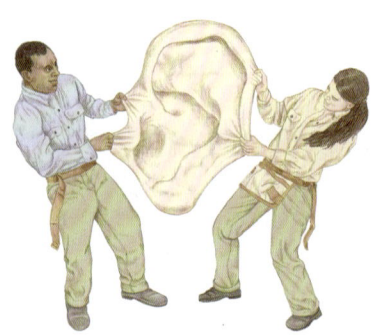

图 4-9　弹性软骨保持耳郭的形状

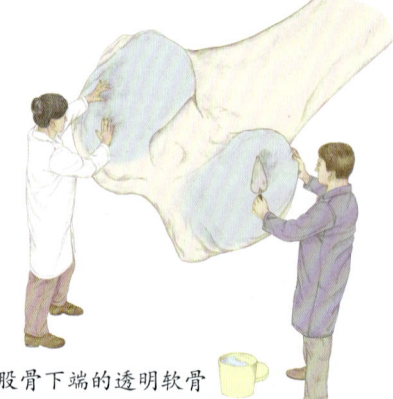

图 4-10　股骨下端的透明软骨

但是，如何将透明软骨连接在一起呢？胶水？装订？身体会给予些启发。让我们回想一下，尽管骨和软骨均是非常致密的结缔组织，但是它们却能融合在一起，形成一个令人难以置信的强大结合体。实际上是因为软骨可钙化转变成为骨组织（图 4-11）。

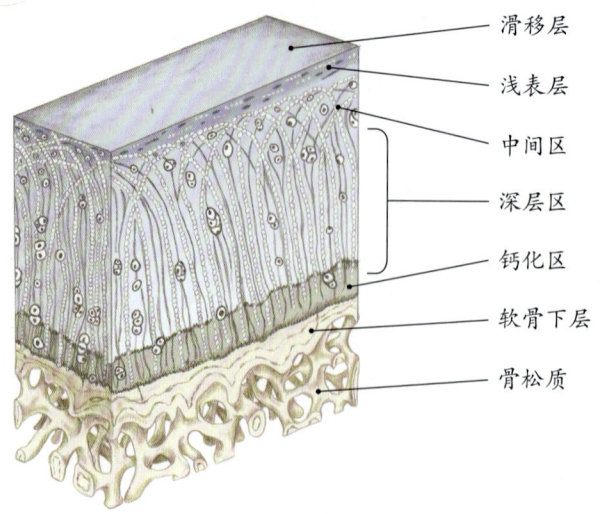

图 4-11　透明软骨和骨的切面

滑移层
浅表层
中间区
深层区
钙化区
软骨下层
骨松质

# 筋膜组织

我们已经构建了骨和软骨的大体结构，现在来了解一下它们的"伙伴"，那些产生张力的结缔组织。

筋膜组织是由疏松或致密结缔组织构成的，相当于人体的包膜、间隔、管道和脂肪垫（第29页）。包括肌腱、韧带、浅筋膜和包裹肌腹、血管、神经的组织。与保证身体抗压强度的骨和软骨不同，这些结构通过它们的固有属性形成全身的张力网，不仅使各结构紧密结合在一起，并且也允许各组织间彼此相互平稳地滑动。

在接下来的几章中，我们将观察肌纤维是如何收缩和运动的。当然有人可能会问这样的问题：在运动的形成中，筋膜组织起到什么作用？一个类比可能会有助于理解：就像一辆车如果没有传动轴、传动带和机油的话，将会报废；肌肉组织如果没有这些用来提供能量转移以及润滑的筋膜组织也同样会瘫痪（图4-12）。没有相互协作是不行的。

我们将把这些结构分成3组：①片状（固有筋膜）；②束状（肌腱和韧带）；③不规则状（浅筋膜和骨膜）。

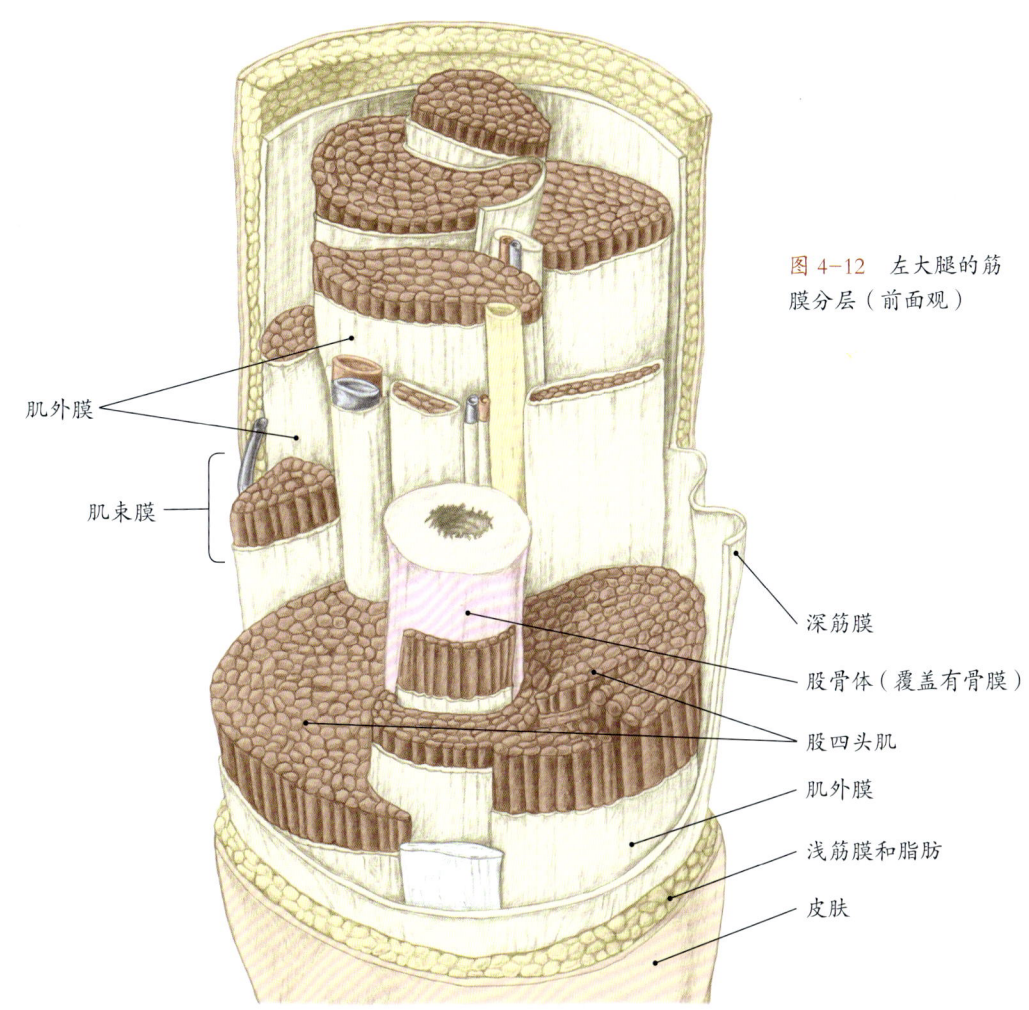

图4-12 左大腿的筋膜分层（前面观）

肌外膜
肌束膜
深筋膜
股骨体（覆盖有骨膜）
股四头肌
肌外膜
浅筋膜和脂肪
皮肤

### 单一的组织

筋膜在历史上一直被忽视，但直到最近，它在灵活性和姿势完整性方面的作用才得到应有的尊重。甚至一年两次召开筋膜研究大会来讨论这一问题。

筋膜在拉丁语中叫作绷带或者带子，被定义为"散布于人体结缔组织中的软组织部分"。然而这从本质上有试图混淆定义的嫌疑。这也许有助于孤立描述这些组织，实际上它们仅在名称上予以区分。做一次人体解剖就会看到和感觉到它们是真正代表一块独立的组织。当我们今后再构建和进一步探索时，请记得"筋膜组织"就是一种单一的组织。

# 固有筋膜

固有筋膜为遍布全身的膜状致密结缔组织。包括包绕及深入肌腹的筋膜及隔膜、腱膜、支持带和关节囊等。

与平行排列的肌腱组织不同，固有筋膜的胶原纤维互相编织，维持了身体大部分的强度及整体性。

## 深筋膜

深筋膜是一层位于皮肤和浅筋膜深面的致密结缔组织。它包绕肌腹，并把肌束连接在一起从而分为不同的功能群；还填充于肌腹间的空隙，包绕血管、神经形成血管神经鞘。作为连续的组织，深筋膜还伸入相邻肌腹之间，形成肌间隔。

如果我们要构建一条下肢，当肌肉和周围的筋膜就位后（图4-13~4-15），我们会用深筋膜来包绕肌群及其附属结构（图4-16），最后用浅筋膜包裹，最外层是皮肤。当然，下面的图只是做了一个关于如何构建的有趣的演示，实际上所有的筋膜层均是一种结缔组织（从浅筋膜至肌内膜）。

为了运动，对这些密不可分的组织着实需要划分不同的结构，来执行其具体功能。有意思的是，深筋膜不仅可以连接周身，而且还执行了一些关键的分工。例如，如果胸大肌收缩而胸小肌伸展，那么在运动过程中，深筋膜不仅可使肩部保持为一个整体，而且也允许这些不同的运动方式发生，并为其发生提供一个光滑的表面。

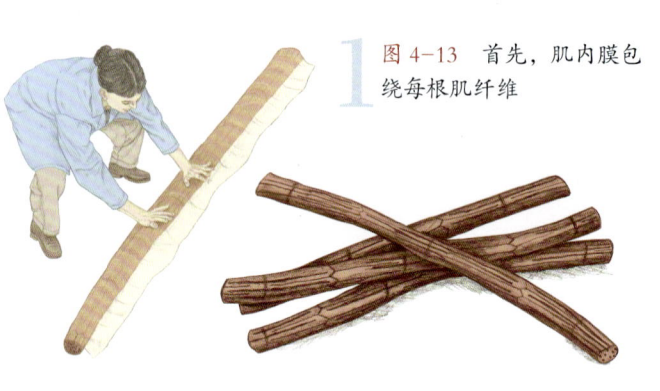

**1** 图4-13 首先，肌内膜包绕每根肌纤维

**2** 图4-14 然后再用肌束膜包绕肌纤维使其成束

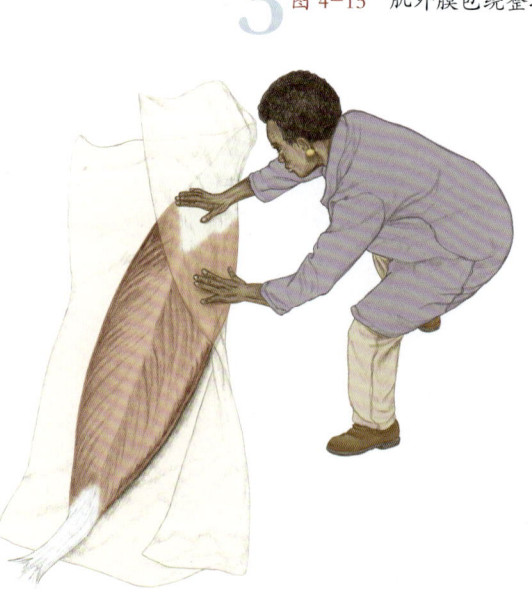

**3** 图4-15 肌外膜包绕整块肌

**4** 图4-16 最后，整个下肢缠绕固有筋膜，这样就构建完成了

## 肌外膜

肌及其筋膜构成了肌筋膜单元。试图用解剖刀去分开它们是没有意义的。它们之间互相依赖,肌肉组织具有收缩"引擎"的功能,而筋膜控制着这份力量,使其成为一个有序的拉伸框架。

深筋膜形成筋膜鞘将不同的肌群分隔开,如前臂屈肌群。然后它再包绕每块肌并进一步伸入肌腹,包绕每条肌束及细微的肌纤维。最后在肌的两端使腱组织聚集在一起形成肌腱。我们将在第7章中再详细探讨这些概念。

## 肌间隔

人体构造中存在一些肌间隔。这些分离不同功能肌肉的筋膜主要分布在四肢内、外侧。

这些肌间隔的作用是双重的,从骨或骨缘展开,它将首先为肌外膜提供一个外部的"筋膜把手"(肌腹最外层筋膜);与此同时,它作为一个"筋膜中介",分隔相邻的肌群,这样它们就可以各自独立地行使其功能(图4-17)。

## 腱膜

不像分隔肌的肌间隔,腱膜是附着于肌末端的宽阔平展的肌腱。腱膜由致密结缔组织组成,可增加人体的稳定性和强度。例如,胸腰腱膜可以用来支撑腰部和骨盆部。

## 骨间膜

当构建人体的上、下肢时,我们一定要在尺、桡骨和胫、腓骨体之间增添一层起到稳定作用的骨间膜。这些薄但强韧的纤维膜将两块骨连结在一起,并可作为肌的附着位点(图4-18)。

## 支持带

长肌腱(如在腕和足踝处)在运动过程中不得不遇到一些异常尖锐的拐角。在组装过程中,需要有几个起到保护作用的环绕关节的支持带,通过这些支持带可以稳定肌腱在其中穿梭,使肌腱在其中来回滑动时避免磨损(图4-19)。

## 关节囊

作为骨连结主要形式的滑膜关节,当然要用些致密结缔组织来保证关节的稳定性,牵制其过度运动,我们将在第66~68页深入介绍这部分内容。

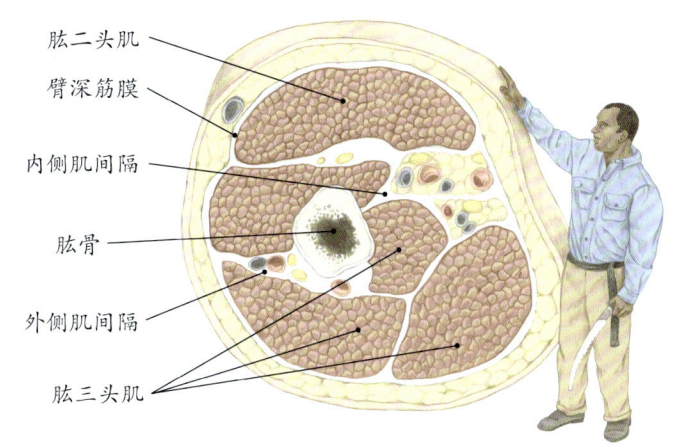

图4-17 臂部肌间隔(横断面)

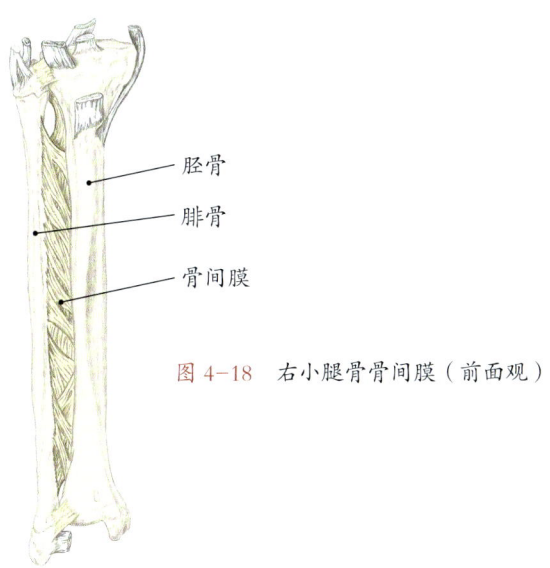

图4-18 右小腿骨骨间膜(前面观)

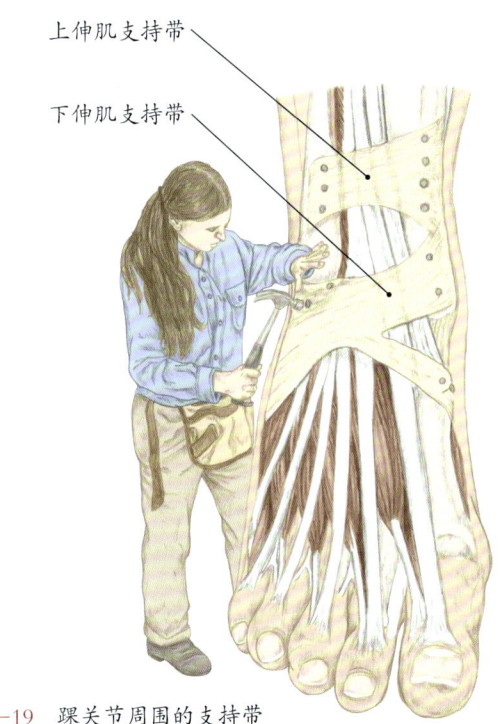

图4-19 踝关节周围的支持带

## 韧带和肌腱

接下来构建最为重要的两个连接结构：韧带和肌腱，前者使关节的骨连接在一起，后者连接骨与肌。

二者均由致密结缔组织构成，可看作是筋膜在特定位置的"增厚"（图4-20）。它们包含少量细胞和大量充满胶原纤维的细胞外基质，类似钢丝绳一样具有强抗拉伸强度的复合物。韧带可承受来自各个方向的拉力（想象打篮球时膝关节的扭矩）。为了抵抗来自各个方向的拉力，韧带的纤维以一种相互交叉的形式排列。这使它具有更大的稳定性和强度，并可限制骨连结间的运动。

相反，肌腱纤维则彼此平行排列。这是因为肌腱的作用力几乎完全是单向的（图4-21），即负载是沿着其附着的肌腹部位向肌的骨锚定点方向进行传递（图4-22）。当肌收缩时，便允许肌腱传输其收缩力到骨上。换句话说，肌收缩，肌腱受牵拉导致骨的运动。正如第43页所述，宽平的肌腱称为腱膜。

肌腱和韧带的结构可以有效防止它们被拉变形，但却使其易于断裂（撕裂），这也是最常见的损伤。像软骨一样，致密结构血供较差，受伤后的愈合过程较慢。

韧带和肌腱是如何连接到股骨和胫骨上的？我们将采用一种建造摩天大楼的方法，不是将钢筋嵌入基岩然后用水泥粘在一起，而是将原纤维伸入包绕骨组织的骨膜内。事实上，韧带和肌腱在伸入骨面时会骨化（矿物质化）（图4-23）。

图4-20 编织纤维，构建肌腱或韧带

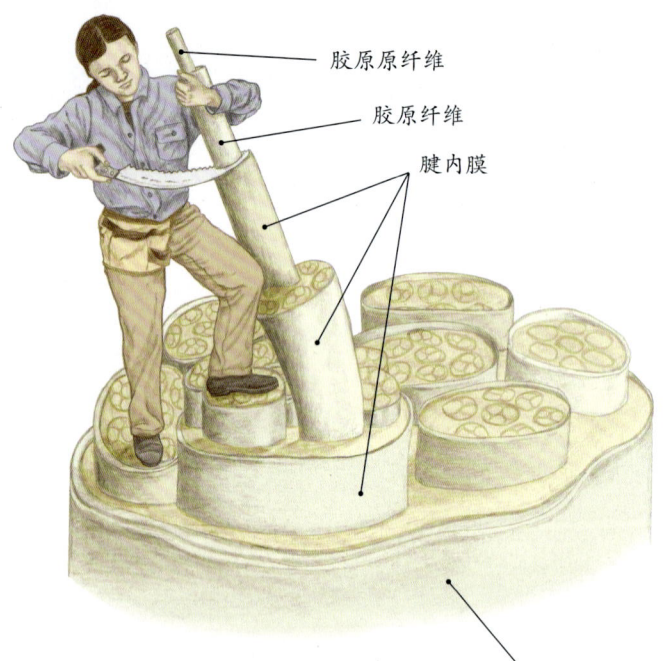

图4-21 修剪肌腱末端

胶原原纤维
胶原纤维
腱内膜
腱外膜

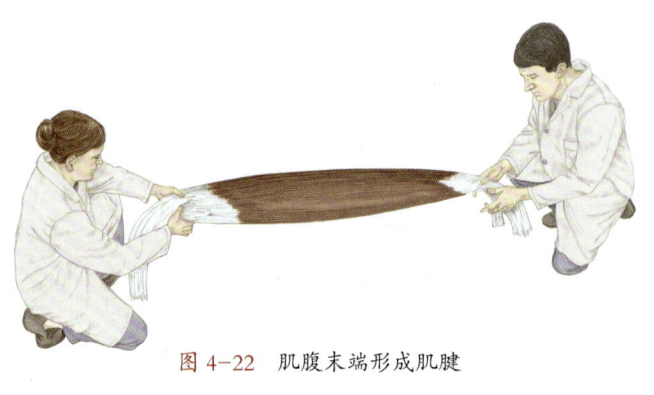

图4-22 肌腹末端形成肌腱

图4-23 将肌腱和韧带连接到膝关节的骨膜和骨上

### 肌腱和糖果包装

解剖学家之所以在解剖时能切割分层，并且把周身的各种韧带、肌腱及其他结缔组织区分得清清楚楚，一定是有原因的。区分周围的事物甚至是我们人类自身的本性。但实际上人体本身并无区分，所谓的清楚是有人为因素的。大多数情况下，韧带仅是关节囊纤维相对集中的一个比较肥厚的部分。

至于肌腱，它们就像是一个糖果包装纸复杂扭曲的尾巴。筋膜层（包装纸）包绕着肌腹（糖果）。实际上，筋膜以一种比较微观的形式穿透到肌腹内，然后聚集在两端形成肌腱。肌腱—筋膜—肌腱是一个连续的组织体。

## 进一步说明

浅筋膜是一种位于皮肤深面、包被整个身体的疏松结缔组织。虽然常常被误以为是一层薄膜，但实际上它是一个充填着脂肪组织、神经、血管和淋巴管的三维组织。它可用作隔离、缓冲周围的组织，可以看作是脂肪和水的贮藏室（图4-24）。

包裹在骨表面的是由致密结缔组织构成的骨膜（图4-25）。骨膜的成骨细胞可增加股骨的厚度，但并不会增加其长度。除了可以保护骨和骨损伤后的再生作用外，它也是骨骼与韧带及肌腱之间的重要"中间人"。

另外，其他类型的结缔组织，将在关节部分更详细地讨论，包括关节盘、关节囊、滑膜、半月板和脂肪垫等（第66~68页）。

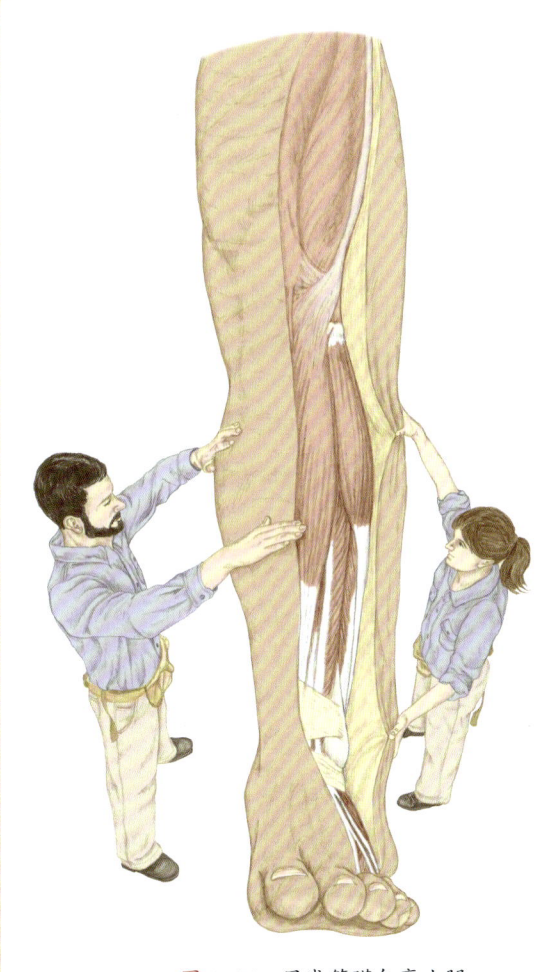

图4-24　用浅筋膜包裹小腿

图4-25　在骨膜上滚动

### 分离、松动和呼吸

在实践中，我们该如何更好地利用这个新发现的结缔组织知识呢？实际上，只需简单地活动一下身体即可。

就像它们的名字一样，这些组织连接起来，相互依赖，聚集在一起。通过举、推、拉等通常的操作，才有机会使筋膜组织分开，使其分离、释放、松动和"呼吸"。你不仅可以用手擦拭掉进入基质的液体，而且还可快速启动压电效应以实现更多的水吸收和代谢交换。

在骨靠近皮肤的地方，组织会变得异常胶着。踝关节、膝关节、肩胛冈都是皮肤、浅筋膜和骨膜容易相互胶着缠结在一起的部位。回想一下结缔组织的胶状性质，现在你就会很好地去构建"以简胜繁，以少胜多"的人体，并逐渐尝试解开这些层次。

第4章　结缔组织（下）

# 组装

## 骨、筋膜及其他结构

我们已经探索了抗压和抗拉的结缔组织，把它们放在一起来总结一下，可以创建两张不同的张力网。

如把所有相关联的筋膜组织：固有筋膜、肌腱、韧带连接起来将形成一个连续的张力网（图4-26）。

如果更进一步，把骨和软骨放进来（并将整个机体充满液体），这就形成了遍布全身的结缔组织网（图4-27）。

这里的骨作为支架来支撑张力网。组建的整体系统将有助于了解这些结构功能是如何一起运作的，从根本上帮助我们掌握人是如何坐、站立和行走的。让我们更进一步了解这个包罗万象的结缔组织张力网。

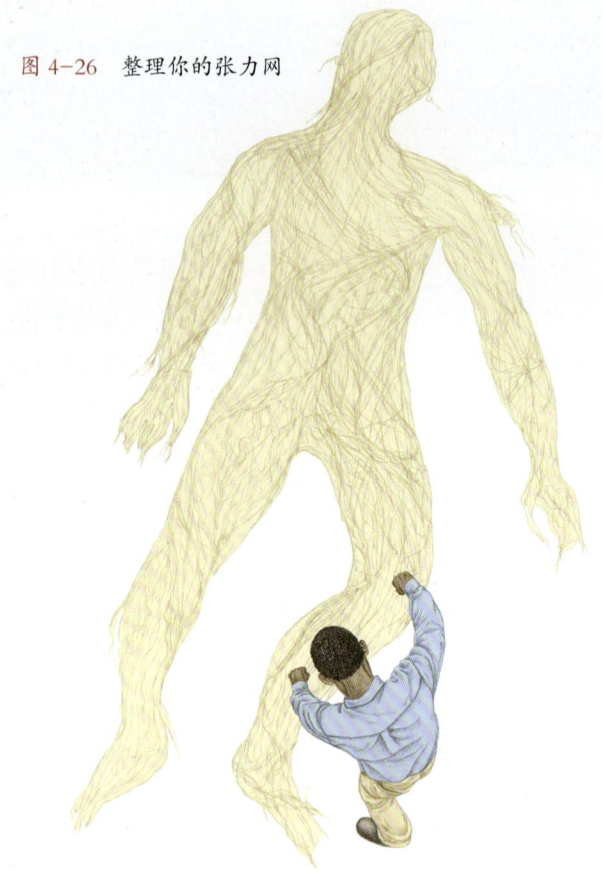

图4-26 整理你的张力网

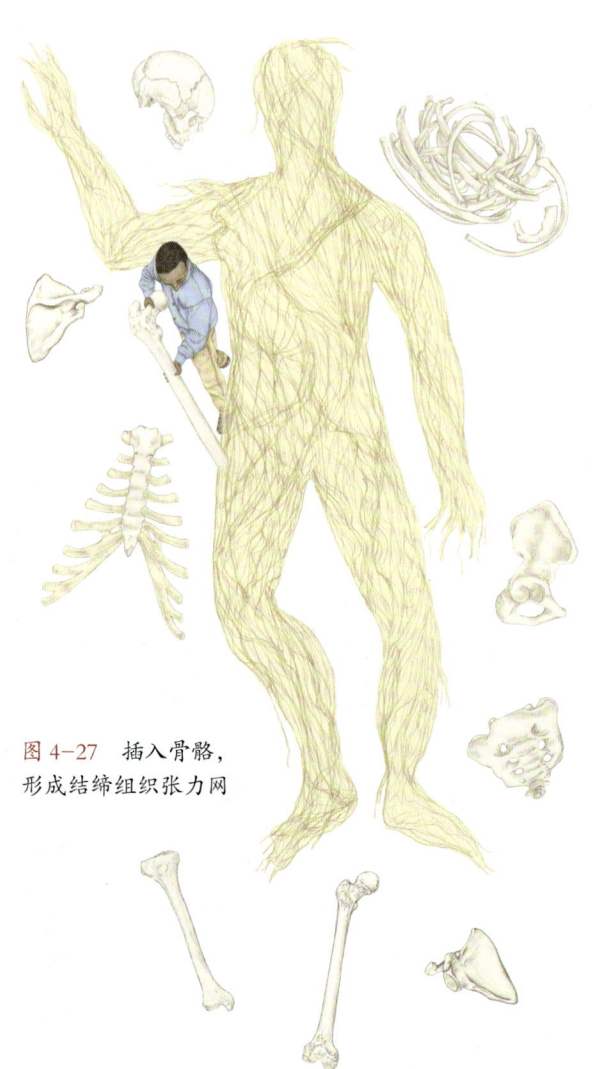

图4-27 插入骨骼，形成结缔组织张力网

## 结缔组织张力网的功能

结缔组织张力网包括所有的骨和筋膜组织。它有两个重要作用：首先，它构成了身体完整的结构框架（仔细想想，它是如何做到这一点的）。它联合细胞形成组织，继而统一组织形成器官。它连结骨和肌、骨与骨形成关节，并且包绕肌、脂肪和内脏。总之，它赋予人体形状、提供器官悬挂及支撑。如若没有这种结缔组织筋膜，我们就像沙袋一样，将数以亿计的随机堆放的细胞、肌、神经塞进严重退化的人体，甚至连耸肩都不能完成。

其次，这个张力网为肌和关节提供了力学支撑，利用骨的杠杆作用以及筋膜、韧带和关节囊的加固作用完成运动。例如，当肌收缩时周围筋膜缩短，把这种力量集中传递至肌腱，肌腱反过来运动骨。这种解释是高度简化的，周围组织也有着许多微妙的、稳定的作用。我们将会在第8章介绍。

## 向日葵、液体和你

像第 46 页所提示的一样，我们还需要有第三种结构元素使身体活动起来。除了抗压结构（如骨）和拉伸组织（如筋膜组织），一个真正的结缔组织网需要很多的液体（见第 24 页底部方框）。

一不小心手被割破，那么流出来的不是固体也不是气体，而是液体。人体大概含有 80% 的水，与其说我们是一个人不如说是一摊水。液体在人体中扮演着多种角色（运输营养物质和废物，润滑关节等），然而在结构完整状态下液体的功能却很少被提及。

想象一个盛开的向日葵，用它坚硬的植物"大梁"内部框架来支持它的茎与花瓣，通过静水压力，泵出和释放液体到不同部位，以便不断调整它的头始终向着太阳的方向（图 4-28）。

图 4-28　向日葵呈现静水压力

图 4-29　砍断茎秆之后

现在将其茎秆砍断，看看水是如何从裂缝中滴出的。当这个封闭的管道系统被破坏后，植物的静水压力下降，稳定的张力被破坏，导致其枯萎（图 4-29）。但也别过于消极。把花插入盛有淡水的花瓶里，看着它慢慢地膨胀重新精神过来。

像花一样，人体组织依靠某种介质从内部形成组织张力，以营造一种有压力的内环境支持内部框架。换句话说，需要静水压力来促使人体处于一种充盈的状态。

现在骨骼和筋膜已经安装就位，让我们将身体充满液体来完成这张网。首先，把所有的结缔组织网放进一个叫皮肤的袋子里（图 4-30）。当把袋子密封后，在足踝处向皮袋子内插入一根橡胶管。当这些液体逐渐渗透到细胞周围，身体开始慢慢地充盈开来（图 4-31）。随着更多的液体流入，它便很快塑型。

图 4-30　套上结缔组织做成的皮袋子

当你砍断向日葵时，所有的液体并不会倾泻干净。这是因为大部分的植物水分被组织包裹。例如，当你剥开丰满多汁的葡萄皮时，也会呈现这种现象，也许只有一滴液体流出来。人体的组织也没有什么不同。当然，不久将开始凝血。但关键是身体的液体并不是没有组织和设计，它们深深地渗透在人体组织中。

第 4 章　结缔组织（下）

现在来给身体输液，记住重要的一点：你的抗压和抗拉组织并不是一具干燥、干瘪的尸体，而是处于（或者说依靠）一种流体环境来传输和分配压力至周身。假如我们能神奇地钻进组织，精细调整筋膜路线并使液体压力维持正常情况，保持身体直立的大部分任务也是可以实现的。此时骨架就差不多成为一种结构性附属物：对于稳定性和机动性来说是必要的，但并不是唯一的基础。

当然，假如没有重要的肌肉和神经组织，人体仍是无生命的，但是运动的基础通过结缔组织的一些基本成分及其输入的液体在这里实现了。这又过渡到接下来两章的主题——关节。

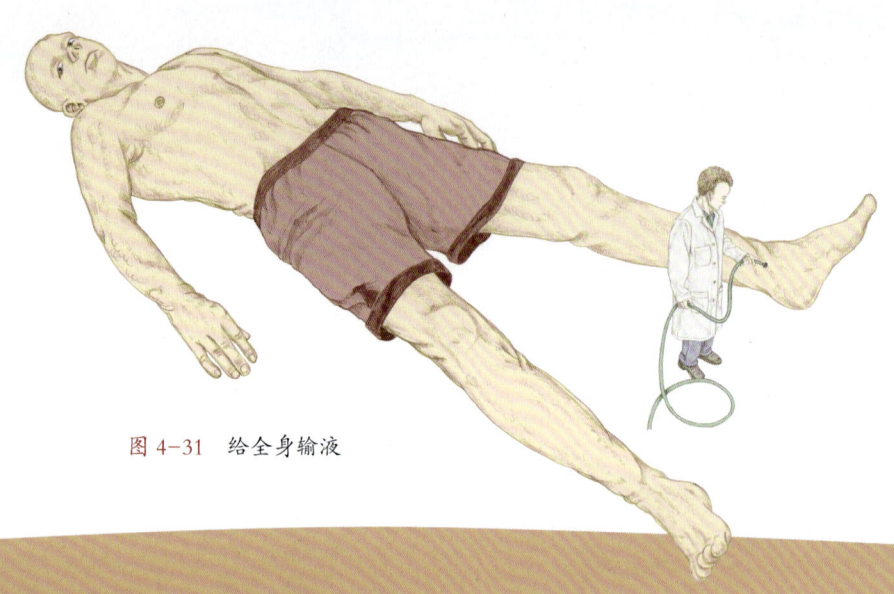

图 4-31　给全身输液

## 快变

假设除了结缔组织网，我们已经删除人体的所有东西。然后再缩小到纳米机器人的大小，快变！钻进这个拇指指甲下面的矩阵里。

想去哪里？选择人体任何地方，如比目鱼肌的位置。从拇指走到小腿的后部应该不会那么困难，因为有无数骨桥、韧带的路径以及筋膜的通道可以穿行。比较让人头疼的地方可能是到底应该选择哪一条道路。由于筋膜网是互相连通、完全遍布全身的，我们可以通过这条路线到达解剖学的任何地方。

尽管这是一场虚构的旅行，但你的想象应该能理解这些连接结构如何既没有起点也没有终点。简单地说，就是相互交融，筋膜相互聚集形成腱结构伸入骨膜和骨，在骨的末端再构成关节囊，融合成韧带，以此类推。

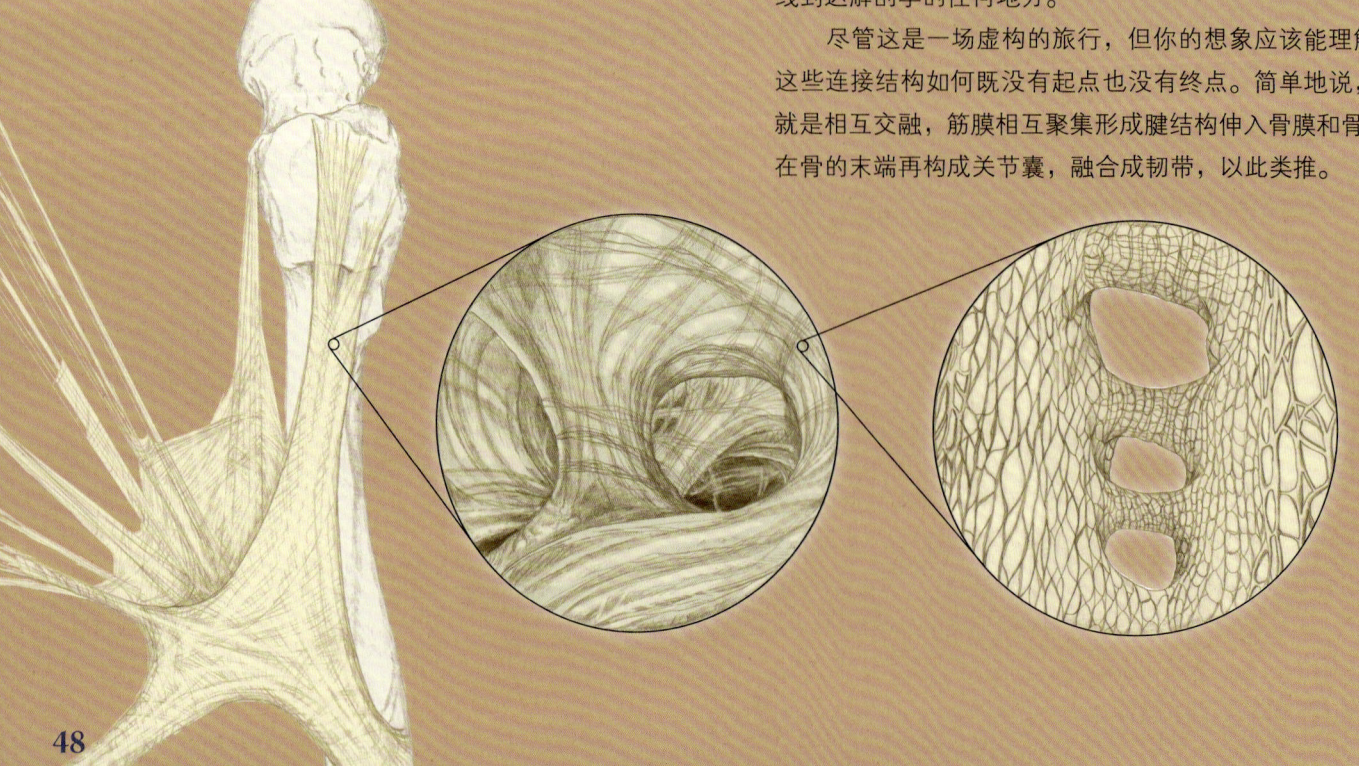

# 在实验室

## 局部，整体，内部和外部

在安装完肌肉和神经后，部分结缔组织网将能够向局部区域传达张力。例如，做屈肘举哑铃运动时，肱二头肌肌腱将在肘部传递拉力。

然而，当局部对整体产生影响，作为一个网，手臂和肩部的邻近结构创建一个筋膜的连锁反应。最终，矩阵将在整体上分散由于屈臂而产生的拉伸能量，这种分散遍布整个身体结构，下传到背部、臀部和小腿（图4-32）。

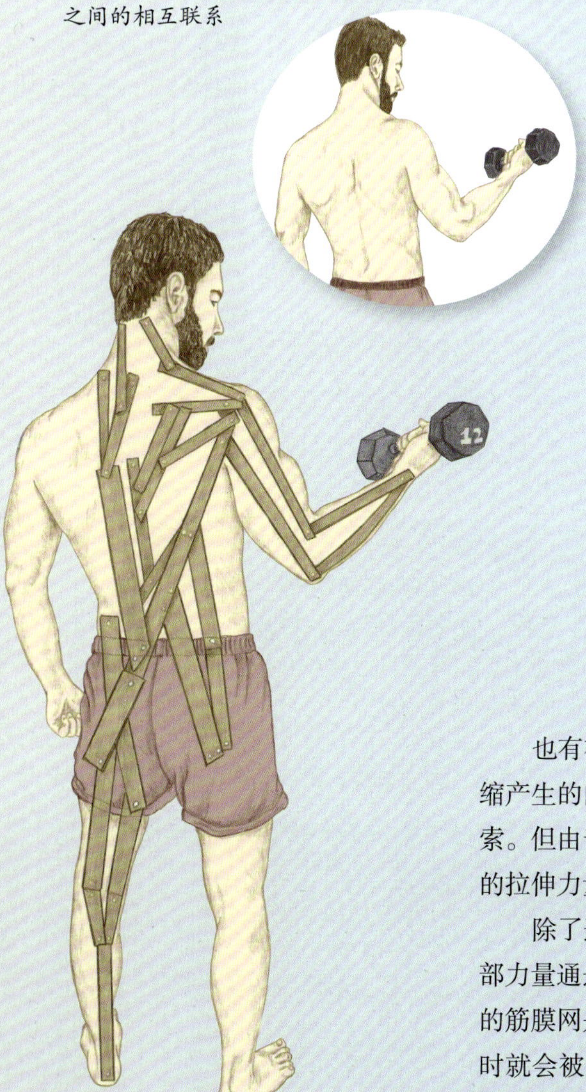

图4-32 举哑铃是一种局部运动，也是一种全身运动。在这里，肩带象征着全身肌筋膜单位之间的相互联系

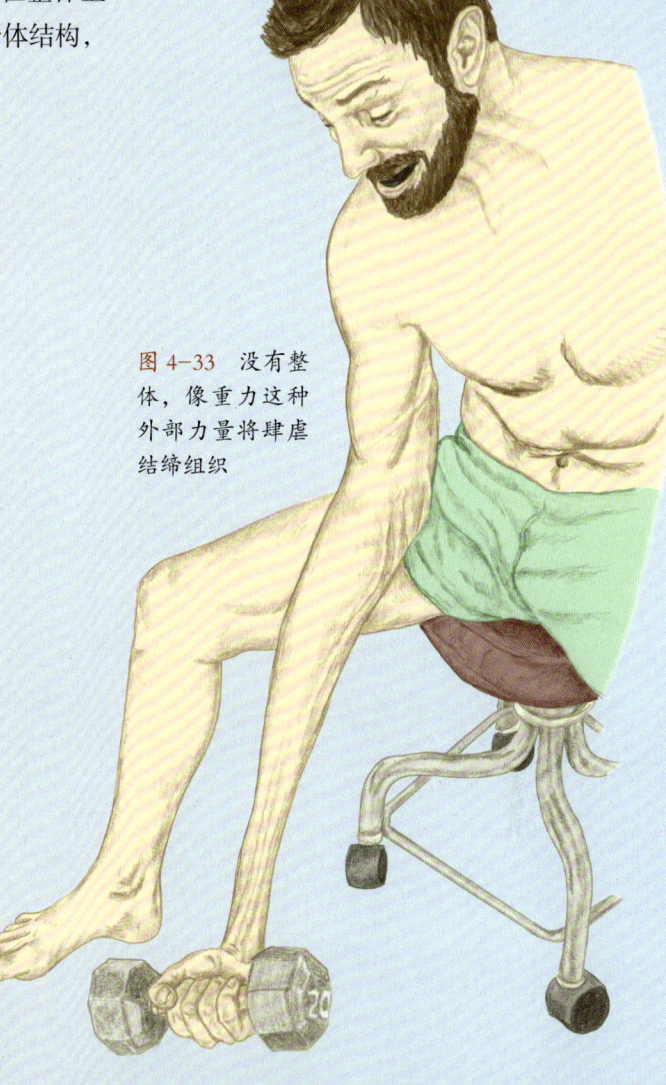

图4-33 没有整体，像重力这种外部力量将肆虐结缔组织

也有在局部和整体上影响事物的不同力量。例如通过肱二头肌收缩产生的内力：包绕肌腹的筋膜在局部相当于一个单一孤立的骨间吊索。但由于身体充斥着各种各样的充满肌纤维的混合吊索，肱二头肌的拉伸力量将转移到邻近的吊索。

除了这些来自内部力量的作用外，由于重力而产生体重的这种外部力量通过构建的身体也形成张力。让我们再次举哑铃。如果手臂的筋膜网是一个破旧的薄片，那么当组织在试图对抗重量产生的张力时就会被撕碎（图4-33）。然而，一个交织的具有张力的网，将有助于臂部及周围结构对抗重力，重量不会落到足部。

第4章 结缔组织（下）　49

## 胶原蛋白，需求和应答

让我们联系 3 个生理细节来结束这一章，这有助于理解结缔组织与运动的关系。

- 1. 人是产生胶原蛋白的机器。
- 2. 身体对需求产生应答。
- 3. 运动可终止旧行为、激发新行为。

要点 1：就像从地下不断涌出的泉水，人体不停地产生胶原蛋白。作为结缔组织的主要成分，它大量存在于肌腱、韧带、软骨、骨和椎间盘等处，不仅分隔各组织，也把它们连结起来。

正如你想象的，这包含一系列的平衡机制。一方面，太多的胶原蛋白可以导致僵硬，使运动受阻；太少了就会导致不稳定。

问题是，不是所有的组织都需要同等量的胶原蛋白。你的下腰背部（被胸腰筋膜牢固地稳定）需要大量的胶原蛋白，而你的三角肌（高度的机动性）需求相对较少。

更复杂的情况是，不是所有的区域都有同等强度的运动。如肘部，一天之中可能运动量较大；而颈部或臀部，并不需要伸展至可达到的最大程度。

身体是如何知道分配胶原纤维的原则呢？其实，它是不知道的，这依赖特殊的运动暗示。

这就引出了要点 2：身体会对需求产生应答。"使用它还是舍弃它"不仅仅是一句上口的韵文，更是一个关于健康组织和运动方式的直率的真理。移动身体，组织将会适应性地去维持这种运动性；停止运动，组织也会适应性地做出相应的调整。例如，因病卧床 1 个月后，你会发现缺乏活动降低了肌筋膜组织的大小、灵活性和强度。相反，夏威夷铁人训练中，通过均衡、健康的计划，可以感受到骨和肌筋膜组织的扩张和力量增强。

举一个更贴近生活（但令人遗憾）的例子，把自己颈部固定在颈托里数周后，一旦移除这个装备，就会发现颈椎的活动度降低了。除了颈部肌（这里的肌肉会改变它的原始"蓝图"并制定恰当的休息长度，第 158 页）本体感觉的重新校正，你所感觉到的僵硬度很大程度上是由于肌腹以及周围胶原纤维不受控制地生长。

当我们的身体认为："再也不能移动颈部了吗？"那么，只要把胶原纤维加厚来增强它的稳定性就可以。身体一直在倾听和适应。

这就导致了一个问题：如果组织（尤其是肌肉和筋膜）粘连而彼此之间不能轻松自由地滑动，那么身体还能很好地发挥功能吗？答案是：不能。

除了减少活动度，坚硬的组织也是导致关节痛的一个主要原因。比如上述所讲的颈部情况，肌筋膜单位（肌和筋膜结构）已经粘连在一起了。其中一块肌的牵拉会扭转其他肌产生扭矩，从而使关节不再是最优的排列方式。周围肌被动地工作，不久，一系列的不良反应像喷泉一样被激发出来（见后续章节）。因此，身体组织的粘连会导致关节功能障碍和相应的疼痛。

这就引出了关于运动的要点 3：激发并使之产生大量的胶原纤维。如果想在 85 岁时能去跳恰恰舞，有一点是至关重要的，就是你不但能灵活地活动身体，还能灵活地运用体内的材料。举个例子，有大量的体液存在于心血管系统外，因为没有泵入系统，体液积聚于疏松组织中。然而，细胞间液、组织液和小分子物质要依靠关节、肌肉抽拉的动力和血液组织来循环。因此，运动不但活动了关节，也使关节周围的液体和组织得到了过滤和更新。

总之，这 3 个概念：胶原蛋白、需求和应答，代表了筋膜组织、运动和稳定之间的不息转换。

---

人是一个巧妙的有机体。很早以前就有人意识到，胶原组织可做成束带，较易分离，随手可得。与其想用肌组织去稳定身体的某一个组织或区域，不如使用一些胶原组织形成的结构以更有效地完成这一功能。肌筋膜、肌腱、韧带都是人体很好地利用胶原组织的例子。为什么不用膝部的韧带去稳定支持膝关节，从而取代使用股四头肌和周围其他的肌肉呢？

# 复习题

1. 大约有多少骨参与了自主运动？（第36页）
   a. 145
   b. 206
   c. 175
   d. 200

2. 骨可分为哪两类？（第36页）
   a. 上部骨和下部骨
   b. 中轴骨和胸部骨
   c. 附肢骨和胸部骨
   d. 附肢骨和中轴骨

3. 骨组织由下列哪些成分构成？（第37页）
   a. 60%的水，20%的有机物
   b. 60%的无机物，20%的水
   c. 50%的磷，30%的水
   d. 40%的钙，20%的水

4. 哪条定律表明当受到压力时，骨组织会变厚？（第38页）
   a. Newton's定律
   b. Davis's定律
   c. Wolff's定律
   d. Chamber's定律

5. 以下哪一种是在大多数涉及运动的关节中的软骨类型？（第40页）
   a. 纤维软骨
   b. 网状软骨
   c. 弹性软骨
   d. 透明软骨

6. 以下哪一项由疏松、致密结缔组织组成，充当身体的包膜、经络和管道？（第41页）
   a. 筋膜组织
   b. 软骨
   c. 骨
   d. 脂肪

7. 肌筋膜单位由哪两种结构构成？（第43页）
   a. 肌腱和韧带
   b. 韧带和关节囊
   c. 肌及其筋膜
   d. 筋膜层和腱膜

8. 韧带可视为哪种致密结缔组织组成结构的较厚、集中的部分？（第45页）
   a. 筋膜
   b. 关节囊
   c. 肌
   d. 腱膜

9. 肌腱有点像哪种糖果的尖端？（第45页）
   a. Tootsie卷
   b. 薄荷肉饼
   c. 冰激凌三明治
   d. 士力架

10. 以下哪一项是覆盖骨干外表面的致密结缔组织膜？（第45页）
    a. 筋膜
    b. 韧带
    c. 骨内膜
    d. 骨膜

11. 除了基于张力的结构和基于压缩的结构外，结缔组织网络的一个关键组成部分是？（第46页）
    a. 筋膜
    b. 骨
    c. 流质
    d. 皮肤

12. 结缔组织网不仅局部传递张力，而且____。（第49页）
    a. 传至附肢远端
    b. 通过脊柱逐渐增加
    c. 传递至全身
    d. 缓慢而均匀地

（邓雪飞　译，张露青　丁自海　校）

# 5 关 节（上）

## 学习目标

- 明确解剖学姿势
- 描述三种面和轴
- 命名和演示人体的主要运动
- 明确关节的主要分类
- 分析三种关节的结构类型
- 描述滑膜关节
- 命名和描述滑膜关节的6种类型

## 本章要点

当一位瘦弱的女士从地板上搬起一个沉重的箱子时，她会感到腰部酸痛；一名 30 岁的建筑工人因肩关节慢性损伤，迫使他离开了工地；一名 20 岁的跳远运动员因左踝摔伤而结束了她的运动生涯。

这些人的遭遇，说明了关节及其周围组织如果使用不当、使用过度或使用错误，均会导致损伤。而这些损伤会改变他们的生活，影响身体的运动能力，甚至还会影响他们的医疗保险、药物治疗、就业和生活质量。

上班族可以通过改变生活方式，接受一系列医疗保健的治疗。体力劳动者也可以通过非体力劳动职业的选择，寻求康复的办法。受伤的跳远运动员只能暂时放下儿时的运动梦想，接受手术治疗。

每天都有成千上万人遭受这种损伤的痛苦。他们需要我们的帮助，而本章对关节的介绍是一个很好的开始。

- 上班族、建筑工人和运动员可以采取哪些预防措施防止这些伤害的发生？
- 比较我们的上肢和下肢关节，哪些关节的运动类型最相似？它们的功能有何相似和不同之处？
- 关节损伤是运动过程中最常见的损伤之一，根据您的观察和了解，身体哪些关节最容易受伤？

| | |
|---|---|
| 面和轴 | 54 |
| 　解剖学姿势 | 54 |
| 　面 | 54 |
| 　轴 | 56 |
| 人体的运动 | 57 |
| 关节总论 | 63 |
| 　关节的分类 | 63 |
| 　关节的结构 | 63 |
| 　纤维连结 | 64 |
| 　软骨连结 | 65 |
| 　滑膜关节 | 65 |
| 构建滑膜关节 | 66 |
| 滑膜关节的类型 | 69 |
| 关节的功能 | 71 |
| 关节的运动和稳定 | 72 |
| 关节分类表 | 73 |
| 复习题 | 74 |

# 面和轴

（有请生物力学魔术师 Vinny 和他的忠实助手 Wanda。）

## 解剖学姿势

就像我们看到的一样，Wanda 摆出了解剖学姿势（不太标准），她用这个姿势作为其他姿势和动作的基础（图 5-1）。

解剖学姿势最初源自仰卧尸体展示出的僵硬姿势。用于活体应为身体直立，头部水平，上肢贴于躯干两侧，手掌朝前，足尖向前。当我们讨论关节运动时要用到解剖学姿势。

## 面

当我们观看演出时，吃着爆米花，晃动着座椅并热烈鼓掌，虽然这些简单的动作都不难想象，但要描述这些动作却有点棘手。幸运的是，从面和轴的角度可以为我们提供描述这些不同运动的语言，能讲清楚这些不同的运动方式。

一个面就像是一块玻璃平面，它是一个虚构的平面。当你在空间中移动手臂或整个身体时，由于空间是三维的，因此存在三个运动平面：矢状面、额状面和水平面。这三种平面被称为基本面，运动在这些基本面上产生。

矢状面是将人体分成左右两部分的平面。人体有无限个矢状面，仅有一个正中矢状面将身体平均分为左右两部分。描述人体的"内侧"和"外侧"主要是指其与正中矢状面的靠近程度。如果 Wanda 进行屈曲或伸展运动，就是在矢状面上进行的（图 5-2，5-5）。

额状面（冠状面）将人体分割成前、后两部分。描述性术语前和后就是在此平面定义的。如果 Wanda 进行内收或外展，这些动作将发生在额状面（图 5-3，5-6）。

水平面将身体分成上下两部分，描述性术语上和下就是在此平面定义的。当做旋转动作时（如 Wanda 的头部和躯干），该动作就发生在水平面（图 5-4，5-7）。

图 5-1　Wanda 表演时展示的解剖学姿势

图 5-2　Vinny 魔术般地将矢状面穿过 Wanda 的身体

图 5-3　额状面

图 5-4　水平面

图 5-5　Wanda 演示在矢状面上屈肩、肘、髋和膝关节

图 5-6　在额状面上右肩关节外展和左髋关节外展、左肩关节内收并颈椎侧屈

图 5-7　在水平面上旋转颈椎、右肩关节和左髋关节

斜面是由 2~3 个基本面组成的任意平面（图 5-8）。如向观众挥手时就涉及三个面上的运动，手臂在矢状面和额状面的对角做运动，而肩部在水平面做旋转运动。

因为我们不是机器人，几乎所有的运动都同时发生在一个组合平面上。基本平面运动是特例。

图 5-8　在斜面上进行复合运动

## 轴

每个平面都有一个对应的基本轴。如果平面像一块玻璃，那么轴就像一个定位杆。旋转运动是绕着此轴进行的。例如，当一个车轮围绕其车轴转动时，车轮在平面上运动，是以车轴为轴心旋转的（图5-9）。

图5-9　轴垂直于平面，就像图中看到的独轮车的车轴和车轮一样

冠状轴由内侧向外侧通过人体，屈肘运动绕此轴进行（图5-10）。

图5-10　Vinny在冠状轴上做屈肘运动

矢状轴从前向后穿过躯干，沿此轴可侧屈脊柱（图5-11）。

图5-11　矢状轴由前向后通过躯干，脊柱可绕此轴侧屈

垂直轴从上向下，即从头部和脊柱穿过（图5-12）。

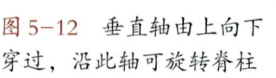

图5-12　垂直轴由上向下穿过，沿此轴可旋转脊柱

这是一种沿着斜平面垂直轴进行的运动。Vinny演示通过此轴可做屈曲、外旋和外展的复合动作（图5-13）。

这些术语将在后面具体的关节运动和肌肉动作的章节中更详细地探讨。

图5-13　在髋部穿过一个斜轴，沿此轴可屈曲、外展、外旋髋关节

# 人体的运动

以下内容讲述人体的主要运动。事实上，我们日常所有手势和动作都涉及动作的组合。例如，如果肋骨、骨盆、肩带等部位不活动的话，脊柱的旋转运动将受到限制，甚至很难完成。

## 颈部
（颈椎）

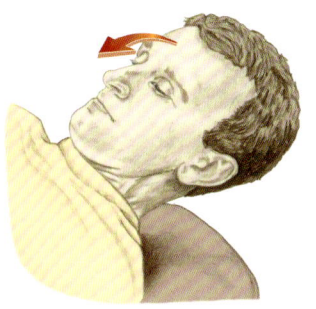

屈

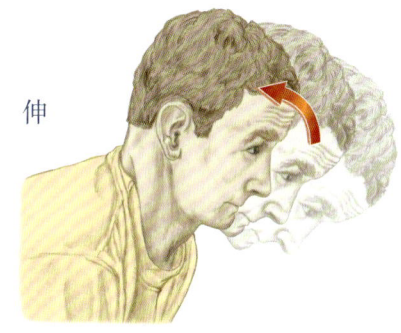

伸

| 颈椎活动度 | |
|---|---|
| 屈 | 40°~60° |
| 伸 | 40°~75° |
| 侧屈 | 45° |
| 旋转 | 50°~80° |
| 寰枕关节活动度 | |
| 屈 | 5° |
| 伸 | 10° |
| 侧屈 | 5° |
| 旋转 | 5° |
| 寰枢关节活动度 | |
| 屈 | 5° |
| 伸 | 10° |
| 侧屈 | 40° |
| 旋转 | 40° |
| 脊柱总活动度 | |
| （颈椎＋胸椎＋腰椎） | |
| 屈 | 120°~150° |
| 伸 | 75°~115° |
| 侧屈 | 95° |
| 旋转 | 85°~115° |

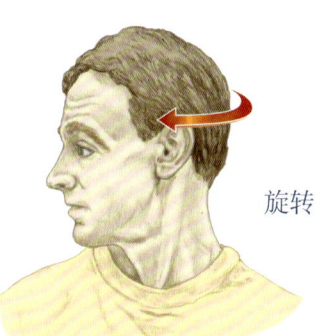

旋转

侧屈

## 脊柱和胸廓
（脊柱）

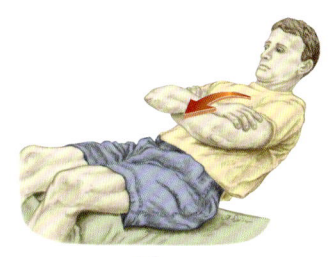

屈

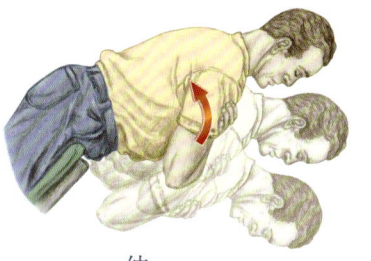

伸

侧屈

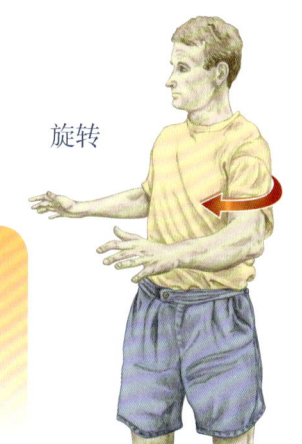

旋转

| 胸椎活动度 | | 腰椎活动度 | |
|---|---|---|---|
| 屈 | 30°~40° | 屈 | 50° |
| 伸 | 20°~25° | 伸 | 15° |
| 侧屈 | 30° | 侧屈 | 20° |
| 旋转 | 30° | 旋转 | 5° |

## 肋骨和胸廓

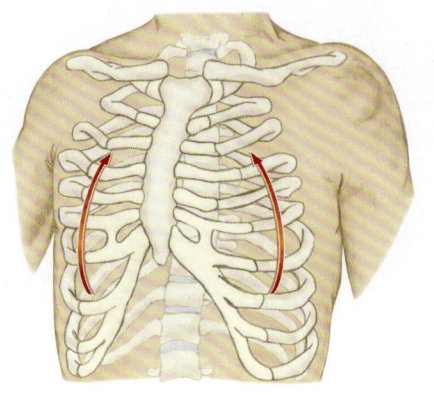

箭头指示肋骨的运动方向。吸气时肋骨上提（左图），呼气时肋骨下降（右图）。

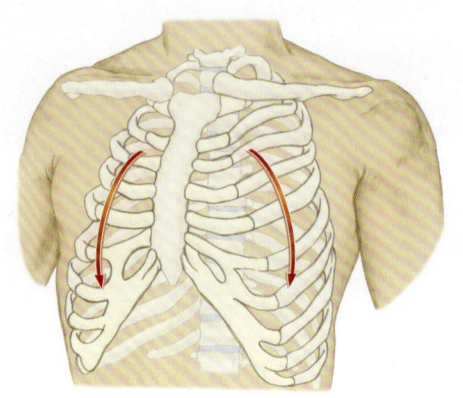

上提/扩大
（吸气）

下降/缩小
（呼气）

## 肩胛骨

（肩胛胸廓关节）

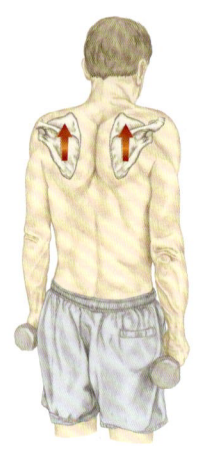

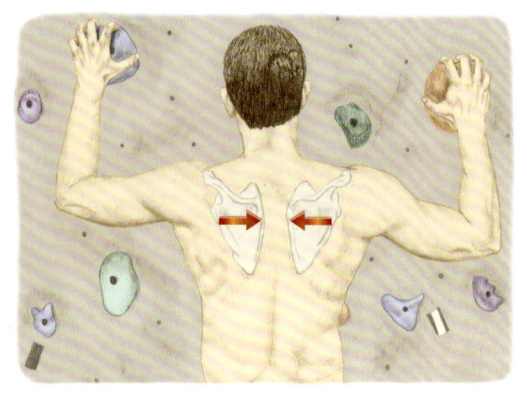

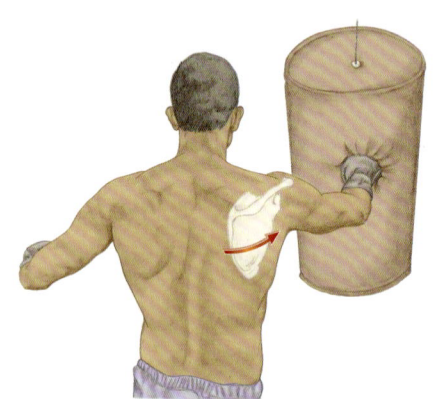

上提

内收

外展

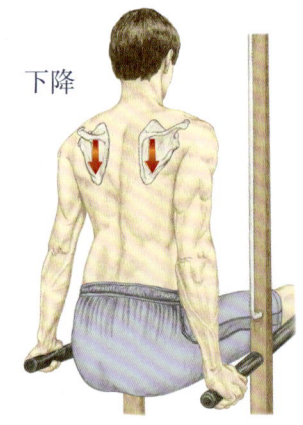

下降

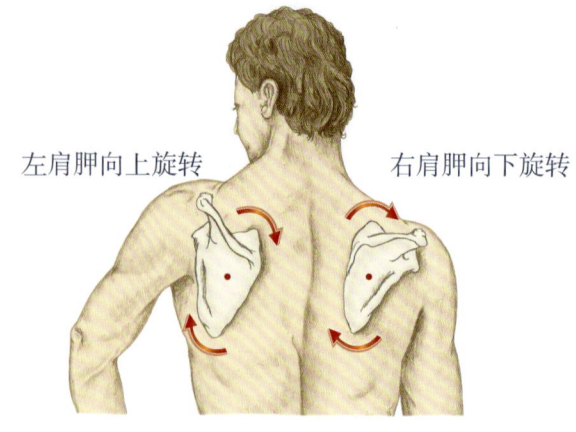

左肩胛向上旋转　　　右肩胛向下旋转

| 肩锁关节中肩胛骨的活动度 | |
|---|---|
| 向上旋转 | 30° |
| 向下旋转 | 0° |
| 胸锁关节中肩胛骨的活动度 | |
| 向上旋转 | 60° |
| 向下旋转 | 0° |

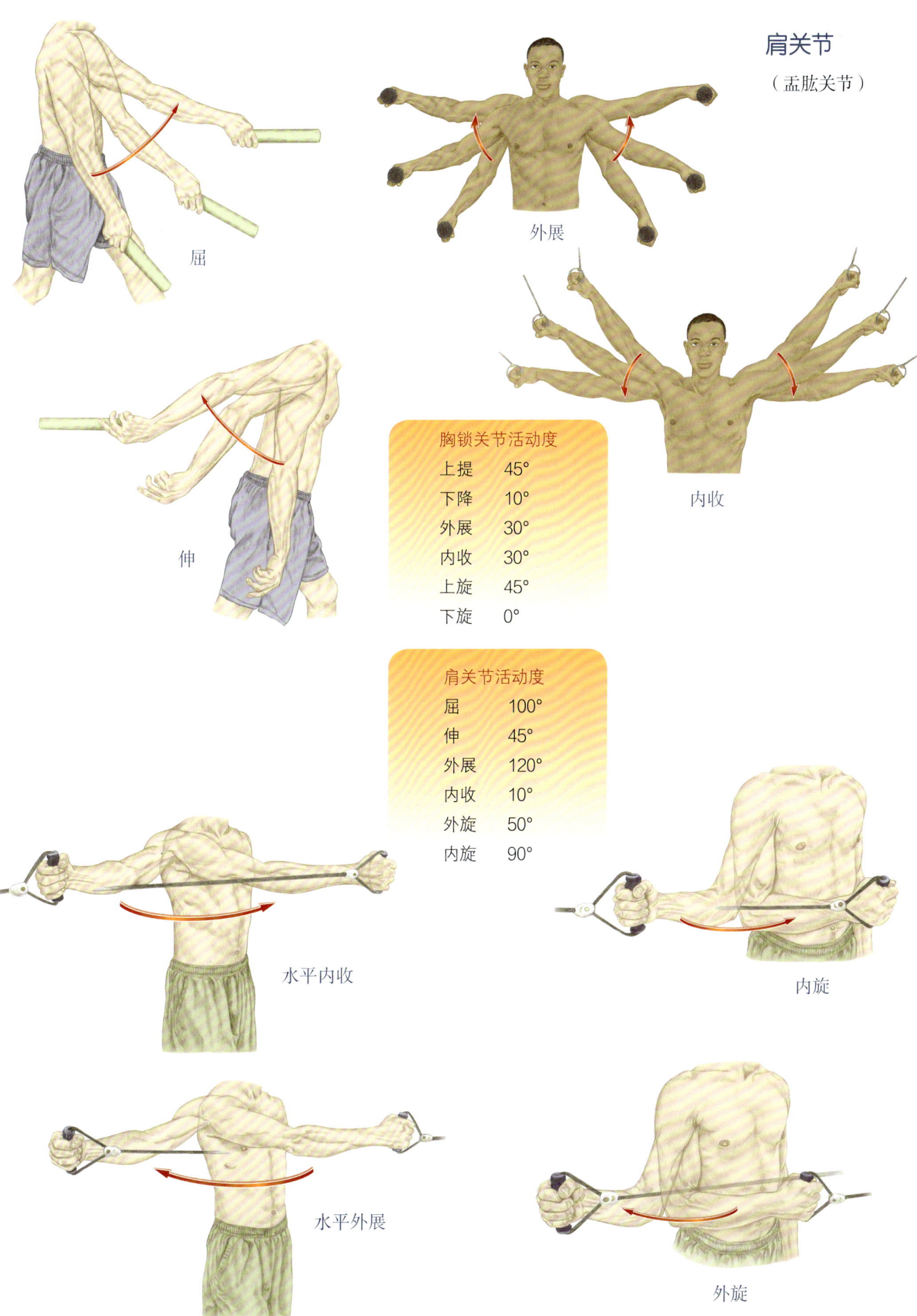

## 肘和前臂

（肱尺、肱桡关节——肘关节
近、远侧桡尺关节——前臂）

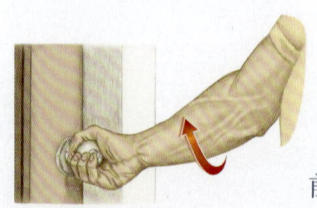
前臂旋后

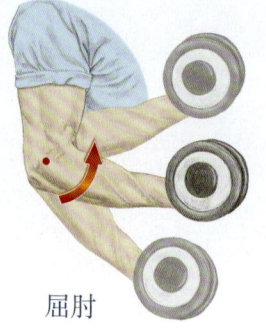
屈肘

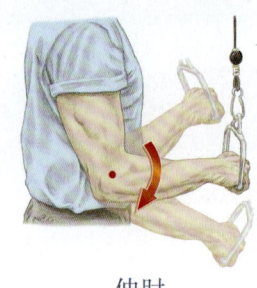
伸肘

肱尺关节活动度
屈　　　145°
伸　　　0°
桡尺关节活动度
旋后　　80°
旋前　　80°

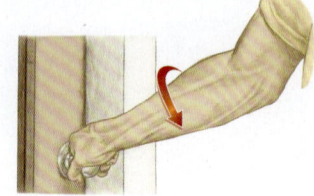
前臂旋前

## 腕关节

（桡腕关节）

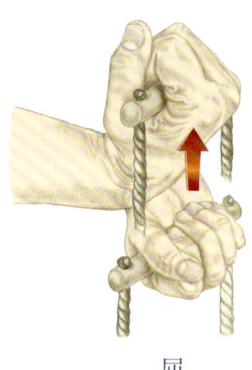
屈

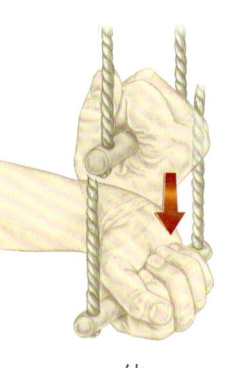
伸

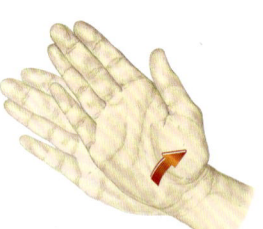
外展
（桡侧偏）

腕关节的活动度
屈　　　　　　　80°
伸　　　　　　　70°
内收（尺侧偏）　30°
外展（桡侧偏）　20°

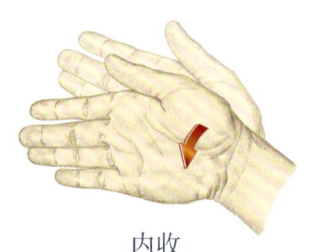
内收
（尺侧偏）

## 拇指

（第1腕掌关节
和第1掌指关节）

第1腕掌关节活动度
屈　　40°
伸　　10°
外展　60°
内收　10°

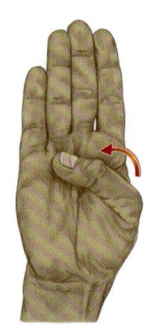
屈

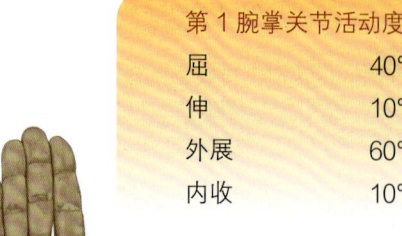
伸

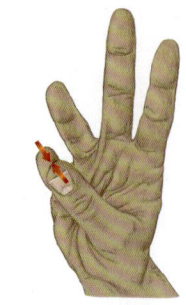
对指

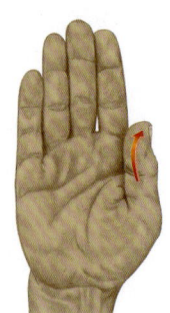
内收

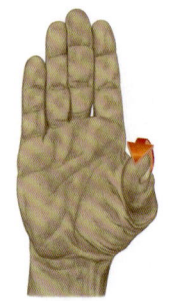
外展

## 手指
（掌指关节，近、远侧指骨间关节）

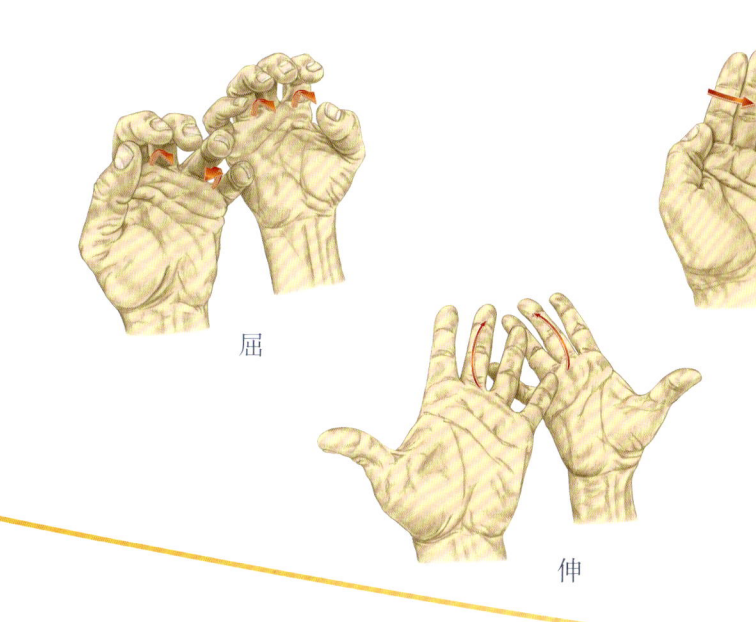

屈　　内收　　伸　　外展

## 下颌骨
（颞下颌关节）

| 颞下颌关节的活动范围 | |
|---|---|
| 下降 | 35~55 mm |
| 上提 | 0 |
| 前移 | 3~6 mm |
| 后移 | 3~4 mm |
| 水平侧移 | 10~15 mm |

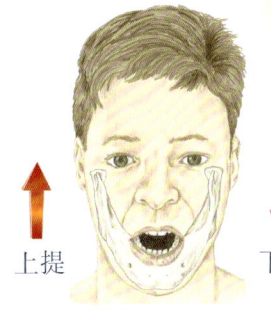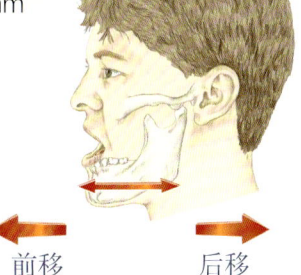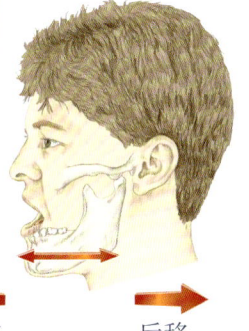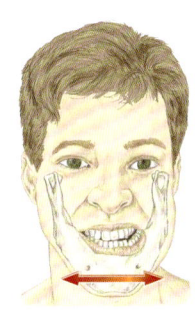

上提　　下降　　前移　　后移　　水平侧移

## 骨盆

| 骨盆活动度 | |
|---|---|
| 前倾 | 30° |
| 后倾 | 15° |
| 下移 | 30° |
| 旋转 | 15° |

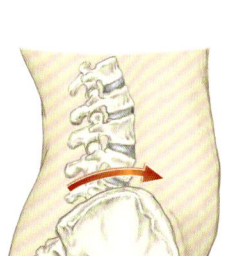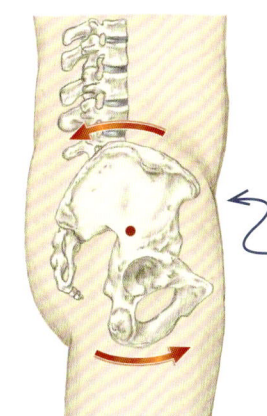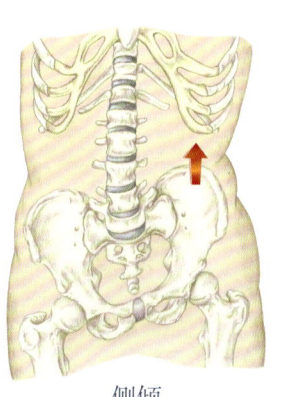

前倾（向下旋转）　　后倾（向上旋转）　　侧倾（向上提起）

想象骨盆的倾斜是如何影响股骨头在髋臼中的位置的？没错，一个关节的运动往往会影响另一个结构的位置。

第5章 关节（上）　61

## 臀部
（髋关节）

 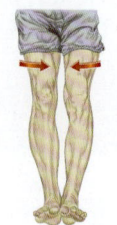 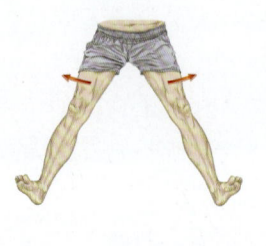 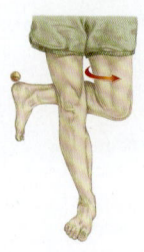 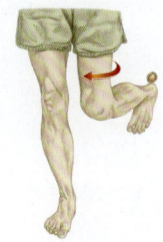

| 屈 | 伸 | 内收 | 外展 | 外旋 | 内旋 |

| 髋关节活动度 |||
|---|---|---|
| 屈 90° | 伸 20° ||
| 内收 20° | 外展 40° ||
| 外旋 50° | 内旋 40° ||

别忘了，髋关节像肩关节一样能够内收、外展。

## 膝关节
（胫股关节）

| 膝关节活动度 |||
|---|---|---|
| 屈 140° | 内旋 15° ||
| 伸 5° | 外旋 30° ||

  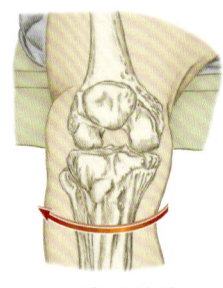 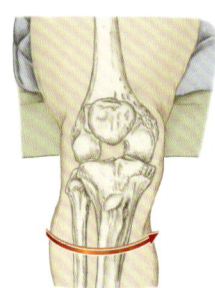

屈　　　　　伸　　　　屈膝时外旋（右膝）　　屈膝时内旋（右膝）

## 踝部，足部和足趾
（踝关节、跗骨间关节、跗跖关节、跖趾关节和趾间关节）

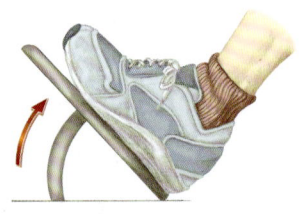

踝关节背屈

| 踝关节活动度 ||
|---|---|
| 背屈 | 20° |
| 跖屈 | 45° |
| 距下关节活动度 ||
| 内翻 | 20° |
| 外翻 | 10° |

足内翻

足趾屈

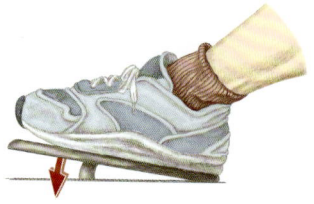

踝关节跖屈

足外翻

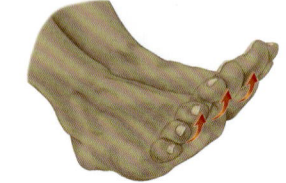

足趾伸

# 关节总论

关节是两个或多个骨之间的连结装置。总的来说，关节是将我们身体的一部分连接到另一部分的结构，如臂部与肩部连接，足部与小腿连接。全身有超过150个关节，所有这些关节都由结缔组织包绕。这些关节成为我们的骨旋转和身体运动的枢纽。

关节有什么作用呢？产生运动是所有关节的主要作用。如果没有关节，我们的骨骼将成为一个僵化的整体而无法运动（图5-14）。

但是关节自身不能产生运动，必须在肌和筋膜的牵拉下产生运动（图5-15）。关节只是一个运动的枢纽，如果不受限制地运动（没有稳定性的运动），很容易损伤。因此，韧带和关节囊在一定程度上能限制关节的运动（图5-16）。

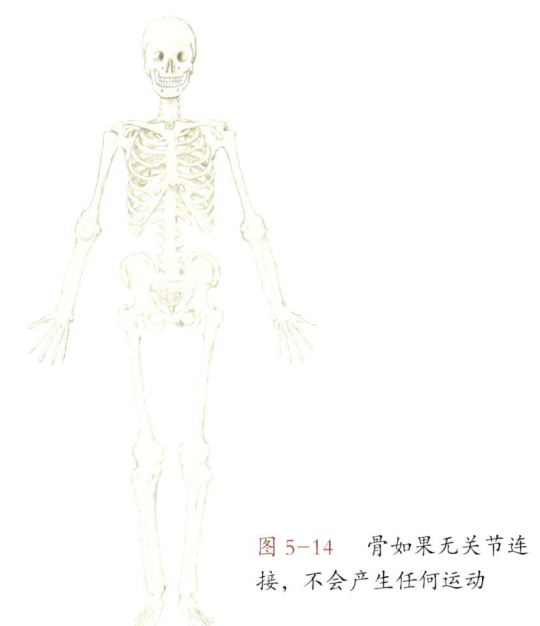

图5-14 骨如果无关节连接，不会产生任何运动

## 关节的分类

关节并非都是一样的，有的关节相当紧张，有的则比较松弛。有些关节可向各个方向灵活运动，有些只能微动。因此，关节按其功能（它们允许的运动类型）或结构（解剖特征）进行分类。

按照功能可分为3种类型。①不动关节：仅微动甚至完全不动；②微动关节：仅进行有限的运动；③可动关节：可自由运动的关节，是我们重点关注的部分。

按照结构可分为3种类型：纤维连结、软骨连结和滑膜关节。让我们仔细地观察关节的组成和构造吧！

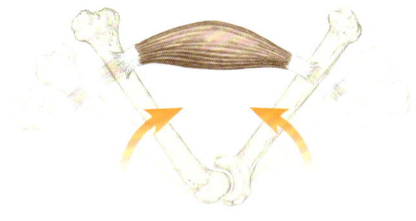

图5-15 骨+关节+肌筋膜组织=运动

## 关节的结构

关节的结构从头到足各不相同，如颅骨上的一些关节，逐渐进化到几乎不能运动的结构特点；而四肢关节对于跳桑巴舞来说是至关重要的部位。

幸运的是，人体根据需要提供了3种不同的关节以供选择，即纤维连结、软骨连结和滑膜关节。这些关节的主要不同点是：①连接骨的结缔组织类型；②构成关节的骨与骨之间是否有间隙（关节腔）。

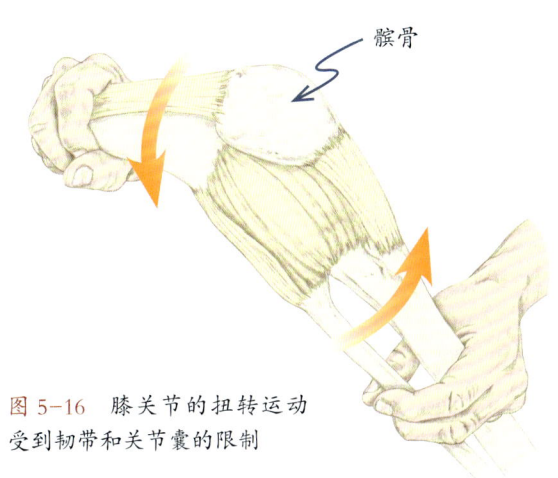

图5-16 膝关节的扭转运动受到韧带和关节囊的限制

> 人体内的大多数关节都是单关节，仅连接2块骨。由3块或者3块以上骨组成的关节叫复合关节，如肘关节，由肱骨、尺骨和桡骨组成。

第5章 关节（上） 63

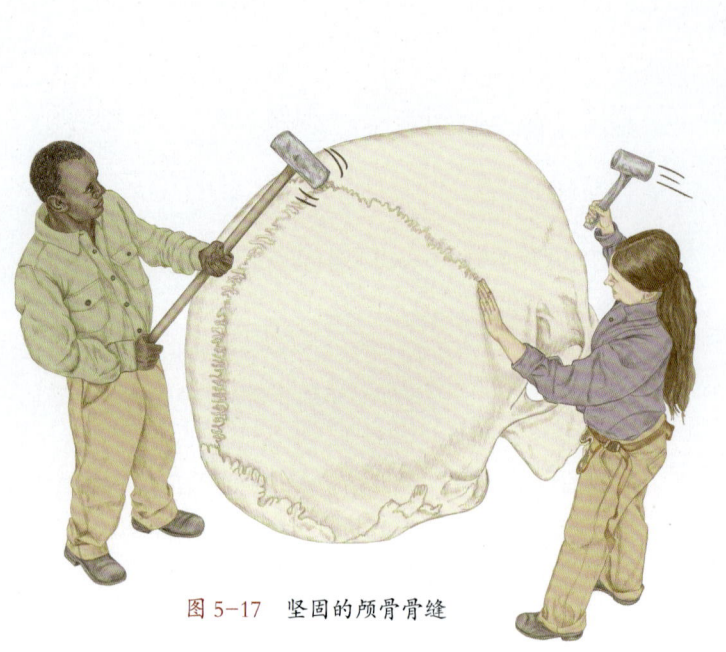

图 5-17 坚固的颅骨骨缝

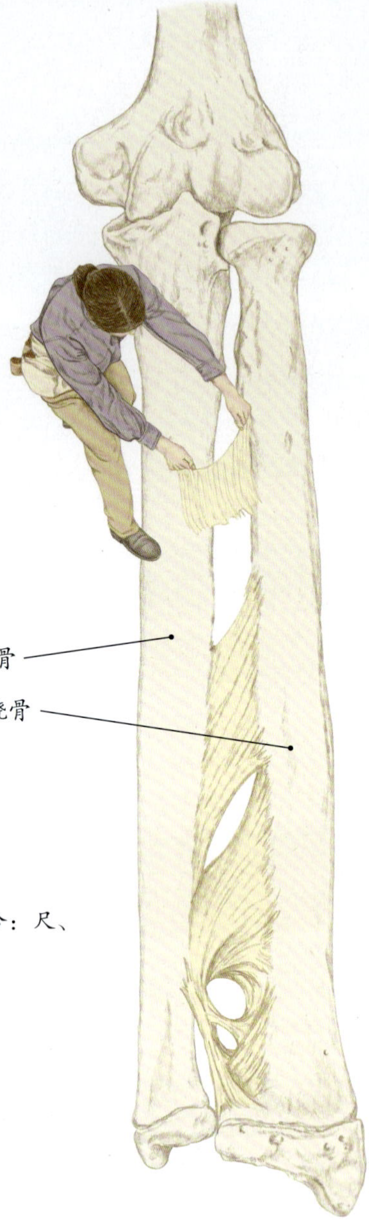

## 纤维连结

纤维连结没有滑膜腔，由致密结缔组织构成，仅可微动或者无法运动。纤维连结又分为 3 种，即缝、韧带连结和嵌合连结。

缝是指在相邻的相互咬合的骨边缘，由一层薄的致密结缔组织形成的纤维连结，仅见于颅骨骨缝间，这种结构可有力保护颅内器官，避免损伤（图 5-17）。缝为不动关节。

韧带连结是一个既可提供一定的张力又可微动的纤维关节，它通过片状纤维结缔组织（如桡骨和尺骨之间的骨间膜）（图 5-18）或者束状纤维组织（如胫骨和腓骨之间的骨间膜）连接相邻骨。由于可进行少量的运动，故为微动关节。

牙齿牢固地镶嵌于上、下颌骨的牙槽中，这应该感谢嵌合连结。这种关节仅存在于牙根与上、下颌骨牙槽骨之间（图 5-19）。嵌合关节被牙周韧带固定，在功能上它是不动关节，但牙精灵（Tooth Fairy，英国童话中的仙子）会提示您"不一定总是如此"。

尺骨
桡骨

图 5-18 韧带联合：尺、桡骨之间的骨间膜

图 5-19 我们的牙齿是嵌合连结，它可能是最好的类型

## 软骨连结

与纤维连结类似，软骨连结也同样缺少滑膜腔，不能运动或者仅能微动。组成关节的骨与骨之间被透明软骨或纤维软骨紧密地连接在一起，形成透明软骨结合和纤维软骨结合。

仅由透明软骨连接的软骨连结称为软骨结合，如胸骨柄和第1肋间的肋软骨结合（图5-20）。

纤维软骨结合同样由透明软骨覆盖的骨组成，但它额外包含一个纤维软骨盘，把骨连接在一起。奇怪的是，所有纤维软骨结合的例子都在人体的中线上，包括耻骨联合（髋骨前部的连结）（图5-21）、胸骨柄与胸骨体间的连结以及椎体间的椎间盘（图5-22）。由于可以轻微运动，这些关节称为微动关节。

图 5-20 胸骨柄与第 1 肋之间的透明软骨结合

关节的结构和功能见第 73 页。

图 5-21 耻骨联合面间的纤维软骨结合（耻骨间盘）

图 5-22 椎体间的纤维软骨结合

## 滑膜关节

纤维连结与软骨连结仅可微动，而滑膜关节可以随意灵活运动。人体主要的滑膜关节，如肩关节、肘关节、腕关节、髋关节、膝关节、踝关节等，都属于这种类型。从功能上来说，滑膜关节是可动关节。从结构上讲，这些关节的结构比较复杂。在讲解之前，我们先来构建一个滑膜关节吧！

# 构建滑膜关节

膝关节（胫股关节）是一个典型的滑膜关节（图5-23），让我们构建一个完美的关节吧！

滑膜关节的组成成分
- □ 关节盘
- □ 滑囊
- □ 脂肪垫
- □ 透明软骨
- □ 关节囊
- □ 盂唇
- □ 韧带
- □ 半月板
- □ 滑膜和滑液

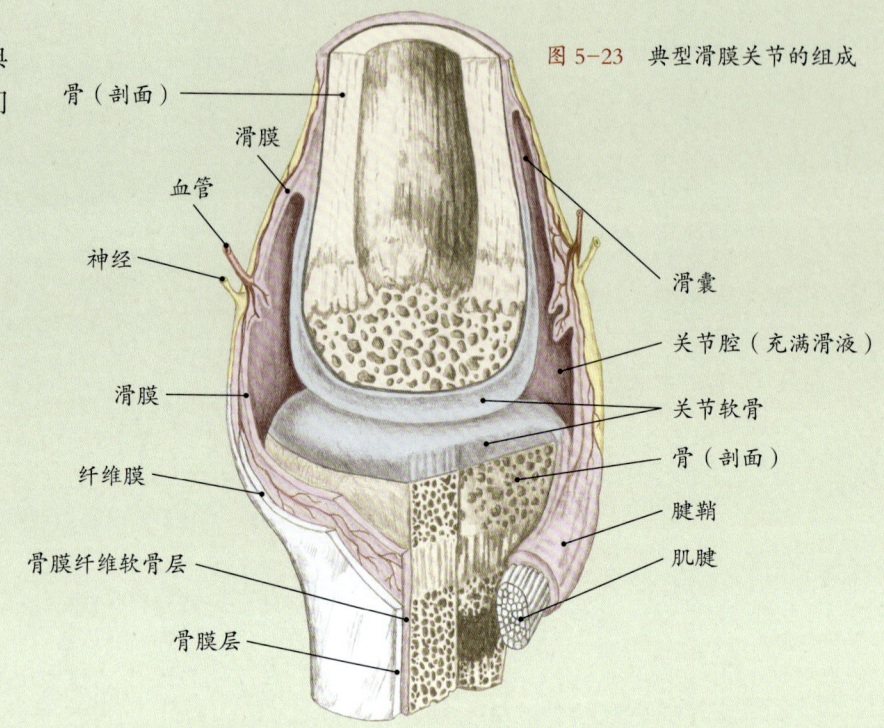

图 5-23　典型滑膜关节的组成

**1** 新月形的纤维软骨称半月板，这种结构仅在膝关节中出现。先将一对半月板安放到膝关节内（图5-24）。

图 5-24　在胫骨平台上锚定半月板

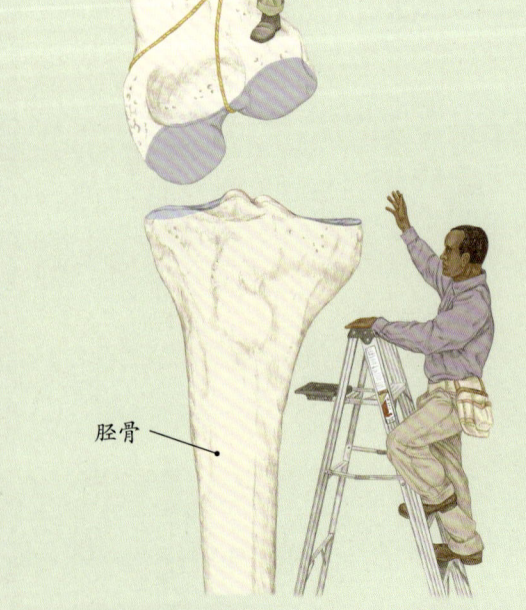

图 5-25　将股骨放到胫骨上

**2** 把股骨下端和胫骨上端放在一起，在两端的骨面上放置透明软骨。这一层光滑致密的软骨，可显著降低运动时相邻骨面之间的摩擦力，并吸收一定的冲击力（图5-25）。

组成关节的两块骨通常可较适宜地连接在一起，但有的并非如此。膝关节的胫骨平台与股骨下端球形的结构不合适，因此需要向其间填塞一个楔形物（半月板）以使关节面相互适应。

幸运的是，一些特殊的结构刚好可以解决关节面不合适的问题，如关节盘、半月板、盂唇、滑膜囊和脂肪垫。通过这些结构构建更加合适的接触面来传导和转移压力，以稳定和（或）增加关节的稳固性。

**3** 就像在上一节中讨论的一样，韧带是一种致密的结缔组织带，能稳定并限制关节的移动性。滑膜关节中，关节囊和韧带很容易区分。然而，有些韧带紧贴于关节囊外层，成为关节囊的一部分。

滑膜关节的韧带主要分布在关节囊外，但有的位于关节囊内。在膝关节中这两种韧带都存在（图5-26，5-27）。

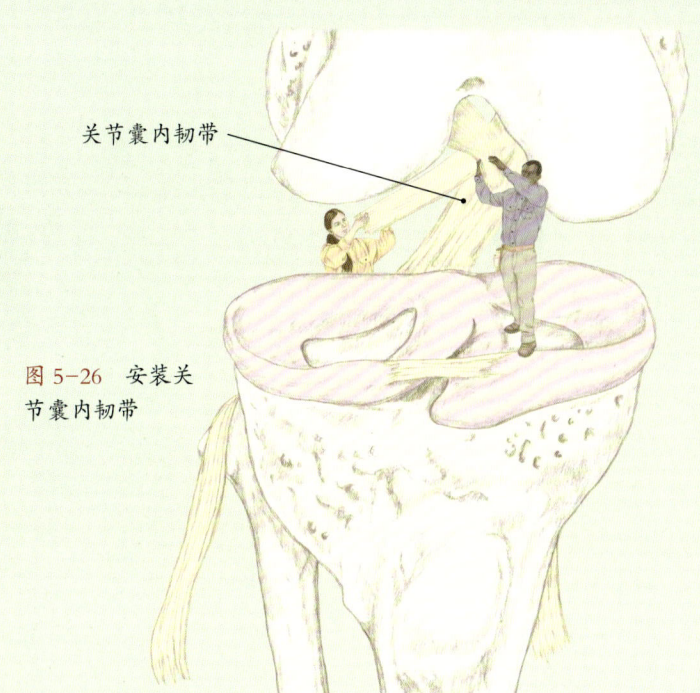

图 5-26 安装关节囊内韧带

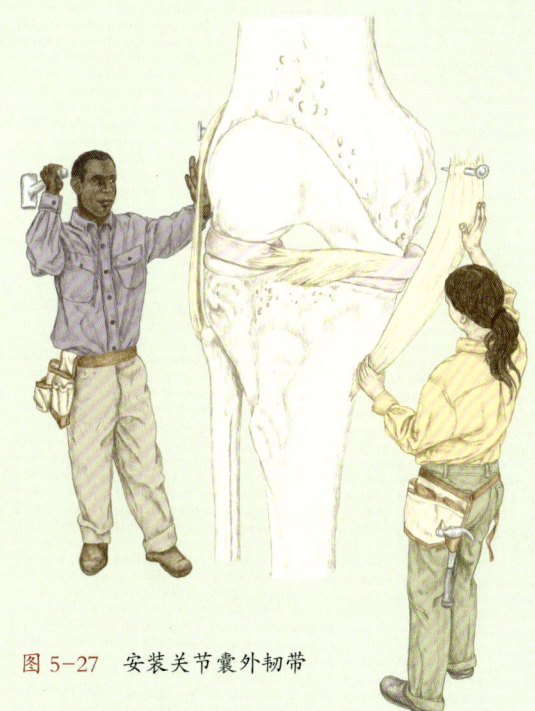

图 5-27 安装关节囊外韧带

**4** 一个关节的非负重区域（如关节腔前面或侧面）需要一些组织充填，可使用脂肪垫。如肘关节和膝关节，这些脂肪垫可使关节囊加厚、缓冲压力或减少滑液量（图5-28）。

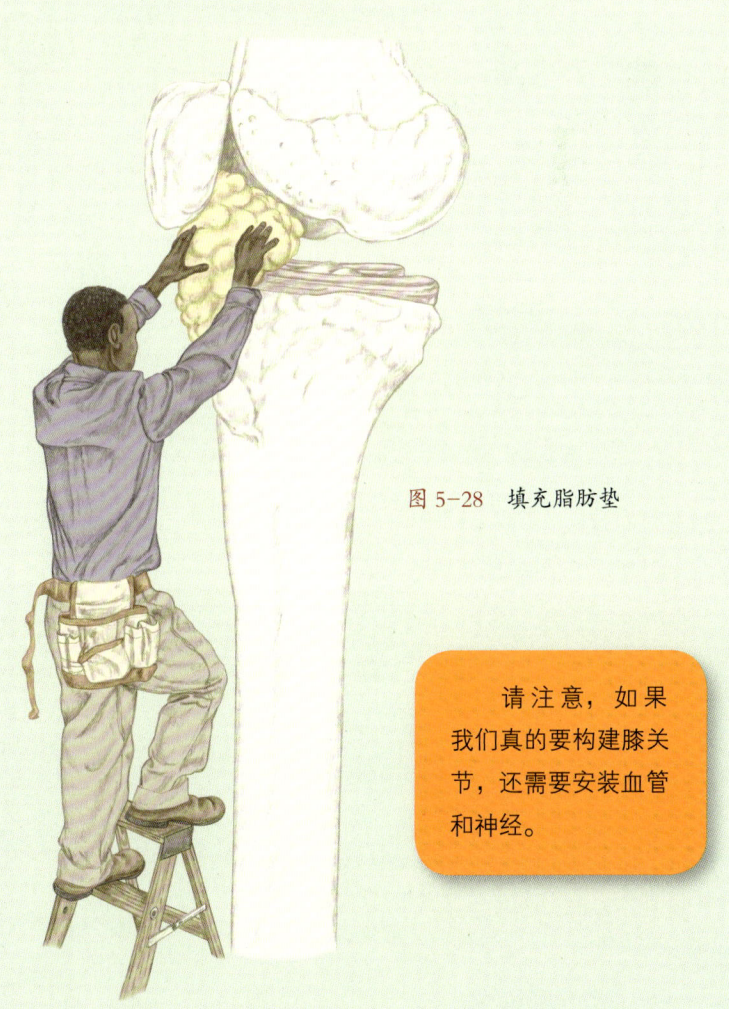

图 5-28 填充脂肪垫

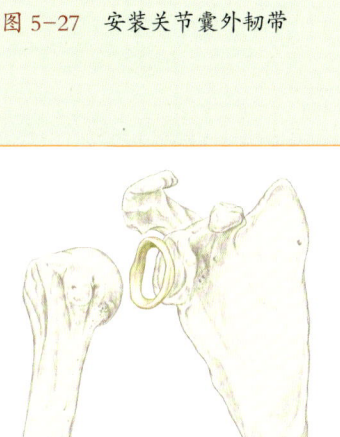

像关节盘（第68页）一样，环形的关节唇增加了关节的接触面积和关节面的深度，使关节更加稳定。肩关节（上图）和髋关节均是球窝关节，关节盂唇和髋臼唇都增加了关节的稳定性。

请注意，如果我们真的要构建膝关节，还需要安装血管和神经。

第 5 章 关节（上）

5  滑膜囊是一种小的、内含滑液的黏液囊（图5-29）。此囊位于人体的运动装置中，如肌腱与骨之间，肌与骨之间，韧带与骨之间。它的功能是减少摩擦并吸收冲击力。

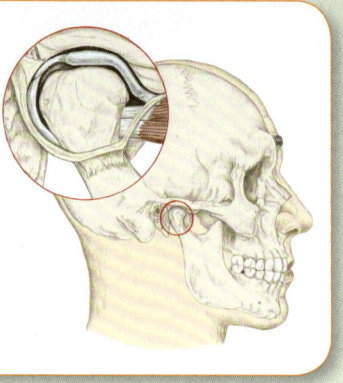

关节盘是一种环状的纤维软骨盘，位于人体多个关节中，如颞下颌关节（右）和胸锁关节。

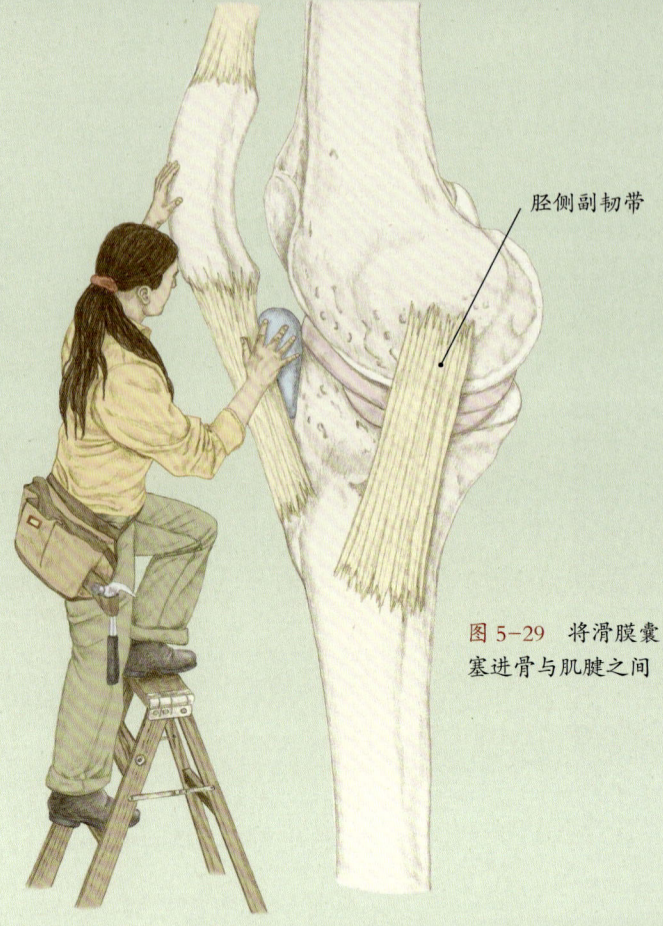

图 5-29　将滑膜囊塞进骨与肌腱之间

胫侧副韧带

6  构建的滑膜关节被关节囊完全包裹。关节囊由两层组成，外层是致密纤维组织，以连接构成关节的骨，并容纳其他结构。当外层移行至骨膜和骨时，它就从纤维组织转变为骨组织（图5-30）。

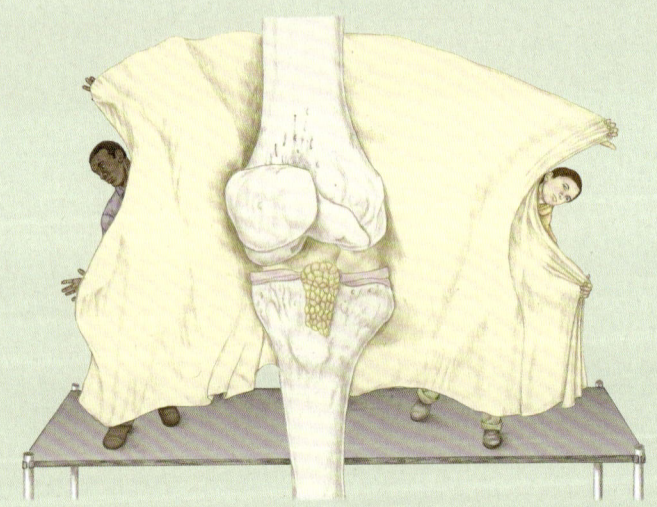

图 5-30　将关节包裹在关节囊中

图 5-31　向关节腔内泵入滑液

关节囊

7  关节囊的内层是一层非常薄的滑膜，其主要作用是产生滑液，类似蛋清样的浅色滑液，能润滑关节面，减少关节各部件之间的摩擦（图5-31）。这就是我们组建的一个膝关节。

# 滑膜关节的类型

我们已经构建了膝关节,还需要设计一些其他类型的滑膜关节来适应身体不同部位的需要。所有的滑膜关节都具有相同的结构,但它们的运动方式由于关节面的不同而有所不用。换句话说,一个关节的形态决定了其功能。我们需要构建6种不同类型的滑膜关节。

## 屈戌关节

对于踝部、肘部(图5-32)、手指以及其他一些部位,需要设计一种可以前后运动的关节,这就是屈戌关节。与门的合页(图5-33)相比,这种关节只能绕一个轴(在一个平面上)运动,因此被称为单轴关节。

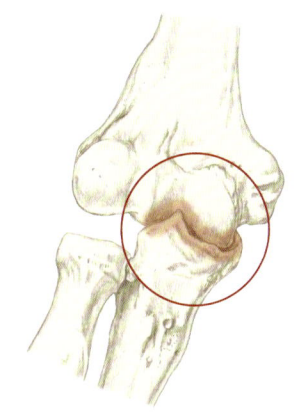

图5-32 肱尺关节的屈戌关节

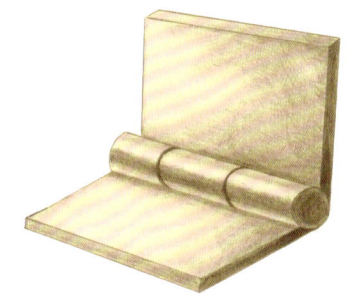

图5-33 屈戌关节就像门的合页一样

## 车轴关节

我们需要构建一种车轴关节完成旋转运动。将其设计成门把手的样式(图5-35),它将通过一个骨的表面在另一个环形骨的表面旋转而发挥作用。例如,前臂旋前去抓住饼干这个动作,就是发生在桡尺近侧关节的车轴关节。向左右转动头部观察周围的情况,这个动作发生在第1、2颈椎之间的车轴关节(寰枢关节)(图5-34)。车轴关节也是一种单轴关节。

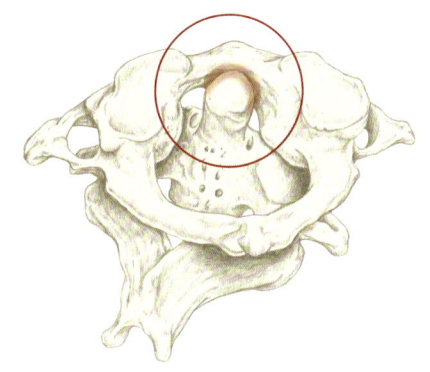

图5-34 第1、2颈椎之间的车轴关节(寰枢关节)

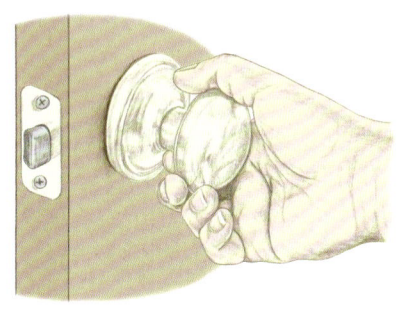

图5-35 车轴关节就像门把手一样

## 椭圆关节

当我们在键盘上打字时,为了完成手腕(桡腕)部的微小动作,就需要一个特殊的关节,即椭圆关节。它由一个骨的椭圆形末端和另一个骨的椭圆形凹面构成,就像把鸡蛋置于手掌中一样(图5-37),这种设计可绕着两个轴(在两个平面上)运动,使之成为一种双轴关节(图5-36)。

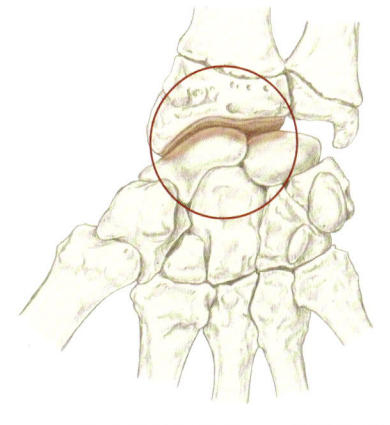

图5-36 腕部的椭圆关节——桡腕关节

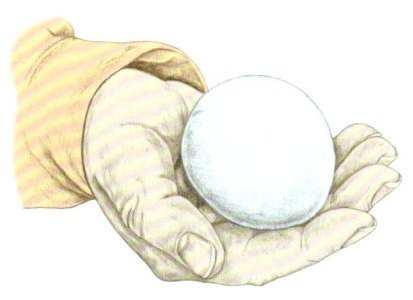

图5-37 椭圆关节就像一个鸡蛋置于手掌中

第5章 关节(上)

## 鞍状关节

另一种双轴关节是大多角骨（腕部的一块小腕骨）和拇指的第1掌骨之间的关节（图5-38）。这个连结需要一种特殊的关节，即鞍状关节。作为一种改进的椭圆关节，它由凸形和凹形关节面组成，可做前后方向和左右方向的运动（就像马鞍上的骑士一样，图5-39）。

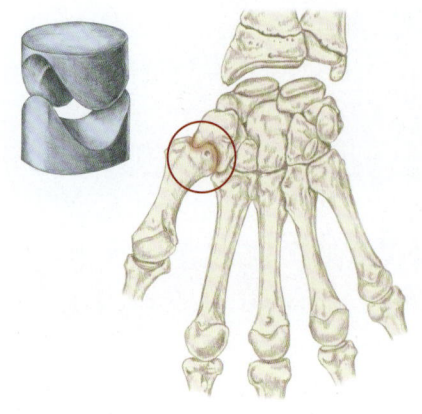

图5-38　拇指基底部的鞍状关节

图5-39　像马鞍上的骑士一样

## 球窝关节

为了使髋关节（图5-40）和肩关节具有较大的活动范围，需要构建一个球窝关节。它的名字不言而喻：就是一块骨的球形表面与另一块骨的球形陷凹相吻合。像在研钵中用研杵研磨草药一样，图5-41展示了这种三轴关节如何在三个平面内做环转运动。

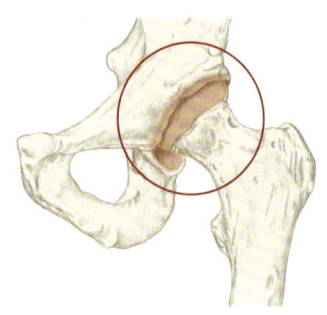

图5-40　髋关节为球窝关节

图5-41　像研杵放置在研钵中一样

## 平面关节

最后，手腕的腕骨和足部跗骨（图5-42）之间的连结需要一种活动度最小的滑膜关节，即平面关节。它位于两个平坦的关节面之间，运动时就像一本书在桌面上滑动一样（图5-43）。由于这种关节不涉及绕轴旋转，因此也称为无轴关节。

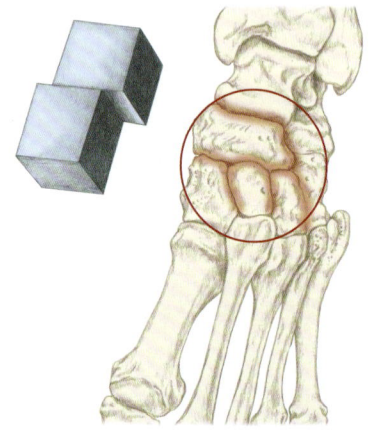

图5-42　足部的平面关节

图5-43　像一本书在桌面上滑动一样

> 每个关节有不同的运动能力。有些关节如颅骨的不动关节几乎不能运动，另外一些关节如肩胛胸关节（肩胛骨和胸廓之间）并不包含任何关节面，却可以充分运动。

# 关节的功能

正如前面所说,大部分关节的主要作用是运动。但是,关节本身不能产生运动。肌筋膜单元(肌和筋膜)通过拉动关节的 1 块或全部骨产生运动(图 5-44,5-45)。关节只是允许动作的产生(图 5-46)。不受限制的关节运动很容易受伤,因此韧带和关节囊对关节运动进行必要的限制是非常重要的(图 5-47)。

关节还有其他功能。有些关节设计为承受重量,如脊柱的关节和几乎所有下肢关节。有些关节会通过关节腔内的液体作为缓冲来吸收震动。除了允许移动、承受重量和吸收震动之外,关节还需要在灵活性和稳定性之间取得平衡。

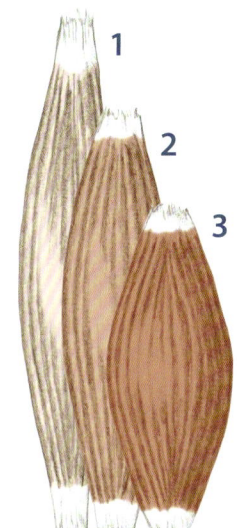

图 5-44 一个孤立的肌筋膜单元收缩不会使身体产生任何运动

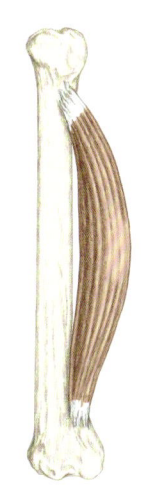

图 5-45 将两个肌腱连接在一块骨上时,不会产生运动

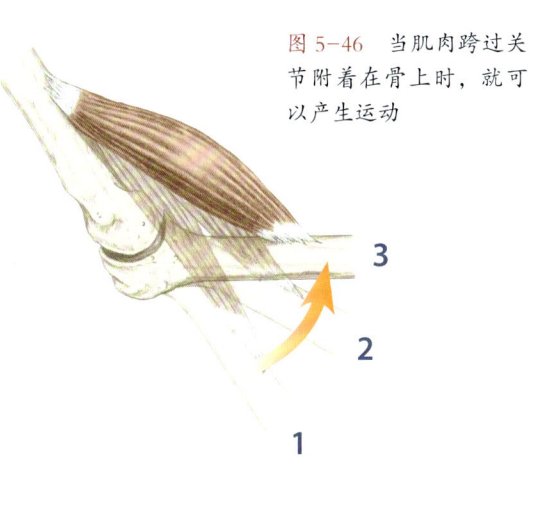

图 5-46 当肌肉跨过关节附着在骨上时,就可以产生运动

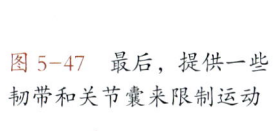

图 5-47 最后,提供一些韧带和关节囊来限制运动

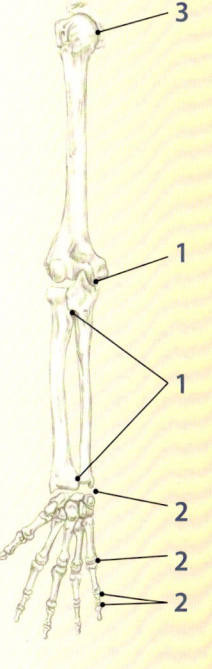

## 自由度

将面和轴的知识运用其中。你是否还记得一些滑膜关节是单轴、双轴或三轴关节?这意味着每个关节都能绕 1~3 个轴进行运动。默认情况下,关节在相同数量的平面上运动,关节允许的运动平面的数目称为自由度。

例如,肘部的单轴关节具有 1 个自由度,而腕部的双轴关节具有 2 个自由度。肩部的三轴关节则有 3 个自由度,是自由度的最大值。

当我们开始运动上下肢时,这种概念应该更加清晰。要完成从肩部到拇指尖的所有必要运动,上肢需要 11 个自由度(肩关节 3 个,肘关节 1 个,前臂 1 个,腕关节 2 个,掌指关节 2 个,指骨间关节 2 个)。将手指伸向空中并宣布"我明白了",这个动作就需要上肢的 11 个自由度来完成。

# 关节的运动和稳定

当构建每一个关节时，我们希望在运动性和稳定性之间取得适当的平衡。关节需要在功能范围内运动，保证足够安全以避免受伤。在不受相邻结构限制的情况下，每个关节都有一定的运动范围。下面3种因素会影响关节的运动范围。

1. 构成关节骨形态的影响。如颅骨缝连结，保证颅骨间稳固不动，而肩关节则能进行三维运动（图5-48）。

2. 关节囊和韧带的影响。它们的主要功能是限制关节的运动范围。

3. 周围肌和筋膜的影响。它们影响关节的灵活性。比如长期紧张的腘绳肌，将会影响膝关节运动范围。我们需要注意的是，肌和筋膜受伤会导致关节的柔韧性下降。

因为任何一个关节的功能除运动外，还需要一定程度的稳定性，即承受运动的能力。作为身体的"连接点"，关节本身是脆弱的。这就要求关节要在正常范围内进行运动，可以抵抗肌和筋膜产生的压缩力、拉伸力和剪切力等的影响，同时也可以抵抗身体重力或外力对手脚的碰撞（图5-49）。

图5-48 120分贝下的环形运动

图5-49 至关重要的足踝稳定性

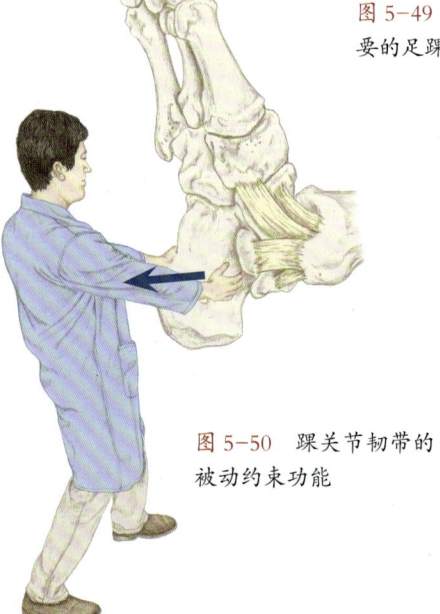

图5-50 踝关节韧带的被动约束功能

为了稳定滑膜关节，要构建一些如关节囊、周围韧带和筋膜等被动约束结构。例如在踝关节，通过这些结构提供被动控制，以保持足部与小腿部的连接（图5-50）。与此同时，肌和肌腱将通过拉伸提供主动限制，如小腿部肌肉休息时的张力和收缩力将有利于踝关节的稳定。

最后，再次强调关节运动性和稳定性平衡的重要性。一方面，关节的过度运动将会导致脱位或损伤，而关节的稳定性增大会影响其运动性。如肩关节有较大的运动性，但稳定性较差。另一方面，髋关节与肩关节相比具有较少的运动性，但稳定性更强。这很容易理解，因为髋关节主要是负重和行走的关节，而肩关节则不是。

# 关节分类表

## 结构分类 | 功能分类

| 纤维连结 | 软骨连结 | 滑膜关节 | 不动关节 | 微动关节 | 可动关节 |
|---|---|---|---|---|---|
| • 没有滑液腔<br>• 坚固，不规则的结缔组织<br>• 几乎没有运动<br>三种类型：<br>1. 缝连结<br>• 薄层致密、不规则结缔组织<br>• 只存在于颅骨<br>• 不动关节<br>2. 韧带连结<br>• 带状或片状致密、不规则的结缔组织<br>• 允许轻微运动<br>• 微动关节<br>3. 嵌合连结<br>• 只存在于牙槽<br>• 不能活动<br>• 不动关节 | • 没有滑液腔<br>• 透明软骨或纤维软骨<br>• 微动<br>两种类型：<br>1. 透明软骨结合<br>• 透明软骨<br>• 少动关节<br>2. 纤维软骨结合<br>• 骨末端，被透明软骨覆盖，但包含纤维软骨与骨连接<br>• 仅在人体中线分布<br>• 少动关节 | • 有滑膜腔<br>• 透明软骨<br>• 自由活动<br>• 韧带连接两骨<br>• 可动关节 | • 不可动<br>• 例如：骨缝（成人），嵌合连结 | • 轻微运动<br>• 例如：骨缝（儿童），胫腓远侧关节，小腿骨间膜，耻骨联合 | • 自由活动<br>• 所有的滑膜关节，如肩关节、髋关节、肘关节、膝关节均为可动关节 |

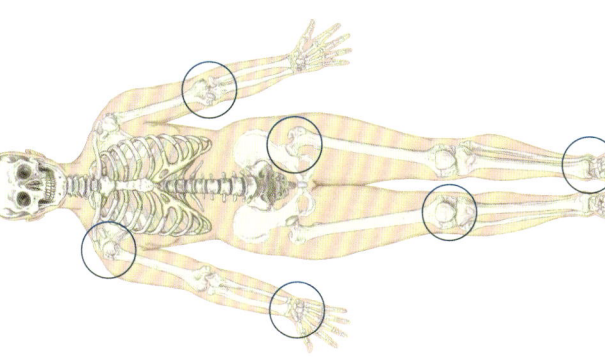

人体主要的关节均为可动关节

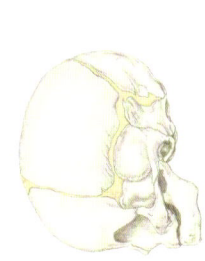

幼儿颅骨的不完全的缝连结线

成人颅骨的完整的缝连接线

盂肱（肩）关节——一个滑膜关节

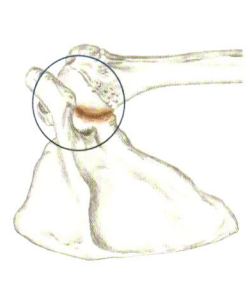

如耻骨联合和椎间盘

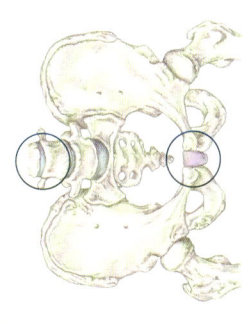

牙槽的嵌合连结

第 5 章 关节（上） 73

## 复习题

1. 哪种运动在水平面上发生？（第54页）
   a. 足跖屈
   b. 屈肘
   c. 头旋转
   d. 下颌下降

2. 斜面是指____。（第55页）
   a. 2~3个基本平面的组合
   b. 与其他平面垂直
   c. 垂直于关节
   d. 平面与轴线的结合

3. 由前向后穿过身体的轴是____。（第56页）
   a. 斜轴
   b. 水平轴
   c. 冠状轴
   d. 矢状轴

4. 肩关节的运动是____。（第59页）
   a. 外旋、内旋、侧屈
   b. 外旋、上举、水平内收
   c. 收缩、舒展、内旋
   d. 屈曲、外展、水平外展

5. 关节是2个或多个（  ）之间的连结？（第63页）
   a. 结缔组织
   b. 骨
   c. 筋膜组织
   d. 滑膜组织

6. 下列哪项是对关节的功能分型？（第63页）
   a. 嵌合连结、透明软骨结合、纤维软骨结合
   b. 纤维连结、软骨连结、滑膜关节
   c. 不动关节、微动关节、可动关节
   d. 不动关节、软骨连结、滑膜关节

7. 下列哪项是对关节的结构分型？（第63页）
   a. 纤维连结、透明软骨结合、纤维软骨结合
   b. 不动关节、微动关节、可动关节
   c. 不动关节、可动关节、滑膜关节
   d. 纤维连结、软骨连结、滑膜关节

8. 膝关节半月形的纤维软骨称为____。（第66页）
   a. 软骨
   b. 骨膜
   c. 关节唇
   d. 半月板

9. 滑液是由哪个结构产生的？（第68页）
   a. 滑膜
   b. 成纤维细胞
   c. 胶原蛋白
   d. 关节囊

10. 桡尺近侧关节属于哪种关节？（第69页）
    a. 单轴关节
    b. 双轴关节
    c. 鞍状关节
    d. 三轴关节

11. 球窝关节属于哪种关节？（第70页）
    a. 无轴关节
    b. 单轴关节
    c. 双轴关节
    d. 三轴关节

12. 关节的被动约束结构是____。（第72页）
    a. 相邻的肌和肌腱
    b. 包绕的关节囊、韧带、筋膜
    c. 孤立的短肌腱
    d. 浅筋膜和皮肤

（刘玉新 译，张露青 丁自海 校）

# 6 关节（下）

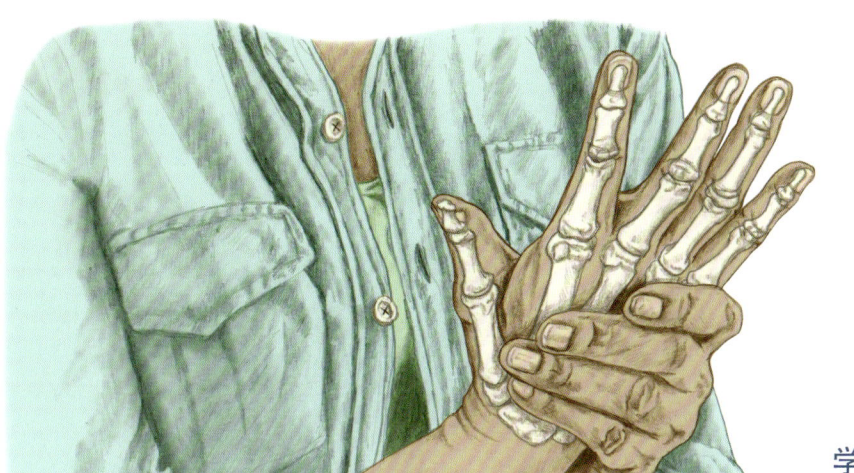

## 学习目标

- 列出关节活动的特性
- 比较活动度过大和可动性减少
- 定义关节活动范围
- 列举关节运动的3种类型
- 命名和定义不同类型的终端感觉
- 演示不同类型的关节运动
- 命名和定义不同类型的关节运动
- 比较不同关节面的位置

## 本章要点

33岁的斯蒂芬妮·莫顿是芝加哥人，她过着积极向上的生活：徒步旅行，跳萨尔萨舞，和侄子们在地毯上摔跤。然而，在被诊断患有类风湿性关节炎之后，她的身体状况开始发生改变。碰巧，她有一个经验丰富的支持者——68岁的母亲朗达，几十年来一直患有类风湿性关节炎。

类风湿性关节炎是最常见的自身免疫性关节炎，它侵袭人体的关节，通常是腕关节和手关节。患此病的女性是男性的近3倍，最常见的症状是关节疼痛。除了疲劳、炎症和僵硬，患者每10天中有4天会感到疼痛。

莫顿的目标是由她的物理治疗师安排运动计划，即培养灵活性、建立力量并支持她的有氧运动。换句话说，继续运动。而朗达的目标则不同，她与一位职业治疗师合作，为诸如穿衣、烹饪和洗澡等日常事务创建解决方案。两位女士都依靠冰敷或热敷，轻柔按摩，互相鼓励。

如果没有本章所述的关节功能信息，这些病例中的物理治疗师不可能为莫顿和朗达提供这些有效的服务。

- 检查你自己的身体运动，什么关节表现出最大的运动范围？哪些关节活动范围最小？
- 当手臂活动时，通常远端移动，近端保持原位。举一个反向运动的例子，即近端移动，远端保持原位。
- 因为类风湿性关节炎使得腕关节和手关节活动受限，导致莫顿和朗达的日常生活发生了变化。过多的活动有多大概率会影响一个人的腕关节和手关节？这会对她们的日常生活产生什么样的影响？

| | |
|---|---|
| 活动范围 | 76 |
| 主动和被动活动度 | 77 |
| 活动度过大和可动性减少 | 79 |
| 终末感觉 | 80 |
| 关节运动的类型 | 82 |
| 封闭和开放的动力链 | 85 |
| 凹凸规则 | 86 |
| 关节面的位置 | 87 |
| 使关节松动的力 | 88 |
| 　弯曲力和扭转力 | 89 |
| 复习题 | 90 |

# 活动范围

腕骨和跗骨之间的一些关节只提供小的运动量。像肘关节、肩关节和髋关节等自由运动的关节,具有很大的活动范围(ROM)。这是关节的活动度,并通常用度来表示。如髋关节外展约为 45°(图 6-1),而颈部在两个方向上均可旋转 80°(图 6-2)。

关节面的形态结构因素会影响关节有效活动的范围。关节面允许有一定范围的运动,但是仅仅因为这个原因并不意味着该运动就可以发生。如关节囊及周围韧带的弹性,以及肌的力量和张力将极大地决定一个关节的灵活性。伤病及后续对疼痛的防范,像年龄、基因及性别一样进一步限制运动。

最重要的是,在日常生活中如何使用或不使用关节将影响其运动范围。长时间坐沙发,除了可以通过 Wolff's 定律(第 38 页)削弱骨骼,还将使肌肉萎缩,使脱水的结缔组织变硬以及减少运动的幅度(图 6-3)。而瑜伽可恢复这些组织(图 6-4)。

高龄或患有急性、精神性创伤的患者活动度会减少(图 6-5),而运动则可以扩展活动度,如体操运动(图 6-6)。一般情况下,通过每天运动形成的肌肉模式将决定关节的灵活性。换句话说,如果您的活动模式只能旋转颈部到这个位置,那么"这个位置"就是颈椎的活动范围。也就是说,我们可以构建一个具有充足活动潜能的完美关节,但如果不使用它,就会失去它。

作为一名康复师,要知道主要关节的正常活动范围,因为增加关节的灵活性将是您和患者的共同目标(见附录,关节活动范围表)。

在接下来的几页中,我们将离开人体的构建现场,探索关节运动中的几个关键概念。

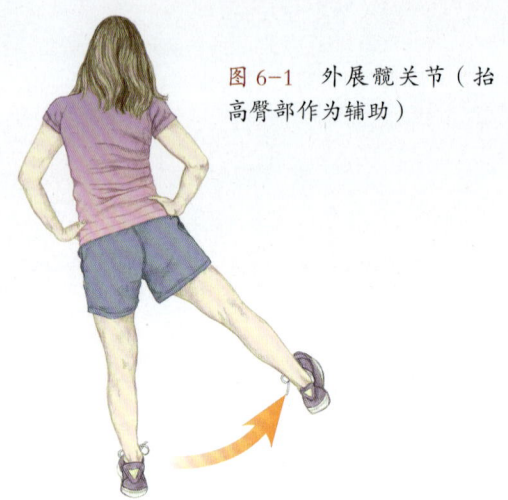

图 6-1 外展髋关节(抬高臀部作为辅助)

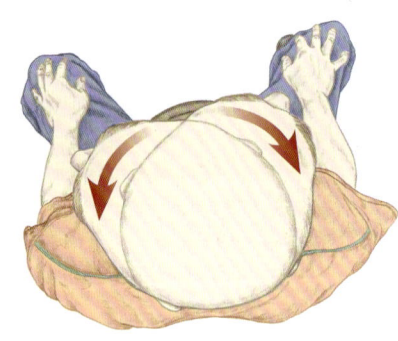

图 6-2 头部向左侧和右侧旋转的俯视图。他在两个方向上都有限制,尤其是向右侧

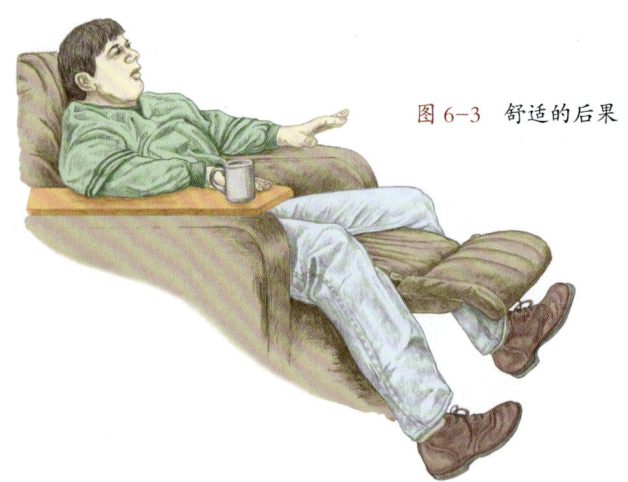

图 6-3 舒适的后果

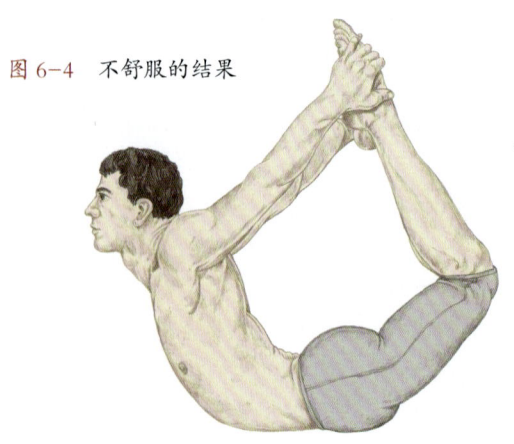

图 6-4 不舒服的结果

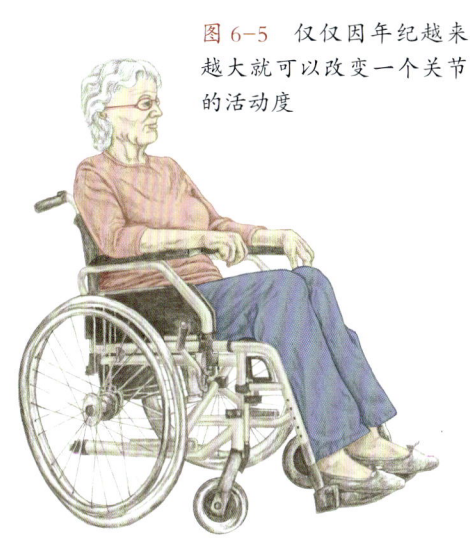

图 6-5 仅仅因年纪越来越大就可以改变一个关节的活动度

图 6-6 较大的活动范围

## 主动和被动活动度

当给患者治疗时，你可以利用两种形式的活动度：主动和被动活动度。

主动活动度是患者靠自己的力量和意志力完成运动时关节产生的活动范围。例如，为了评估患者踝关节的活动度，让其尽最大力量跖屈和背屈踝关节（图 6-7）。

被动活动度是你被动活动患者关节的范围。在这种情况下，可轻轻向两个方向屈曲踝关节（图 6-8）。由于被动活动度的测量需要患者放松关节的肌，因此被动运动的范围比主动活动更大（图 6-9）。例如，当患者主动解除约束（肌和肌腱的张力）时，与主动活动相比，他的踝关节可能会获得更大的活动范围。

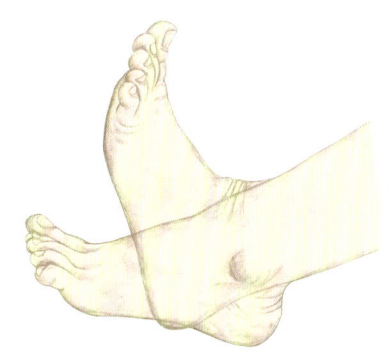

图 6-7 主动活动度

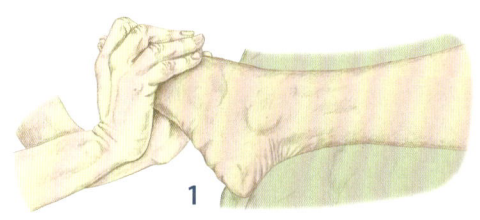

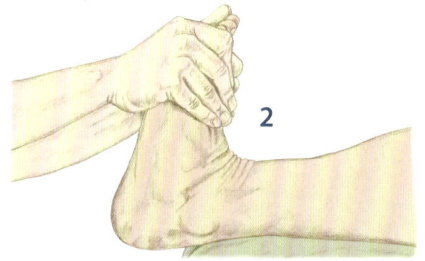

图 6-8 被动活动度

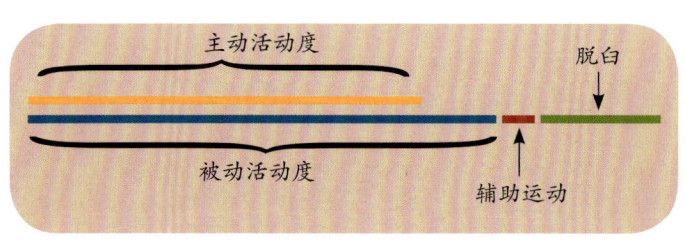

图 6-9 一个健康关节的活动度

第 6 章 关节（下）

主动活动度是人可以主动产生关节运动的生理活动的真实写照。然而有时，关节的活动能力并非患者可以自主控制。被动运动是指患者关节不能自主运动，主要依靠医师引导辅助的活动。

例如，患者可主动屈伸手指。但是只有你可以（缓慢且非常轻微地）绕着纵轴线被动旋转他的掌指关节和指骨间关节（图6-10）。这些关节并不是为了支持这种运动而构建的。然而，这些辅助运动可能会把关节从这些积累已久阻碍它的生理运动的限制中释放出来。等同于"关节内运动"，这些辅助运动也可以发生在膝部、肘部和足部。

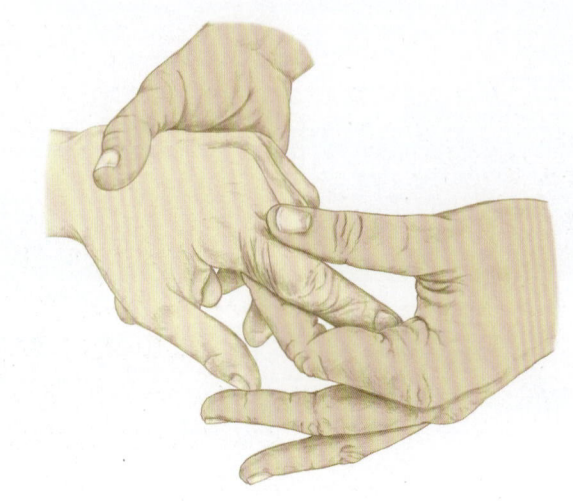

图6-10 手指的辅助运动

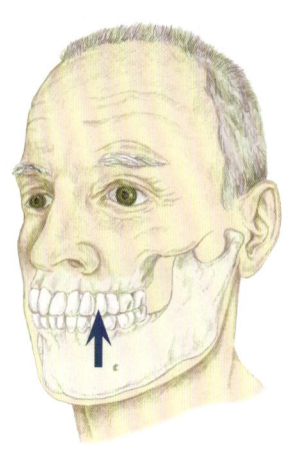

图6-11 下颌骨抬高时的骨性限制

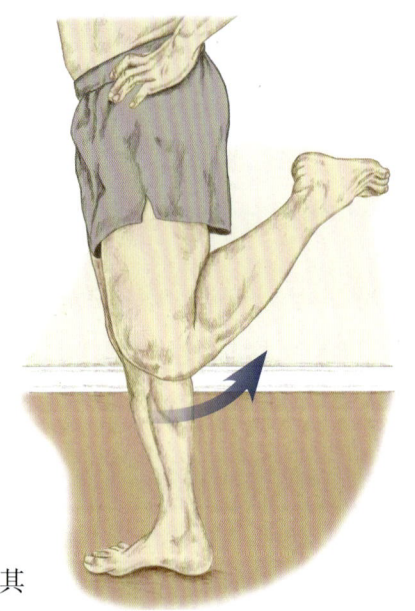

图6-12 膝关节屈曲时的组织限制

正如你会怀疑的那样，每一个关节的活动都有其局限性。在运动范围内，会有屏障阻碍活动的程度。在健康组织中，有3种阻碍：
- 骨性限制是骨与骨接触时发生的，且只发生在下颌抬高和肘关节伸展时（图6-11）。
- 组织限制是软组织与软组织接触时发生的。发生在髋关节、膝关节和肘关节屈曲结束时（图6-12）。
- 滑膜关节中最常见的运动限制是关节囊和韧带的弹性限制。例如，交叉韧带和周围的关节囊可限制膝关节伸展（图6-13）。

由于这些限制是非病理性的，可以把它们分为压缩限制（骨—骨，肌—肌）或张力限制（韧带、关节囊）。

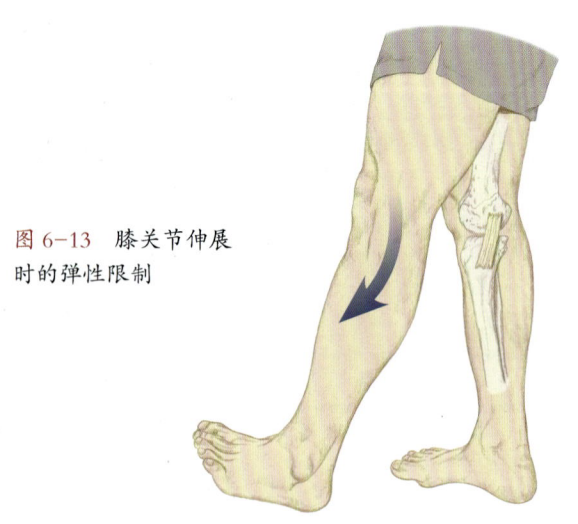

图6-13 膝关节伸展时的弹性限制

# 活动度过大和可动性减小

我们可以理解，活动度过大发生在关节过度活动时。这是由于关节囊和韧带的松弛，但不一定是病理性的，一些人似乎具有大量额外的活动度。例如，马戏团表演者通过过度伸展他们的脊柱和四肢来培养增加活动度的趋势（图6-14）。一般来说，活动度过大的关节往往更容易遭受韧带损伤、关节肿胀和复发性损伤等。

一个活动度过大的关节与不稳定的关节是不同的。体操运动员可以在其活动范围的极限控制他的动作。一个关节不稳定的人，可能由多种原因导致，他是不具备这种控制能力的。

另一方面，可动性减少则是由于关节活动受到制约。造成这种情况的原因包括关节组织的瘢痕（图6-15）、肌肉慢性紧张、神经损伤或其他损伤。

这些患者的关节通常有肌肉拉伤和关节囊挛缩的倾向，常见于长期不活动的人群，但关节可动性减少并不一定表明其处于不健康的状态。人与人之间的活动性和稳定性是相对的，一个人的灵活度可能是另一个人的僵硬度。一个关节不同方向之间的活动度也是相对的，当一个关节在一个方向上过度移动时，在另一个方向上的运动则减少。例如一个人的肩关节可能能够正常外旋，但内旋则受到限制（图6-16）。

图6-14　杂技表演者演示的活动度过大

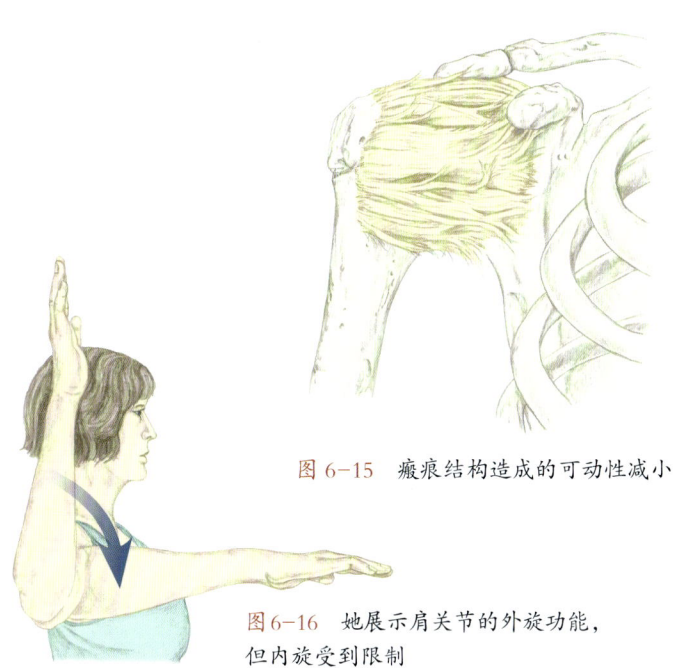

图6-15　瘢痕结构造成的可动性减小

图6-16　她展示肩关节的外旋功能，但内旋受到限制

## 扭伤和劳损

扭伤和劳损为最常见的运动损伤，通常发生在控制过度或活动度减少的关节内部和周围。

扭伤最常指非收缩性组织的拉伸或撕裂（或二者都有），诸如韧带、关节囊、关节软骨和筋膜。通常情况下，扭伤的原因是摔倒或击打身体造成的关节错位和支持结缔组织过度拉伸或破裂。以足的侧面落地并用外展的手臂撑地可能会分别扭伤踝关节和腕关节（左图）。

劳损是指肌或肌腱的拉伸或撕裂损伤（右图）。常频繁发生在小腿后部和腰背部，造成的原因有直接的击打损伤、过度牵拉、过度使用或休息时间不足等。

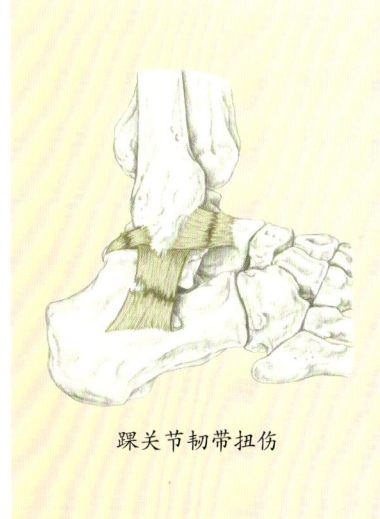

踝关节韧带扭伤

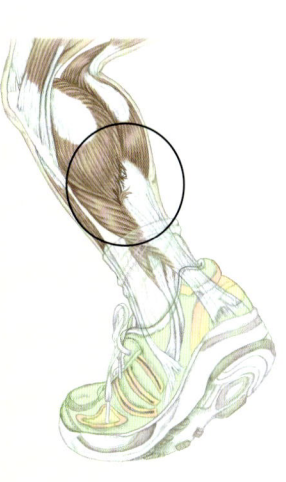

小腿三头肌肌腹与肌腱交界处劳损

# 终末感觉

现在，让我们关注被动活动度。当你被动活动患者的关节到它的正常障碍点时，将表现出明显的终末感觉，即明显的限制。共有4种正常的和5种病理性的终末感觉。正常的终末感觉包括以下内容：

- 当两块骨发生接触时产生的骨性终末感觉。当关节运动到末端时感到的"硬"的感觉，例如肘关节（图6-17）。
- 当运动由于软组织接触其他组织而被限制时，产生近似软组织终末感觉。膝关节和肘关节屈曲时可观察和感受到（图6-18）。
- 软组织终末感觉是通过肌肉组织的张力感受到的弹性感，例如紧张的内收肌限制髋关节的外展（图6-19）。
- 较少产生的韧带终末感觉源于紧张的韧带和关节囊组织。在肩关节内旋和手指伸展时可以感受到（图6-20）。

人们的关节并不是一直按照计划工作的，非正常的终末感觉可以成为一些问题的指征。损伤、肌肉紧张、疼痛、神经损伤和关节腔内的碎片都可以限制关节的运动，引起病理性的终末感觉。

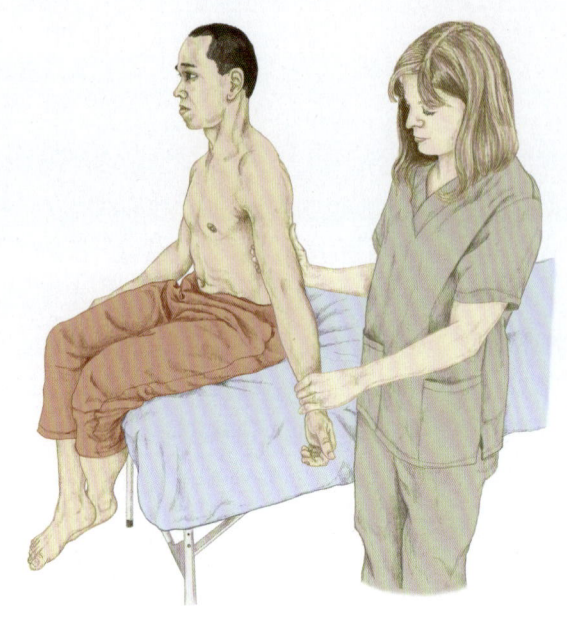

图 6-17 肘关节完全伸展时的骨性终末感觉

值得注意的是，每个关节都有特征性的终末感觉。一种终末感觉对一个关节来说是正常的，可能对另一个关节来说就是病理性的。例如，伸肘时的骨性终末感觉被认为是正常的，而对于伸膝来说就是病态的。一个关节的"正常感觉"可能是另一关节的"病态感觉"。

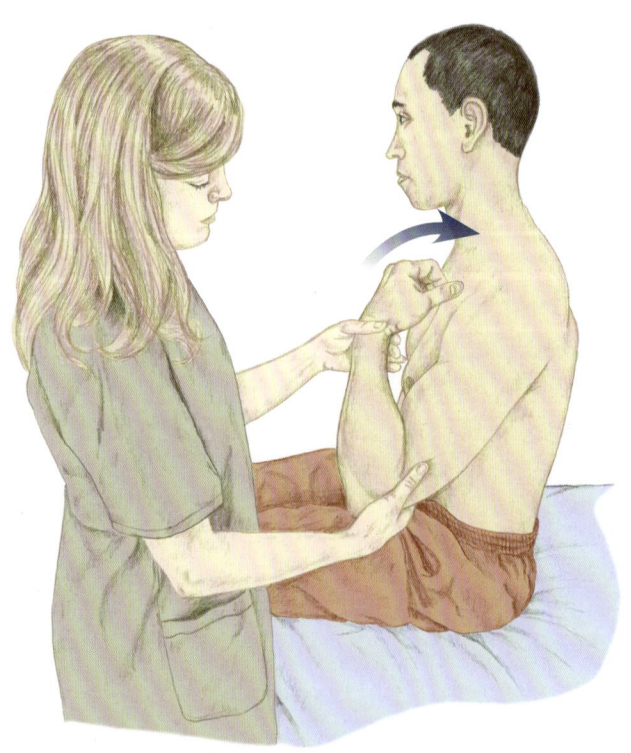

图 6-18 肘关节完全屈曲时的近似软组织终末感觉

5个病理性的终末感觉包括以下内容：
- 肌肉僵硬终末感觉出现较早，且突然以亢进肌肉的反弹结束。通常伴有疼痛，常表明关节囊有炎症。
- 囊性终末感觉也涉及活动度减少。可以在粘连性关节炎这样的慢性疾病或急性炎症反应的病例中感受到。健康关节囊的正常终末感觉通常描述为牵拉旧皮革的感觉，具有一点"弹性"和预期的活动度，囊性终末感觉与拉皮革的感觉相似，但活动度减少。
- 沼泽样终末感觉包含了柔软、海绵状的特性，通常出现在关节及关节周围的过度肿胀。
- 弹簧样终末感觉是由于关节的内部紊乱导致的。通常发生在含有半月板或关节盘的关节，其终末感觉为在运动末端有明显的反弹效应。
- 由于患者感到明显的疼痛而使运动停止时发生的空的终末感觉。由于运动不能进行下去而又检测不到机械故障。虽然平时难得一见，但这种情况可以出现在急性滑囊炎中。

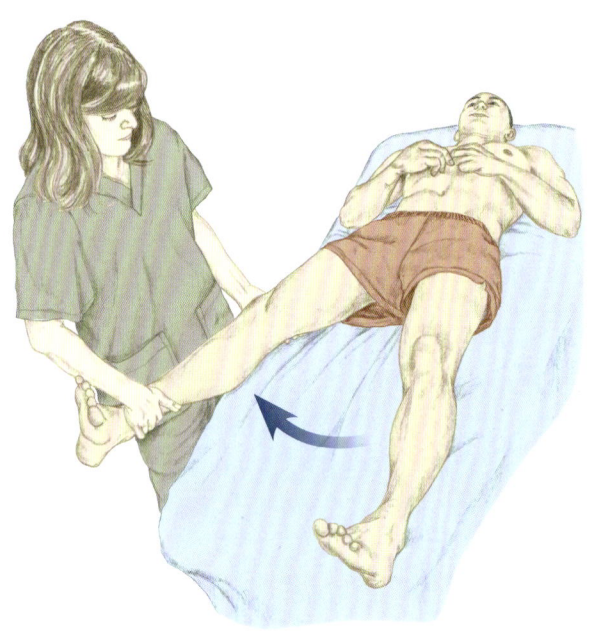

图6-19　髋关节外展时的软组织终末感觉

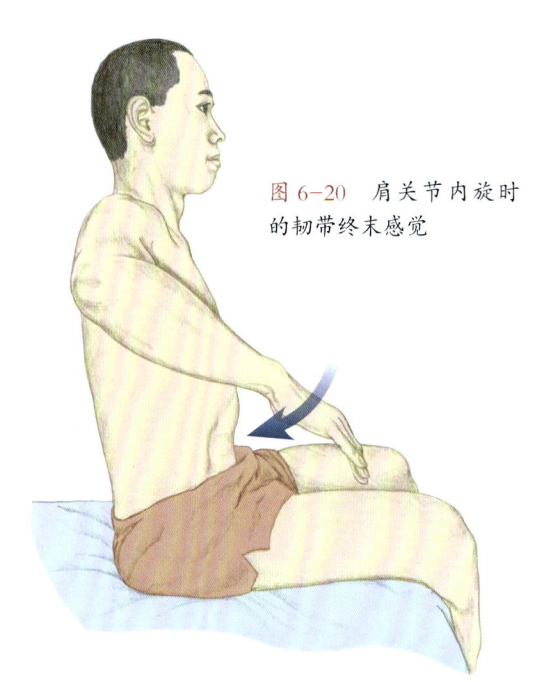

图6-20　肩关节内旋时的韧带终末感觉

### 实践中的活动度和终末感觉

活动度和终末感觉都可以作为认识人体组织的窗口。主动或被动活动肩关节是为了窥视关节的健康情况。仅仅通过活动一个或两个上肢，你就可以深入了解患者的意愿和肩关节的活动能力，以及周围组织的柔韧性、是否疼痛、与对侧肩关节活动是否对称。关节的生理知识和辅助运动也会派上用场，因为没有比旋转患者的肘关节更糟糕的事了！

此外，具有对障碍的触感和关节终末感觉的经验是检查病情的重要工具，因为这可使您对患者功能失调的结构性情况进行诊断。这种技能无法突然获得。他们需要反复体验和有意识地结合，以顺利地收集这些健康和病态共有的、亲身实践的感觉"数据库"。

# 关节运动的类型

现在，你可能会认为关节运动是"当我屈曲肘关节时，某些骨就会移动"。如果这是你的想法，恭喜你已经成功一半了。

事实证明，关节运动有两个不同的方面。骨运动学就是上面提到的涉及移动骨的途径。关节运动学较少研究的类型，着重于发生在关节面之间的运动。举例来说，如果"在矢状面屈曲肘关节"，这就是骨运动学。如果着重于肱骨的滑车（肱骨末端）旋转进入尺骨的滑车切迹（相对骨的末端），这就是关节运动学。

骨运动学的运动侧重相对于面和轴的动作（如伸和展）。具体地讲，它涉及围绕关节轴的骨的运动。例如，早晨例行踏上体重秤测量体重（图6-21）。描述"关节运动"的一种方法涉及膝关节是怎样使胫骨移动的。从运动学方面讲，膝关节屈伸运动是在矢状面发生并绕着冠状轴进行的。

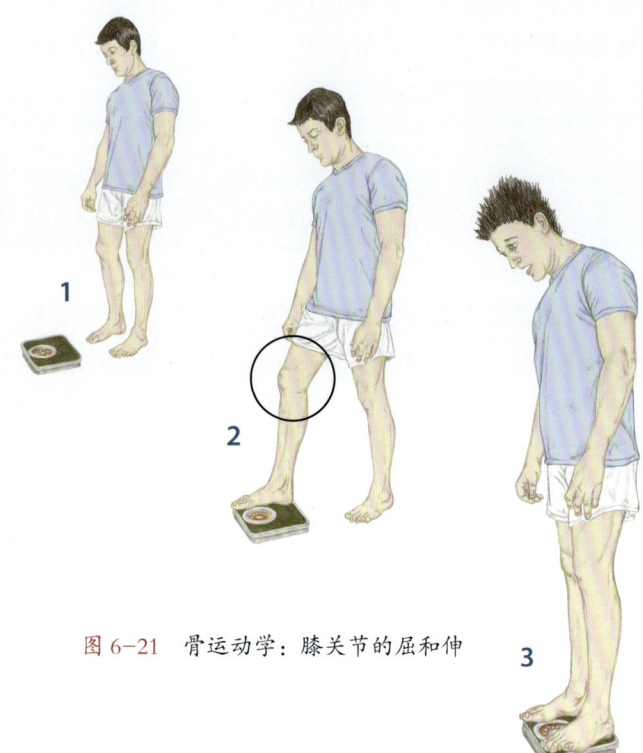

图6-21　骨运动学：膝关节的屈和伸

当踏上体重秤时你可能没有注意到，但关节活动的第二方面即关节面运动发生了。这种类型的运动涉及关节面之间不可见的小幅度运动。缺少了这种运动，你将无法踏上体重秤。

这是因为大部分滑膜关节是由一个凸的骨端和一个凹的骨端组成的（图6-22）。换言之，一个是球形而另一个是洞穴形。当一个骨面在另一个骨面上运动时，可产生3种关节运动学的运动，即滚动、滑行或自旋。让我们来看看每种类型的运动是如何发生的。

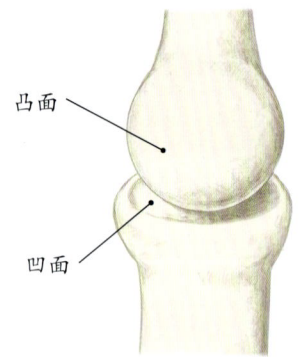

图6-22　一个凸凹关节

滚动发生在一个关节面沿着另一个关节面翻滚时，就像轮胎顺着道路滚下去一样（图6-23）。如抬高手臂穿上衬衫的过程，包含了肱骨头在关节盂表面的滚动（图6-24）。

图6-23　滚动的轮胎

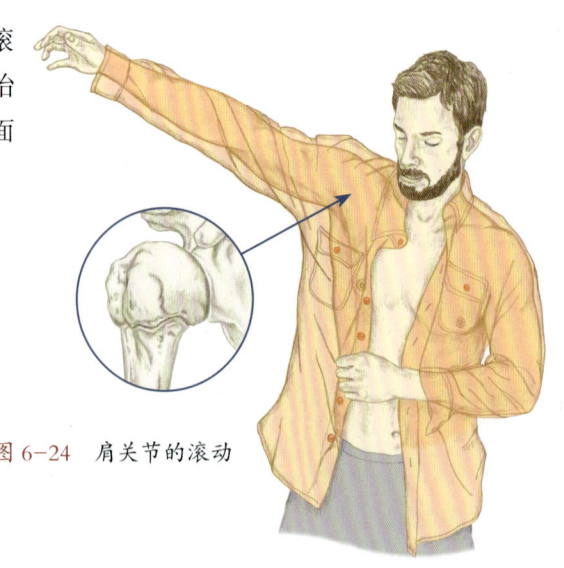

图6-24　肩关节的滚动

滑行发生在一个关节面滑过另一个关节面时，就像轮胎打滑停下一样（图6-25）。例如，掌指关节的屈伸运动（图6-26）。

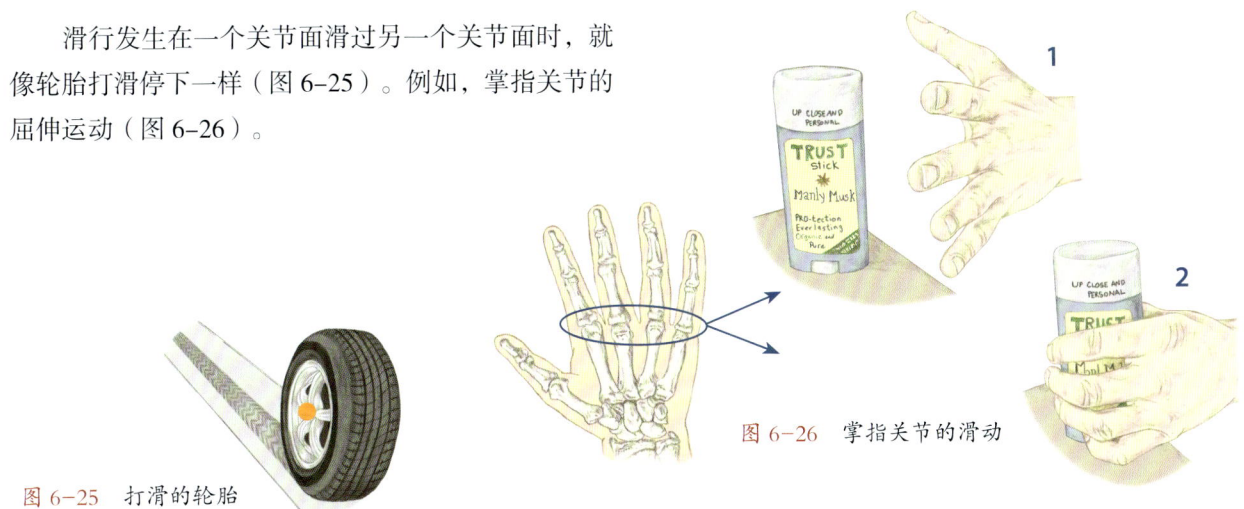

图6-25 打滑的轮胎

图6-26 掌指关节的滑动

自旋发生在一个关节面绕着另一个固定关节面旋转时，就像原地旋转的轮胎（图6-27）。如前臂旋前或旋后时桡骨头在肱骨末端旋转的运动（图6-28）。

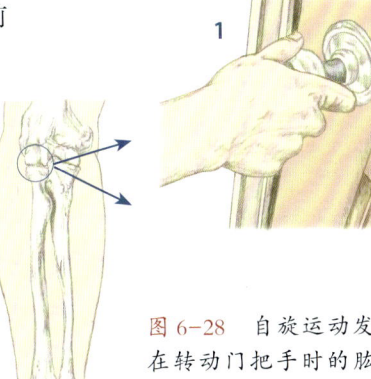
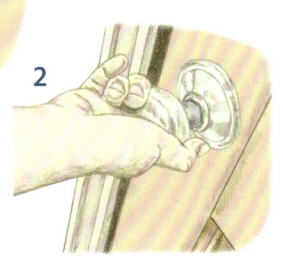

图6-27 旋转的轮胎

图6-28 自旋运动发生在转动门把手时的肱骨和桡骨之间

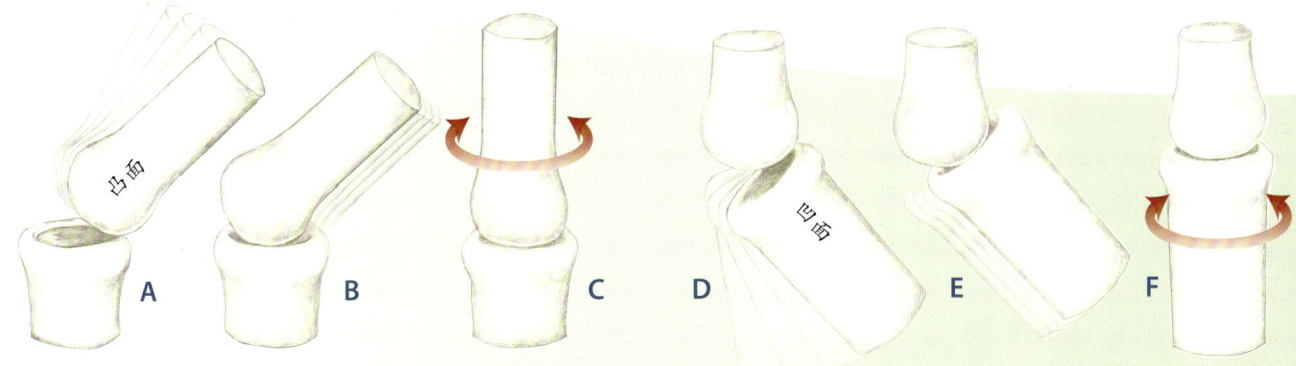

图6-29 凸面在凹面上运动
A 滚动，B 滑行，C 自旋

图6-30 凹面在凸面上运动
D 滚动，E 滑行，F 自旋

滚动、滑行和自旋可以由几种不同的方式产生。首先，当关节的凹面保持固定时，凸关节面可以运动（图6-29）。例如，当从坐姿站起时，在膝关节可以看到这种运动，股骨髁（凸面）在胫骨髁（凹面）的表面移动。

其次，凹关节面在固定的凸关节面上移动（图6-30），当屈曲手指时，在掌指关节处可看到这种运动，指骨凹关节面在掌骨凸关节面上旋转和滑动。

第三，两个骨端均可在对方的表面移动。当俯下身做10个俯卧撑时，肘关节面和肩关节面就会发生这种运动。通过将手固定在地面上，创建了一个封闭的运动链（详见第85页）。

滚动、滑行和自旋这3种关节运动并不是独立发生的。正如将在下面看到的，滚动和滑行需要通力协作以避免发生错位。这3种运动的协作能够在膝关节屈伸时很好地体现出来。

首先，看一下从站立位坐下时膝关节是怎样屈曲的。为了使膝关节屈曲，股骨必须在胫骨上移动。然而，如果它仅仅只有滚动（并不伴随滑行），股骨髁将会滚下胫骨平台（图6-29）。显然，这是行不通的。

如果膝关节屈曲只有滑行动作（没有滚动），股骨髁则会以过大的摩擦力磨损胫骨平台的中部（图6-32）。屈伸过程中的这种解决方案在于滚动和滑行的结合，就像你从坐位站起来时一样（图6-33）。

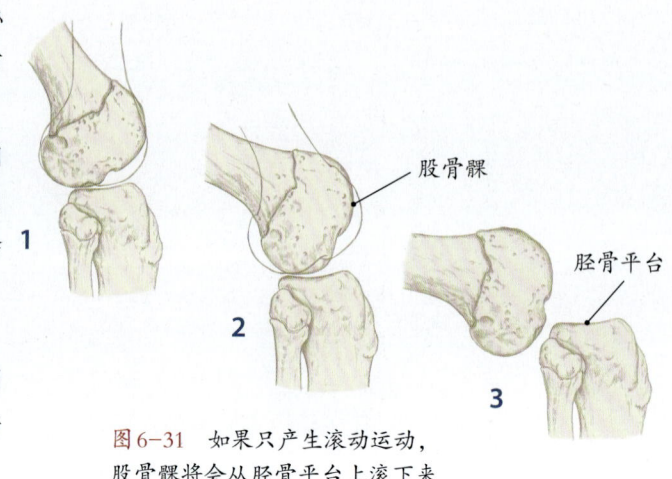

图6-31 如果只产生滚动运动，股骨髁将会从胫骨平台上滚下来

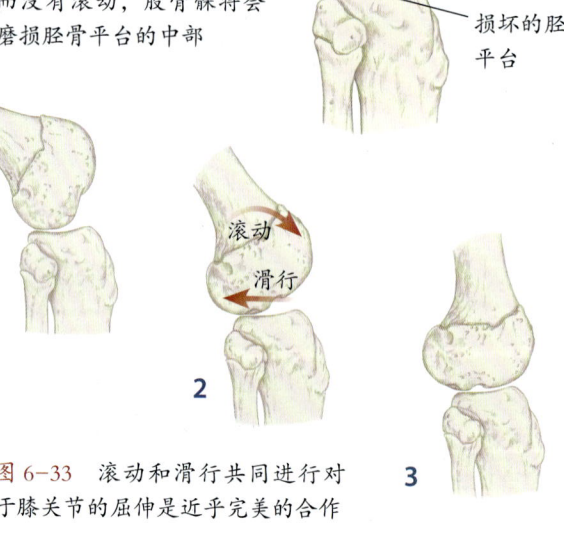

图6-32 如果只产生滑行而没有滚动，股骨髁将会磨损胫骨平台的中部

最后，由于股骨髁的大小不同，因此移动的速度也不同，在伸展的最后时刻，自旋还必须加入以适应这个实际情况（图6-34）。

关节内的所有微调（关节运动学运动）使骨进行更大幅度的运动（骨运动学运动）成为可能。

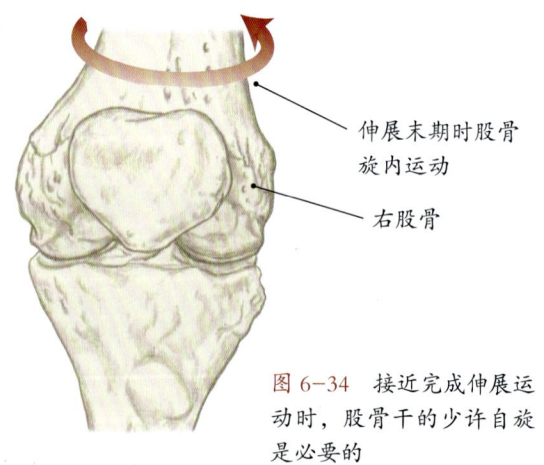

图6-34 接近完成伸展运动时，股骨干的少许自旋是必要的

图6-33 滚动和滑行共同进行对于膝关节的屈伸是近乎完美的合作

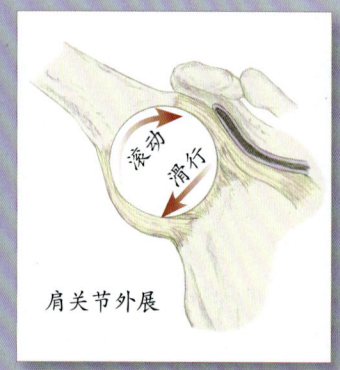

肩关节外展

当滚动和滑行不同步时，肩关节为错误的出现提供了一个窗口。外展抬起上肢时需要肱骨头向上滚动同时向下滑行（左图）。如果肱骨头不发生滑行，在它滚向肩胛骨的肩峰过程中就产生了常见的肩关节撞击综合征（右图）。紫色的为肩峰下滑膜囊。

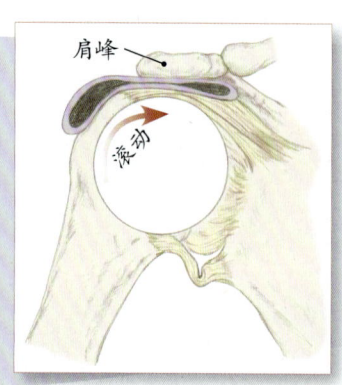

# 封闭和开放的动力链

人体是由许多部件组成的一个整体。同样上肢也不是一块精确独立的组织，而是由肩带、臂部、前臂、手和手指共同组成的。

在功能方面，这种分段安排的必要性是显而易见的。毕竟，一个链环是不会起伏不定的（图6-35）。关节（作为链接）将使各部分具有灵活性和运动性。然而，这些部分和关节具体是怎样独立地或共同运动的呢？这很大程度上受它们涉及的动力链类型的影响。

如果我们从第17页开始回忆，运动模式的可预测次序称为动力链。这是由肌和骨沿着运动的路径排列连接的一系列关节。它们可分为两类：封闭的和开放的。让我们首先在运动中体验动力链。

坐在椅子上，脚放稳，而后起立（图6-36）。做得不错，你刚刚产生了一个封闭的动力链。

当肢体的远端保持固定（闭合），而近端部分被动员起来时，就形成了封闭的动力链。通常这意味着你的脚或手在一个动作或运动中是静止的。

在我们上面的示范中，你的脚停留在地板上，而你的近端踝关节、膝关节和髋关节移动。正如你可能已经猜到的，你的脚与地面接触的部分涉及一个封闭的链。上肢封闭链的例子包括引体向上、俯卧撑，或挂拐行走（特别是拐杖底端着地时）。

现在坐下。这一次，不要站着，伸展你的膝关节，把脚腾空（图6-37）。这是一个开放的动力链的例子。

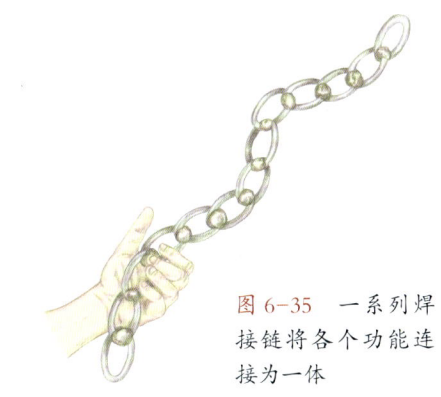

图6-35 一系列焊接链将各个功能连接为一体

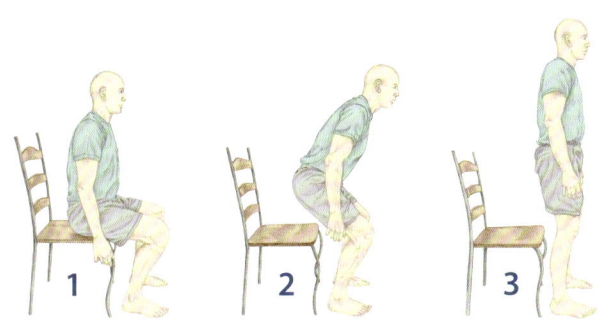

图6-36 封闭的动力链

当肢体的远端自由（开放）地移动，而近端部分保持固定时，则会产生开放的动力链。当伸展膝关节时，腿的近端（大腿和骨盆）保持不动，而远端移动。开放的动力链活动的实例有叠衣服、举哑铃和凌空踢球，这些类型的运动通常用于调节力量和敏捷度。

在开放的动力链活动中，肢体部分可以在多个方向上移动。例如，你可以把手臂向前伸，活动从肩关节到指尖的所有关节。当扭动上肢的各部分时，注意远端部分（手）不是固定的，而是自由移动的。

尽管在开放的动力链中，运动似乎是无止境的，但封闭的动力链提供了更加可预测的、有限的运动模式。

例如，呈俯卧撑姿势卧倒，将双手固定在地面上，肘关节和肩关节运动模式的可能性被限制了。为了说明这一点，慢慢降低身体，并注意肘关节为何必须弯曲而肩关节必须伸展。慢慢撑起身体并注意这些关节是怎样产生相反动作的。

封闭的动力链运动的可预见性在进行控制练习时是非常必要的，关节更加安全，可同时涉及多个肌群。当健身教练们期望学员在一定状态下保持强度和稳定性时，他们通常会制定一些封闭的动力链练习（如普拉提，一种健身课程）。

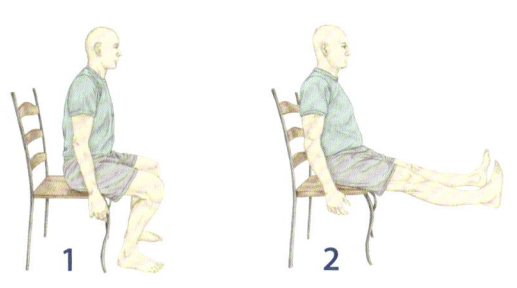

图6-37 开放的动力链

关节无论是以封闭的还是开放的动力链起作用，他们都是相互依存的。除了特殊情况外，一个关节的运动将会影响其邻近关节（伴有正常或病态的结果）。举例来说，髋关节的移动是由骶髂关节和腰骶关节突关节以及向下到膝关节和踝关节共同完成的。一个"连接"的改变往往会造成整个动力链的改变。

第6章 关节（下）

# 凹凸规则

当谈到关节运动学时（第82页），一个事实是清楚的：关节的运动类型是由骨关节面的形状决定的。尽管人体采用了多种关节设计，但实质上最具代表性的只有两种形式：卵圆形和鞍形（椭圆关节和鞍状关节）。

椭圆关节是由两块骨形成的凹凸链接。换言之，一块骨的球形末端凸起到另一块骨的盘状末端。椭圆关节在全身都可以找到，如掌指关节。掌骨远端（凸面）连接到指骨的近端（凹面）（图6-38）。卵圆形设计如此普遍是因为它可以为小关节面提供最大的活动度，同时还减少了关节的整体规模。

鞍状关节这种特殊设计的关节，具有两个关节面，其中一个方向是凹面，另一个方向是凸面。这两个彼此相关的旋转面为一个连锁设计。拇指的掌骨与腕骨连接处的腕掌关节就是一个鞍状关节。这种互相连接的方式使关节可以在两个平面上运动：屈伸和收展（图6-39）。

由于椭圆关节在整个身体中非常普遍，让我们深入研究并测试其凹凸关系的功能性。

可想而知，椭圆关节能以多种方式发生运动：
- 凸面可以在凹面内旋转
- 凹面可以围绕凸面旋转
- 两种运动可以同时发生

这种凹凸规则描述了这些情节是怎样产生不同的关节运动结果的。当关节的凸面在凹面中运动时，其向身体移动部分的反方向转动。

相反地，当关节的凹面围绕凸面运动时，其向身体移动部分的相同方向转动。

让我们用一个有趣的方式生动阐释凹凸规则：右手握拳，将其放在凹下的左手中。这样便形成了一个椭圆关节（一个球形的凸面和一个盘形的凹面）。现在，将"关节"放在面前，（保持手腕固定）降低右肘。当前臂（代表身体部分）向下移动时，拳头（凸关节面）向上旋转，与身体部分移动的方向相反（图6-40）。恢复到开始位置，降低左肘。可以看到身体部分（左前臂）和凹关节面（左手）是怎样以相同的方向旋转的（图6-41）。

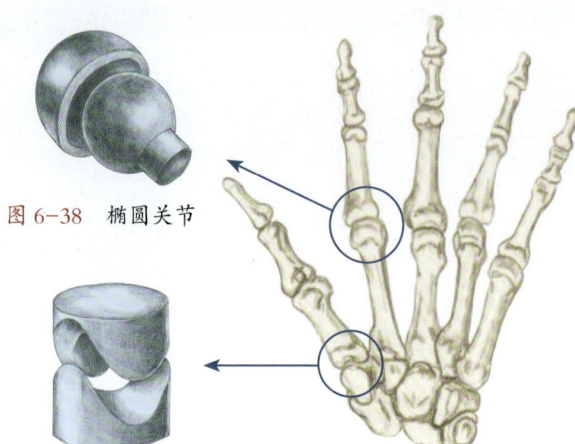

图6-38 椭圆关节

图6-39 鞍状关节

手骨的关节类型

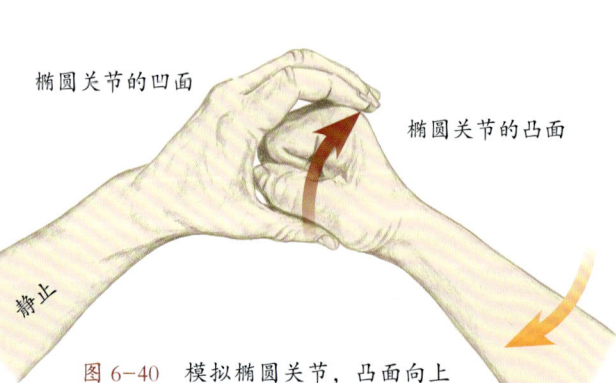

图6-40 模拟椭圆关节，凸面向上旋转时，"骨"（手臂）向下移动

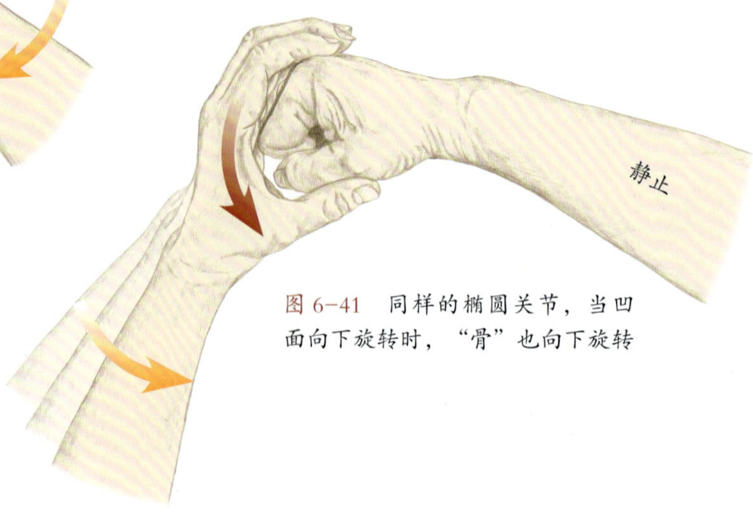

图6-41 同样的椭圆关节，当凹面向下旋转时，"骨"也向下旋转

# 关节面的位置

正如我们所看到的，一些滑膜关节具有较大的活动度，这使得骨可以在这个范围内的任何位置。例如，膝关节可以完全屈、伸或在二者之间的任何位置。

同时，改变关节在其活动范围内的位置将会改变其关节面的方位。再以膝关节为例：当其完全伸展时，股骨位于胫骨的顶部；但在屈曲时，关节面的关系会完全改变。当构建关节时需要记住这一点，因为一个关节的稳定性、强度和损伤的危险变化取决于它是否沿着关节面连续运动。

由于这些原因，每个滑膜关节都有一个最稳定的位置，即紧缩位。在这种状态下，关节面是一致的，这意味着它们处于最大限度的重叠，而且韧带和关节囊套紧（图6-42）。通常位于关节活动度的极端位置，该位置使关节具有最大的稳定性和对抗牵拉力的弹性。

例如，膝关节完全伸展使该关节处于紧缩位。其他紧缩位还包括踝关节的完全背屈、肘关节的伸展、牙关紧闭以及手指的完全屈曲（图6-43）。

不幸的是，关节在紧缩位通常最容易受伤。例如，膝关节在屈曲（松弛位）时比完全伸展（紧缩位）时更容易承受和维持侧向力。

关节面也可以处于松弛位。一般来讲，松弛位指除紧缩位之外的其他任何位置，但通常是指结缔组织最松弛且关节腔具有最大容积的位置。该位置的关节面是不一致的，意味着它们的重叠程度最小。当关节处于松弛位时，可以发生滚动、滑行和自旋运动。

当膝关节屈曲25°时，处于松弛位（图6-44）。其他松弛位还包括张口位、稍微屈曲手指以及肘关节屈曲70°（图6-45）。

将关节移动到紧缩位会压缩关节并挤出滑液，而放松关节到松弛位会使滑液流回关节腔。

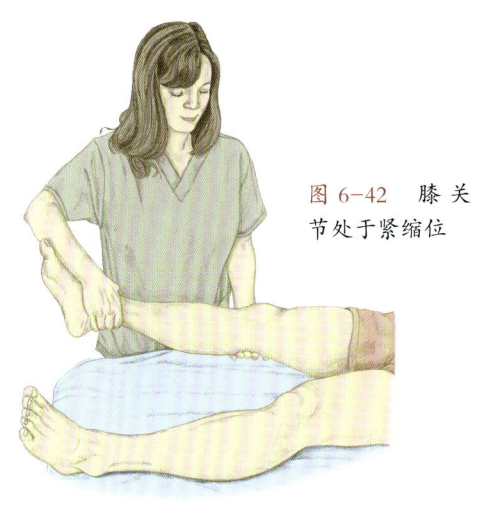

图6-42 膝关节处于紧缩位

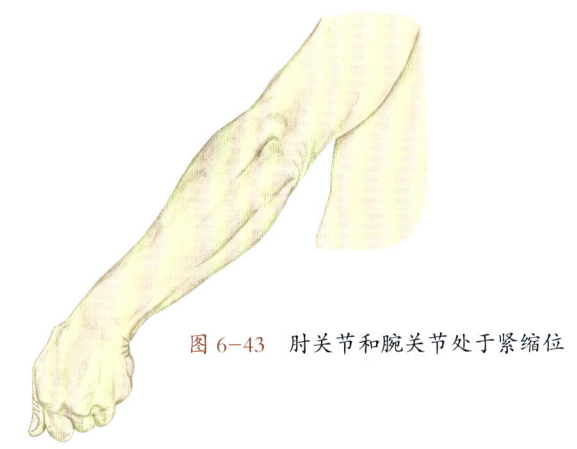

图6-43 肘关节和腕关节处于紧缩位

图6-44 膝关节处于松弛位

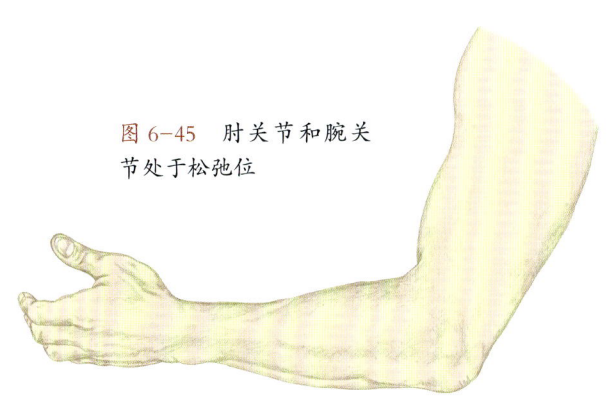

图6-45 肘关节和腕关节处于松弛位

# 使关节松动的力

正如我们看到的被动运动范围（第77页），有时移动患者的肢体似乎有利于评估或达到康复的目的。通过额外的训练，你可以应用关节松动术，一种旨在产生治疗效果的滑膜关节的被动运动。虽然这些操作技术超出了本文的范围，但让我们花一点时间来阐明参与关节松动术的力的类型（我们将在第12章，第182页更深入地讨论）。

在应用关节松动术时，可使用3种类型的力：

- 牵引力
- 压缩力
- 剪切力

图6-46 将婴儿放在汽车座椅里，会对肩、肘和腕关节产生牵引力

简而言之，这些力将使两个关节面或分开（牵引），合在一起（压缩），或在与相邻关节面平行的相反方向移位（剪切）。

幸运的是，每一种方法都可以很容易地在患者的手指上演示。由于本节课的目的是基本了解不同的力如何适用于一个关节，请缓慢地、轻柔地执行这些练习。

先说牵引力。牵引力也称张力，当外力作用于关节时，关节面被拉开。

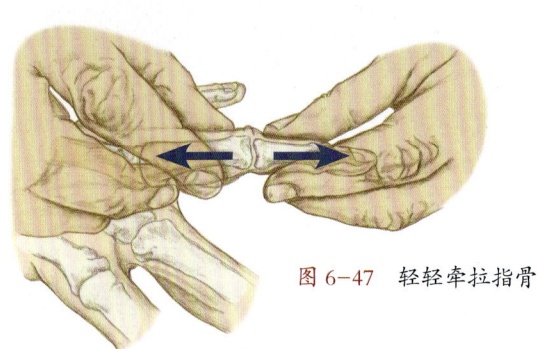

图6-47 轻轻牵拉指骨

当你把婴儿放在汽车座椅上（图6-46）或悬挂在攀登架上时，你的肩、肘和腕关节自然会受到牵拉。牵引常用于改善关节的活动性。

你可以给患者的示指做牵引。首先，一手捏住中节指骨的近端，另一手捏住近节指骨远端（图6-47）。稍微弯曲关节（将其置于打开的位置，第87页），然后稳定近端并轻轻拉动关节。

图6-48 悬扣石膏板时，许多关节受压

牵引力使关节面分离，而当外力将关节面推到一起时，就会产生压缩力。一名建筑工人在准备将石膏板扣到天花板上时，压缩了他身体相关的所有的主要关节（图6-48）。牵引可以帮助关节活动，压缩通常用来稳定关节。

为了练习按压，捏住他的另一个示指，位置和我们以前做牵引时一样，但是现在要轻轻地按压指骨的关节面（图6-49）。

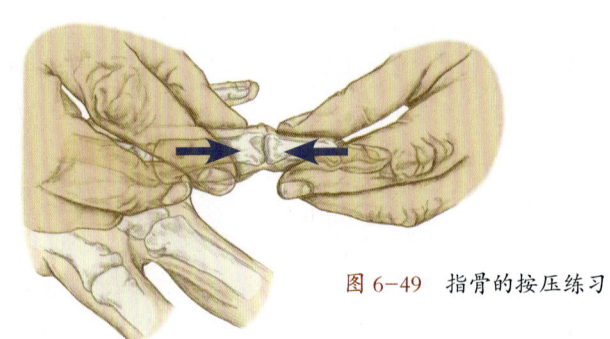

图6-49 指骨的按压练习

剪切力产生滑过关节面的滑动运动，并使骨相对移位。这些力相互平行，但方向相反，也许在身体上最容易理解。轻轻地抓住患者的中指，和之前一样在同一关节处，稍微弯曲关节，轻轻地将指骨的中节向相反的方向移动（图6-50）。这种特殊的技术产生了近侧指骨间关节的前/后或内/外滑动。

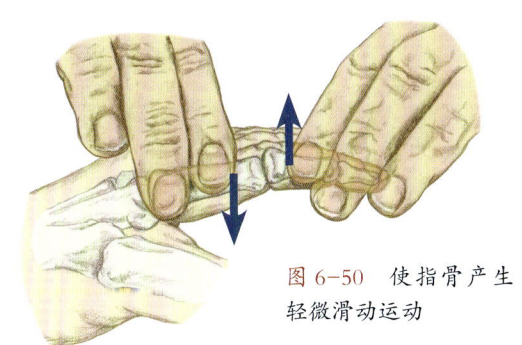

图6-50 使指骨产生轻微滑动运动

## 弯曲力和扭转力

现在让我们了解弯曲力或扭转力。弯曲力就像它的名称一样，当一个结构的一侧在其凹侧受到压缩，在其凸侧受到牵引时，就会发生这种现象。

例如，向右侧弯曲脊柱，感受脊柱右侧的组织如何被挤压（压缩），而左侧的组织如何被拉开（牵引）（图6-51）。

扭转力（也称为旋转力）沿纵轴产生扭转。通常情况下，一个力使关节的一个部分向一个方向旋转，而另一个力使关节的另一部分向相反方向旋转。

当你旋转颈椎，从右肩看过去，可以感觉到扭转的力。当第7颈椎（连同其他6个颈椎）向右侧旋转时，第1胸椎通过它与第1肋的连接更牢固地保持在原位。C7和T1之间的相互连接组织：椎间盘、关节囊和周围韧带，也会受到这些扭转力的轻微扭曲（图6-52）。

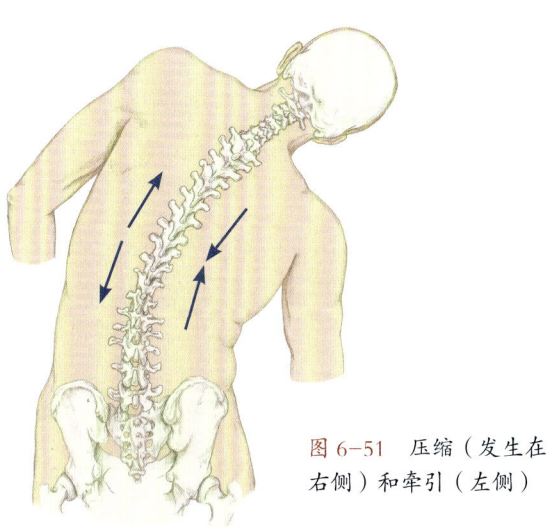

图6-51 压缩（发生在右侧）和牵引（左侧）

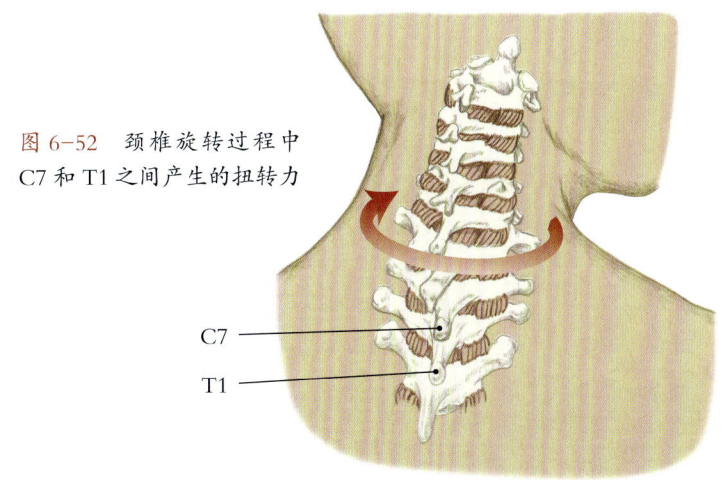

图6-52 颈椎旋转过程中C7和T1之间产生的扭转力

关节松动术（joint mobilization techniques）是骨关节被动运动治疗技术。物理治疗师、脊椎按摩治疗师和正骨医师经常利用关节松动术使特定的滑膜关节产生治疗效果。例如，脊椎按摩治疗师进行的脊椎按摩是脊柱松动术的一个例子，涉及用一种推挤力来增加脊柱节段的运动功能。

# 复习题

1. 影响关节活动范围的一个因素是____。（第76页）
   a. 近端和远端关节的设计
   b. 关节面的形状
   c. 周围关节组织的数量
   d. 关节骨的长度

2. 以下哪一项将在很大程度上决定关节的活动性？（第76页）
   a. 血液循环
   b. 骨的硬度
   c. 关节囊的弹性
   d. 肌肉的拉伸强度

3. 关节的生理运动被定义为____。（第78页）
   a. 一个人在关节处能主动产生的运动
   b. 不是患者主动产生的关节运动
   c. 一个人可以被动移动关节的长度
   d. 限制关节的运动范围

4. 扭伤的定义是____。（第79页）
   a. 筋膜组织过度收缩
   b. 肌肉或肌腱的拉伸或撕裂
   c. 无收缩组织的拉伸或撕裂
   d. 肌肉组织过度收缩

5. 当评估运动时，一个柔软的末端感觉是____。（第80页）
   a. 通过肌肉组织的张力感受到的弹性感觉
   b. 在活动患者关节时明显的受限性
   c. 当骨与骨接触时感觉到限制
   d. 组织与其他组织碰撞的感觉

6. 下列哪种运动是关节运动学的类型？（第82页）
   a. 旋转、扭曲和滚动
   b. 滚动、滑行和旋转
   c. 滑行、旋转和伸缩
   d. 扭曲、滑行和滚动

7. 膝关节充分伸展时它进入哪个位置？（第87页）
   a. 紧缩的
   b. 不协调的
   c. 松弛的
   d. 锁定的

（杨光宇 译，张露青 丁自海 校）

# 7

# 肌 肉
# （上）

### 学习目标

- 列出肌肉的不同类型
- 作为运动产生的要素，描述骨骼肌、肌腱和骨之间的关系
- 描述骨骼肌的各个部分
- 命名并描述骨骼肌的4种功能
- 识别并描述骨骼肌的4种特性

### 本章要点

这是网球锦标赛的最后一场比赛，塞雷娜·威廉姆斯站在底线。她将以每小时195千米的速度快速发球给她的对手，但此时她只是在运球。

即使是在威廉姆斯的手中，球也不是最引人注目的。但从骨骼肌的角度来看，却很神奇。因为这个看似简单的动作不仅需要几十块肌肉之间的强大协调，还需要协调数以百万计的肌细胞。这些肌细胞是具有神奇能力的纤维，它们可以缩短、延长，然后恢复到原来的长度。它的变化特性为滑雪、手机打字或网球发球提供了必要的灵活性。

当威廉姆斯完成运球并把球抛向空中时，她和其他人一样，天生就拥有所有相同的肌纤维（举重会使肌纤维增粗，但不会产生新的纤维）。最后，她将球拍举过头顶，将球抛向空中——这是讨论深度肌肉问题的绝佳起点。

- 鉴于运动是由筋膜和肌纤维结合产生的，筋膜在肌肉的哪个部位呢？
- 在赛雷娜上场之前，她做了肌肉热身。如果她跳过了这关键的一步，你认为这会对她的肌肉和筋膜组织造成什么影响？
- 肌肉被拉伸后，就像橡皮筋一样，会恢复到原来的长度。如果我们的肌肉逐渐失去弹性，运动能力会发生什么变化？

| | |
|---|---|
| 肌肉组织的基础知识 | 92 |
| 　肌肉的类型 | 92 |
| 　肌筋膜单元 | 93 |
| 　功能：收缩 | 94 |
| 骨骼肌的成分 | 96 |
| 　宏观 | 96 |
| 构建肌肉 | 98 |
| 　构建肌节 | 98 |
| 　粗肌丝和细肌丝 | 99 |
| 　肌丝滑行原理 | 99 |
| 　收缩周期 | 100 |
| 　肌原纤维和肌纤维 | 101 |
| 　水管工和电工 | 102 |
| 　包装 | 102 |
| 肌肉组织的功能 | 103 |
| 肌肉组织的特性 | 104 |
| 复习题 | 105 |

# 肌肉组织的基础知识

到目前为止，构建一个具有运动功能的人体已经完成了一大半，筋膜系统构成了框架，骨骼构成了运动的杠杆装置，关节提供了运动的枢纽，但运动的引擎尚未构造，这就是肌肉组织。

日常活动都需要肌肉的参与，例如从浴池走到厨房，将割草机抬到皮卡上，抚摸婴儿可爱的脸庞。基于以上认识，我们将从以下3个方面讲述肌肉组织。

- 肌肉的类型
- 肌与筋膜的关系
- 肌功能的基本原理

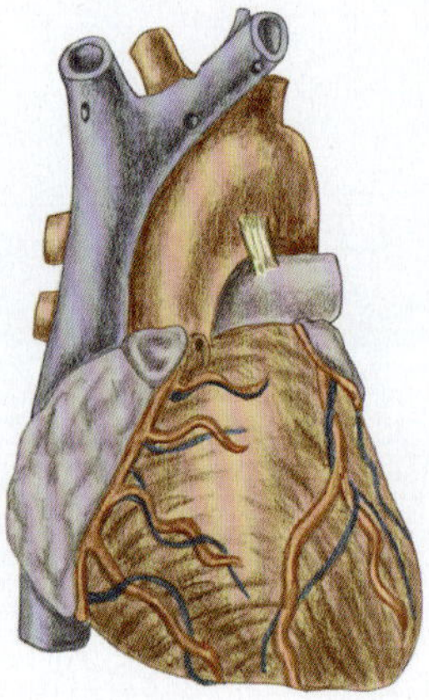

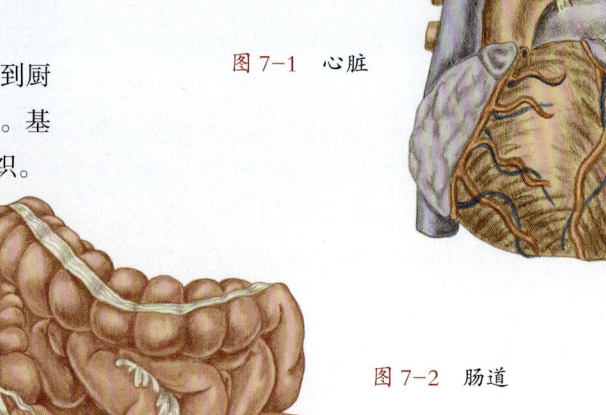

图 7-1　心脏

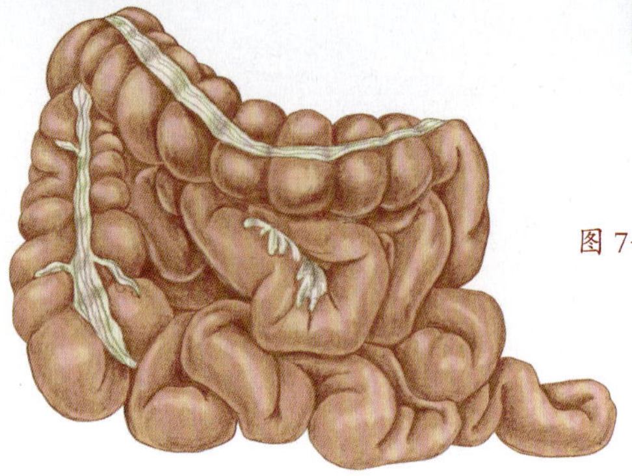

图 7-2　肠道

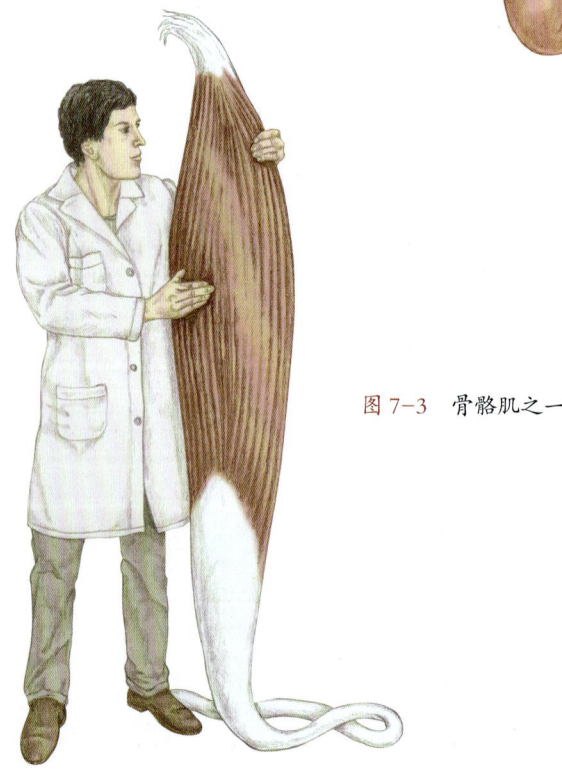

图 7-3　骨骼肌之一

## 肌肉的类型

我们体内共有3种肌肉类型。心肌组织仅存在于心脏（图 7-1），不能随意运动，其收缩的节律性不受意识控制。平滑肌组织构成腹腔脏器的管壁、血管和气管等（图 7-2），也不能随意运动。

骨骼肌是我们最关心的类型，本节将重点介绍。顾名思义，骨骼肌的作用在于使骨骼系统产生运动（图 7-3）。虽然骨骼肌在意识控制下进行自主收缩，但很多骨骼肌运动并不引人注意。

例如呼吸运动是由膈肌在潜意识控制下的收缩和舒张运动产生的。同时，人体姿势的保持和稳定是由数百块骨骼肌在颈部、背部和腿部收缩完成的。进化使得我们从使用意识控制和管理产生运动功能的肌肉收缩中解放出来，更加专注于外部的事件，例如我们正在阅读的这些文字。

> 人体600多块骨骼肌中的每一块都可称为一个独立**器官**——2种或以上组织构成的具有特定功能的结构。它们的大小、尺寸和设计各不相同。例如，面部细小或条带状的肌肉仅包含几百个肌细胞（肌纤维），而粗壮的腓肠肌和臀肌则包含了成千上万个肌细胞。

## 肌筋膜单元

在结缔组织一章中提到,有一个关于骨骼肌的普遍性错误概念:肌腹一端连接骨,跨过关节与另一块骨连接。问题是骨骼肌一般不直接与骨相连,需要结缔组织作为媒介。

肌细胞也称肌纤维,具有难以置信的伸展性和运动潜能。但是如果没有筋膜组织的支撑和包裹,肌组织无法产生任何有用的运动。这种不可分割的组合称为"肌筋膜单元"。让我们花点时间来构造一块特别的肌——肱肌(见《推拿按摩的解剖学基础》,第3章)。

首先,将一根独立的肌纤维置于一张筋膜上(图7-4)。然后让其在结缔组织(肌内膜)内滚动,确保肌纤维两端有额外的结缔组织(图7-5)。

使更多的肌纤维重复这个过程,平行排列,然后用肌束膜包裹(图7-6)。两端额外的筋膜作为形成肌腱的材料。再将整个肌腹用最后一层筋膜进行包裹,即肌外膜。最后,嵌入一套神经和血管(图7-7)。尽管这个描述过分简单化,但这就是肱肌的肌筋膜单元的设计步骤(图7-8)。

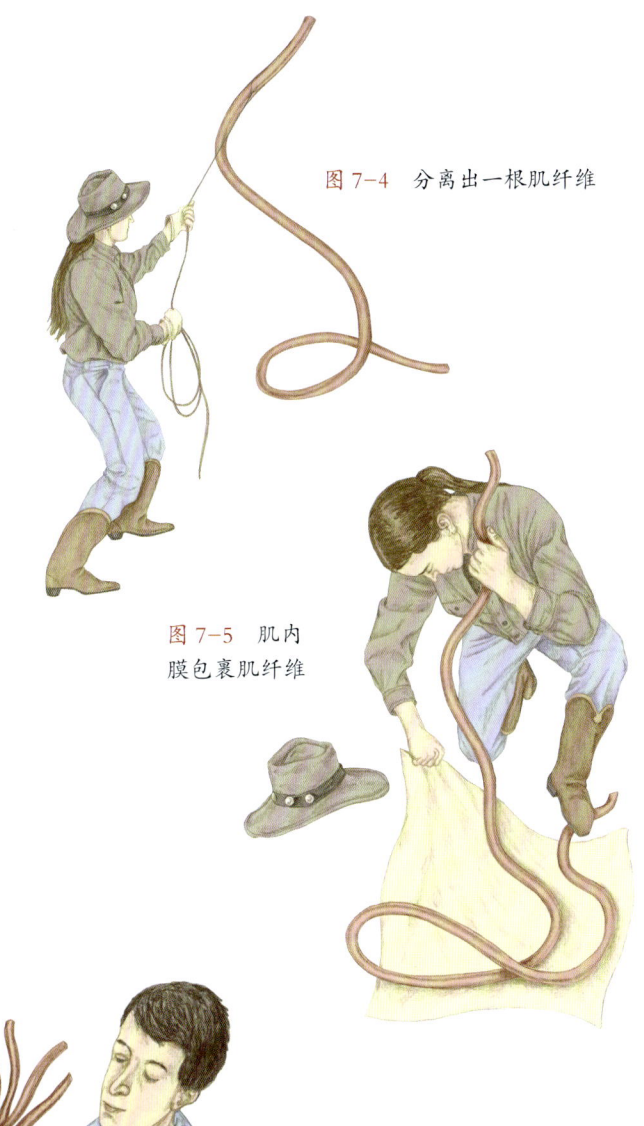

图7-4 分离出一根肌纤维

图7-5 肌内膜包裹肌纤维

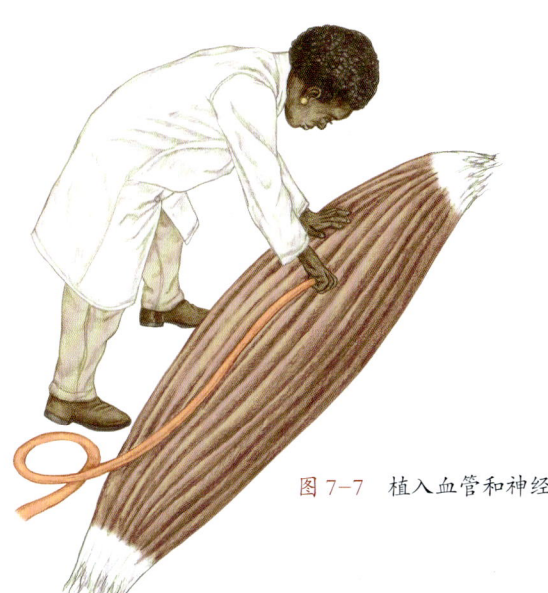

图7-7 植入血管和神经

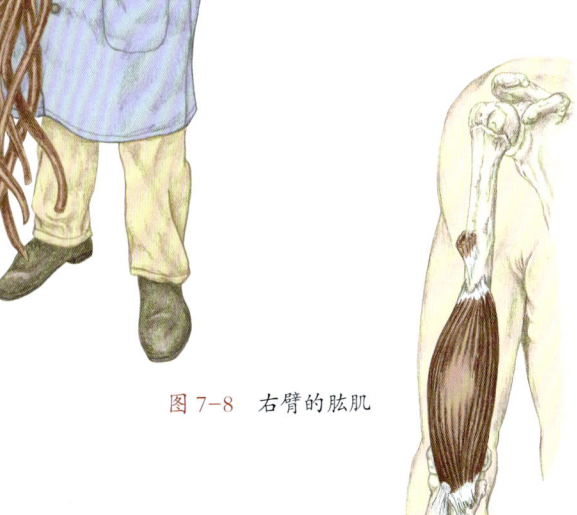

图7-6 将许多肌纤维用肌束膜捆绑在一起

图7-8 右臂的肱肌

## 功能：收缩

上一节组配的肱肌只是置入体内，还没有功能，两端腱性部分需要附着到骨骼上才能发挥作用。将肱肌两端与肱骨和尺骨相连，肌腹跨越肱尺关节（图7-9）。

当完成肱肌与两骨的附着点连接后，我们就可利用肌肉特有的性能——收缩（或缩短）功能。尽管肌组织具有许多功能，此章节仅将重点放在产生运动和维持姿势上（运动和稳定）。

在学术上，肌肉组织备受关注。但生物力学方面，它的技能可归纳为一个发人深省的事实：肌仅能被牵拉，不能被推压。而且骨骼肌向其中心牵拉包括肌腱在内的筋膜成分。如果收缩足够强，肌腱的拉力将带动其附着的骨骼进而身体的某部分移动（图7-10~7-13）。

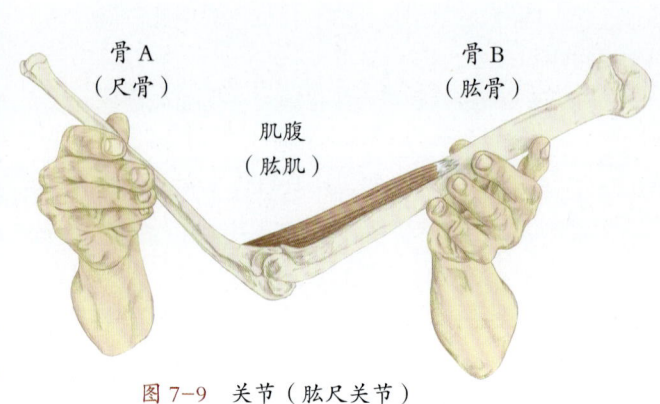

图7-9 关节（肱尺关节）

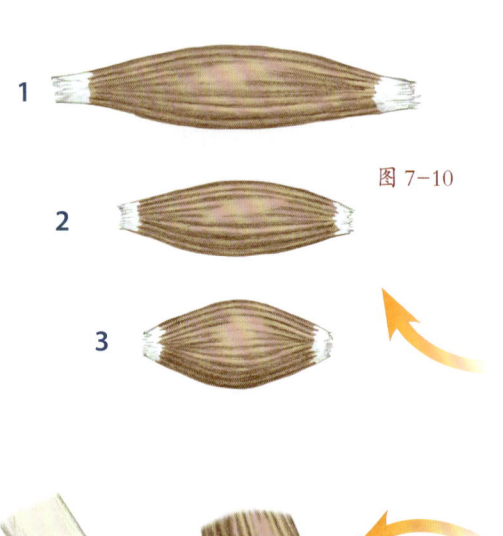

图7-10

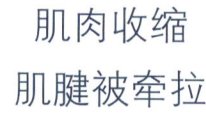

图7-11

肌肉收缩
肌腱被牵拉

关节运动
身体某部分移动

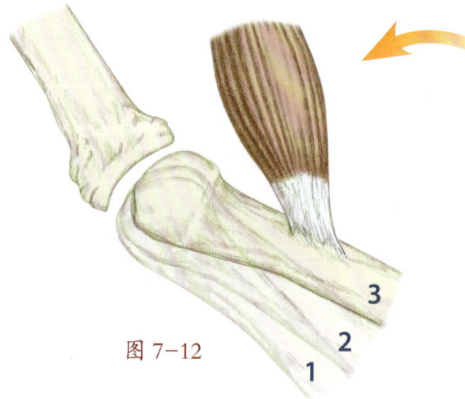

图7-12

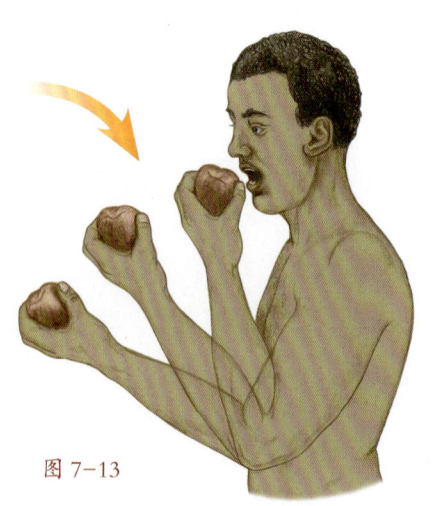

图7-13

值得注意的是，有些骨骼肌不止附着于2块骨，例如胸大肌。另一些肌，如面部的肌肉，则走行于浅筋膜内。

当肌收缩时，可产生以下3种情况：
- 将骨A（尺骨）拉向肌（肱肌）中心（图7-14）
- 将骨B（肱骨）拉向肌（肱肌）中心（图7-15）
- 将2块骨同时拉向肌（肱肌）中心（图7-16）

例如，肱肌通过牵拉尺骨而屈肘（图7-14），也可以通过固定尺骨，牵拉肱骨而屈肘（图7-15），还可以同时牵拉肱骨和尺骨使其彼此靠近（图7-16）。

需要明确的是，肱肌无法决定哪一端将会移动，仅仅是一个产生运动的引擎。每一次收缩，肌肉两端产生的力量是相等的。操控这一过程（引导诸多影响因素和肌）的是神经系统。

典型的肌肉收缩产生的运动通常发生在附着点的一端而不是两端。例如，肱肌产生的张力通常传递至远端肌腱牵拉尺骨，从而引起前臂和手的运动。

基于以上原因，可以说肌具有起点和止点。起点附着于更加稳定的骨端（肱肌附着于肱骨处），而止点附着于移动性更强的骨端（肱肌附着于尺骨处）。但因为肌具有引发两骨单独或同时运动的潜能，附着点也可理解为肌腱与骨的连接。有时近端或远端附着点均可称为起点或止点。

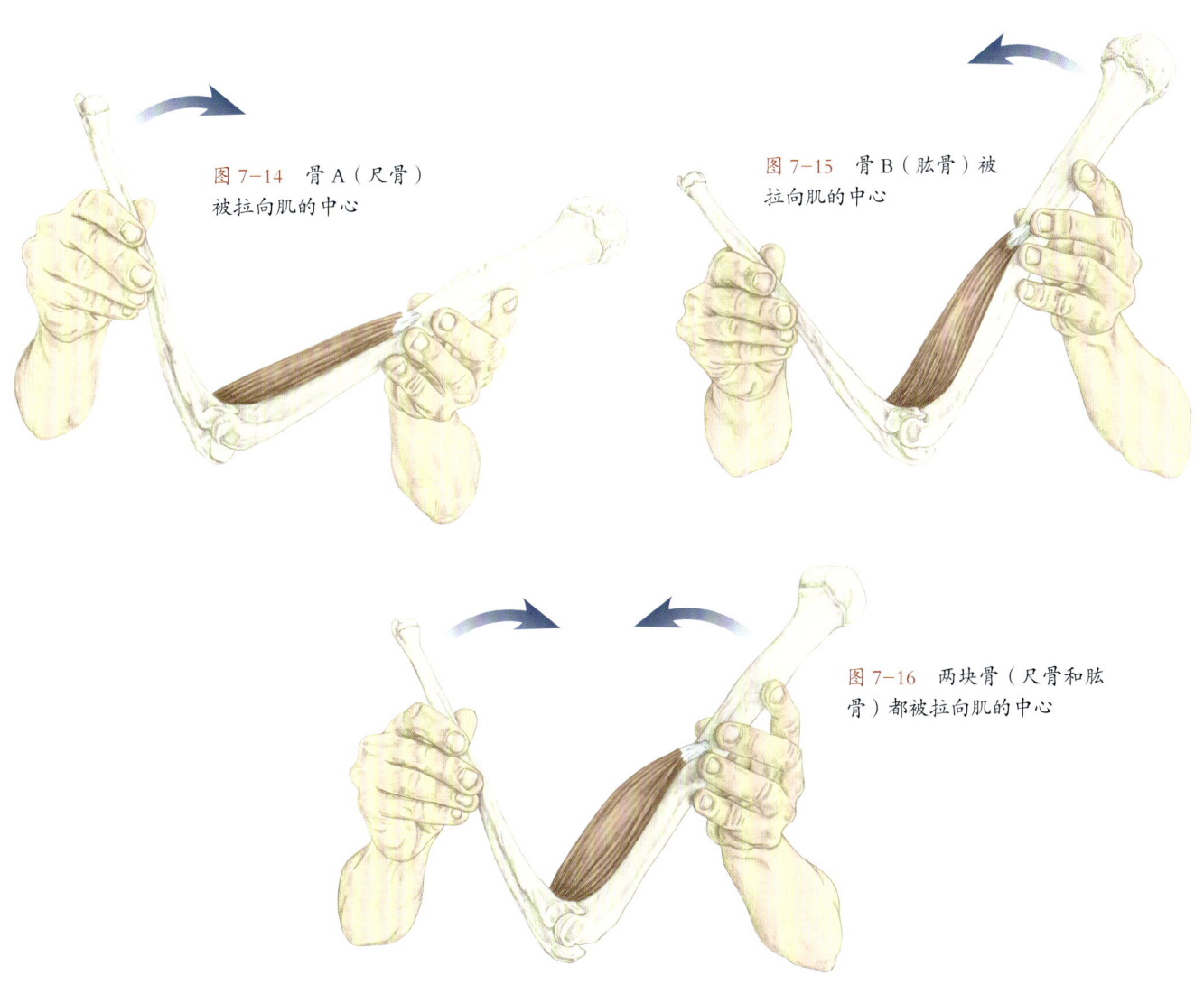

图7-14 骨A（尺骨）被拉向肌的中心

图7-15 骨B（肱骨）被拉向肌的中心

图7-16 两块骨（尺骨和肱骨）都被拉向肌的中心

# 骨骼肌的成分

## 宏观

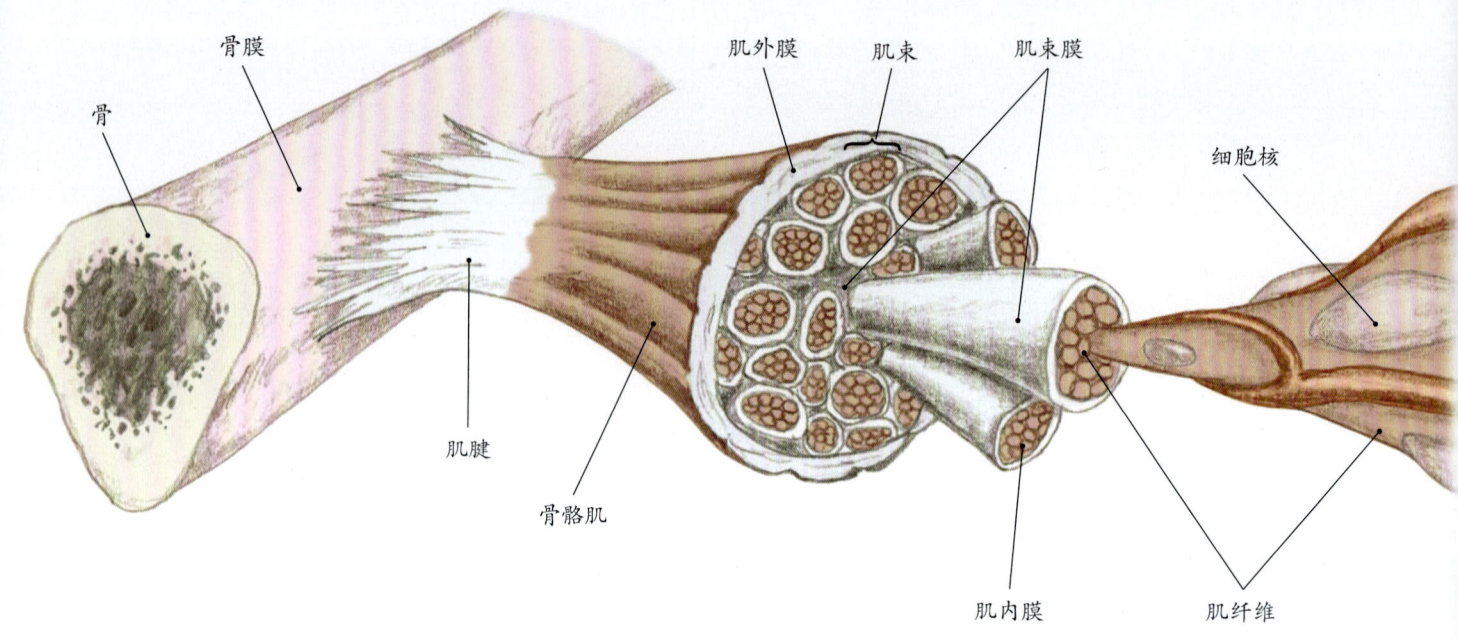

图 7-17 骨骼肌的成分

在之前的章节中，我们构造了筋膜网和滑膜关节，接下来的章节将构建肌肉组织。在构建微观的收缩单位之前，先观察作为完整器官的肌结构。首先从大体观察开始（图 7-17）。

正如我们前面所述，骨骼肌需要塑造、牵制并加以引导。这个任务由筋膜负责，形成肌筋膜单位，即筋膜间室，其内包含了高度有序的肌纤维群。

首先，肌腹——肌腱之间的部分——通过一层深筋膜与相邻的肌连接在一起。深筋膜是一种强韧而不规则的结缔组织，位于两端肌腱之间的肌腹借深筋膜与周围相邻肌肉联系在一起。深筋膜的作用是在肌肉运动时为神经、血管、淋巴管提供空间，并填充肌与肌之间的间隙。

深筋膜深面是 3 层结缔组织，即肌外膜、肌束膜和肌内膜。一个连续的筋膜网围绕并穿入肌腹和肌纤维，筋膜层延伸超过肌肉的两端并形成肌腱，将肌锚定在骨膜上。连续的结缔组织链（从筋膜到肌腱，经骨膜再到骨）将肌收缩产生的力传递到骨，在产生运动的过程中扮演了重要的角色。

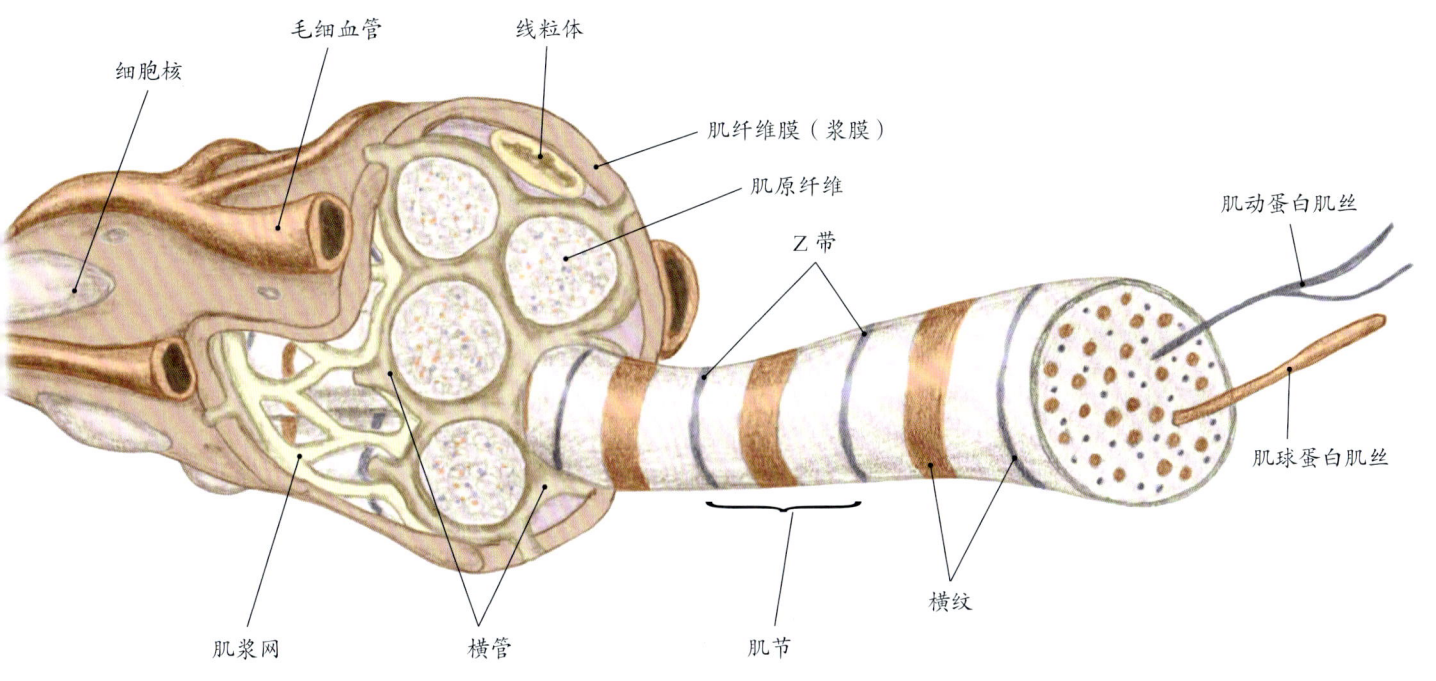

再进一步观察。肌外膜恰位于深筋膜的深面,并包裹整个肌腹。中层的肌束膜将肌腹分割成诸多间室,每一间室内有一肌束,每一个肌束都是肉眼可见的肌纤维束。根据肌的设计和功能的不同,一个肌束所包含的肌纤维可从十几个到上百个(撕开一块生牛排,你会发现筋膜不仅肉眼可见,而且形成牛肉的纹理与样式)。

如果在显微镜下更进一步观察肌肉组织,会发现每一个肌纤维都包裹有肌内膜(筋膜的最内层)。

每一个肌纤维又包含许多圆柱状的收缩细胞器,即肌原纤维。肌原纤维包含许多对链状的结构蛋白,即肌丝,肌丝与肌丝之间相互牵拉产生力。肌原纤维组合成节段,每一个节段为一个肌节,这是肌收缩的基本单位。

有了这种从宏观到微观的理解,现在让我们翻过这一页,从头开始构建完整的肌肉。

仅仅是为构建骨骼肌而将其分为诸多层次,但是骨骼肌是作为一个整体存在的。我们脑中可以将肌肉分割成不同的部分、层次和节段,但是在手术刀下却很难完成。

# 构建肌肉

如前所述，肌肉是一种高度有序的器官，能拆分成越来越小的亚结构。

- 肌腹包含了许多由肌纤维构成的肌束。
- 这些肌纤维由更小的肌原纤维构成，肌原纤维又由丝状的肌丝蛋白构成。
- 肌原蛋白可以被分解为一系列节段，即肌节，每个肌节又包含许多对肌丝。

在第93页中，我们快速组装了肱肌，现在从微观出发，从一个肌节开始，构建肱肌。

图 7-18 肌肉收缩的时候，肌腹不会像手风琴一样变短（部分并排折叠）

图 7-19 肌肉的收缩类似望远镜的伸缩

## 1 构建肌节

肌肉的肌节就像河流中独立的一滴水，是最基本的成分。肌节的无限缩短将最终产生肌肉的收缩。

为了构建一个柱状的肌节，需要建立一个机制，它并不像很久之前认为的如手风琴一样的折叠动作（图 7-18），而是更像古代望远镜的回缩和拉伸过程（图 7-19）。因此，需要一些细长的丝状体。

肌节包含排列整齐的粗、细肌丝（图 7-20）。

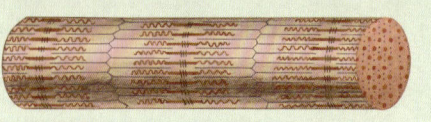

图 7-20 肌原纤维由肌节组成

不可思议的是，发生在这些脆弱的纤维之间的棘轮效应就是肌肉强大收缩的基础。

肌丝由5种蛋白构成：肌球蛋白、肌动蛋白、原肌球蛋白、肌钙蛋白和肌联蛋白。

肌球蛋白的分子像一对缠绕在一起探出头的蛇（图 7-21）。约300个肌球蛋白构成一条粗的肌丝（图 7-22）。肌球蛋白的体部构成肌丝的杆部，肌球蛋白的头部在肌丝的侧方形成分叉。

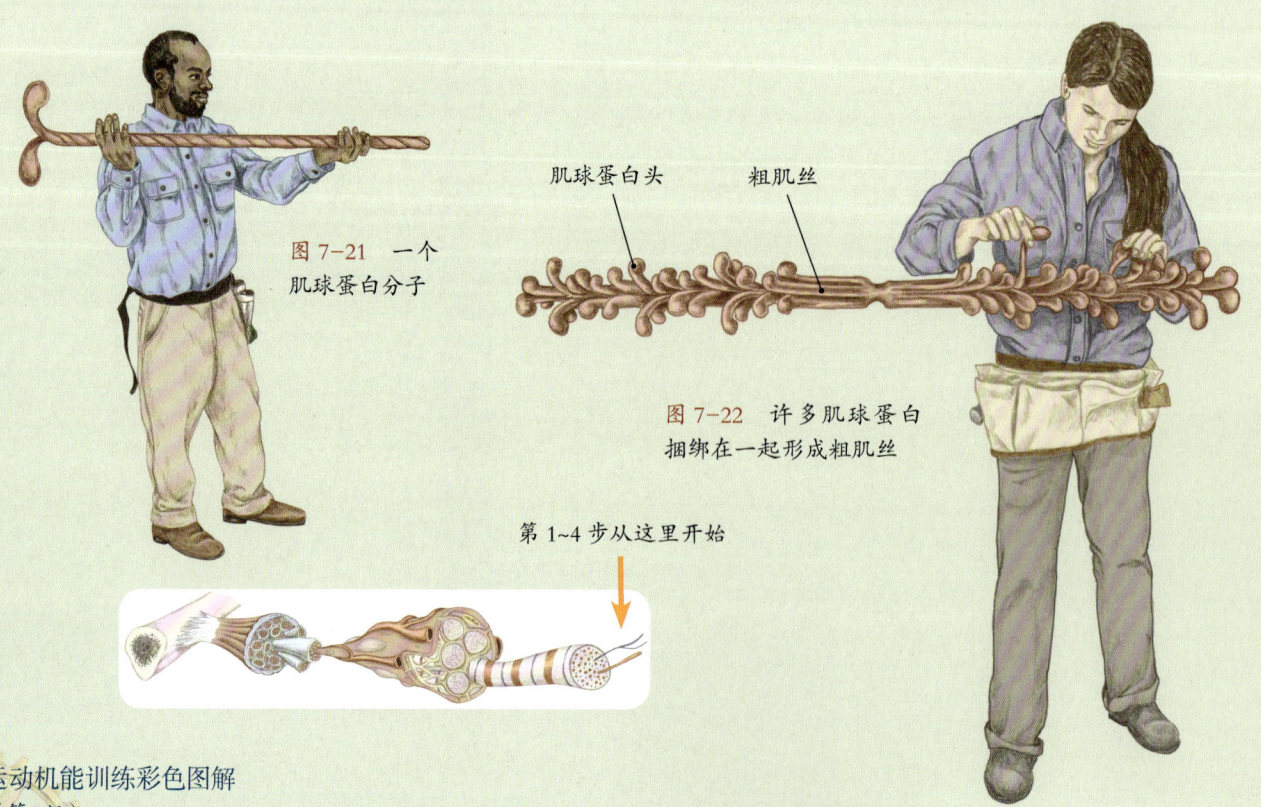

图 7-21 一个肌球蛋白分子

图 7-22 许多肌球蛋白捆绑在一起形成粗肌丝

第1~4步从这里开始

## 2 粗肌丝和细肌丝

由肌球蛋白构成的粗肌丝位于肌节的中心部分，穿过位于肌节中心的 M 线。卷曲的肌联蛋白能够稳定和校准肌球蛋白，并具有限制肌节在张力下运动范围的功能。

在每一根粗肌丝周围蜂巢般围绕着 6 根细肌丝（图 7-23）。这些细肌丝由肌动蛋白构成（图 7-24）。覆盖肌动蛋白的是长的原肌球蛋白，肌钙蛋白具有维持原肌球蛋白位置的作用。细肌丝连接在肌节末端的 Z 带上。Z 带因其 Z 字形而得名，并作为两个肌节的分界线（图 7-24）。

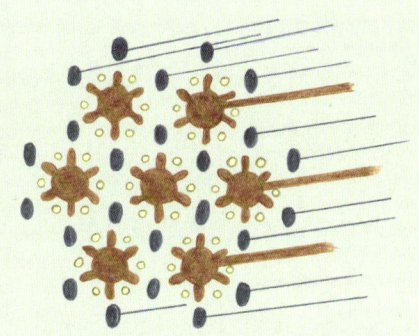

图 7-23 大自然钟爱六边形的构造——粗肌丝和细肌丝横断面

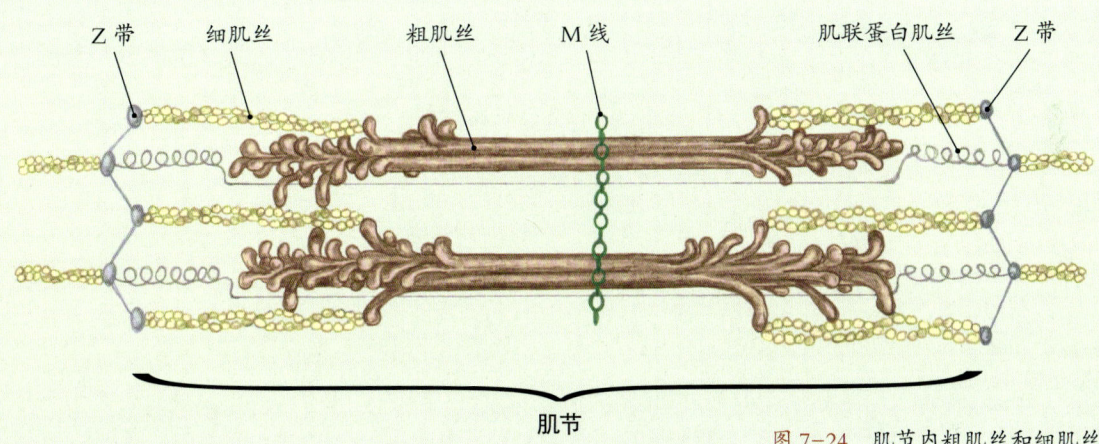

图 7-24 肌节内粗肌丝和细肌丝的排列

## 3 肌丝滑行原理

目前为止我们对肌节有了基本认识：每根粗肌丝周围有 6 根细肌丝，肌联蛋白将粗肌丝连接到 Z 带上。那么肌丝的滑动原理是什么？

肌肉的收缩是通过肌丝的滑动机制实现的。在这个过程中，肌球蛋白的头部在粗肌丝的两端均与肌动蛋白相连，逐渐将细肌丝拉向 M 线（肌节的中央）（图 7-24）。

粗肌丝与细肌丝重叠、交错是肌肉收缩的基础：细肌丝借棘轮效应（习惯效应）被拉近 M 线，这使得 Z 带也一同被拉近，引起肌节缩短。如果有足够的肌节收缩，所有的肌原纤维和肌纤维将会缩短，最终整个肌腹发生收缩（图 7-25）。

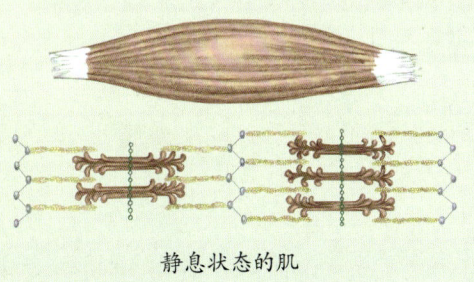

静息状态的肌

图 7-25 肌丝滑行机制表明两个肌节处于不同的收缩状态

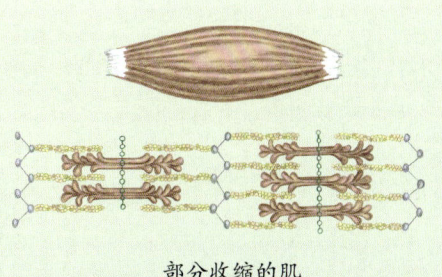

部分收缩的肌

完全收缩的肌

## 4 收缩周期

基于肌丝滑行机制，一系列反复的滑动（收缩周期）将引发收缩的产生。

粗肌丝的肌球蛋白和细肌丝的肌动蛋白彼此吸引。但当肌动蛋白被两个原肌球蛋白覆盖时，肌动蛋白便无法与肌球蛋白连接，此时肌节发生松弛。

为了诱发收缩，钙离子从肌组织内的肌浆网中进入细肌丝，并使被原肌球蛋白覆盖的肌球蛋白与肌动蛋白的连接点开放，进而粗肌丝与细肌丝发生滑动，收缩周期从此开始。

其中涉及了诸多化学因素，简要介绍如下。

第1步：未连接状态的肌球蛋白头部被激活。

第2步：肌球蛋白头部伸出并与肌动蛋白相连，形成交联桥。

第3步：交联桥产生动力（动力冲程），将细肌丝拉向M线。

第4步：动力冲程结束后，肌球蛋白头部与肌动蛋白分离，重复第1步，细肌丝又被肌球蛋白拉向肌节的中央（图7-26）。

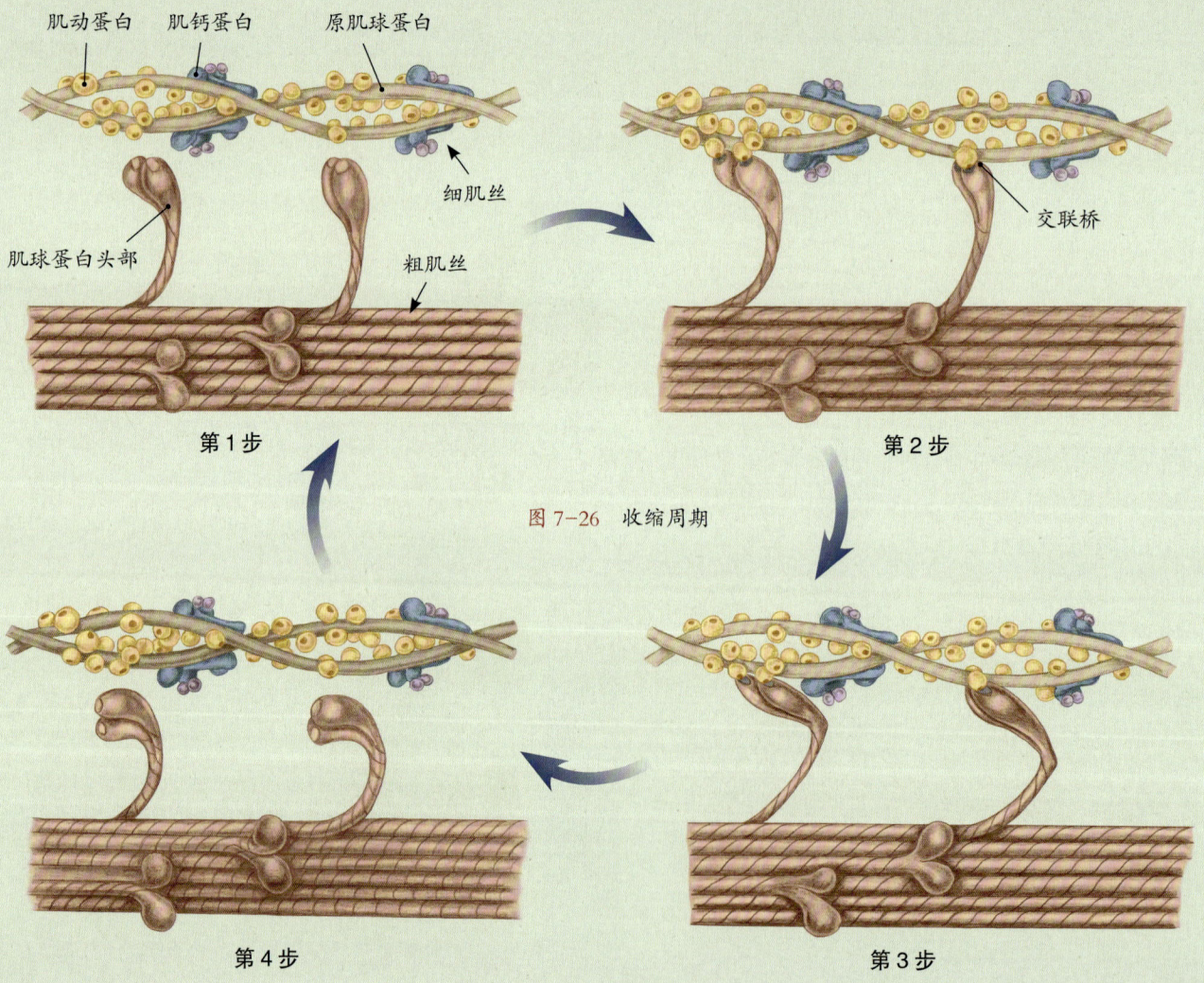

图7-26 收缩周期

> **收缩间歇**
>
> 阅读至此，你一定已口干舌燥，渴望喝上一口冷饮。但是将水送入口中的这个动作，首先需要肌节的收缩。肌球蛋白与肌动蛋白形成的交联桥需要在1秒内进行多于5次的交换，才能实现连续性肌丝滑行。每秒进行3 000次的动力冲程，才能使肌节收缩至原先长度的一半。将水喝到口中，肱肌中成千上万个肌纤维中的每一个都需要约100 000个肌节参与。

## 5 肌原纤维和肌纤维

少量的粗肌丝和细肌丝无法自主产生很多运动，因此让我们魔法般地创造更多粗肌丝和细肌丝。将成百上千的粗、细肌丝彼此相邻排列成蜂巢的六边形，肌节两端相邻的部分形成 Z 带（见第 99 页），最终形成长的肌原纤维——骨骼肌的基本收缩结构（图 7-27）。

每个肌节收缩时，整个肌原纤维缩短。一根独立的肌原纤维直径仅 2 μm，但难以想象的是它可以伸长至 10 cm。

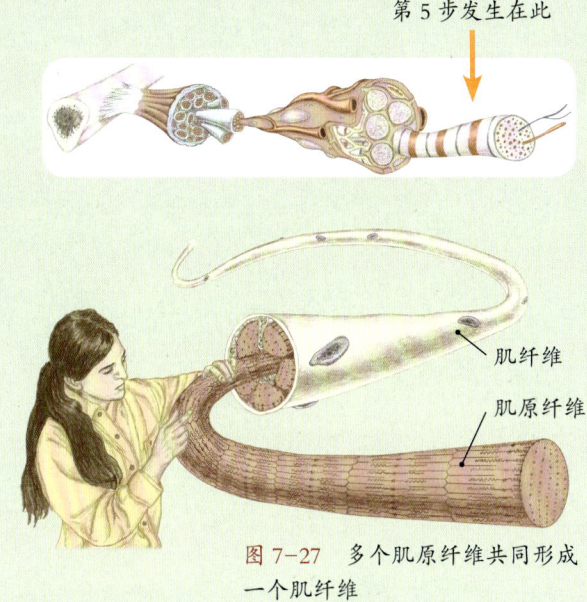

图 7-27 多个肌原纤维共同形成一个肌纤维

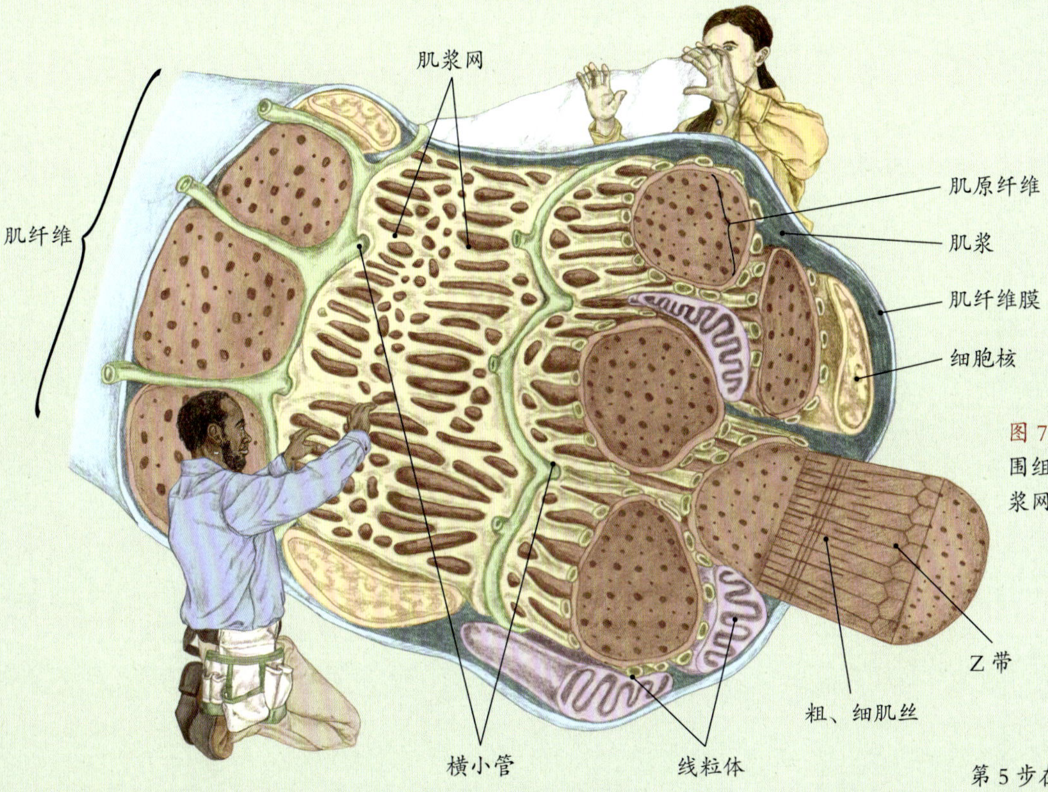

图 7-28 肌原纤维的周围组装有许多横小管和肌浆网，最终组成肌纤维

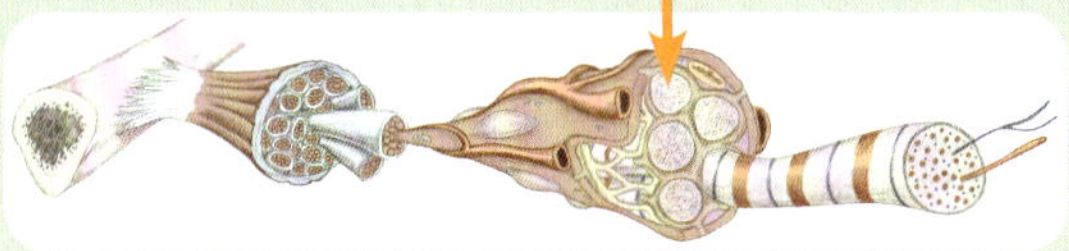

如果将 8~10 个肌原纤维捆绑在一起，就可以开始肌纤维履行功能的旅程（图 7-28）。当然，所有的细胞都需要细胞核，但是肌细胞需要多个细胞核（骨骼肌根据其大小，细胞核的数目可多达 100 个或更多）。还需要植入线粒体来产生腺苷三磷酸，它是肌肉收缩所必需的能量存储复合物。

肌原纤维需要接收化学调控，我们将其放入肌浆网内，充满液体管道的肌浆网所释放的钙离子能够引起肌肉收缩。紧邻网状结构，需要放置横小管，以向肌原纤维传递神经冲动。

第 7 章 肌肉（上）

## 6 水管工和电工

进入冲刺阶段。给肌纤维覆盖上一层"皮肤"，将肌原纤维和其他成分包裹在肌纤维膜内，即原生质膜。在这层膜深面泵入肌浆，即围绕在肌纤维周围的凝胶样物质（图7-29）。为了给成组的肌原纤维一些支撑，需要用深筋膜，即肌内膜将原生质膜包裹起来（图7-30）。

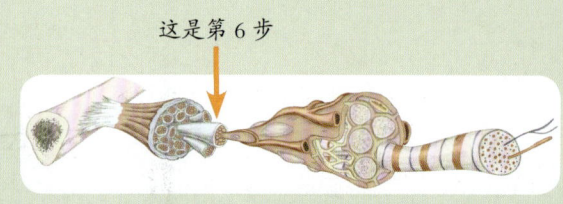

这是第6步

在离开单一的肌纤维去构建肌束之前，需要引入一些"水管工和电工"。骨骼肌具有自主收缩的特性，并富有血管和神经。通常血管神经伴行，走行于肌束和肌纤维之间。躯体运动神经元刺激肌肉收缩，这部分将在神经一章中详细介绍。

如果将10~20个肌纤维包裹在肌束膜内，则形成一个肌束（图7-31）。然后将数十个肌束包裹在相对较厚的肌外膜内（图7-32）。

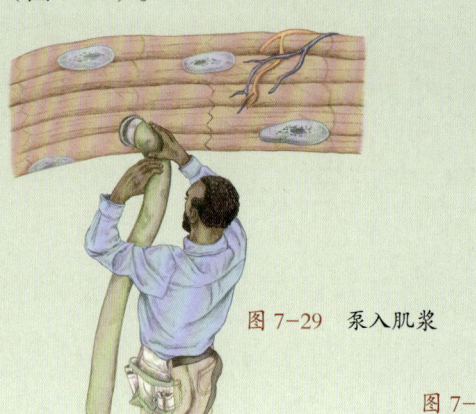

图7-29 泵入肌浆

图7-30 一个肌纤维由一组肌原纤维组成，包裹在肌内膜内

图7-31 10~20个纤维包裹在肌束膜内形成一个肌束

图7-32 肌外膜包裹着上百个肌束，形成完整的肌

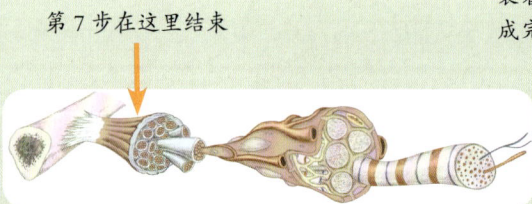

第7步在这里结束

## 7 包装

将筋膜层向两端延伸，最终形成肌腱。肌腱两端与骨膜相连，并将肌腹塑形成锥状或梭状。在肱肌肌腹表面覆盖一层毯状深筋膜。最后我们就能用新构建的肱肌（图7-33）拿起一杯清凉爽口的冷饮了。

图7-33 完整的肱肌完成

# 肌肉组织的功能

现在已经构建了一块肌肉，然后看看它能做些什么。利用它特有的收缩性，骨骼肌有如下 4 种功能：

- 产生运动
- 稳定姿势
- 辅助体液循环
- 产热

骨骼肌产生运动。跑着去上课，坐在椅子上，用手指转笔，趴在桌子上小睡一觉，这些都需要肌之间的协调参与（图 7-34）。肌肉收缩产生的张力传导至筋膜和骨，最终产生运动。

图 7-34　跑着去上课

正如第 126 页所述，没有一块肌是如孤岛般独自完成活动的。多个肌腹同时参与，产生平衡而精细的运动。肌肉的协同运动非常重要，例如，在课堂上转头看外界时，颈部和肩部两侧的十几块肌肉同时参与完成这个简单的转头动作。

肌肉产生运动的同时，也稳定姿势。请记住：每块运动的肌肉背后都有数块肌肉来保持稳定。当一块肌肉收缩产生运动时，其背后有多块肌肉起支持作用。

图 7-35　在座位上抖动腿

例如，在一个无聊的讲座中你想抖动大腿放松一下时，大腿和髋部的 6 块肌将会参与此动作。但是，如果没有大腿和臀部（以及背部、小腿，甚至足部）二十几块其他肌肉的稳定收缩，那么抖腿这个动作将不稳或摇摆，很难顺利完成（图 7-35）。

课间休息。当你四处走动伸展双腿时，骨骼肌的收缩帮助淋巴和血液通过淋巴管和静脉循环，返回心脏。在行走或跑步等运动活动中，位于肌腹内部和周围的淋巴管及静脉随着组织的每次挤压和放松而被抽吸。即使在站立时，腿部姿势肌的许多不被注意的收缩不仅会使你保持直立，还会促进静脉回流（图 7-36）。

下课后你等车时正好下雨，很冷，此时肌肉收缩产生热量（图 7-37）。肌肉的产热作用可帮助机体维持体温。如果是下雪天，肌肉会发生不自主收缩，打寒战就是为了产生更多的热量。

图 7-36　腿部姿势肌的不明显收缩促进静脉回流

图 7-37　等待巴士时打寒战

第 7 章　肌肉（上）

# 肌肉组织的特性

骨骼肌组织具有以下4种特性，使其发挥自身功能。

- 兴奋性
- 收缩性
- 伸展性
- 弹性

综合以上4种属性，使骨骼肌具有身体其他组织所不具有的"超级英雄"般的能力。

肌和神经细胞均有兴奋性，这是对刺激的反应能力。化学刺激、电刺激或机械刺激都能激活肌肉。例如，放学后站在拥挤的公共汽车上时，试图握住头顶的扶手（图7-38）。该动作的完成是由于肩部和手臂的肌肉受到躯体运动神经的电化学信号刺激引起的（详见第10章）。

当手指屈肌弯曲手指握住扶手时，它展现的是收缩性，即当肌受到刺激时产生张力的能力（图7-39）。看似违反直觉，但肌的收缩可导致肌缩短、伸长或者保持初始长度不变（详见第117~118页，骨骼肌收缩的形式）。

图7-38 兴奋性：想要握住扶手的能力

图7-39 收缩性：屈肌短缩的能力

图7-40 伸展性：使骨骼肌延展、伸长

想要抓住公共汽车内的扶手，屈肌需要收缩，这意味着其他肌需要伸长。这是肌的伸展性，即在伸长的同时不受损伤。抓扶手这个过程是由手指的屈肌完成的，同时手指的伸肌被动地延展、伸长（图7-40）。伸展性允许肌通过一定范围的长度和形状保持功能。

当公共汽车上有座位时，你的手指松开把手，此时两组肌肉都表现出弹性，即恢复到初始长度的趋势。这时手屈肌延展、伸长，而伸肌收缩并缩短（图7-41）。当放松屈肌时，伸长的伸肌弹性使两组肌肉均恢复到休息时的长度。

图7-41 弹性：手撒开扶手时屈肌恢复到原始长度的能力

> 肌肉组织是一种具有弹性的组织，其长度是可变的。例如腘绳肌可收缩至30 cm，或伸长至50 cm。最大和最小极值之间的某个长度是其静息状态长度，即未受到刺激或者未受到外力时的长度。在生理过程中，肌肉在静息状态下的长度是随着姿势、运动、健康和年龄的不同而不断变化的。

# 复习题

1. 身体产生运动的部分____。（第 94 页）
   a. 骨骼肌的运动独立于周围筋膜
   b. 肌腱收缩，肌肉收缩，关节运动
   c. 肌肉收缩，肌腱拉伸，骨围绕关节运动
   d. 肌腱促使骨和关节围绕身体的部位运动

2. 骨骼肌的起点____。（第 95 页）
   a. 它附着在更灵活的骨上
   b. 它附着在两块骨上
   c. 它附着在更灵活的肌腱上
   d. 它附着在较稳定的骨上

3. 最深层的结缔组织是____。（第 96 页）
   a. 肌束膜
   b. 肌外膜
   c. 肌内膜
   d. 深筋膜

4. 骨骼肌的收缩最终是由其无限小的收缩产生的____。（第 98 页）
   a. 肌球蛋白分子
   b. 肌节
   c. 肌联蛋白分子
   d. 粗肌丝

5. 骨骼肌的功能____。（第 103 页）
   a. 把骨连在一起
   b. 填满身体的各个部位
   c. 协助液体循环
   d. 当身体热的时候，给身体降温

6. 作为骨骼肌的一个特性，兴奋性为____。（第 104 页）
   a. 对刺激做出反应的能力
   b. 肌肉组织伸展而不受损的能力
   c. 肌肉产生张力的能力
   d. 肌肉被拉伸后恢复到原来长度的趋向能力

（张露青　译，丁自海　校）

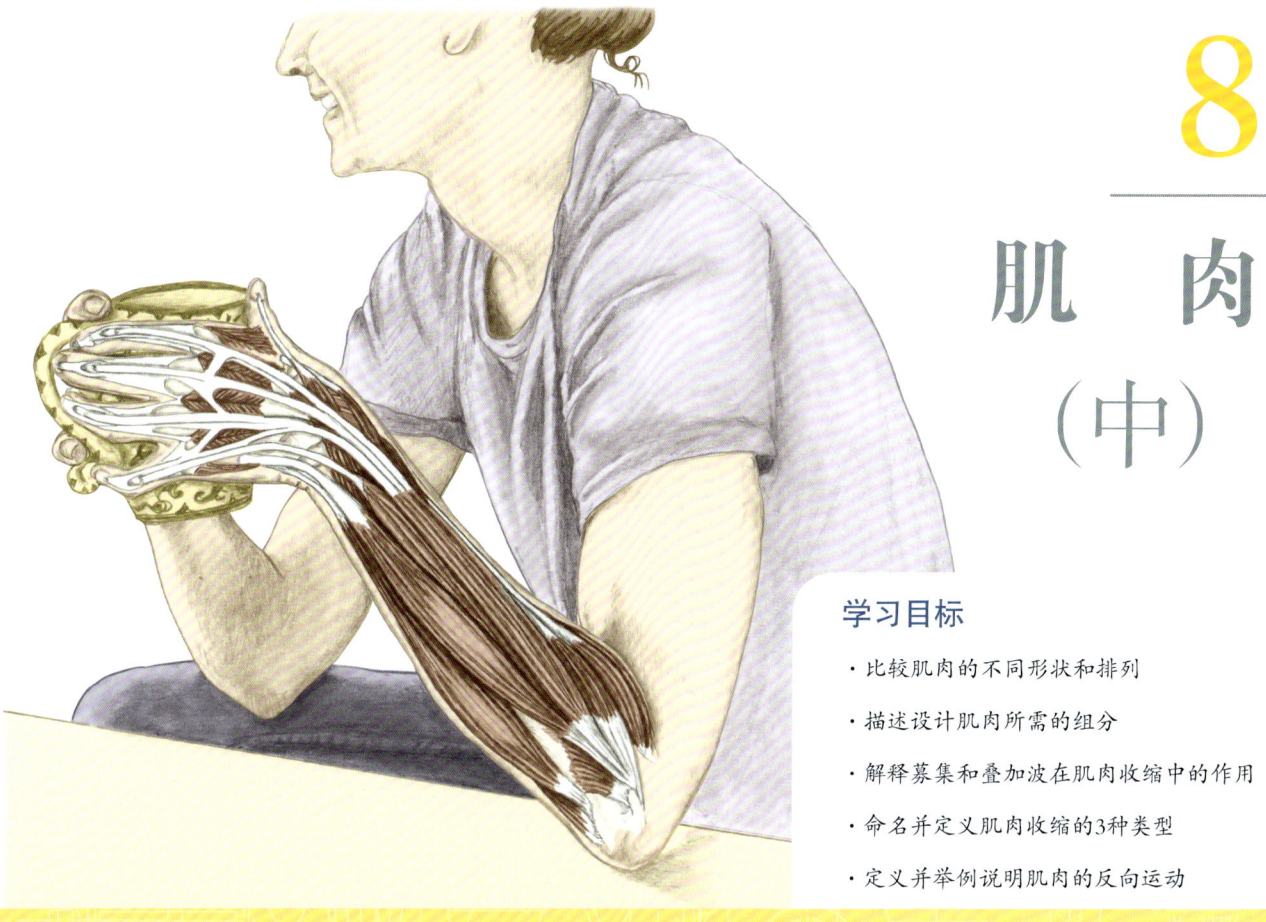

# 8

# 肌 肉（中）

## 学习目标

- 比较肌肉的不同形状和排列
- 描述设计肌肉所需的组分
- 解释募集和叠加波在肌肉收缩中的作用
- 命名并定义肌肉收缩的3种类型
- 定义并举例说明肌肉的反向运动

## 本章要点

当你在星巴克点混合饮料时，你一定会对尺寸、口味、有无奶油等有特殊要求。同样，构建身体的650块肌肉也涉及一些决策。

骨骼肌由长纤维还是短纤维组成？它的图案是对角线还是直线？有多少个头，1个、2个、3个，还是4个？肌纤维是如何排列的——平行的还是羽状的（第109页）？肌肉主要是用来增强力量还是扩大运动范围的？

控制肌肉的神经系统需要知道安装多少个运动单位（第112页），以及快、慢肌纤维的比例。还有，骨骼肌会越过多少个关节？

没有"标准蓝图"，每一块肌肉都被设计成独特的形状，紧贴在筋膜室内，并按预期发挥功能，它的形状也将独特地匹配给拥有它的那个人的解剖结构。所以，喝着你最喜欢的咖啡，请翻开这一页来发现你皮肤下无数的肌肉设计。

- 当你把你最喜欢的咖啡拿到嘴边时，你的身体是如何控制骨骼肌的收缩强度的？
- 当你把咖啡杯放回桌上时，你的肱二头肌发生了哪种类型的收缩？
- 许多成年人最常见的不平衡之一是肱骨过度内旋。盂肱关节的哪些肌可能缩短？哪些肌可能过度拉伸？
- 如果你要打造一个以力量为主要目的的肢体，你会选择哪种骨骼肌？为什么？

| | |
|---|---|
| 肌肉的形状和排列 | 108 |
|   结构 | 108 |
|   平行肌示例 | 108 |
|   羽状肌示例 | 108 |
|   平行肌 | 109 |
|   羽状肌 | 109 |
|   功能比较 | 110 |
|   双方竞赛 | 111 |
| 肌肉设计 | 112 |
|   运动单位 | 112 |
|   全或无 | 112 |
|   扩展 | 113 |
|   多少？多快？ | 113 |
|   募集 | 113 |
|   叠加波（频率效应总和/时间总和） | 114 |
| 收缩纤维的类型 | 115 |
|   肌纤维类型 | 115 |
|   比值？ | 116 |
| 肌肉收缩的形式 | 117 |
|   向心性等张收缩 | 117 |
|   离心性等张收缩 | 117 |
|   等长收缩 | 118 |
| 反向运动 | 119 |
| 在实验室：紧张、缩短、伸长 | 121 |
| 复习题 | 123 |

# 肌肉的形状和排列

## 结构

第 98~102 页已经介绍了如何构建一块肱肌，但是如何构建全身的肌呢？毕竟它们无论是大小、形状，还是结构、功能都各不相同（图 8-1）。

但共性是，它们都是由肌纤维构成的。使用长纤维或短纤维，按照斜的或直的样式，就能构建出所有的肌：大的、小的、长的、短的、圆的或扁的。无论肌的功能被设计成产生多大力量，活动范围，还是产生 1 个或 4 个动作，所有这些能力都是由肌纤维的组织构成决定的。

让我们从构建两种最为常见的骨骼肌开始：平行纤维和羽状纤维。事实上，所有肌肉的纤维排列都符合两大分类。

### 平行肌示例

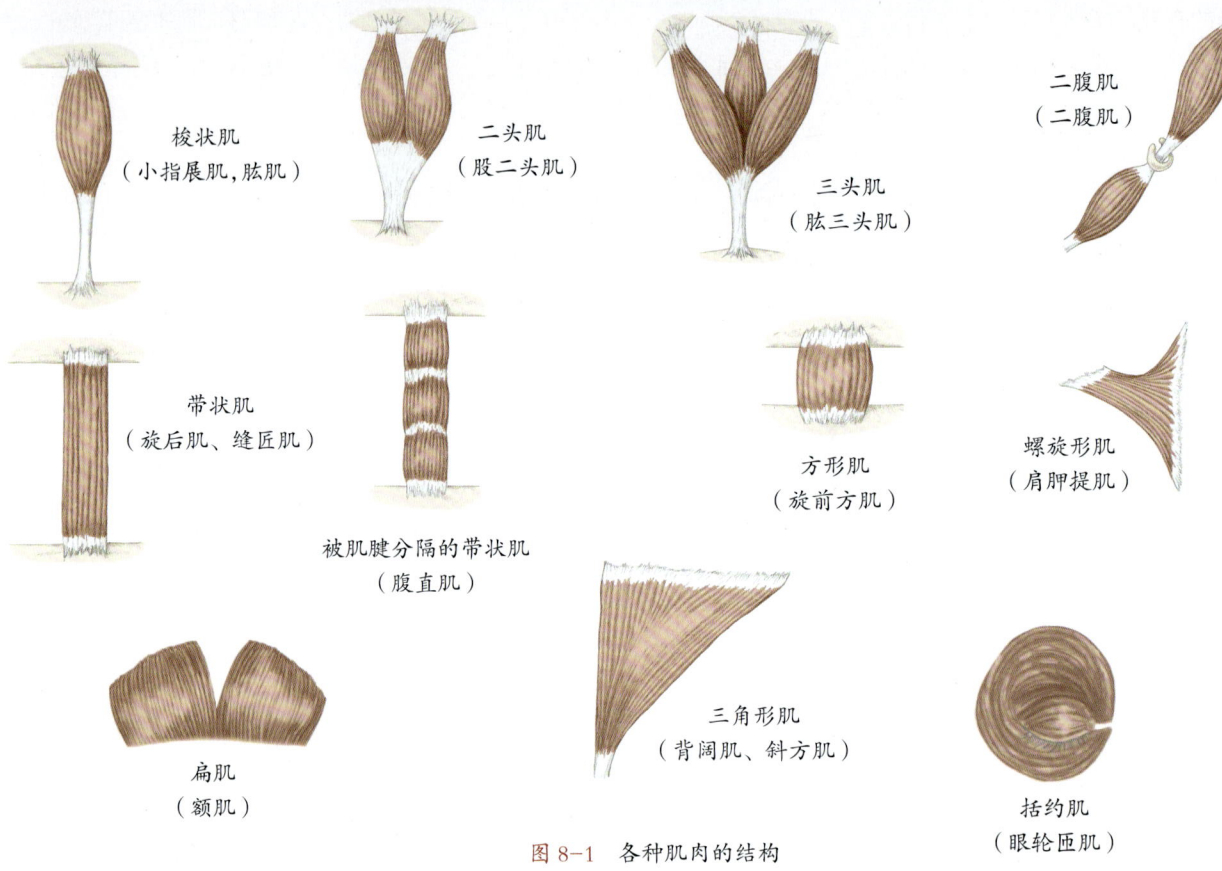

- 梭状肌（小指展肌，肱肌）
- 二头肌（股二头肌）
- 三头肌（肱三头肌）
- 二腹肌（二腹肌）
- 带状肌（旋后肌、缝匠肌）
- 方形肌（旋前方肌）
- 螺旋形肌（肩胛提肌）
- 被肌腱分隔的带状肌（腹直肌）
- 扁肌（额肌）
- 三角形肌（背阔肌、斜方肌）
- 括约肌（眼轮匝肌）

图 8-1 各种肌肉的结构

### 羽状肌示例

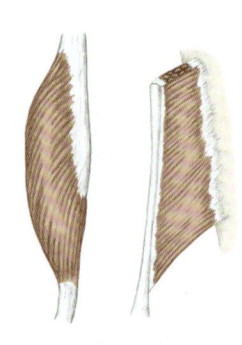

半羽肌（半膜肌、胫骨后肌）

羽肌（蚓状肌、股直肌）

多羽肌（三角肌、冈下肌）

## 平行肌

平行肌由相对较长的肌纤维组成，通常设计较简单。图8-1展示的11种类型中，有5种常见的平行肌：

- 扁平肌：通常位于需要肌腹覆盖体表的区域，例如额肌、菱形肌和腹肌。末端通常具有平行排列的肌纤维和宽扁的腱膜。
- 括约肌：通常构成需要打开和关闭的肌组织，见于口部、眼睑和肛门等处。
- 梭形肌：之前章节中构建的肱肌是梭形肌的一种。中间宽两端窄，平行的肌腹延伸出强壮的肌腱。常见的有肱二头肌和完成手、腕运动的肌肉。
- 带状肌：如缝匠肌，拥有长而薄的肌腹，扁而平行的肌纤维。带状肌也可被位于中间的肌腱分开，如腹直肌。
- 三角形肌：肌纤维排列成汇聚的、扇形的外形。如胸大肌、背阔肌和斜方肌。

## 羽状肌

不同于平行肌，主要表现在两方面：①源于鸟类羽毛的灵感，肌纤维斜向走行，汇聚于位于肌腹中央的肌腱（图8-3）；②需要一个或多个肌腱来最大化延长肌的长度（通常与平行肌的短且定位于肌肉末端的肌腱形成鲜明对照）。

图8-3 羽毛

由于羽状肌紧凑的设计提高了肌纤维的数量，因此与平行肌相比，在相同的大小下羽状肌能够提供更大的力量。但这种结构也意味着羽状肌的肌腹更短，其活动范围（最大收缩距离）更小（以后各节中会详细讨论）。

- 半羽肌：斜行的肌纤维通常位于其肌腱的一侧。下肢深部的肌肉采用这种结构，如胫骨后肌和趾深屈肌。
- 羽肌：肌腹类似羽毛，斜行纤维起自中央肌腱，如股直肌。
- 多羽肌：如三角肌、冈下肌都是双羽肌组合构成的大肌腹。

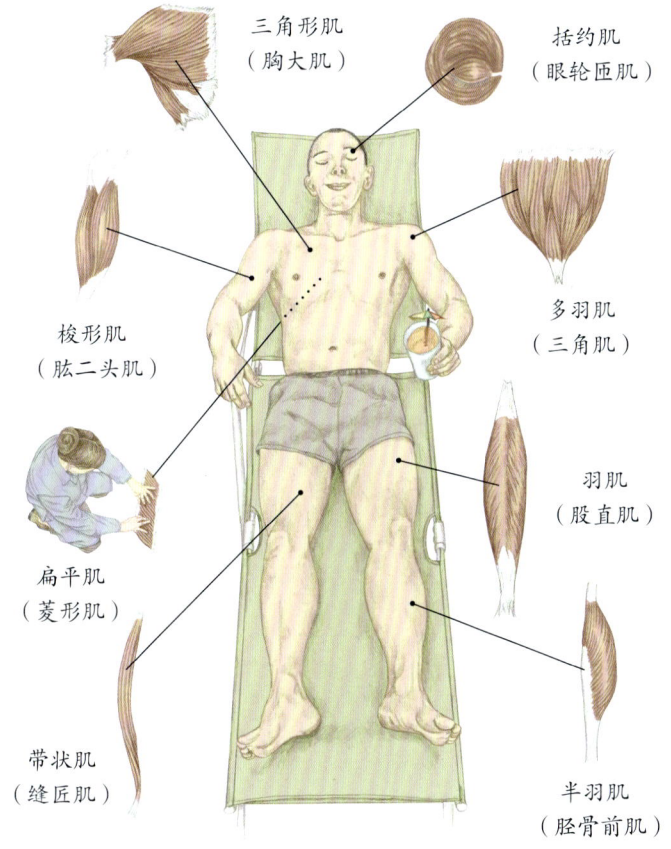

图8-2 常见的肌肉形态

> 幸运的是，人体的骨骼肌都已经被命名了，大多数的命名都有助于我们认识相应的肌肉。例如，一块肌的名称可以提示它的形状（三角肌）、大小（臀小肌）、头数（肱三头肌）、肌纤维走行（内斜肌）、位置（后上锯肌）、起止点（喙肱肌）或运动（小指屈肌）。但肌的名称并不能完全反映其功能，如髋部的内收肌并不是只有内收的作用。

## 功能比较

既然肌纤维的平行和羽状排列直接影响到它们的运动能力,那么让我们从功能角度来比较二者。首先,设计相同大小的平行肌和羽状肌需要不同的成分。

- 平行肌需要较长的肌纤维和2个较短的肌腱(图8-4)。
- 羽状肌则需要较多数量的肌纤维,但是肌纤维的长度相对较短(图8-5),同时需要1~2个沿着肌肉长轴的较长的肌腱。

接下来,比较两种类型肌的功能。首先明确:人体的每一块肌无论其设计类型是什么,都具有两个属性即收缩和伸展(缩短和伸长)。正因如此,可以假定一个相当大的长度。肌长度能够变化的程度称之为偏移。通常,肌的缩短或延长量是其静息状态下长度的一半。因此,如果一个肌腹静息长度为15 cm,那么它可缩短至8 cm或伸长至23 cm(图8-6)。

正如我们所猜想的一样,平行肌的长纤维能够缩短的程度要大于羽状肌较短的纤维(图8-7)。

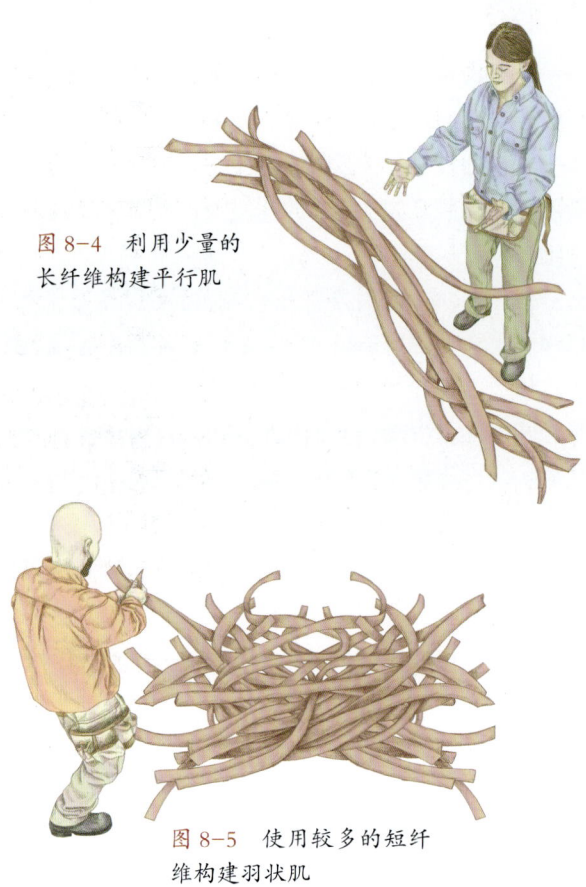

图8-4 利用少量的长纤维构建平行肌

图8-5 使用较多的短纤维构建羽状肌

伸长,长度23 cm　　　静息,长度15 cm　　　收缩,长度8 cm

图8-6 肌肉偏移的3种状态

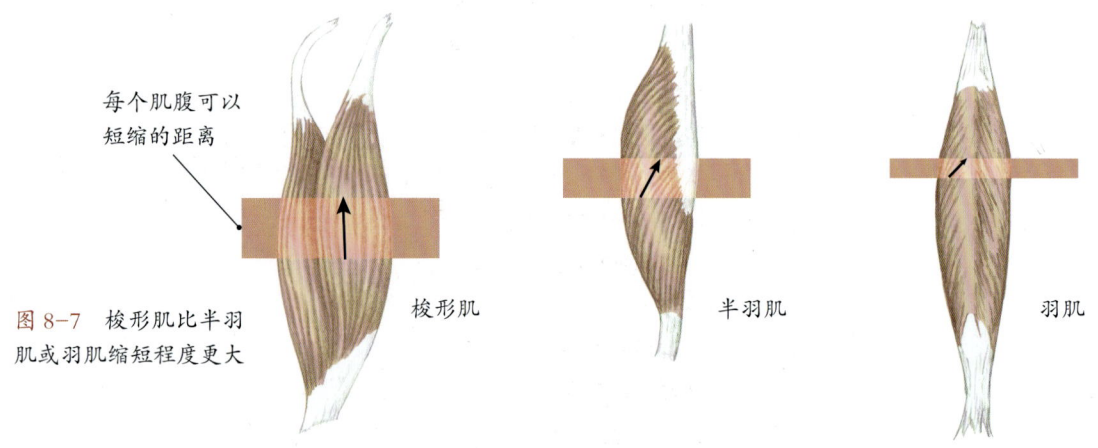

图8-7 梭形肌比半羽肌或羽肌缩短程度更大

每个肌腹可以短缩的距离

梭形肌　　半羽肌　　羽肌

## 双方竞赛

让我们看看装配的这些骨骼肌是如何完成运动的。确保用合理的尺寸构建每一块肌。

首先，说明一个事实：肌牵拉骨的距离与肌纤维的长度相称，通常肌纤维最大能缩短至其自身长度的一半。

鉴于此，在活动度比赛中，平行肌更具优势，牵拉骨移动的距离更远（图8-8）。但是羽状肌也不甘示弱，在力量比赛中胜出（图8-9）。由此可见：

- 平行肌能创造更大的活动度，但是力量相对较小。
- 羽状肌产生的肌力更大，但是活动度较小。

当构建股二头肌、背阔肌及其他平行肌时，为了获得最大的活动度而牺牲了一些力量。前臂和下肢的许多肌使用羽状肌，牺牲部分活动度从而获得最大的力量。（羽状排列同时也是空间节省装置，是细长区域如远端附件的关键特征。）

由于解剖距离的限制和力学特性，一块单独的肌仅具有2个属性中的1个：力量或范围。例如，瘦高的篮球运动员或矮壮的摔跤手，他们的每块肌都赋予了各自的运动天赋和缺陷。这种不同的肌肉分类可实现机体灵活性和稳定性的不同需求。

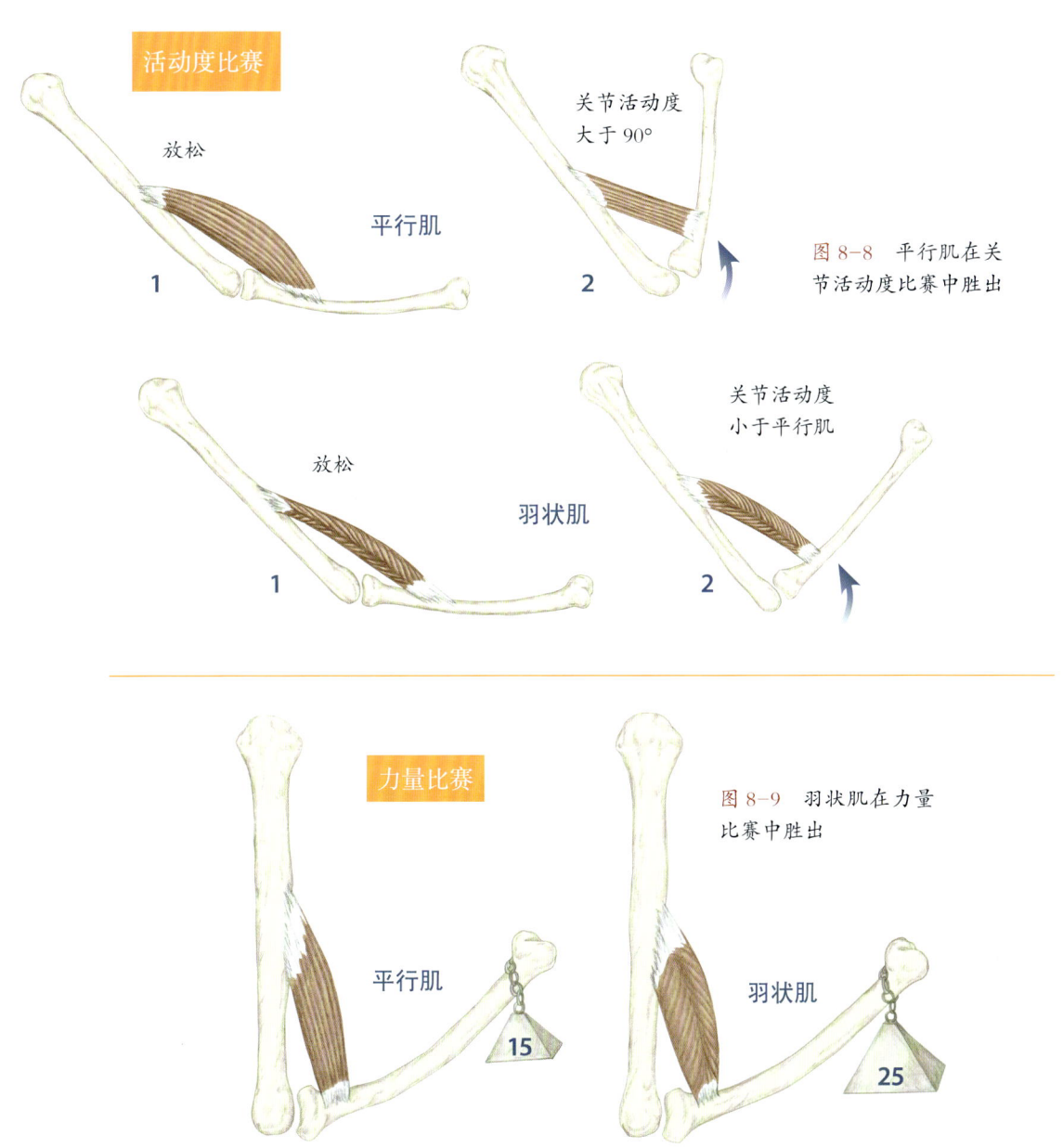

图8-8 平行肌在关节活动度比赛中胜出

图8-9 羽状肌在力量比赛中胜出

第8章 肌肉（中） 111

# 肌肉设计

我们已经构建了肱肌（第98~102页），还需要通过神经系统装配一些"电力服务"。但是，现在仍面临一个关键问题：如何去"设计"肌肉？

在完全没有警告的前提下跌倒，从而导致肌肉突然收缩，这不仅没有意义，而且还很危险。我们需要的是能够在一定范围内产生收缩的肌肉，从刚刚察觉到完全可以掌控的范围。其必须具有调节张力产生速度的能力：缓慢地、适度地或即刻。简单来说，需要具有控制肌肉收缩速率和力量的能力。

## 运动单位

首先，组装一个运动单位：一个运动神经元连接到它所支配的全部肌纤维（图 8-10）。神经元并不仅仅连接单根肌纤维，而是包含了肌腹的各个区域。

运动单位里肌纤维的数量取决于该肌肉所需的运动类型。如对于产生精巧的眼球运动的眼外肌，运动单位仅有 10 根肌纤维（图 8-11），而需要产生很大的肌张力、精细度不高的臀大肌，运动单位可有 2 000 根肌纤维（图 8-12）。平均一块肌有从小到大 200 个运动单位。

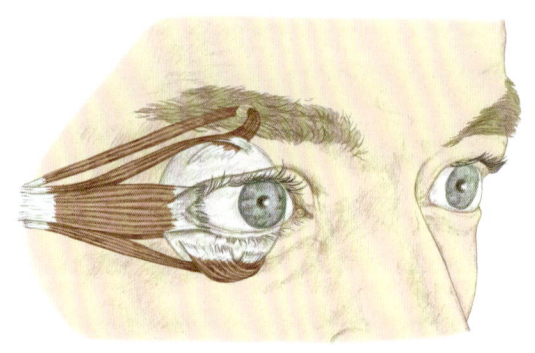

图 8-10　建造一个运动单位

图 8-11　眼肌的 1 个运动单位仅管理 10 个肌纤维

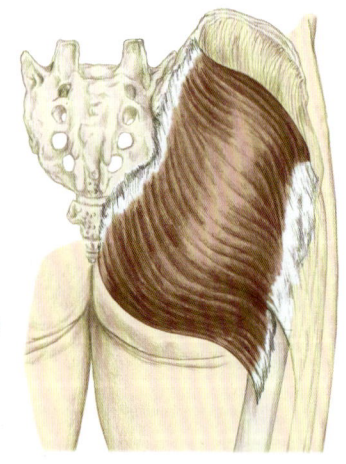

图 8-12　臀大肌的 1 个运动单位掌管数千个肌纤维

## 全或无

一个运动神经元的电刺激可能无法触发肌纤维收缩。但当刺激强度足够时，所有的肌纤维同时并且完全发生收缩，而不会是一个肌纤维单独收缩。这就是肌收缩所遵循的"全或无法则"。这个法则很重要，因为一个运动单位内的肌纤维对是否参加收缩活动犹豫不决时，运动单位将无法发挥功能。只有运动单位内的全部成员意见一致时，才能系统地激活肌肉（图 8-13）。

图 8-13　按下开关时，运动单位的肌纤维立刻发生反应或者完全无反应

## 扩展

在整块肌内，如果一些肌纤维群内的运动单位被隔离限制在一个区域内，会看到部分肌肉发生了完全收缩，而另一部分则处于松弛状态（图 8-14）。这并不是高效的，如果将每一个运动单位与各种不同的肌纤维相连接，这样一个单独的运动单位所产生的张力将会扩展至整块肌，其产生的张力虽然不高，但却均匀。

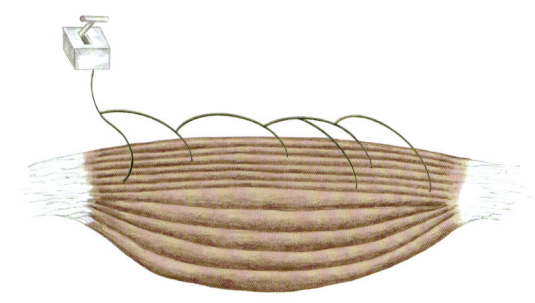

图 8-14 如果运动单位的效应没有发生扩散，则肌腹的上部收缩，肌腹的下部松弛

## 多少？多快？

运动单位兴奋的数量决定肱肌收缩力量的强度。但是所有的运动单位不会同时兴奋，因为同时启动会引发手臂的痉挛和抽搐（图 8-15）。不同运动单位轮流、交替收缩，从而产生稳定的、可控的收缩，并扩展和维持整个肌腹的作用。

图 8-15 肱肌所有肌纤维同时激活时，杯子里的水就会泼到自己的脸上

## 募集

为了产生足够的张力引起上肢运动，我们需要有两个变量。首先，募集指的是被激活的运动单位的数量。如果刻意调节收缩力量，则招募一些小的运动单位；如果需要更大的力量，则需要招募较大的运动单位（图 8-16）。

这种运动允许调节同一块肌肉的不同的收缩力量。例如，当提起一个砖块或拿起一块蛋糕时，肱肌都处于收缩状态（图 8-17，8-18）。人体控制肌肉收缩力量的方法是调节激活的运动单位数量。在这个例子中，拿起砖块需要较多的运动单位，而拿起蛋糕仅需要较少的运动单位。

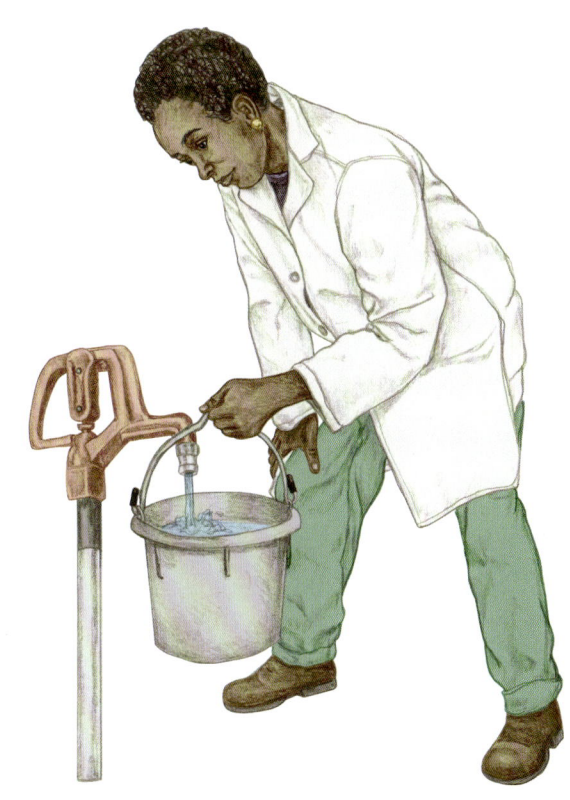

图 8-16 在提一个正在接水的桶的过程中，开始时屈肘肌募集少量的运动单位，随着水桶变重，就需要更多的运动单位同步收缩

## 叠加波（频率效应总和 / 时间总和）

神经系统调节肌肉收缩效能的第二种方法是通过调节叠加波的性能，即运动单位发放神经冲动的速度。如果运动单位受到第一个神经冲动刺激后，尚未完全恢复舒张状态时，给予第二个刺激，那么第二个收缩的峰值将会大于第一个（类似海洋的波浪）。伴随着每一次收缩，收缩动量和肌张力都将增加。

突然增加肱肌的运动单位数量和刺激频率，我们来观察手臂的运动。更多的运动单位，加上神经冲动频率增加，叠加起来等于更强的收缩。

最终，如果全部运动单位都参与，神经冲动发放频率也达到最大，骨骼肌就能完全收缩，肘关节完全屈曲。肱肌将持续收缩，一直处于这个位置直至它疲劳为止。现在将整个过程颠倒过来，减少运动单位和神经冲动，使肌肉恢复到之前的舒张状态。

但是，"舒张"是相对的。实际上，肌肉维持着持续而微弱的收缩。这种持续的、非完全的、非自主的收缩产生了肌张力。当睡觉和维持站立姿势时，这种由微弱收缩引发的被动保持的少量肌张力是必要的（图 8-19）。它还可以确保肌肉处于准备状态。

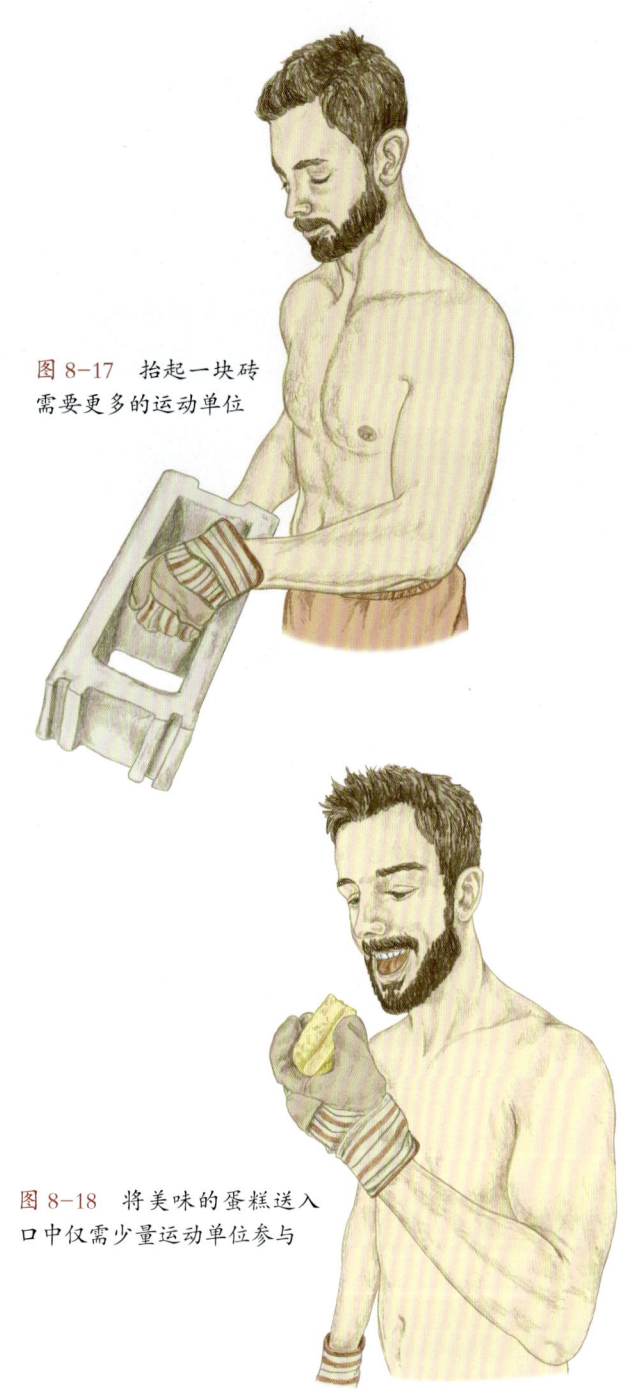

图 8-17 抬起一块砖需要更多的运动单位

图 8-18 将美味的蛋糕送入口中仅需少量运动单位参与

图 8-19 即使睡觉时也需要肌张力的参与

---

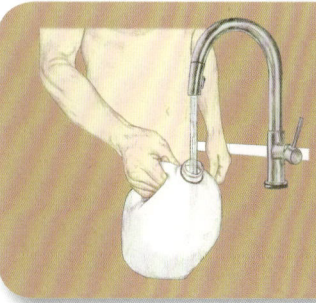

### 厨房里的募集

给空水壶加满水。在开始加水之前，用一只手握住空水壶，另一只手去感受前臂、臂部和肩部所产生的轻微的张力。现在开始加水，感受需要更多肌纤维去支撑重量逐渐增加的水壶时，肌是如何变得更强硬的。当水壶接近满载时，会感到之前没有被激活的肌肉也参与进来。这个例子说明了人体在有需求时如何逐渐募集肌纤维的过程（见第 112 页）。

# 收缩纤维的类型

目前为止，我们已经创建了基本的肌纤维（见第98页）。正如我们看到的那样，一种类型的肌纤维不能满足人体所有运动的需要。

例如手臂挂满了各种杂物并站立20分钟（图8-20），这需要肌肉具有耐力。其他一些活动，例如突然扶住一位将要在冰上摔倒的老人（图8-21），这需要肌肉的速度和力量。生活中绝大多数活动都需要肌肉的耐力、强度和力量的组合形式。

为了满足这些需求，我们需要设计3种肌纤维，每种都具有特定的收缩特性。实质上，这些纤维随着它们的收缩速度和能量代谢而变化。

图8-20 此时肌肉需要耐力

## 肌纤维类型

慢纤维（Ⅰ型）：主要特性在于耐力，如童话故事龟兔赛跑里的乌龟。与其他两种纤维相比，慢纤维产生较慢的收缩，但是具有更高的效率。因为慢纤维疲劳得慢，是持续性运动的理想选择，比如马拉松（图8-22）。

快纤维A（ⅡA型）：更像寓言故事里的兔子。快纤维与Ⅰ型纤维相比更大，产生更快的收缩，但疲劳得更快。在间断的高强度运动中，这种纤维较Ⅰ型纤维更快疲劳，恢复得也更慢。

快纤维B（ⅡB型）：是最大、最强壮的纤维。当你想要举起和自身体重一样的重量（图8-23）或空手道劈断木板时，需要使用ⅡB型快纤维。

图8-21 紧急时要发挥肌肉的速度和力量的特性

图8-22 长跑时慢纤维激活

图8-23 举重时快纤维激活

## 比值？

如何在同一肌腹内装配这3种肌纤维类型呢？首先，每个运动神经元需要匹配所有相同类型的肌纤维，匹配混淆将导致不同步和混乱（图8-24）。其次，要确认每块肌腹内都组合了3种类型的纤维（图8-25）。

是什么来决定（不同类型）肌纤维的（分配）比值呢？主要受肌肉位置、常规的功能需求和遗传的影响。例如，维持姿势的肌肉：竖脊肌、股直肌和腘绳肌含有Ⅰ型纤维最多，腓肠肌包含了80%的快纤维。

图8-24 一个运动单位连接不同类型的肌纤维会导致不同步

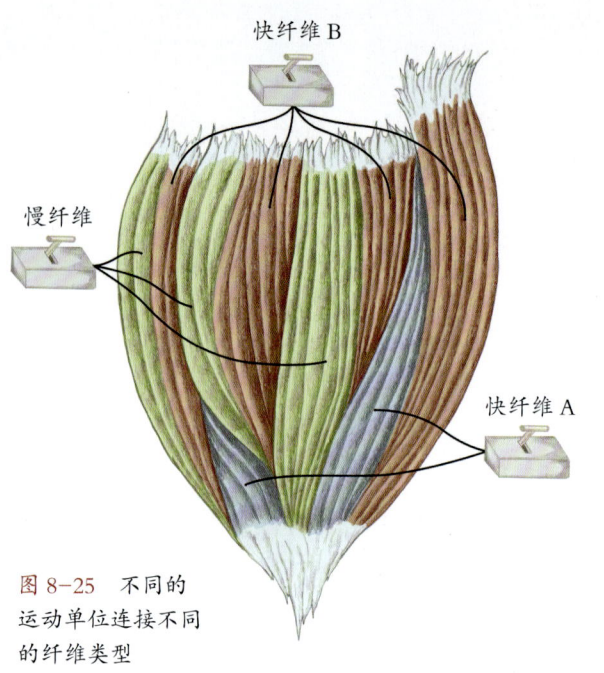

图8-25 不同的运动单位连接不同的纤维类型

对于大多数的四肢肌来说，通常快纤维和慢纤维的比例相对平衡。

如果你对组装的肌纤维类型的比例不满意，可以通过调整身体活动而随着时间的推移慢慢改变它们。为了获得更多的Ⅰ型纤维，可以多参加维持姿势的等长性运动，如瑜伽和普拉提。如果想开发Ⅱ型纤维，多参加爆发性运动，例如网球或拳击。无论后天如何选择或是先天基因如何预制，请注意，年龄会使你的快纤维重塑而变成慢纤维。

### 伸展单关节、双关节和多关节的肌

下班之后，你可能想要被动伸展一些有弹性、柔韧性的肌筋膜单元，总之是想要舒展。然而，在我们设计人体时，将某一肌腹孤立起来是不切实际的。原因如下：一些肌肉跨越了一个、两个或多个关节。通常单关节肌完全伸展时被跨越两个或多个关节的肌所阻碍。这是因为，无论哪块肌肉首先达到拉伸极限（通常是多关节肌），另一块肌肉的伸展范围就会受到限制。

例如，当伸展小腿时，将会涉及单关节肌比目鱼肌和双关节肌腓肠肌。足跟顶住墙面，伸膝关节，背屈踝关节（左图）。由于腓肠肌跨越了膝关节和踝关节，因此这个动作很明显地延长了腓肠肌。但由于比目鱼肌受到了拉长的腓肠肌的限制，其伸长量显著下降。

现在通过屈膝来放松伸长的腓肠肌（右图）。这个动作放松了腓肠肌的近端，使得踝关节获得更大的背屈活动度，这使得深层的比目鱼肌获得了完全的伸展。这个概念适用于多关节肌和单关节肌共存的任何部位，例如肩关节和髋关节。

伸膝时腓肠肌充分伸展，而非比目鱼肌

屈膝时比目鱼肌完全伸展

# 肌肉收缩的形式

到目前为止，我们已经讨论了骨骼肌表现为缩短动作的收缩，但这并不是全部。如果骨骼肌仅能收缩，它将被困在压缩且固定的位置，表现为运动受限。

机体需要的是骨骼肌在缩短、伸长和维持身体某部分稳定的同时能够产生力量，并且能在多种类型的动作之间实现无缝转换。幸运的是，肌丝滑行机制（第99页）和肌肉组织性能（第104页）为我们提供了可能。

肌肉收缩具有2种形式：等张收缩和等长收缩。等张收缩是指肌肉长度改变，肌肉缩短（向心性）或肌肉伸长（离心性），而张力不再增加。等长收缩是指肌的长度不发生改变，而张力改变。

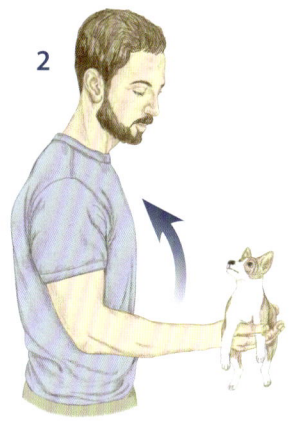

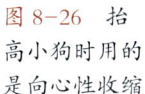
图 8-26　抬高小狗时用的是向心性收缩

## 向心性等张收缩

找一样东西放在手里，比如书、哑铃或小猫，然后屈曲肘关节，将物体举起。这个动作是由肱二头肌的向心性收缩引发的（图 8-26）。肌肉内部产生的力量克服了物体外部的阻力，肌肉缩短。肌肉外部阻力来源于物体的重力。

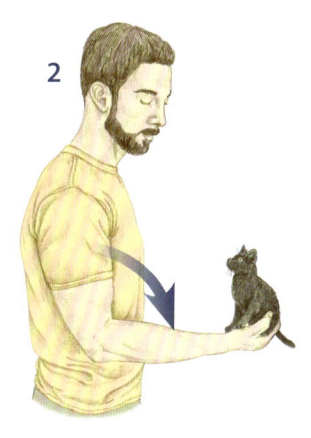

图 8-27　放低小猫时用的是离心性收缩

## 离心性等张收缩

当缓慢地放下东西，伸直肘关节，感觉肱二头肌是如何产生离心性收缩的（图 8-27）。肌腹伸长。

"但请等一下"，你可以思考一下："肌组织无法主动伸长，只能主动缩短。"这是事实。

那肌肉是如何被动伸长了呢？答案是：通过肌丝滑行机制，使得肌纤维从被缩短的位置逐渐释放，回到相对较长的位置。可以将其想象成骨骼肌的"制动作用"。由于外部物体的重力大于骨骼肌内部的收缩力，所以骨骼肌伸长了。换句话说，当外部的重力牵拉肱二头肌时，肱二头肌自己缓慢地卸下了束缚和羁绊。

## 等长收缩

最后,将物体向上抬起半程的距离后突然停止。此时肱二头肌产生的张力用以抵抗重力,并产生等长收缩(图8-28)。不同于向心性收缩和离心性收缩,等长收缩没有关节的运动。这种类型的收缩也发生在两组对抗的肌同时收缩时。例如,当面对镜子欣赏自己迷人而强壮的肌肉时,肘关节固定,肱二头肌和肱三头肌同时等长收缩彼此对抗(图8-29)。

运用这3种肌肉收缩类型可以启动、控制、阻止关节的运动。换句话说就是发挥灵活性和稳定性。一般来说,向心性收缩用于加速运动(见于投掷棒球时,三角肌前部肌束收缩),而离心性收缩则发生在减速活动中(见于球刚刚出手时,冈下肌的收缩)。为了抵抗不需要的运动,需要运用等长收缩。例如,稳稳地站立而不向前跌倒,这要归功于竖脊肌和腘绳肌等维持姿势的肌肉的支持。

图8-28 手里稳稳地握住小宠物时发挥作用的是等长收缩

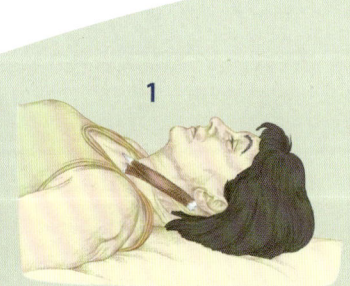

图8-29 "秀肌肉"发挥作用的是等长收缩

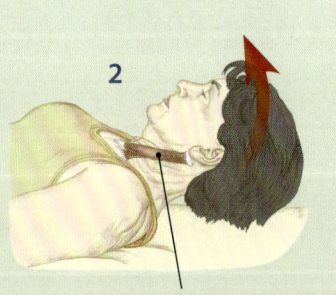

胸锁乳突肌

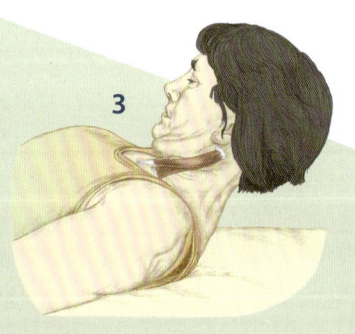

### 收缩和重力

思考一下收缩类型和重力之间的关系。向心性收缩和离心性收缩与重力可以是相反的、一致的或是中立的。

例如,当仰卧位躺在床上时(图1),双侧的胸锁乳突肌抵抗重力,同时向心性收缩,使颈部屈曲(图2、3)。将头向后放低时,两侧的胸锁乳突肌离心性收缩,并与重力一起移动头部,最终落回枕头。现在,坐在床的边缘,转头看你的右肩部(右图)。此时,左侧的胸锁乳突肌旋转颈部,是头相对于重力水平的移动,或肌相对于重力是"中立"的(详见第177页,重力)。

# 反向运动

如之前提到的，肌可以通过肌腱牵拉它所附着的骨。这意味着三角肌对肩胛骨、锁骨的牵引力和对肱骨的牵引力是一样大的。事实上，这个现象并不存在，因为每一块肌都展现出其偏好牵拉其中的一块骨，而不是另一块。

因此，肌的起点附着于较稳定的骨，而止点连接于活动性较大的骨。例如，肱肌收缩向肱骨（起点）方向牵拉尺骨（止点）。这是合乎逻辑的，因为肱骨连接于更加稳定的躯干，尺骨位于上肢的远端，活动更自由（图 8-30）。

图 8-30 将菠萝送入口中需要将肱肌的远端（D）移向近端（P）

这种布局可以转换，但是，起止点的交换，可引发肌的反向运动。拿肱肌来说，当你抓住一根杆做引体向上时，就很容易看到（图 8-31）。此时，尺骨（起点）更加稳定，而肱骨（止点）必须朝向手的方向移动。同样是屈肘关节，但是现在是从起点（通常是固定的）向止点（通常是移动的）处移动。

很有必要回到第 85 页，回顾一下封闭和开放的动力链。抬举菠萝代表开放的动力链，引体向上代表封闭的动力链。

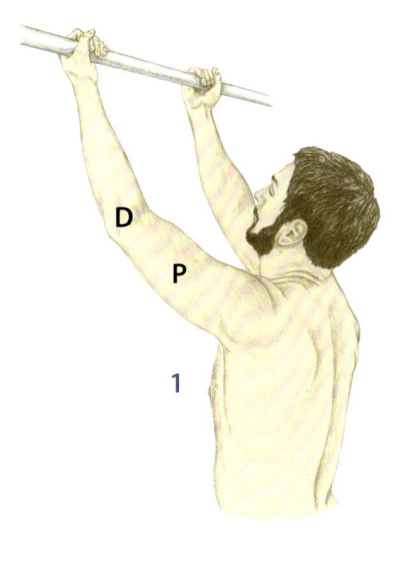

1

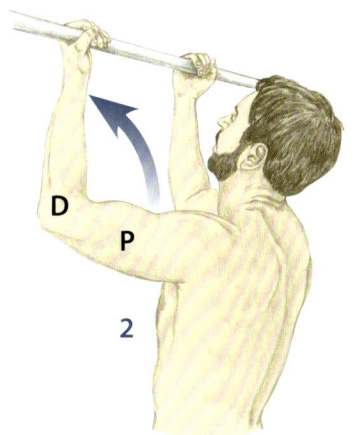

2

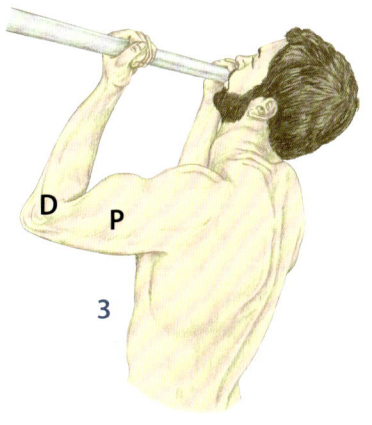

3

图 8-31 引体向上使肱肌的作用发生转换：近端（P）向远端（D）移动

## 血液，肌肉和垃圾

正如前面提到的，肌筋膜单元受丰富的血液滋养。但是，当肌肉收缩时，所有这些小血管都不起作用。

骨骼肌会花费很多时间进行等长收缩充当平衡器的作用或当长时间站立时起维持姿势的作用。即使人们休息时，这种持续的、非完全的、非自主的收缩状态也在持续进行（肌张力）。这种状态不仅阻断动脉血，而且抑制静脉和淋巴管的回流。很快，一个恶性循环接踵而至：生成的代谢废产物干扰神经功能，进一步使肌肉收缩，加剧了缺血状态。最终，你会发现躺在床上的人的某些组织就像"愤怒的琴弦"。

第 8 章 肌肉（中） 119

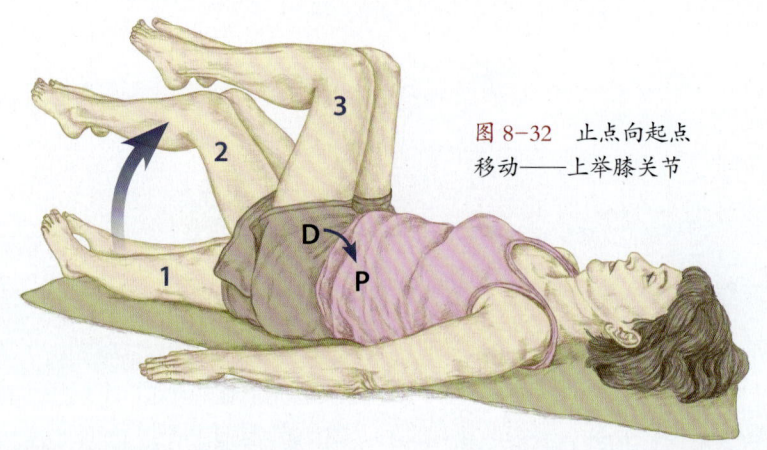

图 8-32 止点向起点移动——上举膝关节

## 仰卧起坐

仰卧起坐时两侧腰大肌的运动又为"反向运动"提供了一个例证。仰卧位，双膝并拢并朝胸部移动。这个动作涉及两侧腰大肌远端（移动性大）被拉向腰大肌的近端（相对稳定），即止点向起点运动（图 8-32）。

做一个反向运动，让一个朋友固定下肢。此时股骨更加稳定，躯干移动性更大。收缩双侧腰大肌，做仰卧起坐，即起点向止点运动（图 8-33）。

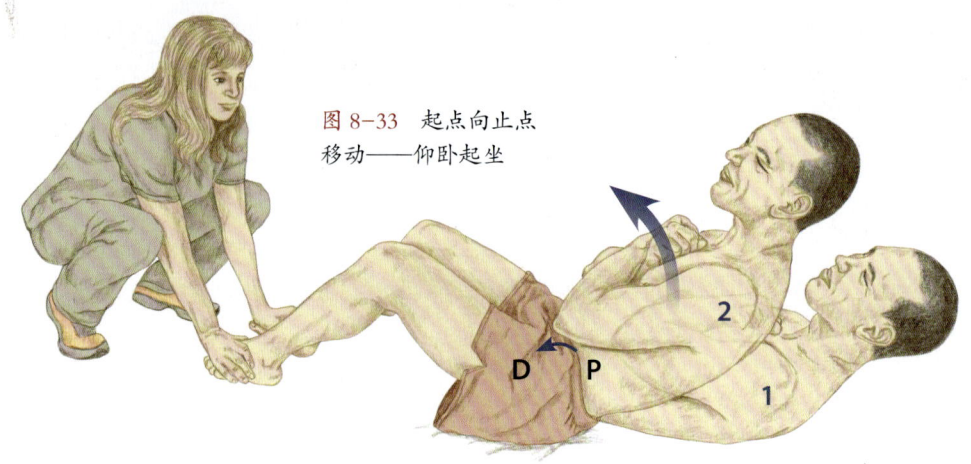

图 8-33 起点向止点移动——仰卧起坐

## 在四肢

在四肢，反向运动的一个决定因素是肌肉远端止点的状态。在上肢，反向运动通常发生在手处于固定位置时，例如手抓住一个固定的物体（把手）(图 8-34)。

反向运动也发生在下肢处于站立、行走或跑步状态时。因为这些动作都需要足与地面"绑"在一起（占行走步态的 60%），下肢和足的肌肉所能产生的反向运动很可能远远多于《推拿按摩的解剖学基础》一书所列举的。而且，反向运动在体育锻炼和康复疗法中很常见，将肢体的远端固定，从而活动需要进行康复运动的人体核心部分。

图 8-34 骑行在陡峭而颠簸的山坡时，需要部分上肢肌肉更多的反向运动配合

# 在实验室

## 紧张、缩短、伸长
### 肌和筋膜之间的平衡

对于人体 600 多个肌筋膜单元，我们的设计蓝图是将具有兴奋性和收缩性的肌组织放入无兴奋性、无收缩性的筋膜组织中。乍看上去，这种安排似乎很古怪，有点像把你包在有弹性的束缚衣里，然后让你活动胳膊。

但是，这种设计可以使筋膜和肌肉互相支持，使其对刺激的适应和反应格外敏锐。但也可能导致过于敏感，使肌筋膜单元产生 3 种情形：长期的紧张、缩短或延长。详细介绍如下。

图 8-35　长时间开车后需舒展一下筋骨

### 紧张

运动可以使人放松。除了给你的组织补水并向神经系统发送"运动"信息外，肌肉的激活也让新鲜的胶原纤维有机会取代旧的胶原纤维。

然而，身体的某个部位缺乏活动，就会延缓这一过程，并导致这些衰老的蛋白在肌组织周围的筋膜中堆积。这就像一条被不断收紧的网缠住的鱼，你的肌腹也逐渐失去了伸展性和弹性（详见第 104 页）。

为了体验这一点，乘坐一辆装满行李的大众甲壳虫汽车进行为期 3 天的旅行，并注意你到达目的地时身体的僵硬感觉（图 8-35）。或者感冒了，躺在床上，几天后注意你身体变得僵硬。是的，这个过程发生得很快。

图 8-36　两个尺寸相同的肌筋膜单元，左侧的不柔软，右侧的富有弹性

部分紧张源于肌肉的再校准（详见神经系统），但现在要思考的是，用于包裹肌肉并富含胶原纤维的筋膜，为什么会变得越来越没有弹性（图 8-36）。随着时间的推移，被萎缩筋膜所包裹的肌腹变得更加没有弹性、纤维化和局部缺血（图 8-37）。

需要说明的是，紧绷的肌肉可能会拉长或缩短静息长度。典型的例子是胸小肌，它通常是紧绷且短的，菱形肌（胸小肌在肩胛骨固定的主要竞争对手）通常是紧绷且长的。

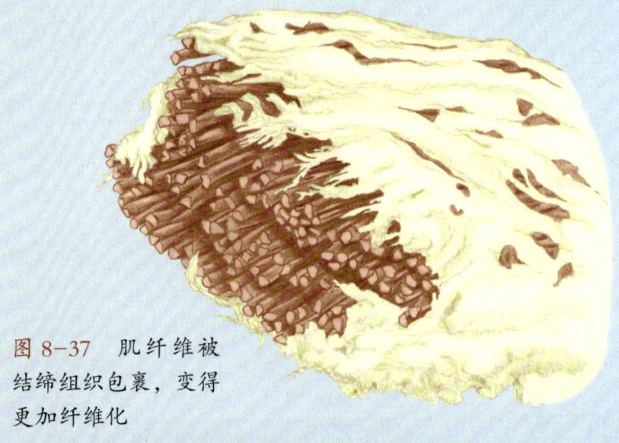

图 8-37　肌纤维被结缔组织包裹，变得更加纤维化

### 适应和反馈

由上可见，人体正常的生理环境很容易被破坏。但是请记住，这些过程没有什么是坏的或是错的，这仅仅是人体在工作。首要任务是反馈和适应。踝关节扭伤，局部会长入纤维结缔组织，实现瘢痕连接，重新支撑足踝。参与禅柔（新的健身养生方式）时，你会为肌节的重塑而感到高兴。

最大的问题在于：传递给身体的信息是什么？穿着高跟鞋表示跟腱应缩短。探头这个姿势则表示肩胛提肌收缩。所以，该做些什么呢？当不知道的时候，那就动起来吧。做一些你平时绝对不会做的事情，随着音乐开始摇摆、扭动身体，像傻瓜一样舞蹈吧。

第 8 章　肌肉（中）

## 缩短

除了变紧张之外，肌筋膜单元也会由于姿势的不平衡而发生静息长度的改变。以左图中的"圆肩"为例（图8-38），要维持这个姿势，随着时间的推移胸小肌处于变短的状态。胸肌这种适应性的短缩是由于肌肉通过减少肌节的数量而重新规划其长度。肌纤维从5号减少至4号，筋膜适应肌的新尺寸，肌腹不仅仅变短而且变得紧张（图8-39）。

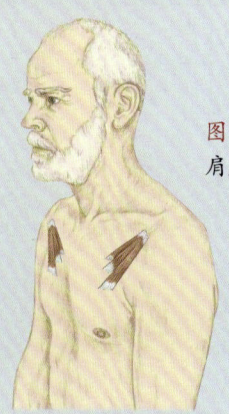

图8-38 胸小肌会随着肩膀的圆润而适应地变短

## 伸长

相对于每一个缓慢短缩的肌，必定有一个相对过度伸长的肌与之相适应。在上面"圆肩"的例子中，菱形肌就是那个长期拉伸的肌。因此，机体通过增加肌节数量而适应组织的需求，但也给肌肉带来了拉伸弱点。顾名思义，组织变长，易出现疲劳（图8-40）。

这是由于筋膜组织对肌肉持续性紧张做出的反应。通过增加纤维组织的强度，塑造出一个沿着肌肉力线的强韧却不能屈曲的支架，从而使肌肉持续地紧张。这反过来又造成了缺乏弹性而粗糙的菱形肌组织。

无论肌肉是持续缩短还是拉长，都取决于在肌筋膜单元的2个层面发生的适应性改变：肌肉将发生结构性改变，形成新的长度，同时筋膜纤维化；过多的结缔组织将导致筋膜粘连，一块肌将固定到另一块肌上，限制了活动范围（图8-41）。

图8-39 5号胸小肌（左）和4号胸小肌（右）

图8-40 健康的菱形肌（左上），伸长的、脆弱的菱形肌，并布满筋膜瘢痕组织（右上）

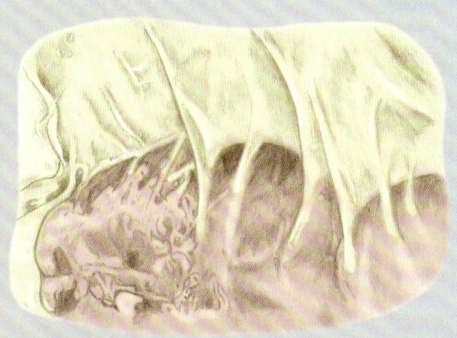

图8-41 位于两层器官或组织之间的筋膜粘连

# 复习题

1. 平行肌包括____。（第 108 页）
   a. 多羽肌和螺旋形肌
   b. 梭形肌和三头肌
   c. 括约肌和羽肌
   d. 半羽肌和扁肌

2. 平行肌需要____。（第 109 页）
   a. 短的肌纤维和 2 个短肌腱
   b. 短的肌纤维和 1 个肌腱
   c. 长的肌纤维和 2 个短肌腱
   d. 中间肌纤维和 3 个肌腱

3. 设计一块骨骼肌，需要控制肌收缩的两个因素是____。（第 112 页）
   a. 速率和速度
   b. 速率和力量
   c. 张力和松弛
   d. 力量和张力

4. 最大和最强的收缩纤维是____。（第 115 页）
   a. 慢纤维（Ⅰ型）
   b. 慢纤维（ⅡA 型）
   c. 快纤维（ⅡB 型）
   d. 快纤维（Ⅲ型）

5. 哪种类型的收缩涉及骨骼肌的伸长？（第 117 页）
   a. 向心性等张收缩
   b. 离心性等张收缩
   c. 等长收缩
   d. 系膜收缩

6. 反向运动见于肌____。（第 119 页）
   a. 由向心性等张收缩转变成离心性等张收缩时
   b. 附着点改变方向时
   c. 附着点改变位置时
   d. 起止点互相转变时

7. 对于每一块长期缩短的骨骼肌来说，必然有一个相对的肌____。（第 122 页）
   a. 处于中等长度的位置
   b. 也处于长期拉紧的状态
   c. 处于拉伸状态
   d. 处于过度拉伸状态

（张露青　译，丁自海　校）

# 9 肌 肉（下）

## 学习目标

- 列出并描述3种常见的肌失衡
- 描述骨骼肌的主要作用
- 确定影响骨骼肌作用的4个因素
- 比较和对比姿势肌和相位肌的功能
- 解释长度和速度在骨骼肌收缩中如何起作用

## 本章要点

在 2017 年的大片《神奇女侠》中，主角在第一次世界大战无人区前线揭示了自己的真实身份。女演员盖尔·加朵在泥泞中奔跑、躲避子弹、跳过战壕等等。

拍摄这些特技需要练习、耐心和庞大的摄制组。但对加朵的骨骼肌来说，它们需要合理的编排才能完成这些动作。你可以想象一下发指令的瞬间："左肱二头肌收缩！胸大肌收缩！太多了！背阔肌抵消胸大肌的动作！腹外斜肌收缩！颈部屈肌平衡头部！股四头肌保持稳定！比目鱼肌收缩！左肱二头肌放松！右冈下肌现在不要痉挛！" 这只是一瞬间的事。

每一块肌肉的角色在原动肌、支撑肌、拮抗肌或稳定肌之间来回切换。此外，每块腹肌动作的变化必须与周围肌筋膜单位努力协调。任何肌肉都不是一个孤岛。

当你读到肌肉最后一章的时候，会注意到神经系统在文中出现的越来越多。无论是沿着布满荆棘的小路慢跑，在冲浪板上保持平衡，还是扮演一个超级英雄，最佳肌肉运动指令都来自"神经肌肉系统"中的神经。

- 当神奇女侠跳过带刺的铁丝网时，她强大的腓肠肌提供了支撑。在你自己练习超级英雄式的跳跃时，你身体的肌肉还有其他支持跳跃的方式吗？哪些肌肉会收缩用来运动？哪些肌肉会收缩以保持稳定？
- 想象一个投手正在扔棒球。大多数投手在开始投球时手臂向后弯曲，然后一条腿向后伸出。增加腿的动作对球的运动有什么影响？如果不增加腿的动作，球的运动会如何变化？
- 在指导下做冥想时，你被要求放松身体的所有肌肉。你能感觉到哪些肌肉还在收缩吗？如果你身体里所有的骨骼肌同时放松会发生什么？
- 如果你收缩肱二头肌，肱三头肌会发生什么变化？

| | |
|---|---|
| 骨骼肌的作用 | 126 |
| 肌不是孤岛 | 128 |
| 影响骨骼肌作用的因素 | 130 |
| 在实验室：被动和主动机能不全 | 132 |
| 在实验室：缺少腰大肌的仰卧起坐 | 133 |
| 在实验室：肌的额外作用 | 133 |
| 姿势肌和相位肌 | 134 |
|   姿势肌 | 134 |
|   相位肌 | 135 |
|   X 标记线 | 135 |
| 长度和速度 | 137 |
|   力和长度 | 137 |
|   力和速度 | 138 |
| 复习题 | 139 |

# 骨骼肌的作用

像一部排练完美的演出，所有的演员都有各自的角色，人体也要为他的"肌肉演员们"编排演出节目。

肌筋膜单元在不同的时间扮演着不同的角色。它们所扮演的角色根据不同的因素而定，这些因素包括要执行的动作类型，运动的方向，与重力的关系和抵抗力的大小。如果这些因素在运动的整个过程中改变，肌肉的角色也会发生改变。

在任何运动中，肌肉的常见作用有5个：
- 原动肌
- 协同肌
- 拮抗肌
- 固定肌
- 支撑肌

原动肌是产生主要运动的肌或肌群。例如，斜方肌上部是提肩胛骨的原动肌，因为它引发了肩胛骨最初的运动。当主要运动已经发生，原动肌缩短。其他肌的角色都将根据其与原动肌的关系确定（图9-1）。

又如，腘绳肌是膝关节屈曲的原动肌，旋前圆肌是前臂旋前的原动肌。

协同肌是辅助原动肌产生主要运动的肌。由于肌的大小、杠杆作用和牵拉角度等因素，协同肌在引发主要动作时所起的作用相对较小，但仍起到辅助作用。如果其他肌起的作用比原动肌更大，那它的角色就要发生变化了。

对于任何特定运动来说，可能有多块协同肌参与。例如肩胛提肌和菱形肌都辅助上提肩胛骨（图9-2）。

又如股薄肌、缝匠肌和腓肠肌作为协同肌辅助屈膝关节。前臂旋前过程中，旋前方肌和肱桡肌作为辅助肌发挥作用。

拮抗肌产生与原动肌作用相反的运动。斜方肌下部是斜方肌上部的拮抗肌，抑制肩胛骨上提（图9-3）。

如果原动肌和拮抗肌同时收缩，则产生协同收缩。尽管不产生动作，但协同收缩不是没有必要的。例如腰大肌和梨状肌，肱三头肌和肱二头肌之间的稳定有赖于协同收缩作用。

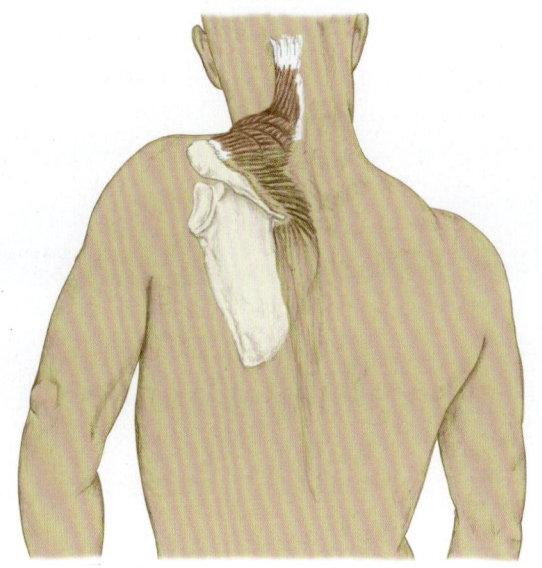

图9-1　斜方肌上部作为原动肌

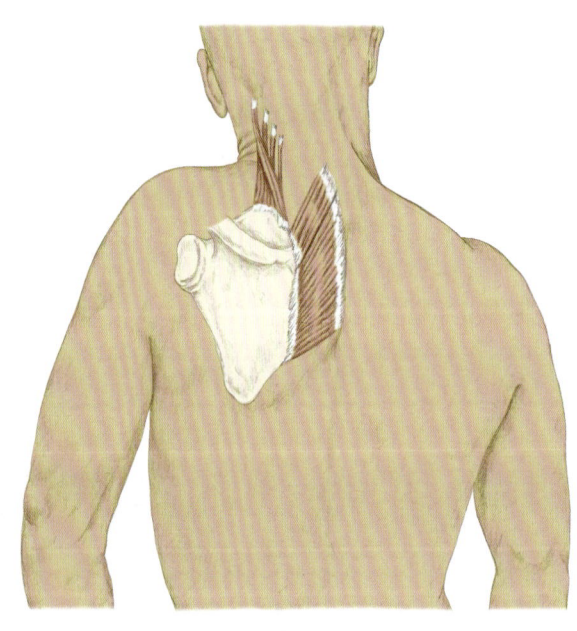

图9-2　提肩胛骨时，肩胛提肌和菱形肌作为协同肌

在完成一个普通运动的过程中，肌肉的作用是可以改变的。一开始可以作为原动肌引发初始运动，然后在完成作为协同肌这个作用之前，迅速转变成一个固定肌。

原动肌收缩时，拮抗肌被动地伸长或离心性收缩。通常拮抗肌的作用是稳定地松弛以控制关节的运动。在突然运动时，拮抗肌类似于刹车片，具有制动作用。例如足球运动员在用力踢球的一瞬间（屈髋），臀大肌和其他伸肌限制股骨过度屈曲。

又如股四头肌是屈膝关节的腘绳肌的拮抗肌。旋后肌和肱二头肌是拮抗旋前圆肌的前臂旋前作用。

固定肌的存在是必要的，因为原动肌或其他肌收缩时没有方向。原动肌仅仅是收缩，同时拉动肌的两端。由于这个原因，原动肌需要一个固定力阻止不需要的运动，使原动肌的起点和止点中的一个产生运动（图9-4）（见反向运动，第119~120页）。

例如斜方肌上部不仅具有上提肩胛骨的作用（主运动），还能伸颈（其他运动）。当其收缩时，理论上可产生这两种运动，但只需要上提肩胛骨，保持颈部稳定同时，胸锁乳突肌作为固定肌，其屈颈的作用抑制了斜方肌上部伸颈的动作。再如当腘绳肌屈膝时，其伸髋的作用被屈髋肌（髂腰肌、阔筋膜张肌、股直肌）所抑制。

当前臂旋前时，旋前圆肌还可屈肘。为了前臂旋前而不屈肘关节，作为固定肌的肱三头肌可以轻度伸肘。

支撑肌通常不在主运动周围发挥作用，而在主运动发生时，可维持人体其他部位的姿势。如果没有脊柱和髋部十几块肌的支撑稳定作用，上提肩胛骨这个简单的动作是不能完成的（图9-5）。

屈膝时，足会抬离地面。此时，另一条腿和髋部的肌肉是保持人体直立状态的支撑肌。

前臂旋前这是肢体远端的小动作，看似不需要任何支撑肌，但即使是转动门把手这个小动作也需要手臂和肩带肌的参与，稳定上肢。

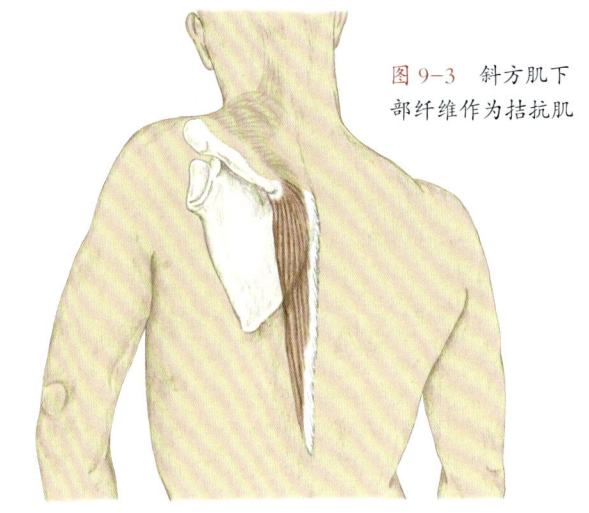

图9-3　斜方肌下部纤维作为拮抗肌

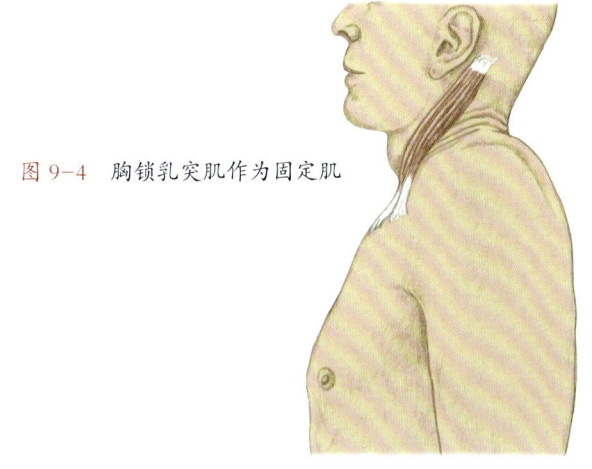

图9-4　胸锁乳突肌作为固定肌

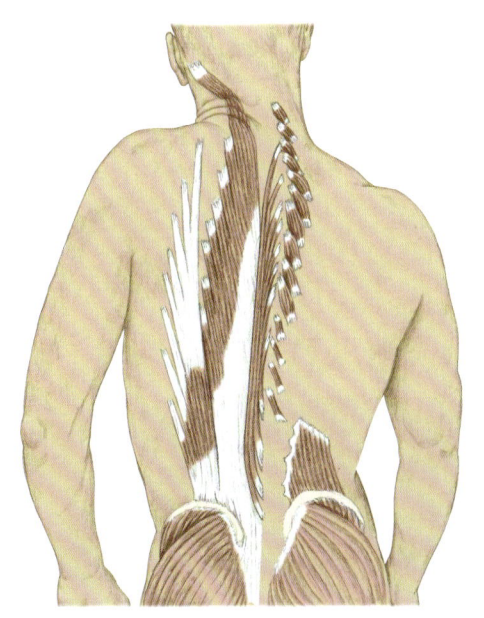

图9-5　周围肌作为支撑肌

# 肌不是孤岛

现在走进工作室去看看肌肉的 5 个角色是如何在人体这个舞台上表演的。我们选定了一个场景——演员拿起一个香蕉。这个动作的完成需要屈右肩关节。正如你所看到的，没有哪一块肌是孤立存在的，即使是一个再简单不过的动作的完成也很复杂。

三角肌前束作为原动肌，表演主动作。根据剧本的设计，上肢需要抬到接近水平位置，以便手能够到水果（图 9-6）。三角肌的纤维从锁骨连接到肱骨，它的肌腹位置刚刚好。

三角肌前束扮演原动肌这个角色已经无数次了，演这个片段肯定没问题，一次通过。

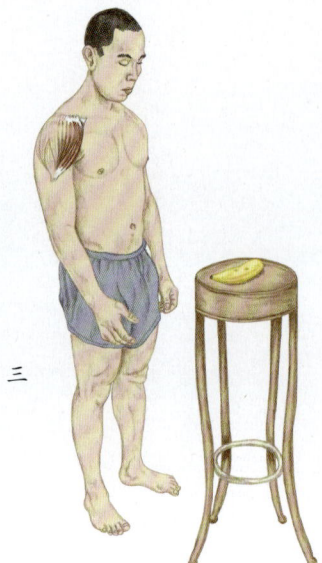

图 9-6　第一场：三角肌前束收缩

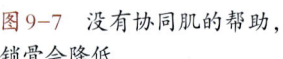

图 9-7　没有协同肌的帮助，锁骨会降低

导演："拿起香蕉。第一场，开始！"
三角肌前束的肌纤维开始收缩，但是，等等。
"不，不，停！"
哪里出问题了？三角肌前束开始收缩，并不是抬起手臂，而是肌腱的两端都被拉向了肌腹的中心区。因此，肱骨抬起的同时，锁骨也降低了（图 9-7）。

看来原动肌需要配角协同肌来帮忙了。肱二头肌、胸大肌锁骨部和喙肱肌上台。

导演重新下令："重新来。第二场，开始！"
三角肌收缩，协同肌也开演。
"停！"
又怎么了？即使有这 3 块强大肌的努力，如果没有周围肌进行抑制或放松，还是很难举起上肢的（图 9-8）。

看来还得让拮抗肌上台。"集中注意力！当原动肌和协同肌屈手臂时，三角肌后束、背阔肌、大圆肌的任务是放松和伸长。明白了吗？第三场，开始！（图 9-9）"

看上去不错，但是"等等，整个肩胛骨怎么也开始运动了"？

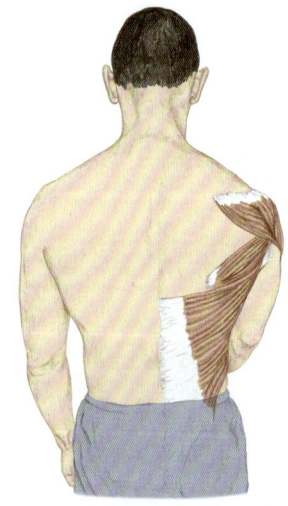

图 9-8　拮抗肌放松

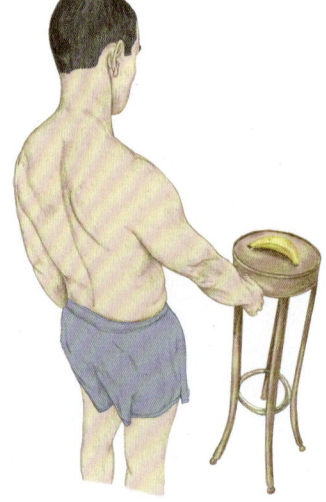

图 9-9　拮抗肌放松，手臂开始移动

原动肌（三角肌）和协同肌（肱二头肌、胸大肌等）牵拉它们相对稳定的一端，肩胛骨被上提并超过肩部。

我们将选定谁为固定肌消除这些不需要的运动呢？肩胛骨内侧和外侧的肌肉怎么样？例如，斜方肌下部和菱形肌（图9-10）。它们收缩时可以将肩胛骨固定在原位置。

导演吃了一粒胃药，来缓解胃痛，然后喊道："第四场，开始！"

正如我们预期的，手臂开始慢慢抬起。

"停！为什么躯干开始向手臂的一侧倾斜？剧本里没有这个动作！"

随着手臂抬起，身体重心改变，导致躯干向右倾斜。

"这本该是一个很简单、很普通的场景啊！"

我们还需要一些支撑肌来支撑脊柱。既然是右侧手臂抬起，那么就让左侧的竖脊肌和腰方肌上场吧。

结果发现，我们还需要进一步稳定身体核心区的肌肉，请腹内、腹外斜肌和腹横肌也上台表演。这符合"先稳定、后运动"的原则，所有这些配角应该在主角原动肌收缩之前就开始工作。如果要将这场"普通而简单"的舞台剧表演得完美无瑕，那么骨盆和大腿的肌肉，甚至是腓肠肌也要作为支撑肌参与演出（图9-11）。

导演深吸了一口气："好吧，就是它了，各位。第五场，开始！"

支撑肌收缩，

躯干保持直立，

肩胛骨稳定，

拮抗肌放松，

三角肌前束领衔主演，

协同肌辅助，

用手去拿香蕉吧（图9-12）！

"关机，收工，开饭。下午接拍下一个场景——瓦图西舞蹈。"

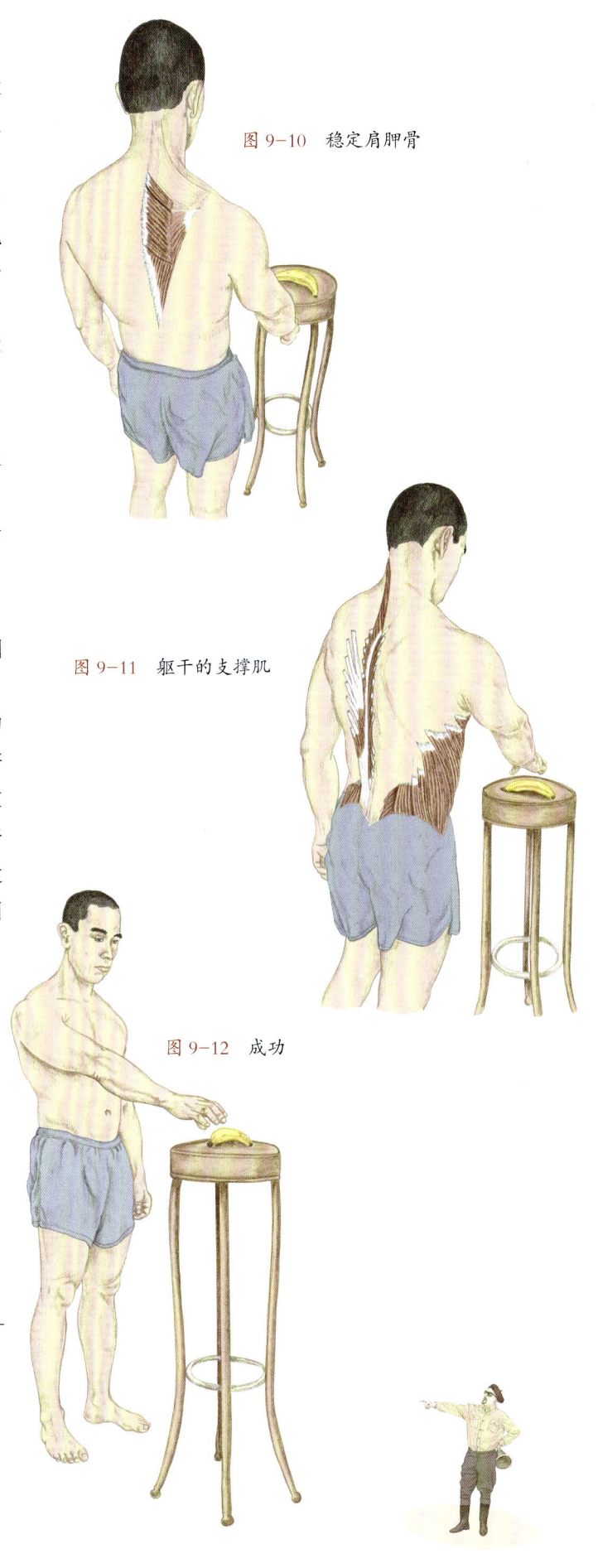

图9-10 稳定肩胛骨

图9-11 躯干的支撑肌

图9-12 成功

# 影响骨骼肌作用的因素

正如先前提及的，无论肌肉扮演的角色是什么，都基于4个因素。

**1** 肌的大小影响其在关节运动中的作用。例如，由于肘肌较小，它在伸肘运动中不是主角。但它以协同肌的身份与更大的肱三头肌一同完成伸肘运动。

**2** 关节的形状及其结构设计决定肌的作用。例如，股四头肌能够伸膝的一个原因是膝关节的结构特点。膝关节的结构设计决定了它的运动方式。然而无论股四头肌或其他任何肌肉如何努力，它们也无法外展膝关节，因为膝关节的骨性结构使其无法外展。

**3** 肌的位置与关节轴线的关系，这一点对肌肉作用的确定有重要影响。冈上肌位于肩关节的上方，这对于肩关节外展是一个非常有利的位置。冈下肌位于肩关节后面的周缘，这使其不能完成外展动作，其走行方向决定了它后伸和旋转肩关节的作用。

**4** 肌的力线即肌作用在关节的力的方向，在某些特殊运动中，对肌的作用也有重要影响。

换句话说，肌对关节运动的作用取决于肌的力线与其所跨越关节之间的关系。如果将肌的力线和关节结合起来，就能决定肌的运动。下面请看4个示例。

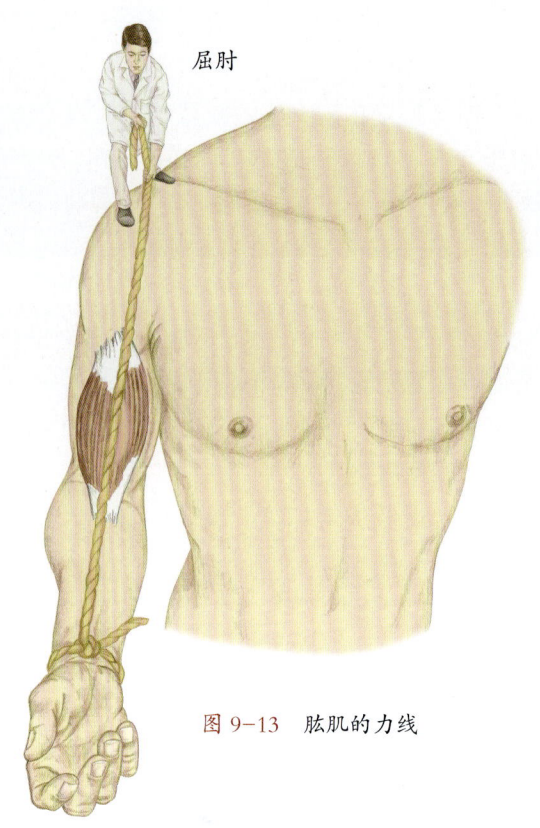

图 9-13 肱肌的力线

**A** 以肱肌为例来说明力线。肱肌的平行纤维越过屈戌关节（肘关节），因此只能产生单一方向的动作：屈肘。既然肘关节是单轴关节，那么沿着肱肌的肌腹可以画一条清晰明显的力线（图9-13）。

注意肱肌对关节施加的力的方向不会造成肘关节的伸。如果将肱肌的力线和肘关节的结构联系起来，就能推断出肱肌的功能是屈肘。

**B** 第二个例子是喙肱肌。不像肱肌走行那么笔直，喙肱肌在人体走行有一个倾斜的角度，并跨越三轴关节（肩关节）。以上特点使喙肱肌产生2种力线（屈曲和内收肩关节）（图9-14）。

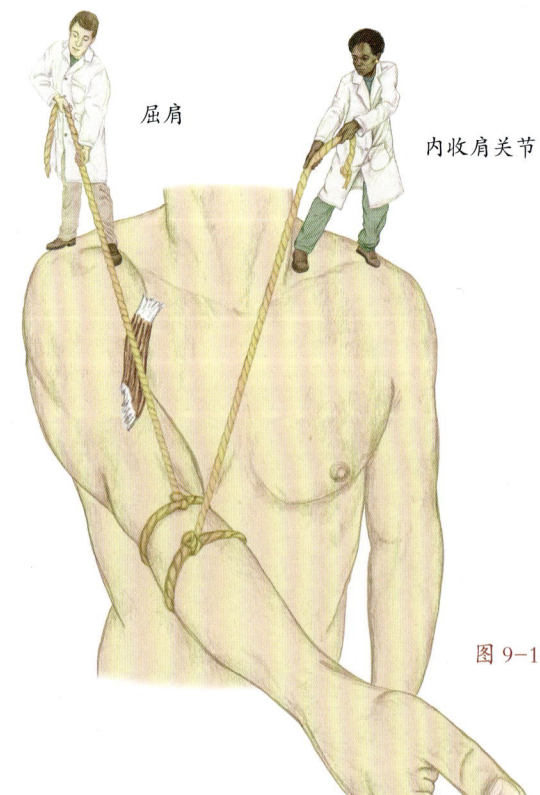

图 9-14 喙肱肌产生2条力线

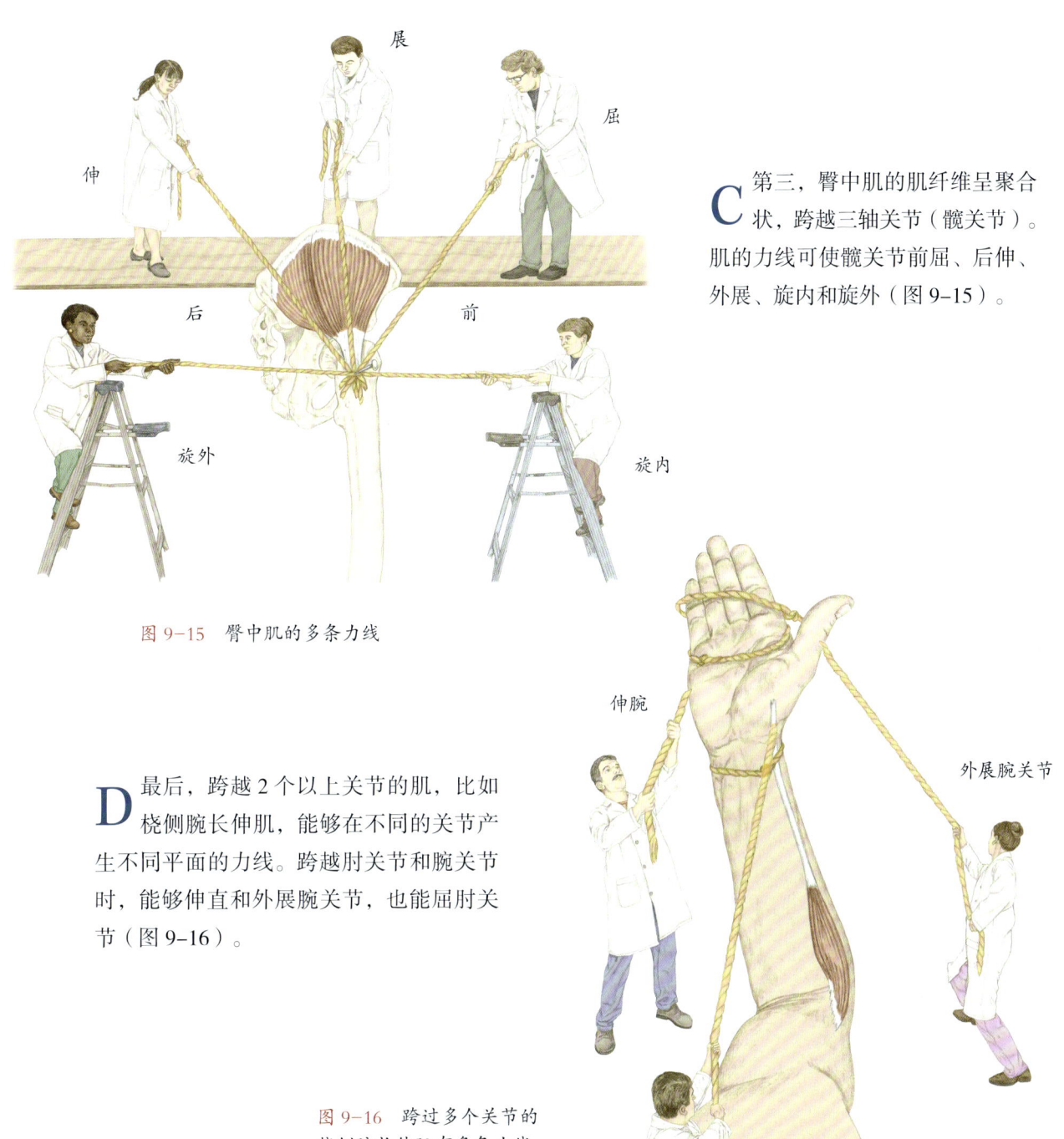

C 第三，臀中肌的肌纤维呈聚合状，跨越三轴关节（髋关节）。肌的力线可使髋关节前屈、后伸、外展、旋内和旋外（图9-15）。

图9-15 臀中肌的多条力线

D 最后，跨越2个以上关节的肌，比如桡侧腕长伸肌，能够在不同的关节产生不同平面的力线。跨越肘关节和腕关节时，能够伸直和外展腕关节，也能屈肘关节（图9-16）。

图9-16 跨过多个关节的桡侧腕长伸肌有多条力线

### 影响肌肉运动的因素

回顾本书所列举的肌肉运动，肌肉可分为屈肌、内收肌或其他类型。然而，这可能使你认为肌肉在所有情况下都产生这些运动。但是如果回顾我们在第126页所讨论的肌肉作用的问题，就会发现这种方式只是根据肌的解剖学起点来分类。

例如，当前臂处于旋前位置时，使前臂旋后的肱二头肌屈肘的作用很弱。同样，当肘关节伸直时，肱二头肌旋后的作用很弱。只有在受到屈肘和前臂旋后的拮抗力时，上述条件下肱二头肌的作用才会展现出来。

这只是一个例子。除了拮抗，肌肉对关节的作用力还依赖于运动的速度和方向。综上所述，分析一个如此简单的运动要比解剖书中描述的更加复杂。

第9章 肌肉（下） 131

# 被动和主动机能不全

正如前面讨论过的，肌肉在极度伸长或缩短时，其功能会降低（第122页）。对于跨越双关节或多关节的肌肉来说，这个话题值得多一些考量，比如腕关节和手指的伸肌及屈肌。

正如第104页所述，具有收缩性和伸展性的肌肉能够承担较大范围的长度变化。肌肉长度所能变化的程度称为偏移（图9-17）。通常肌肉能够伸长或缩短其静息长度的一半。因此，如果肌腹静息长度是15 cm，那么可伸长至23 cm，缩短至8 cm。

当一个跨过双关节或多关节的肌处于最大偏移时，易发生被动机能不全。让我们来看一下这个动作，首先，将腕关节处于中立位（不屈、不伸）。很轻松就能握紧拳头，对吧？

现在让我们在完全屈腕时再试一次紧握拳头（图9-18）。不能完全握紧，对吗？这是因为握拳的拮抗肌（指伸肌）的移动性限制。因为指伸肌跨越了屈曲的掌指关节、近端指骨间关节、远端指骨间关节和腕关节。它们的最大紧张度限制了手指完全屈曲。

也可以转换肌的角色。先将腕关节置于中立位，然后背伸。观察手指是如何自然微屈的，并去感受当腕背伸时，完全伸直手指是多么困难。这是因为腕屈肌的被动机能不全（图9-19）。

进一步解释，当拮抗肌无法达到实现动作所需的足够伸长量，而导致动作被抑制时，就会发生被动机能不全。这主要发生在跨越双关节或多关节的肌，因为它的拮抗肌要承受它所跨过的多个关节同时拉伸的问题。

还有一些因素在起作用：主动机能不全。这种情况发生在当运动被减弱或跨多关节的原动肌过度短缩时。回到握拳的例子，屈腕和屈指使屈肌处于过度短缩的位置。由于肌丝滑行机制的限制，屈肌已无法再缩短。肌在极度短缩或伸长的状态下会变得软弱无力。同样，腕关节背伸时握拳无力也是由于以上2种机制的综合。

伸长，长度23 cm

放松，长度15 cm

收缩，长度8 cm

图9-17　肌肉偏移的3种形式

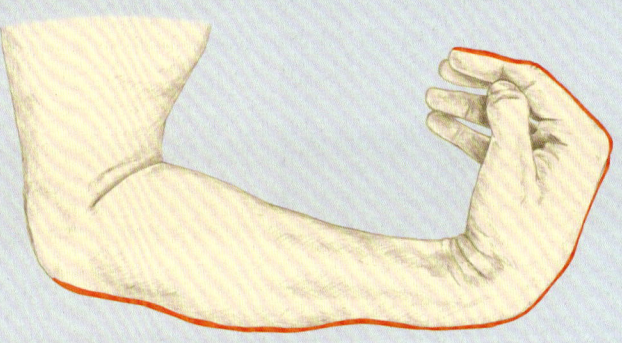

图9-18　尽力屈腕和手指时，握拳被动机能不全。红线代表伸肌腱走行的路线

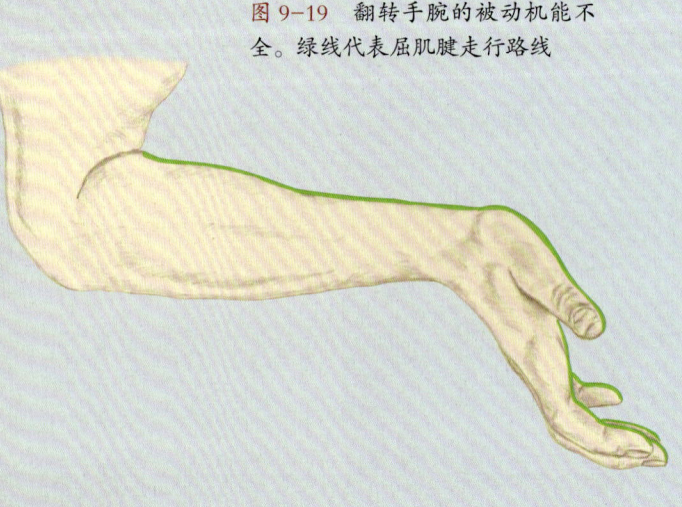

图9-19　翻转手腕的被动机能不全。绿线代表屈肌腱走行路线

# 在实验室

## 缺少腰大肌的仰卧起坐

老式的仰卧起坐（双腿平放在地面上）曾鼓吹能够锻炼下背部和脊柱肌。为什么？主要是因为这个动作只用到了屈髋的肌（腰大肌），而不能锻炼脊柱和骨盆部的核心肌。最后，仅仅是获得了一个过度发达的、紧张而且质量不高的腰大肌。

那么，何种姿势的仰卧起坐才能"关闭"腰大肌，避而不练呢？可以利用上一页介绍的主动机能不全的优点，使腰大肌缩短到一个无法收缩的点。

如何实现？仰卧位，请朋友帮忙固定双足，屈髋屈膝（图9-20）。这个姿势通过缩短股骨小转子和腰椎之间的距离使腰大肌缩短。此时，由于利用主动机能不全使腰大肌在仰卧起坐时不起作用。

图9-20　使腰大肌主动机能不全的仰卧起坐

## 肌的额外作用

一些解剖学书中提到的肌在X、Y、Z轴上运动，这是基于解剖学位置而言的。但我们不是按照解剖学位置生活。这便于初学者理解，但这并不能包含人体的各种运动可能性。

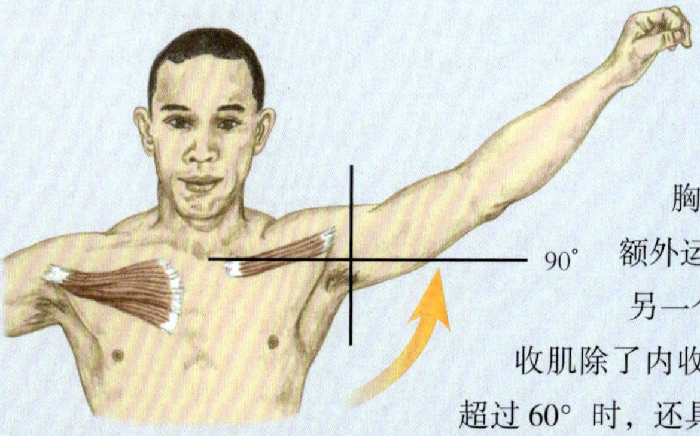

图9-21　胸大肌力线超过100°时辅助外展臂部

如果我们改变起始条件，会发现肌的额外运动。比如，胸大肌锁骨头通常被认为内收和前屈肩关节（图9-21）。但是，当上肢外展超过100°时，肌的力线超过关节的轴线，此时的功能是辅助外展上肢。胸大肌为肩关节提供了额外的力，特别是当肩关节外展将要达到最大时，由于力—长度的关系（第137页）导致三角肌和冈上肌肌力下降，胸大肌锁骨头外展肩关节的额外运动更加明显。

另一个例子是大收肌的收缩。大收肌除了内收、屈曲髋关节，当髋屈曲超过60°时，还具有后伸髋关节功能。在这个位置时，大收肌力线指向内侧和后方，所以肌纤维收缩时带动髋关节内收和后伸（图9-22）。

这是人体的一个巧妙的设计，使大收肌在行走和跑步的摇摆期都起作用。胸锁乳突肌也同样可以产生额外运动。

当颈部处于过伸位时，双侧的胸锁乳突肌有辅助伸头的作用（特别是有外力屈曲头部时）。

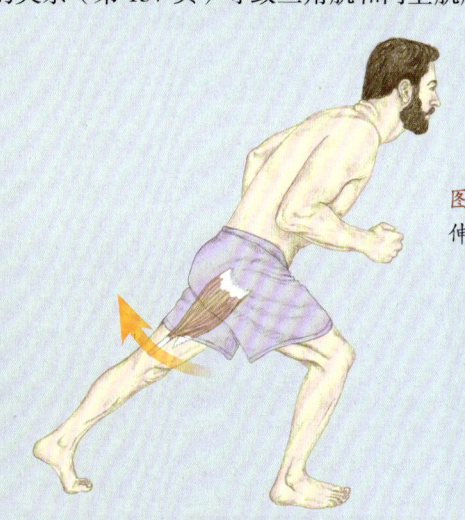

图9-22　髋关节屈曲（左）、伸直（右）时的大收肌

第9章　肌肉（下）

# 姿势肌和相位肌

根据肌肉在运动过程中的不同作用（第126页），可以将其分为两大功能组：姿势肌和相位肌。姿势肌主要抵抗重力维持身体姿势，相位肌则负责移动身体。

开始之前先明确一个事实：没有什么是亘古不变的，尤其是对于机体而言。例如一些肌群在早期控制空间移动，而后转换成维持姿势的功能。

## 姿势肌

姿势肌负责长时间的半收缩状态（图9-23，9-24）。例如当擦地板或是给天花板喷漆时，姿势肌的运动受到限制，但能够承受较大的载荷。当然，姿势肌可以用来完成这些任务，但设计它们的最初目的并非如此，而且这些动作对人体的长期运动机能健康没有益处。

姿势肌如何应对短期或长期的姿势不平衡呢？典型的姿势不平衡会导致负担过重。如果姿势肌得不到规律的伸展和运动，这种不恰当或过度的动作将会使姿势肌张力和反应性过高，最终短缩、紧张。

来自筋膜组织额外的、不健康数量的结缔组织积聚在肌肉内部及其周围，将加剧运动机能的恶化。虽然目的是加强姿势肌的支撑能力，但额外的筋膜网只会限制肌的功能，肌腹进一步僵化，不能完全伸展。

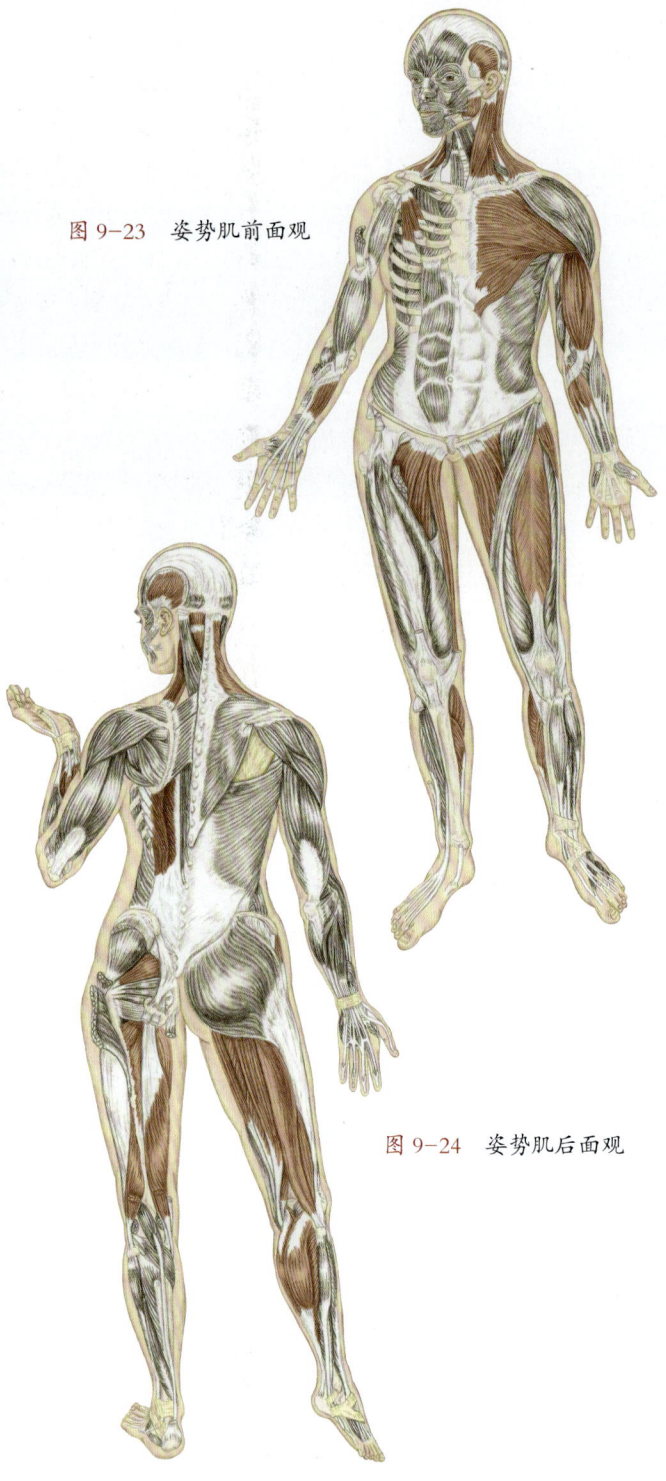

图9-23 姿势肌前面观

图9-24 姿势肌后面观

### 各肌肉间的相互协调

肱二头肌自身无法选择收缩是用来屈肩，还是屈肘。实际上，它仅负责收缩纤维，使起点和止点相互靠近，潜在地表现为它的所有运动（第95页）。

跨越多关节的肌需要邻近的固定肌一同参与，以消除任何不需要的运动。例如，阔筋膜张肌能使髋关节产生3个运动：前屈、外旋和外展。如果只需要前屈，髋关节周围的肌肉需要抵消外旋（臀大肌完成）和外展（内收肌完成）。如果稳定装置较弱，髋关节前屈时可能会摇摆，不平衡，所以有些肌肉虽然直接参与运动，但它也会对运动产生影响。

## 相位肌

当姿势肌支持、稳定、保持身体直立状态时，相位肌产生动作，动作有时很快、很强（图 9-25，9-26）。与姿势肌不同的是，相位肌的设计目的是完全的、有力的收缩，但持续时间短。当投掷飞盘或运球时，可以感受到相位肌的作用。

相位肌易疲劳并需要更长的恢复时间，姿势肌过劳后有变短、变紧的倾向，而相位肌在过度使用之后会变长、变弱。

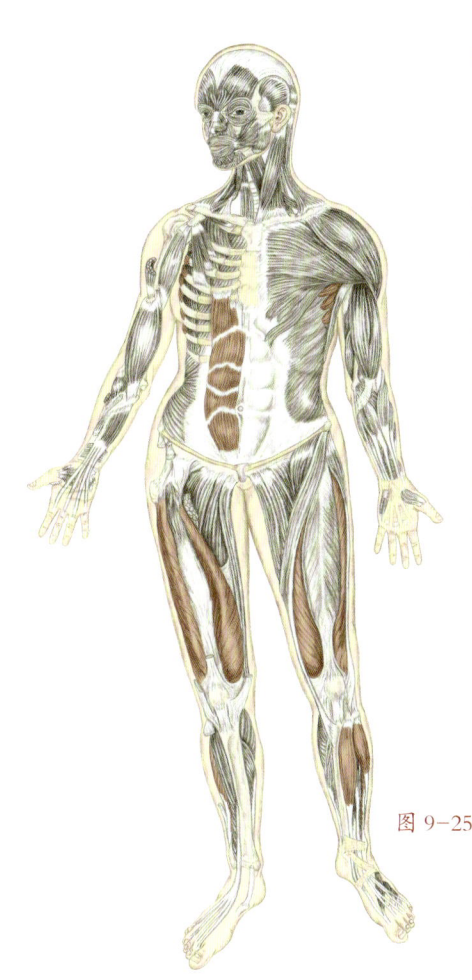

图 9-25　相位肌前面观

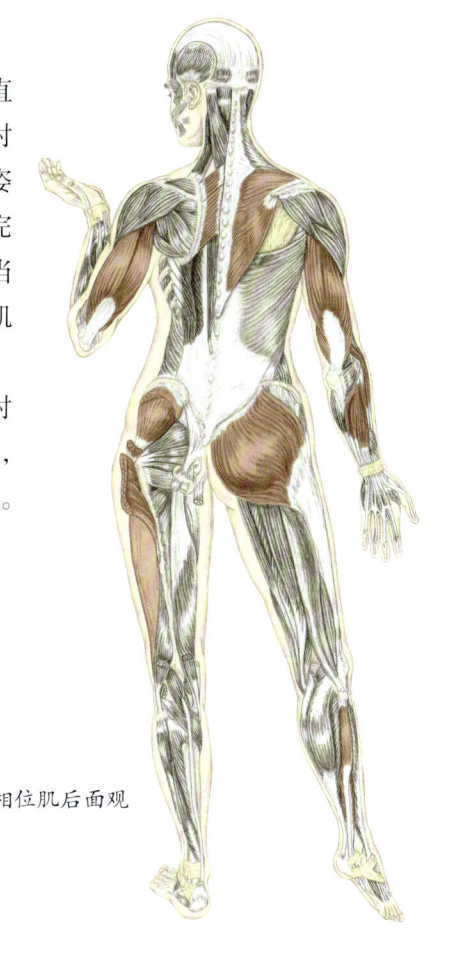

图 9-26　相位肌后面观

## X 标记线

姿势肌和相位肌有时会横过身体的两个区域产生一个有趣的作用。如之前所讲解的，当骨骼肌运动不平衡时，相位肌开始延长，姿势肌紧张。这对组合通常位于关节的对侧。你可以想象它们如何动态地影响并改变整体的力线。这种不平衡类型常见于颈部、肩部和骨盆区域。

在"头前倾姿势"中，头部、颈部和肩部通常呈现出躯干上部下沉，头倾向前方的姿势（图 9-27）。

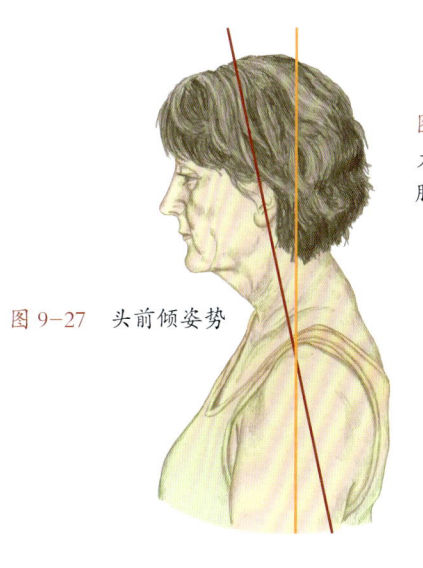

图 9-27　头前倾姿势

图 9-28　长而无力的相位肌（菱形肌和斜方肌中部）

图 9-29　短而紧张的姿势肌（胸大肌和胸小肌）

第 9 章　肌肉（下）　135

头前倾姿势源于缩短的肌还是延长的肌？是遗传、环境还是精神因素导致的？这不得而知，其实是我们自己产生了这种独一无二的姿势。

目前所知道的是相位肌（菱形肌和斜方肌中下部）变长变弱。随着时间的推移，相位肌的结缔组织也已经适应肌肉新的大小。肌腹从"6号"变成了"8号"，但强度却大幅度降低（图9-28）。

同时，姿势肌（胸大肌、胸小肌、斜方肌上部、肩胛提肌和胸锁乳突肌）变短变紧（图9-29）。紧缩的肌及其筋膜组织共同将其附着的骨骼拉向异常位置，此时，无力的拮抗肌试图将其拉回原位置，恢复正常的力线。

综合以上所有因素，可能会注意到当从侧面观察人体，紧而短的肌和长而无力的肌在肩部形成了一个X形标记线（图9-30）。X线的一笔由短的姿势肌构成，另一笔则由无力的相位肌构成。

以上所有因素导致枕骨和第1、2颈椎椎体过伸，头前移。类似的这种形式也见于髋部和骨盆。在这种情况下，多个相位肌变得长而弱，姿势肌变得短而紧（图9-31）。

这种连锁反应不仅使骨盆前倾，还使髋关节屈曲，腰椎前凸变大。故事没有到此为止，较低位置的X线通常会向上迁移产生或加重位于肩部的X线（图9-32）。像一对老夫老妻一般，肩部和髋部结构和功能的完整性是相互依赖的。

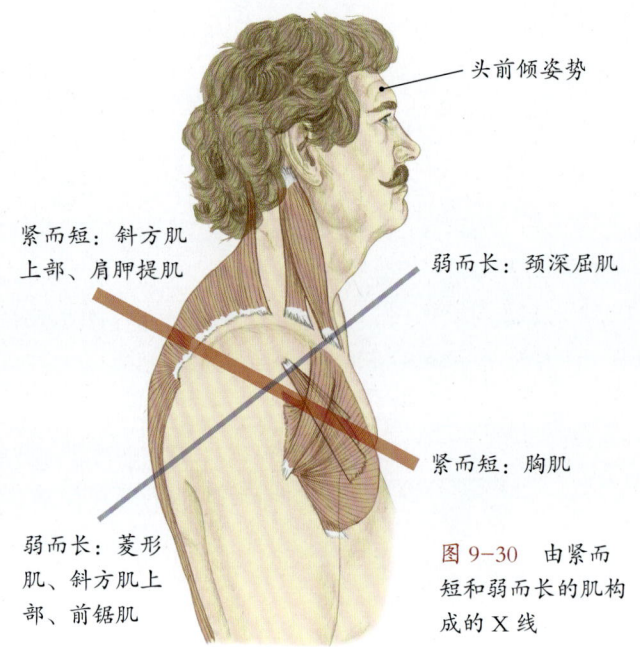

图9-30 由紧而短和弱而长的肌构成的X线

紧而短：斜方肌上部、肩胛提肌
弱而长：颈深屈肌
紧而短：胸肌
弱而长：菱形肌、斜方肌上部、前锯肌

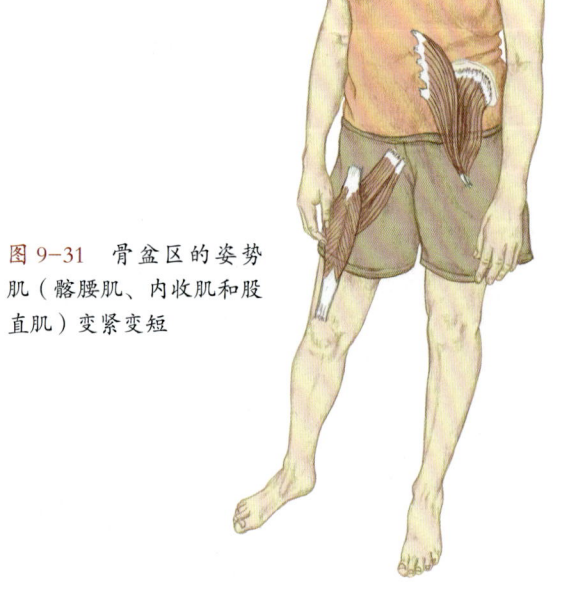

图9-31 骨盆区的姿势肌（髂腰肌、内收肌和股直肌）变紧变短

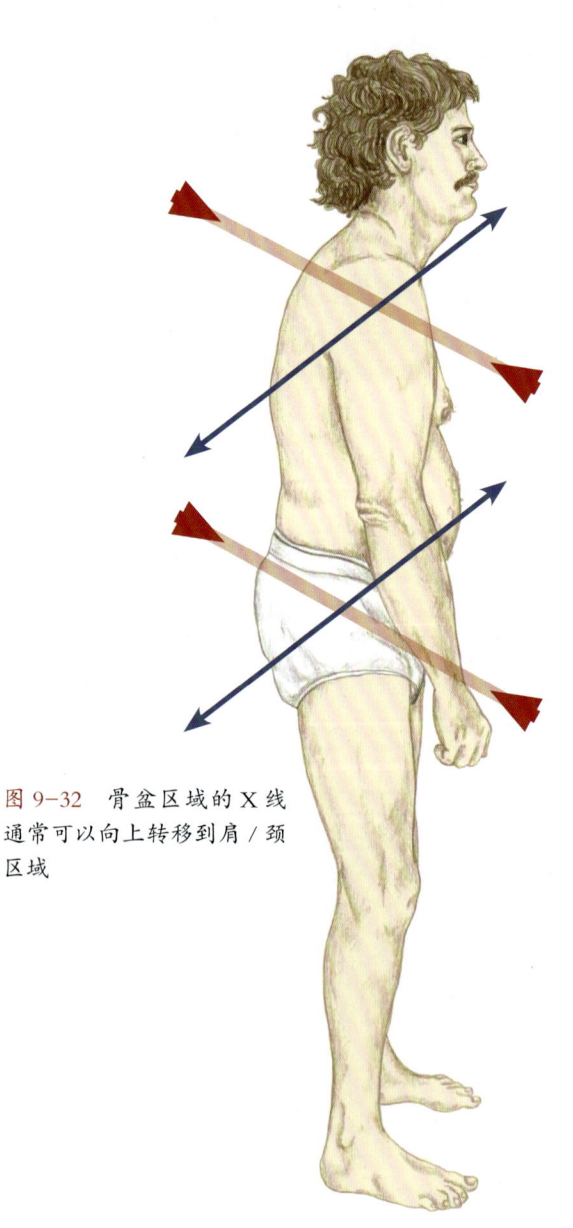

图9-32 骨盆区域的X线通常可以向上转移到肩/颈区域

# 长度和速度

人可以开心、生气或是悲伤，肌亦如此，可短可长，可紧可松。由于肌的性能（第 104 页），它能够产生轻微的或巨大的力量，也可以具有闪电般的速度或慢到无法被察觉的速度。需要说明的是，我们讨论的由肌筋膜单元产生的力包括由富有弹性的筋膜鞘、肌腱产生的被动张力和由肌纤维产生的主动作用力。

肌的变化受 2 个关系的支配，第一个是力—长度关系，即相对于等长收缩时的肌长度决定其所能产生的最大力。第二个是力—速度关系，即肌收缩时的速度影响其所能产生的最大力。

这些生理学概念意味着肌的长度决定肌张力，肌收缩的速度也影响力的大小。它们在很多方面影响着肌能做什么，不能做什么。

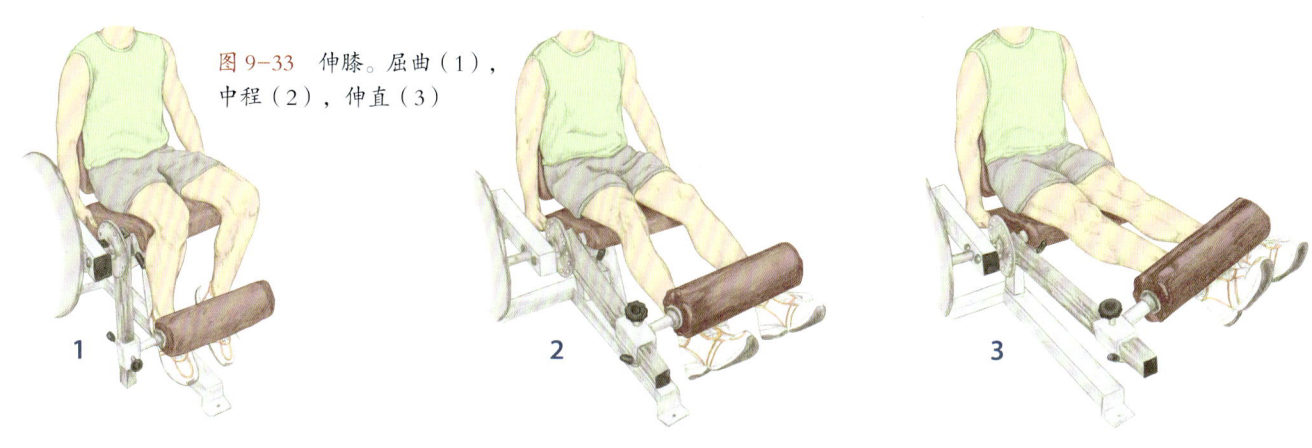

图 9-33　伸膝。屈曲（1），中程（2），伸直（3）

## 力和长度

你可能认为无论肌处在什么位置（长度），它都能产生相同大小的力，但结果是力的大小依赖于肌的长度。最终，处于缩短或伸长位置的肌不能产生与处于中间位置的肌相同的力。

在肌节的显微水平找到了这种现象的原因。在静息位置时，肌节的横桥"手柄"的数量最多。越多的"手柄"＝越多的肌牵拉＝越大的张力。在伸长或缩短位置时，横桥数目较少。越少的"手柄"＝越少肌牵拉＝越小的力。

回到宏观层面，一个健身爱好者正在做伸膝动作（图 9-33）。股四头肌在动作的初始和结束时产生的力较小，因为此时的肌节分别处于伸长或缩短状态。

在伸膝的移动过程中，肌产生的力最大。需要明确的是，我们只描述了肌的主动张力。肌主动张力是通过将肌拉向其中心位置而主动产生的张力。肌也有因为弹性性能而产生的被动张力。

在这个方面，肌纤维类似一个橡皮筋（图 9-34），当伸长超过其静息长度时，肌产生张力。当肌试图恢复静息长度时产生拉力（图 9-35）。

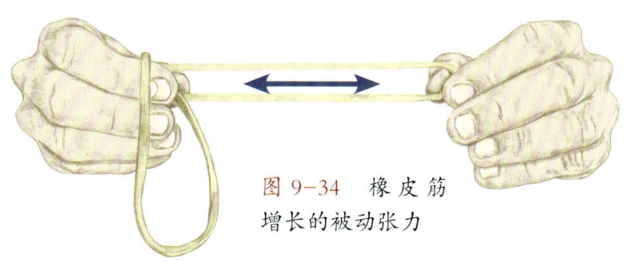

图 9-34　橡皮筋增长的被动张力

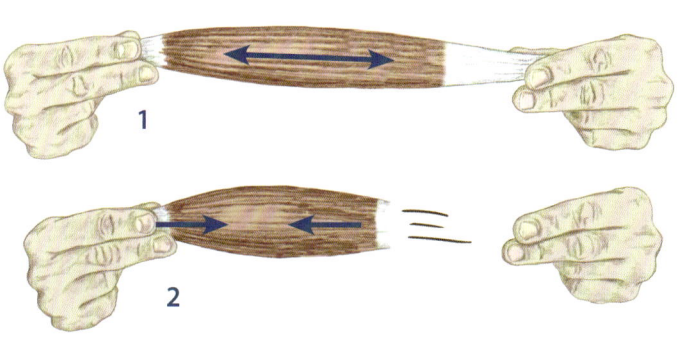

图 9-35　（1）产生被动张力，（2）释放

第 9 章　肌肉（下）

## 力和速度

除了肌的位置，结果证明肌长度变化时的速度也影响力的大小。例如向心性收缩时，收缩得越慢产生的力越大。

用不同重量的哑铃做肱二头肌收缩运动来观察速度与力的关系。首先，手握重量较轻的哑铃尽量快速屈曲肘关节，此时肱二头肌收缩速率很快，但抵抗哑铃而产生的肌力却很小。

再尝试用一个较重的哑铃做同样的动作。此时肱二头肌和其他屈肌产生的肌力很大，但肌收缩速率却变慢了。换句话说，哑铃越重，肌力越大，最大收缩速率越小（图9-36）。

从以上的例子可以看出，向心性收缩时最大肌力和最大速率呈负相关：一个增加，另一个下降。也可以换一个角度来看二者之间的关系：向心性收缩越快，最大肌力越小。

这个现象的原因也在于微观下肌节的横桥数量。速度越快，横桥没有足够的时间恢复和再形成（特别是提举较重哑铃时）。如果有足够时间去"抓住手柄"，这样就能产生更大张力。虽然等长收缩比向心性收缩产生的肌力更大，但对于离心性收缩，力和速率的关系不大。因为等长收缩不产生运动，横桥有足够的时间和空间"抓住手柄"，进行连接。

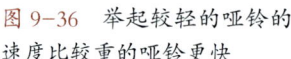

图9-36 举起较轻的哑铃的速度比较重的哑铃更快

哇！如此大量的信息——第7~9章涵盖了大量的肌肉故事。虽然它使我们更接近目标（使你站立和行走，第14和15章），但所有这些强大的肌腹运动仍然需要神经和肌肉的协调。让我们翻开下一章，谈谈神经的故事吧。

### 引拍

如果没有挥杆前的准备姿势（引拍），因挥杆而闻名的菲尔·米克尔森、塞雷娜·威廉姆斯、铃木一郎都将不存在。多数运动赛事中，预备的后拉动作都先于挥拍（杆）而发生。在高尔夫球运动中，预备挥杆时，涉及前臂前方肌肉组织的被动张力，此时肌筋膜单元的张力不是由肌纤维的收缩产生的。在挥杆摆动的第二个时相，后方肌肉组织放松，使前方肌肉组织回弹、收缩，产生主动张力。主动和被动张力共同产生了相当大的肌力，再配合旋转髋和躯干的完美转身，在球星米克尔森的手里就是一个365.76 m的好成绩。

# 复习题

1. 当刺激肌肉收缩时，执行与刺激肌肉相反动作的肌是____。（第 126 页）
   a. 协同肌
   b. 拮抗肌
   c. 固定肌
   d. 支撑肌

2. 哪一个是影响肌肉在运动中作用的因素____。（第 130 页）
   a. 它所跨过关节的形状和结构
   b. 它的力线
   c. 远端附着点的形状和结构
   d. 抵抗重力的能力

3. 被动不足发生在以下情况____。（第 132 页）
   a. 拮抗肌不能充分伸长
   b. 固定肌不能充分缩短
   c. 原动肌不能充分伸长
   d. 支撑肌不能充分缩短

4. 人体肌可分为哪两种功能组？（第 134 页）
   a. 屈肌和伸肌
   b. 姿势肌和屈肌
   c. 姿势肌和相位肌
   d. 相位肌和屈肌

5. 肌肉能产生力的大小取决于____。（第 137 页）
   a. 收缩的能力
   b. 收缩的类型
   c. 长度
   d. 速度

6. 在向心性收缩时，收缩速度越慢，____。（第 138 页）
   a. 产生的力量越大
   b. 产生的力量越小
   c. 产生的力量不变
   d. 产生可变的张力

7. 高尔夫球手向后挥杆的力量源于____。（第 138 页）
   a. 肌筋膜单元主动收缩
   b. 肌筋膜单元被动收缩
   c. 筋膜主动收缩
   d. 肌被动收缩

（郑雪峰 译，张露青 丁自海 校）

# 10

# 神 经（上）

## 学习目标

- 比较中枢神经系统和周围神经系统的功能
- 勾勒并描述神经元的各个部分
- 命名并定位周围神经系统的主要神经丛
- 列出自主神经系统的两个组成部分
- 描述自主神经系统每个部分各自的功能
- 定义躯体神经系统

## 本章要点

当我们描述神经系统时，数字不言而喻。例如 430。这是以 430 千米/小时为单位的阿尔法运动神经元信号启动骨骼肌纤维收缩的速度。作为身体中最快的传输方式，信息从头到脚只需 0.013 秒。皮肤上的感受器缺乏提速的髓磷脂，只能以每小时 1.6 千米的速度嘎嘎作响。

100 000 000 000。是的，这个数字是 1 000 亿，这是你大脑中神经元的数量。把它们都排成一排，可以从芝加哥延伸到华盛顿特区。然而，与一个 20 岁的人大脑中被髓鞘覆盖着的 161 000 千米的神经纤维相比，这个距离算不了什么。研究人员认为髓鞘完整性的顶峰出现在我们而立之年的末期——所以如果你还未到不惑之年，请在它持续的时候享受它。

最后，当你深入研究本章时，请思考这个数字：100 000 000 000 000（100 万亿）。这是人类大脑中突触（神经连接）的最小数量，与之相比，银河系中估计的恒星数量不及它的十分之一。

- 当你在课堂上跷着二郎腿坐了两个小时后，你试着站起来，却发现左脚失去知觉。此时你的坐姿可能对你的脚有何影响？
- 骨骼肌的收缩是自发的，所以我们有意识地控制它。但是我们身体中又有哪些动作是我们无法控制的？
- 我们的身体通过激活我们的"战斗或逃跑"反应来应对环境中的威胁。你的身体在以前是如何应对压力的？发生了哪些生理变化？

神经和肌肉：动态组合·············· 142
   中枢神经系统 ················ 143
   周围神经系统 ················ 144
构建神经元······················ 145
   神经元的组成 ················ 145
   功能 ······················ 145
   分类 ······················ 145
   突触 ······················ 146
   从神经元到神经 ·············· 146
   包膜 ······················ 146
周围神经························ 147
   脑神经（CN） ················ 147
脊神经丛及其神经分布·············· 149
   颈丛 ······················ 149
   臂丛 ······················ 149
   腋神经 ···················· 150
   肌皮神经（C5–C7） ············ 150
   桡神经（C5–T1） ·············· 150
   正中神经（C6–T1） ············ 151
   尺神经（C8，T1） ············· 151
   腰丛 ······················ 152
   骶丛 ······················ 152
   股神经（L2–L4） ·············· 152
   闭孔神经（L2–L4） ············ 153
   坐骨神经（L4–S3） ············ 153
   胫神经（L4–S3） ·············· 154
   腓总神经（L4–S2） ············ 154
复习题·························· 155

# 神经和肌肉：动态组合

我们取得了重大进展。已经构建了筋膜和骨的结缔组织框架，建立了关节，肌已附着于骨，使其可以运动。你准备纵情跳舞了，对吗？

还没有这么快。由于所有的部件和碎片还没有"挂钩"到一个更大更全面的系统中，该系统可以发起和协调所有潜在的机动性，因此，之前构建的这个人体仍然只能躺着一动不动。

现在需要的是将所有的组织与进行协调、控制和传达信息的神经系统相连（图10-1）。神经并不是靠水压或柴油燃料运行的，而是通过化学信号的发出和接收将信息传递到身体的各个角落。

对于我们而言，只会专注于这个全身性的、复杂的网络：神经肌肉系统的一小部分。尽管并非学术意义上的"系统"，但它很好地将关键的神经和肌肉部分囊括在一起，共同扮演产生人体运动的角色。

尽管这是一个简略的任务，但仍然有很多事需要去做。需要考虑对基础细胞（神经元）进行设计，构建整个系统（脑及脊髓除外），以功能性布局铺设神经电缆（神经丛和神经）。同时，最重要的是制定传递和监控往返肌肉的反馈信息机制（图10-2）。总之，缺少了刺激和协调，就不可能使肌产生力并传输到骨，将关节伸展开来。

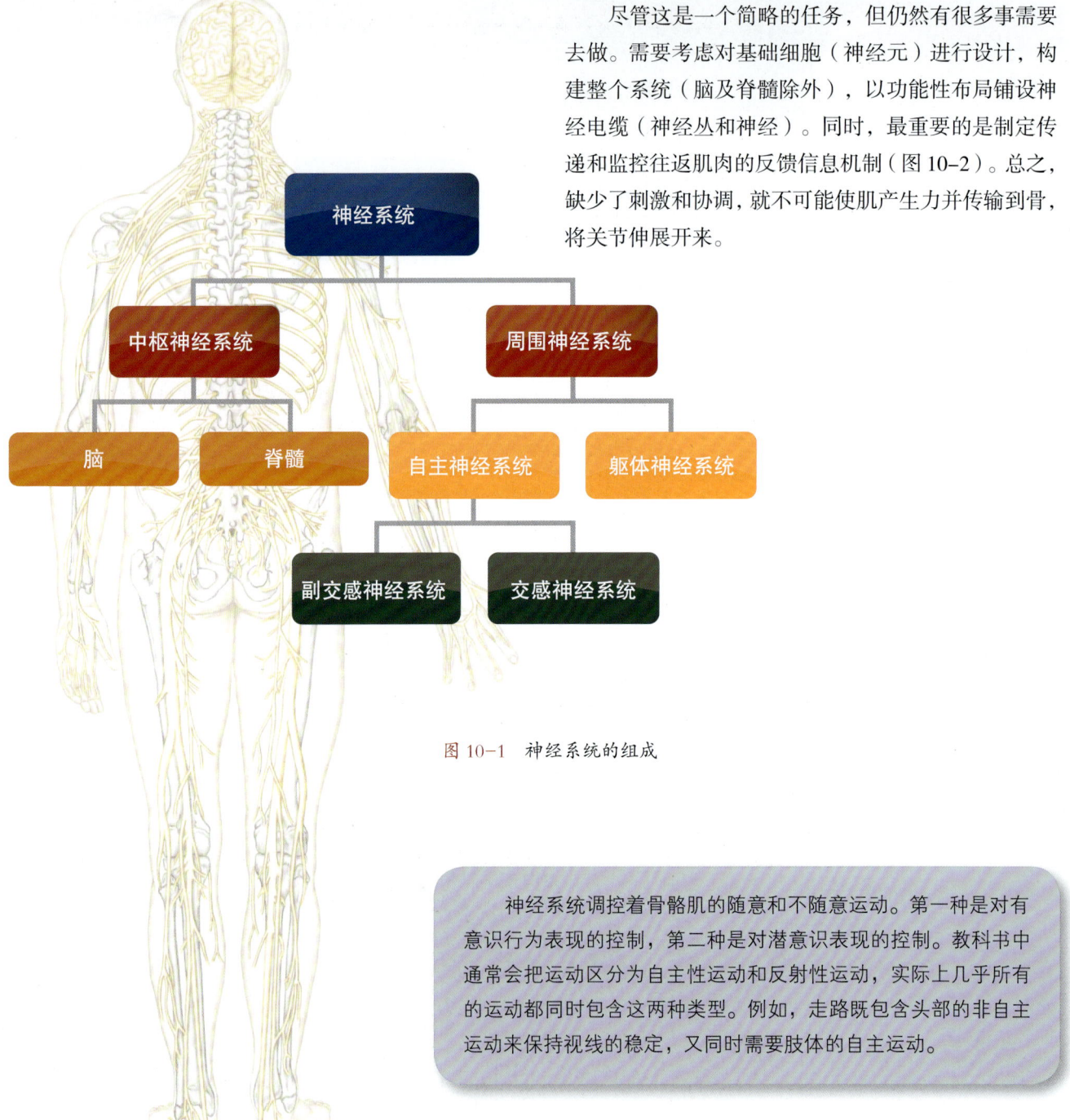

图10-1 神经系统的组成

神经系统调控着骨骼肌的随意和不随意运动。第一种是对有意识行为表现的控制，第二种是对潜意识表现的控制。教科书中通常会把运动区分为自主性运动和反射性运动，实际上几乎所有的运动都同时包含这两种类型。例如，走路既包含头部的非自主运动来保持视线的稳定，又同时需要肢体的自主运动。

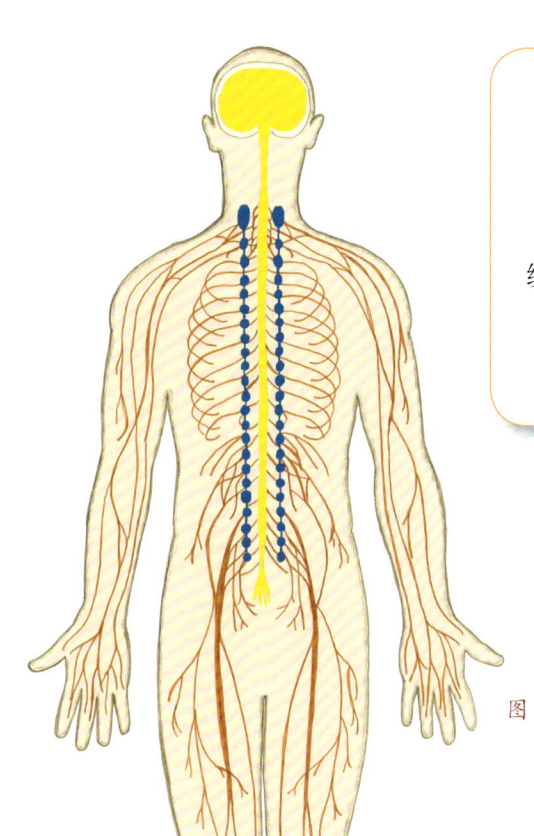

中枢神经系统（黄色）
调控机体的所有功能和对外界刺激的反应。
周围神经系统（红色）
运动和感觉神经纤维作为中间网络连接着中枢神经系统和身体的其他部分。
自主神经系统（蓝色）
位于脊髓旁，调控腺体、血管和内脏等。

图 10-2　神经系统的分类

## 中枢神经系统

应该怎样构建神经系统呢？首先，需要一个中心指挥部：包含大约 1 000 亿神经细胞的脑，还要安装一条从上面延伸下来的长尾巴穿过身体的中线，作为连接周围神经的中转站。这些结构对于生命是至关重要的。最后将它们装入颅腔和脊柱加以保护。

上面讲的就是由脑和脊髓组成的中枢神经系统（图 10-3）。这种不可思议的复杂的神经组织网络执行大量任务，主要与翻译传入的感觉信息相关，并以运动反应的形式向周围发出指令。

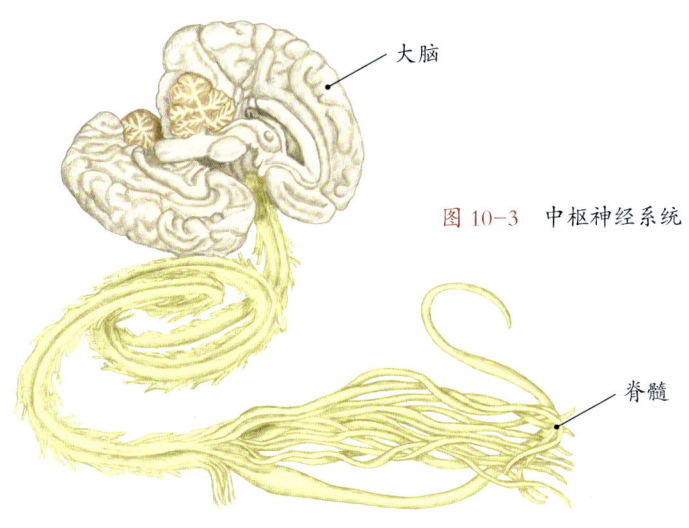

图 10-3　中枢神经系统

第 10 章　神经（上）

## 周围神经系统

脑和脊髓组成中枢神经系统,其余的神经组织组成了周围神经系统。以头部和脊柱为基础,从脑和脊髓分出数十个不同大小的神经分支,穿过相应的解剖结构,到达人体的每一个角落。本章将深入介绍周围神经系统的分支如何将信息传递到骨骼肌或从骨骼肌将信息传入中枢神经。

话虽如此,重要的是要理解我们是不能(也不必要)有意识地完全控制自身的运动功能的。为此,我们把人体的生理过程分成两大类:非自主的(在我们的雷达区域以下)和自主的(在我们的雷达区域的前方以及中央)。这样就将周围神经系统分成自主神经系统和躯体神经系统两部分。

图 10-5 被河马追逐会启动他的交感神经系统

图 10-4 由于自主神经系统的作用,这位庄家并不担心她的消化功能

自主神经系统能够调节我们自主的、本能的功能:一些不需要通过自己思考的本能(图10-4)。由于有些自主神经的作用是放松,有些是兴奋,所以我们将自主神经系统进一步分为交感神经和副交感神经。

就像相互制衡一样,它们总是努力地进行互补和协调。自主神经系统中的交感神经(经常被称为"战斗或逃走"系统)能加快代谢过程(图10-5)。

副交感神经(又称"消化及休息"系统)将使之变慢(图10-6)。运动时,交感神经把代谢能量从内脏送到肌肉,从而加速心率和呼吸速率,而副交感神经在消化和休息时发挥作用。

显然,自主神经系统照管所有的后台活动,躯体神经系统控制骨骼肌的随意运动,在这个过程中,它将协调人体的运动和姿势(图10-7)。

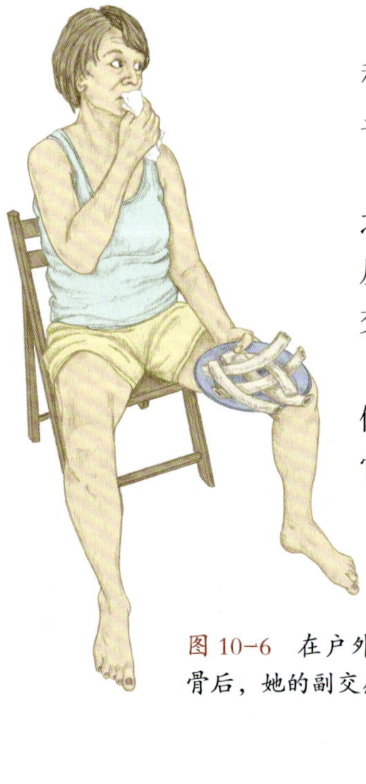

图 10-6 在户外烧烤时吃过一盘排骨后,她的副交感神经系统将会启动

图 10-7 她的躯体神经系统是控制骨骼肌的王牌,具有能灵敏地控制纸牌的技能

# 构建神经元

就像从结缔组织、骨和肌肉的基本组成模块开始一样，现在把注意力转移到整个神经系统的基本单元：神经细胞（神经元）。当一个运动的人体完全构建出来时，将有数以千亿的含有意识思维的电兴奋细胞分布于人体，可想而知，如此巨大的数量，神经系统自身理解起来也很困难。

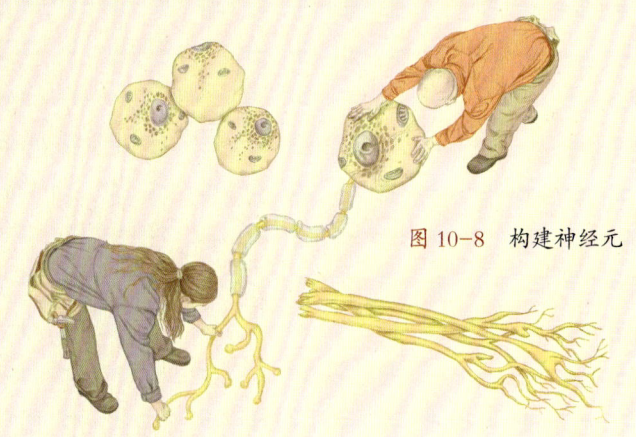

图 10-8　构建神经元

## 神经元的组成

**1** 神经元在大小和形态上千差万别，通常先构建一种典型的模式。需要 3 个部分：一个细胞体，多个树突和一个轴突。细胞体内含细胞核，同时有树突的多条短小分支从细胞体发出，这条长的轴突则远离细胞体（图 10-8）。其中有部分轴突会达到惊人的长度，例如在坐骨神经中的轴突就相当长。

还要添加第 4 种组成部分。沿着轴突的表面，将卷曲的髓鞘覆盖在上面。并不是所有的神经元都有髓鞘，但是对于这种神经元，髓鞘起到了轴突绝缘和加速信息传递的作用（图 10-9）。

图 10-9　将轴突套上髓鞘

## 功能

**2** 这些基本的信息传导单元（神经元）能做些什么呢？从某种意义上说，它们的功能反映了整个神经系统的更大的功能：接收感觉信息、处理数据以及发出信号。

为了实现这些功能，神经元具有 2 个主要特性：第一，兴奋性。对刺激进行反应并将其转化为神经冲动的能力；第二，传导性。将神经冲动传递给其他神经元、腺体和肌肉的能力。具体来说，神经元的树突会接受刺激并将其传递到细胞体，进而轴突将神经冲动传递出去。

## 分类

**3** 并不是所有的神经元都沿同一方向传递信息。因此，我们需要将他们分为 3 个功能组：感觉神经元、运动神经元和中间神经元。当感觉（传入）神经元将神经冲动传递到脑和脊髓时，运动（传出）神经元则会将脑和脊髓的运动冲动传递到肌肉。中间（联络）神经元则在脑和脊髓的神经元中传递信号（图 10-10）。

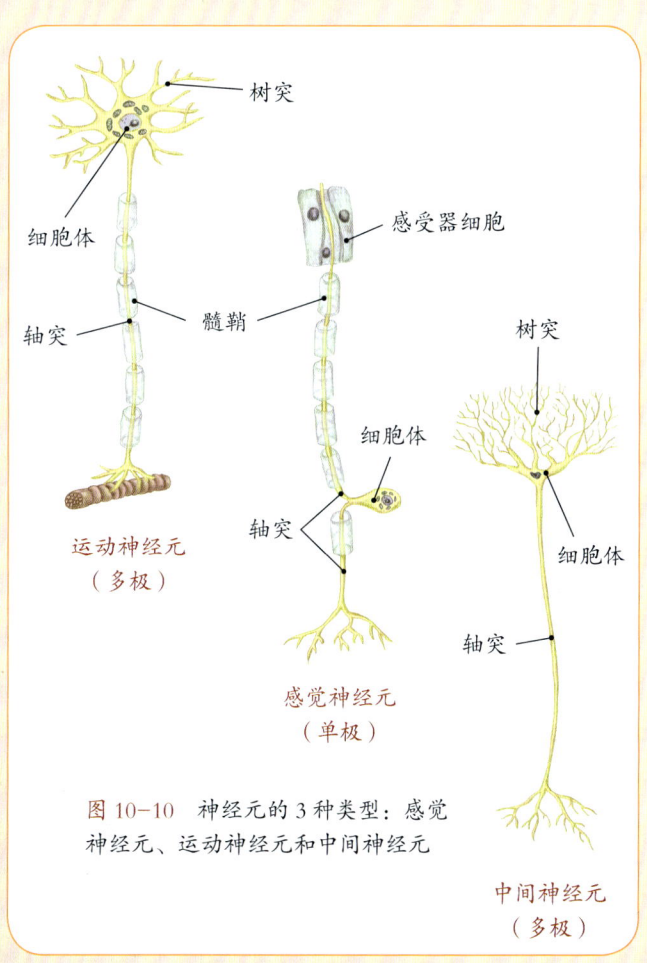

图 10-10　神经元的 3 种类型：感觉神经元、运动神经元和中间神经元

第 10 章　神经（上）

## 突触

**4** 新组装的单个神经元无法将你送进哈佛医学院。还需要将其连接到另一个神经元并形成突触（图10-11）。这种连接在任意两个神经元之间或神经元与肌肉、腺体等终末组织之间都能看到。将运动神经末梢附在肌纤维上，这种突触将形成神经肌肉接头（图10-12）。

## 从神经元到神经

**5** 现在构建几千个附有超长轴突的神经元。如果将这些"运动的尾巴"捆绑并套在一起，就能开始为周围神经系统构成神经（同样的结构在中枢神经系统中称为束）。这种电缆状设计的好处是为神经冲动沿着轴突传递时提供单一的途径，包括传入和传出两个方向。

图 10-11 连接两个神经元形成突触

图 10-12 将神经连接到胸小肌

## 包膜

**6** 如何整理神经的内部呢？可以将其置于液体环境中，与脑和脊髓的神经束一样。但是神经很长，且需要适应运动和拉伸状态，因此需要一个不同的设计。不需要做重复工作，而是借用在肌和肌腱上的设计模板，由一连串的筋膜层从内而外逐层包绕。首先将每个轴突都包绕上神经内膜，然后将每组轴突包绕在神经束膜内。最后，神经外膜包绕整条神经（图10-13），是不是很耳熟呢？

除了将神经有序地排列，这种结缔组织结构可以在关节运动时提供延展性和弹性。总之，构成一条神经并不简单。每条神经在穿过大量肌筋膜和围绕一连串屈曲关节时都会被拉伸、扭曲和压缩。当运动产生时，神经有时会比静止状态下延长20%。神经的结缔组织包膜对于可能损伤神经的一系列外力提供弹性缓冲。

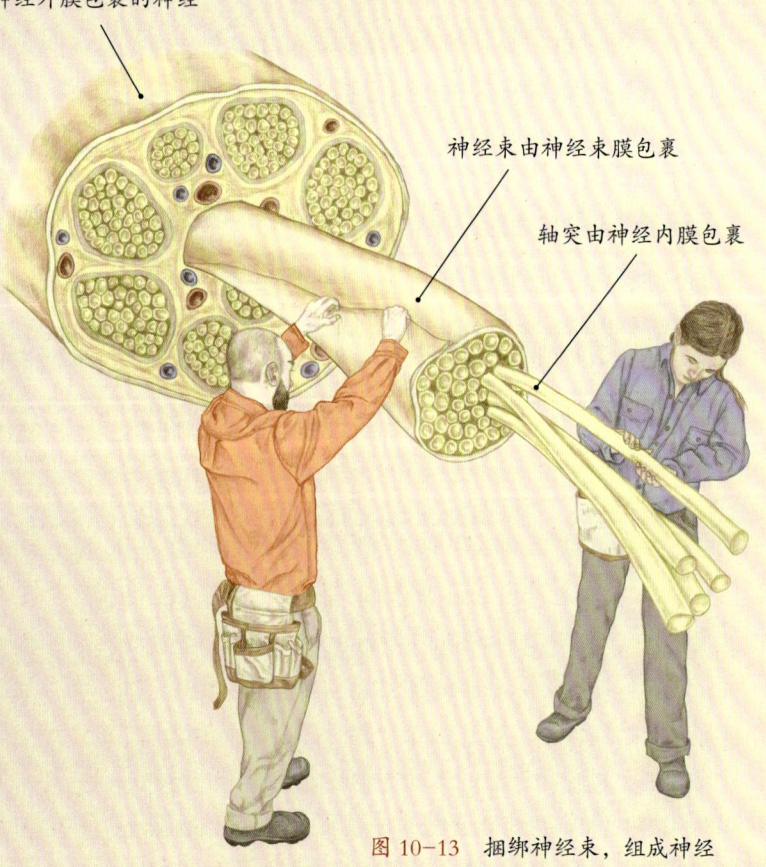

被神经外膜包裹的神经

神经束由神经束膜包裹

轴突由神经内膜包裹

图 10-13 捆绑神经束，组成神经

# 周围神经

复习一下位于脑和脊髓之外的周围神经系统，包括躯干以及四肢的神经。为了形成这种特别的感觉和运动传输构架，需要首先构建神经个体（由神经组织的长链与筋膜包绕在一起），然后将这些神经分组（神经丛）。最后，为每条神经穿过并到达目标肌肉找到安全路线。

所有周围神经都含有感觉和运动神经成分，这就意味着它们能够发出信息到特定的肌、腺体和躯体部位，也能接受来自各部位的信息。周围神经构建完成时，总共有43对神经从脑和脊髓的两边发出。事实上，所有这86条神经对于人体的运动、稳定和协调都是至关重要的。

从头部开始着手依次往下认识各组神经。第1组为12对脑神经，需要通过一些孔进出颅腔。这24条脑神经穿过颅骨壁或颅底，主要分布于头部感觉器官，以及面部、颈部肌肉和部分内脏器官（图10-14）。有人认为第2对脑神经不是真正的周围神经。

## 脑神经（CN）

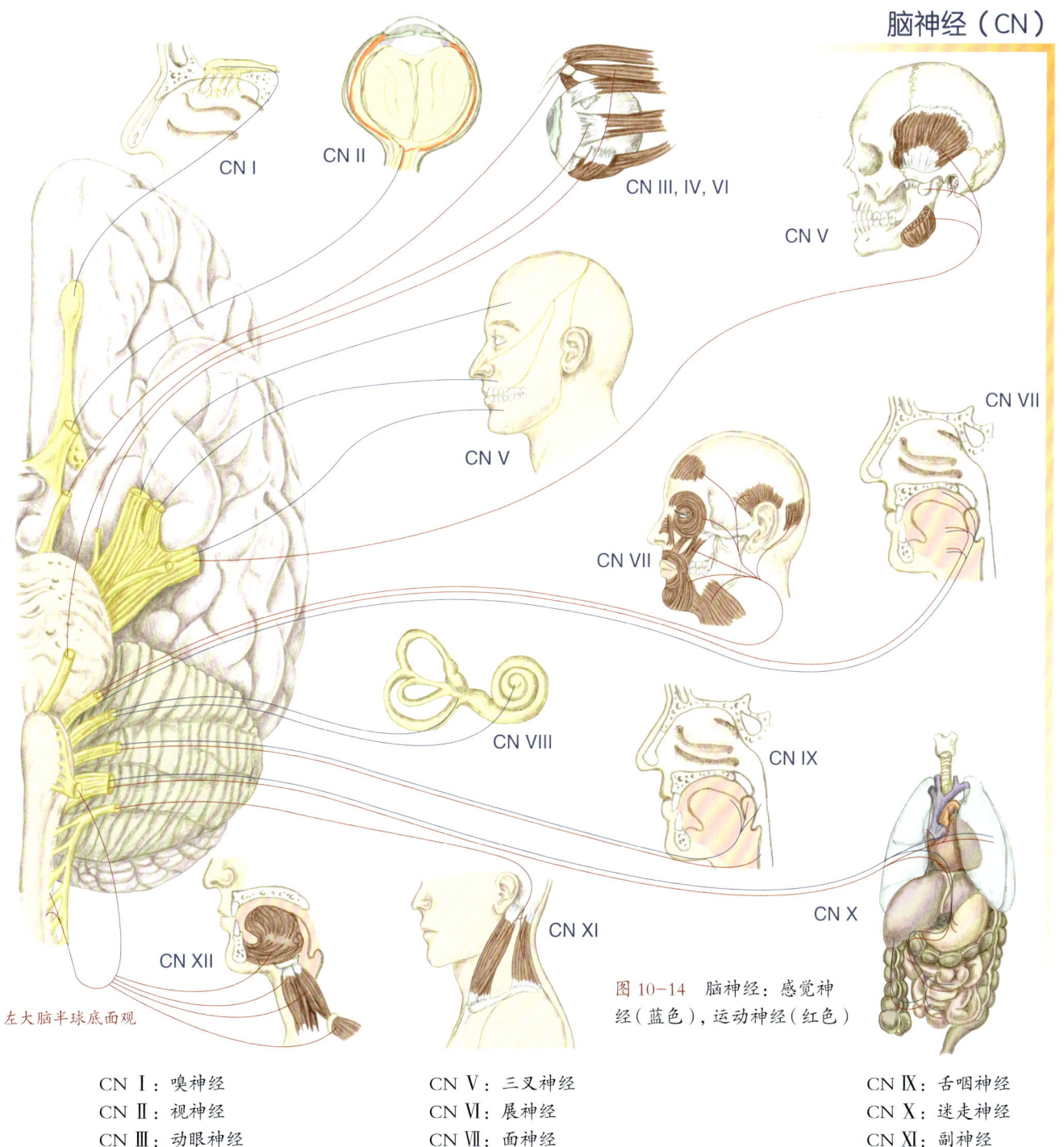

图10-14 脑神经：感觉神经（蓝色），运动神经（红色）

CN Ⅰ：嗅神经
CN Ⅱ：视神经
CN Ⅲ：动眼神经
CN Ⅳ：滑车神经
CN Ⅴ：三叉神经
CN Ⅵ：展神经
CN Ⅶ：面神经
CN Ⅷ：前庭蜗神经
CN Ⅸ：舌咽神经
CN Ⅹ：迷走神经
CN Ⅺ：副神经
CN Ⅻ：舌下神经

比脑神经低级一点的是脊神经（从椎管中发出），可分为4组神经丛。神经丛是一组相互交错的神经。这种看似错乱混杂的交织网其实是相当有意义的。由于每一条神经包含的纤维都来自不同的神经根，为受伤状态提供了额外的保障。

这4组与脊髓相连的神经丛是颈丛、臂丛、腰丛和骶丛，由脊神经组成（图10-15）。12对胸神经没有构成神经丛，分别走行在肋间隙中。现在布置一下到四肢的神经吧！

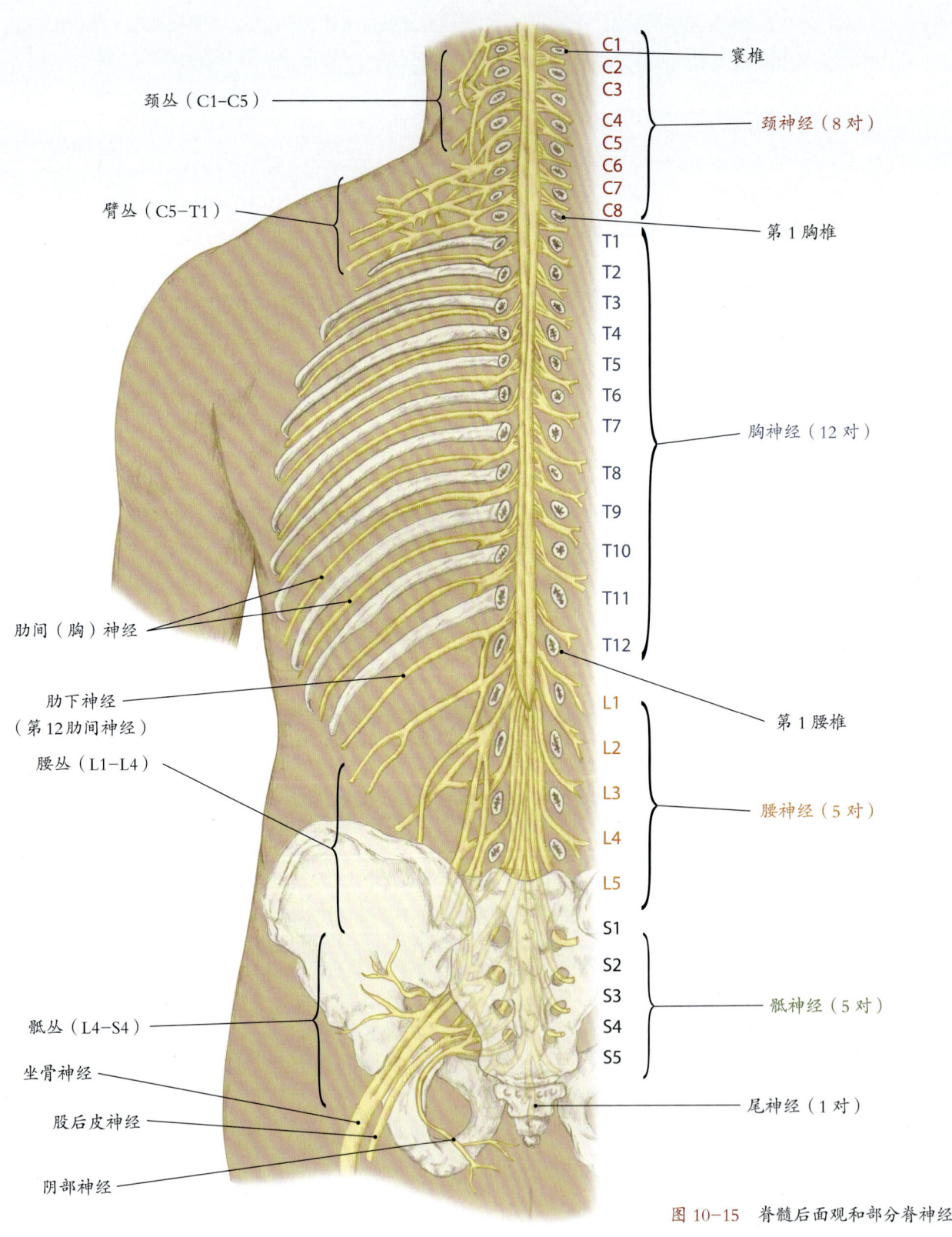

图10-15 脊髓后面观和部分脊神经

# 脊神经丛及其神经分布

以下 6 页显示脊神经的 4 组神经丛以及对上、下肢肌肉的支配模式。总共有 31 对脊神经，包括 8 对颈神经、12 对胸神经、5 对腰神经、5 对骶神经和 1 对尾神经。

8 对颈神经从哪里来？前 7 对颈神经根（C1-C7），在上一椎间孔发出。第 8 对颈神经从第 7 颈椎与第 1 胸椎之间的椎间孔发出。第 1 胸神经从第 1 胸椎下方的椎间孔发出，其他胸神经向下以此类推。

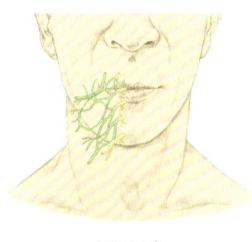

## 颈丛

图 10-16　颈丛前面观。颈丛发出分支支配膈肌以及颈部诸肌

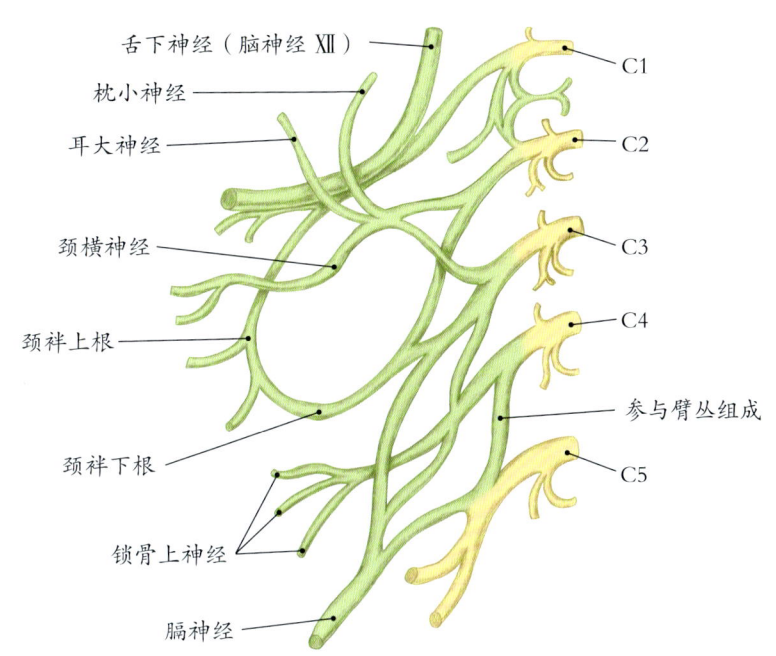

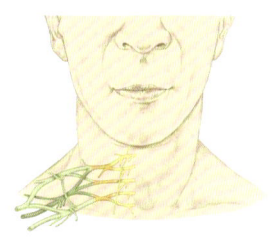

## 臂丛

图 10-17　臂丛前面观。包含 5 个大分支：腋神经、肌皮神经、正中神经、桡神经和尺神经。它们共同支配肩部、臂部、前臂和手部的肌肉

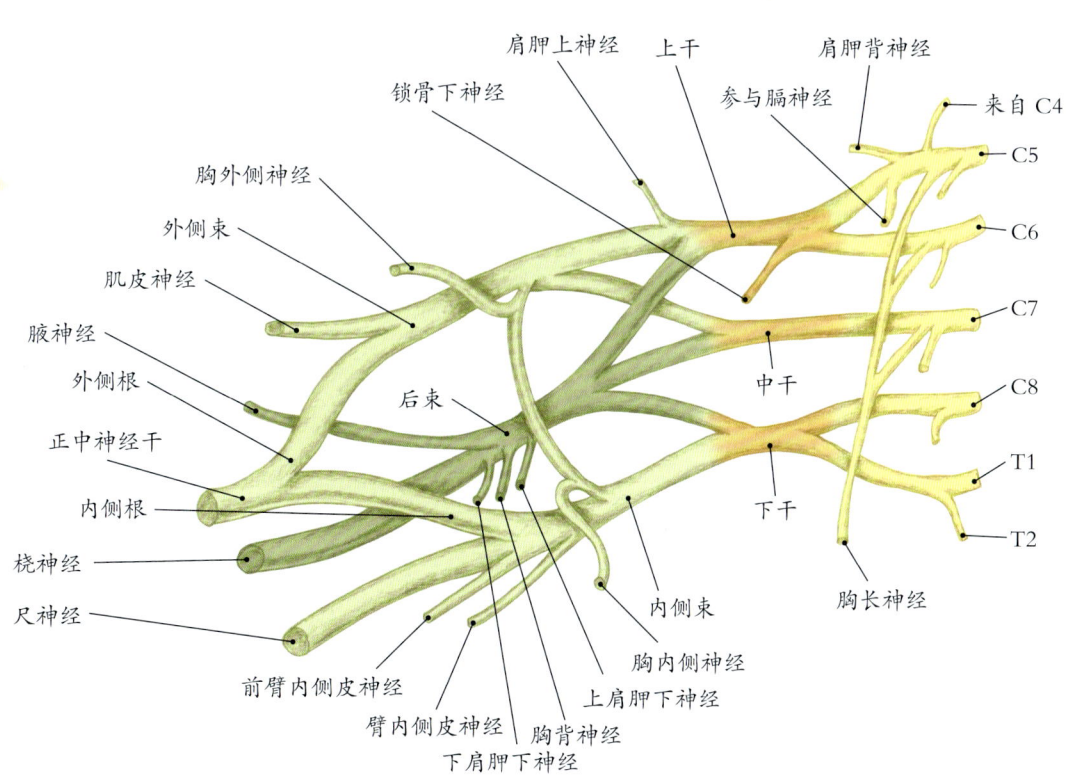

第 10 章　神经（上）

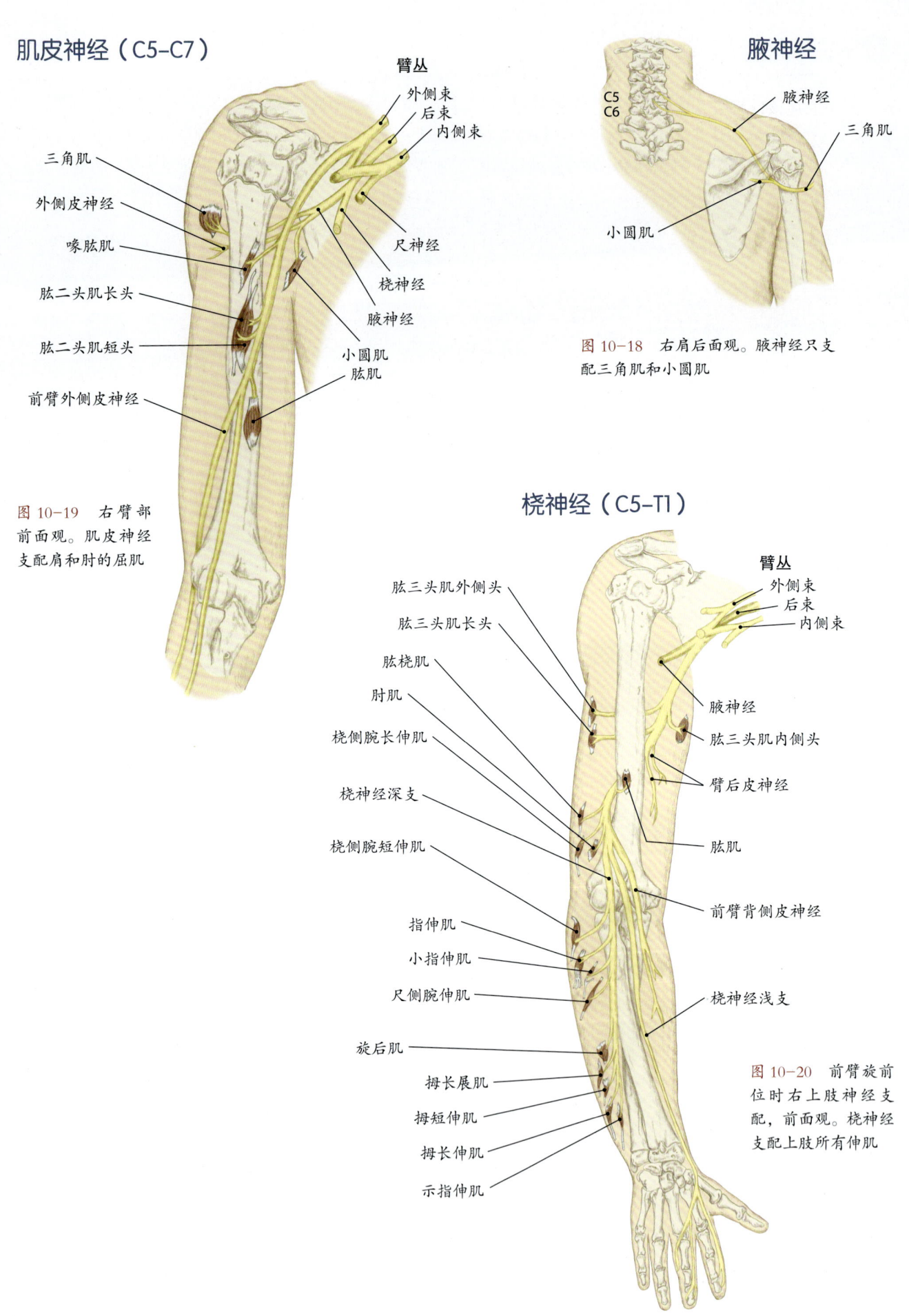

## 正中神经（C6-T1）

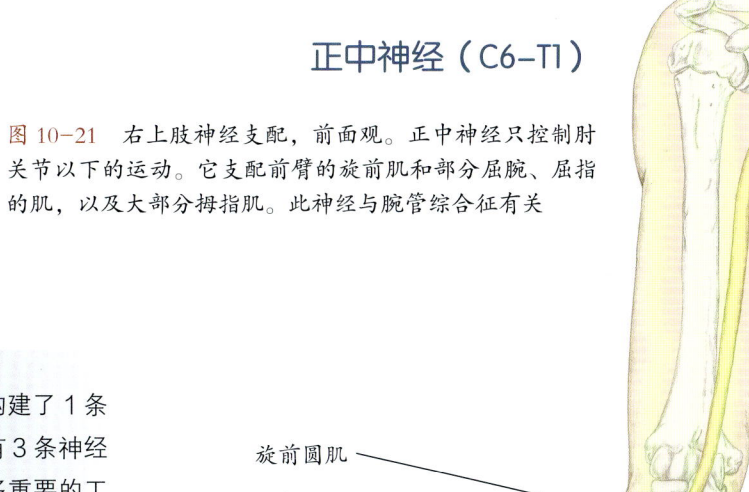

图 10-21　右上肢神经支配，前面观。正中神经只控制肘关节以下的运动。它支配前臂的旋前肌和部分屈腕、屈指的肌，以及大部分拇指肌。此神经与腕管综合征有关

你是否注意到，我们只构建了 1 条伸肘关节的神经，然而为何有 3 条神经分配屈肘功能呢？考虑到许多重要的工作需要屈肘运动，如吃饭、喝水、提东西，这样多条神经支配则变得容易理解。当其中 1 条或 2 条神经损伤时，只要第 3 条神经完好就可以避免肘关节完全丧失屈曲功能。

## 尺神经（C8，T1）

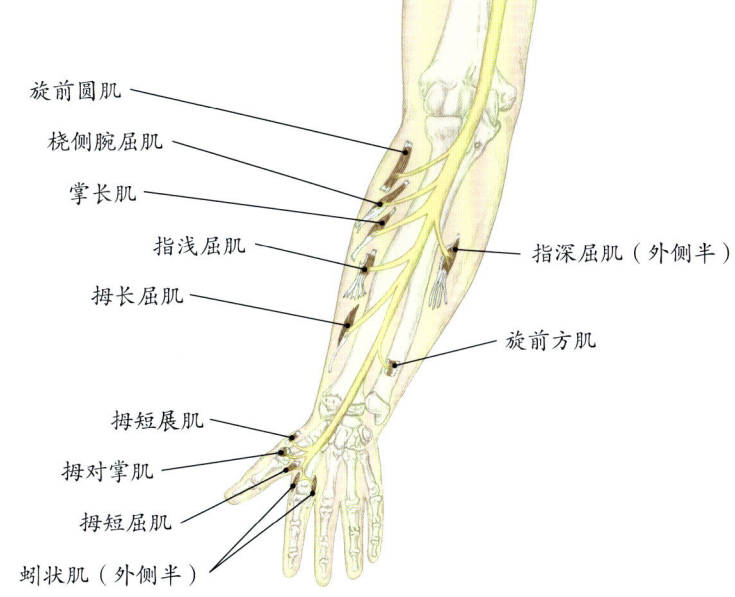

图 10-22　右臂部前面观

除了支配腕屈肌，尺神经还支配手部的多数小肌。敲击肘部的"麻骨"可刺激尺神经产生反应，因为尺神经从肱骨内上髁和鹰嘴之间经过。

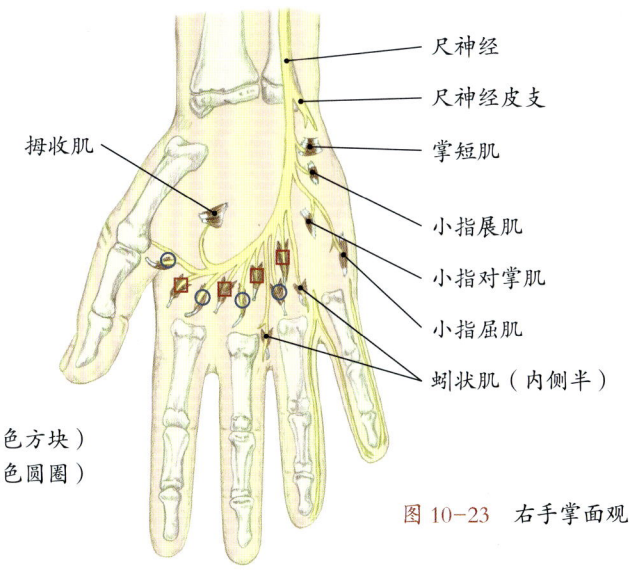

图 10-23　右手掌面观

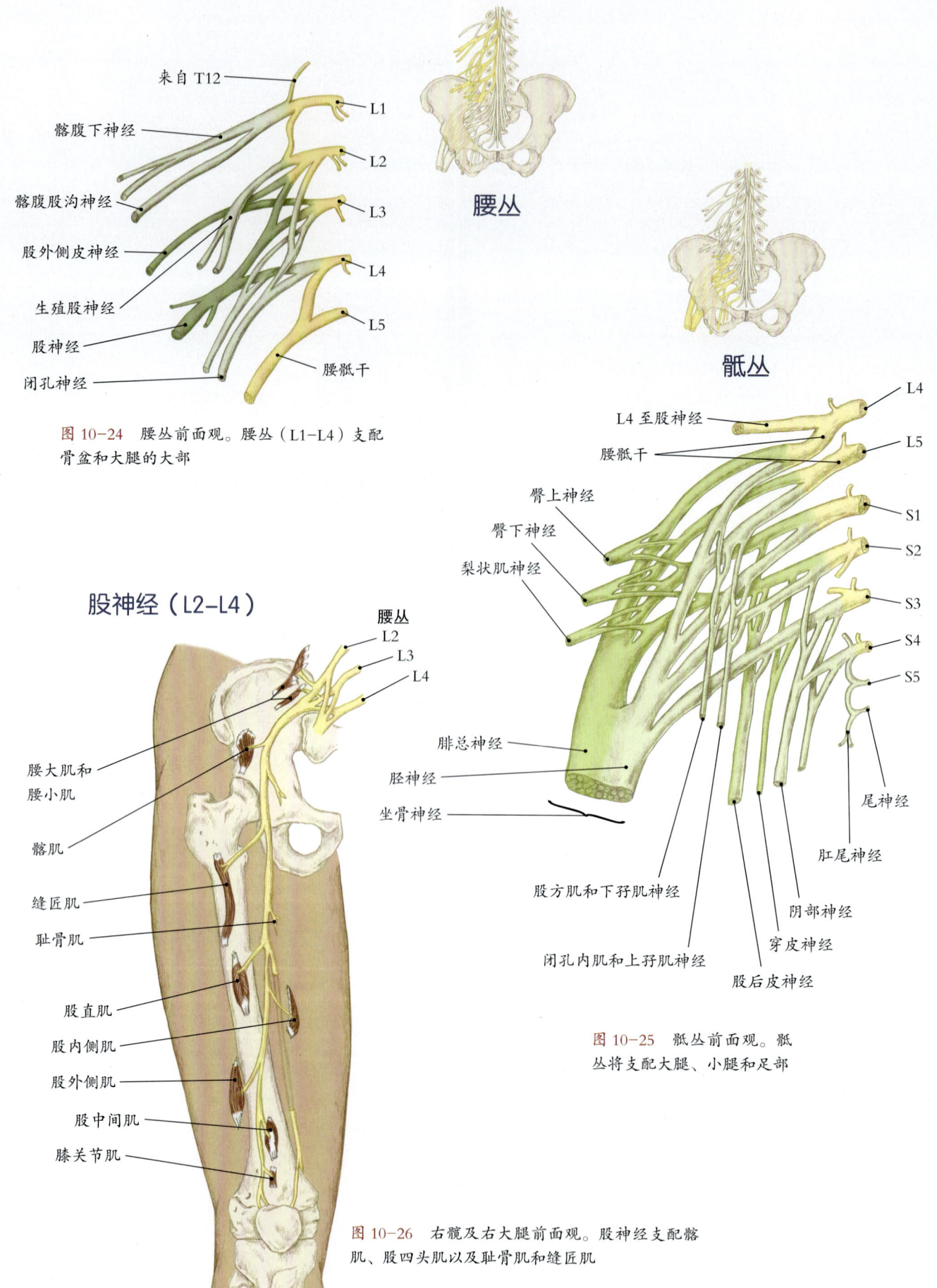

图 10-24 腰丛前面观。腰丛（L1–L4）支配骨盆和大腿的大部

图 10-25 骶丛前面观。骶丛将支配大腿、小腿和足部

图 10-26 右髋及右大腿前面观。股神经支配髂肌、股四头肌以及耻骨肌和缝匠肌

## 闭孔神经（L2-L4）

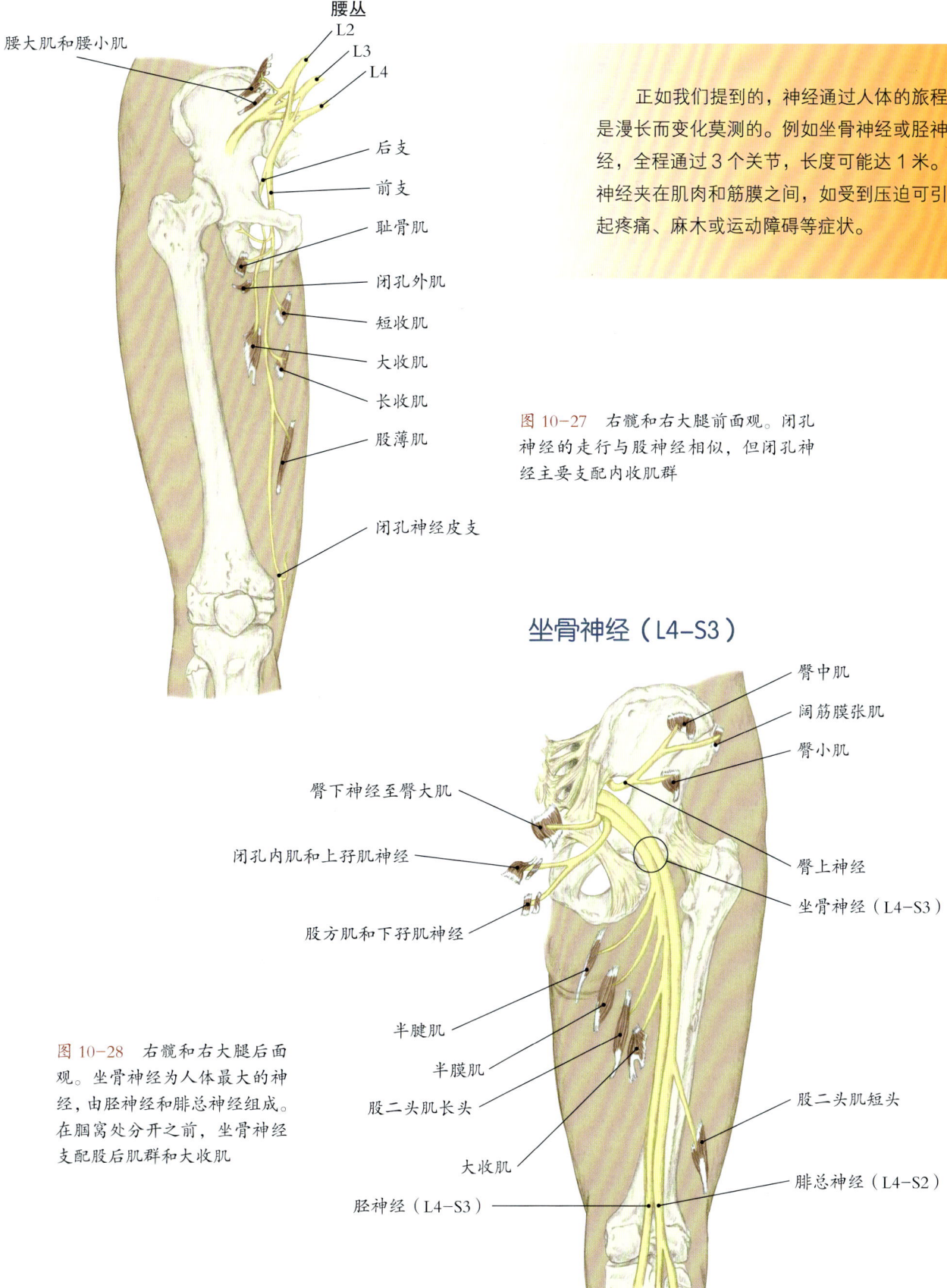

正如我们提到的，神经通过人体的旅程是漫长而变化莫测的。例如坐骨神经或胫神经，全程通过3个关节，长度可能达1米。神经夹在肌肉和筋膜之间，如受到压迫可引起疼痛、麻木或运动障碍等症状。

图 10-27 右髋和右大腿前面观。闭孔神经的走行与股神经相似，但闭孔神经主要支配内收肌群

## 坐骨神经（L4-S3）

图 10-28 右髋和右大腿后面观。坐骨神经为人体最大的神经，由胫神经和腓总神经组成。在腘窝处分开之前，坐骨神经支配股后肌群和大收肌

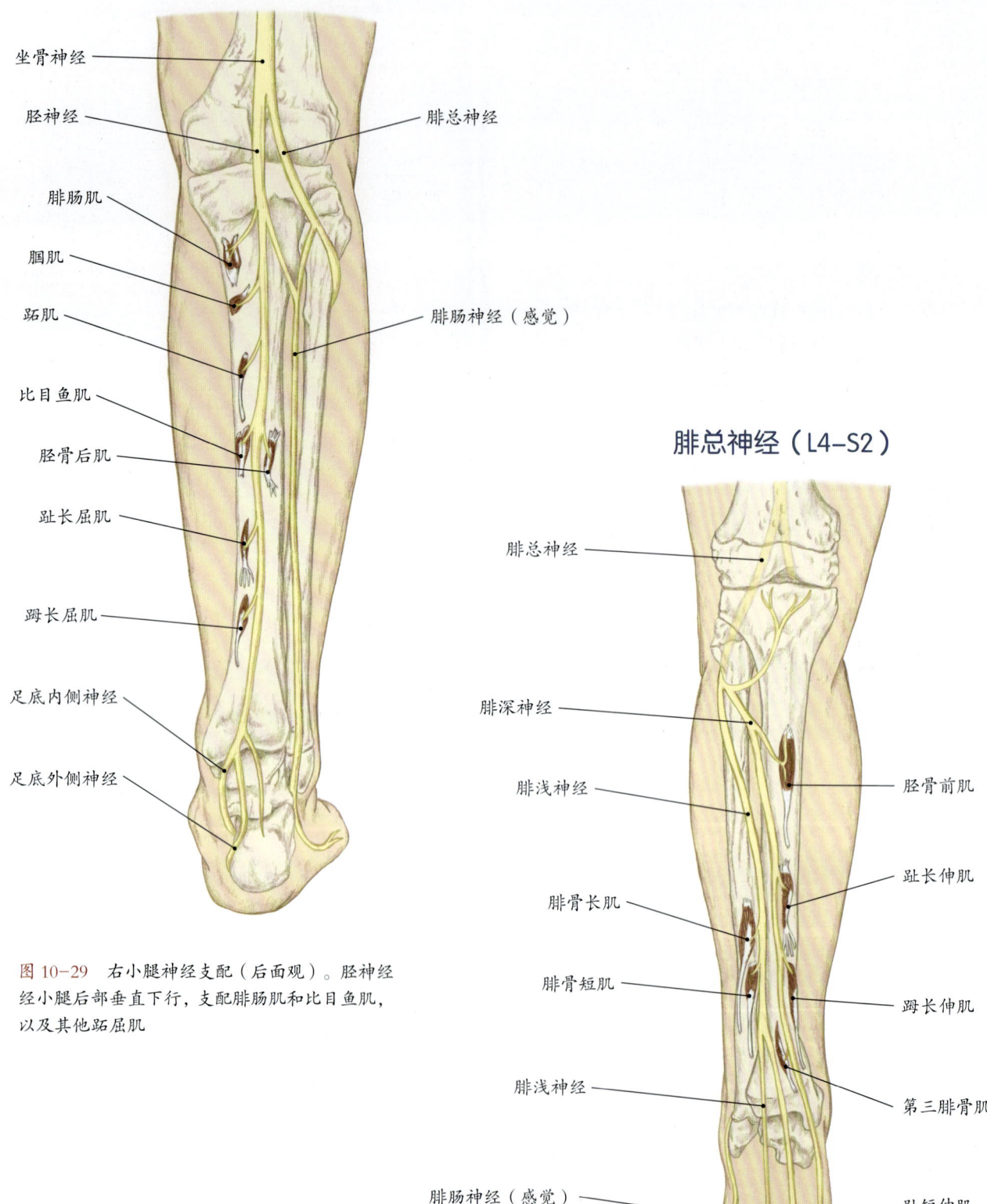

图 10-29 右小腿神经支配（后面观）。胫神经经小腿后部垂直下行，支配腓肠肌和比目鱼肌，以及其他跖屈肌

图 10-30 右小腿前面观。腓总神经绕过小腿的前外侧，支配腓骨肌群和踝关节的伸肌

# 复习题

1. 中枢神经系统由什么组成？（第 142 页）
   a. 脊柱和头
   b. 脑和脊髓
   c. 上肢和下肢
   d. 周围神经末梢

2. 翻译传入的感觉信息和以运动反应的形式发出指令是神经系统哪方面的职责？（第 143 页）
   a. 躯体神经系统
   b. 中枢神经系统
   c. 周围神经系统
   d. 自主神经系统

3. 在逃离受惊的河马时，哪种神经系统会全力以赴？（第 144 页）
   a. 自主神经系统
   b. 副交感神经系统
   c. 交感神经系统
   d. 躯体神经系统

4. 感觉（传入）神经元将传递感觉冲动____。（第 145 页）
   a. 从脑和脊髓
   b. 到外周
   c. 到近端神经
   d. 到脑和脊髓

5. 当运动神经附着在肌纤维上时，突触就会形成一个____。（第 146 页）
   a. 神经束
   b. 髓鞘
   c. 神经肌接头
   d. 神经元

6. 共有多少对脑神经？（第 147 页）
   a. 6
   b. 9
   c. 12
   d. 15

7. 四大神经丛是____。（第 148 页）
   a. 脑丛，臂丛，肌皮神经和腰丛
   b. 颈丛，臂丛，腰丛和骶丛
   c. 颈丛，腰丛，骶丛和尾丛
   d. 臂丛，颈丛，胸丛和腰骶丛

8. 支配腿部和足部的两条主要神经是____。（第 154 页）
   a. 腓浅神经和腓肠神经
   b. 胫神经和足底外侧神经
   c. 胫神经和腓总神经
   d. 腓浅神经和腓肠神经

（史本超　译，张露青　丁自海　校）

# 神 经（下）

### 学习目标
- 描述本体感觉在肌功能中的作用
- 比较和对比四种本体感受器
- 解释并区分高尔基肌腱器和肌梭细胞各自的功能
- 总结环层小体和鲁菲尼小体在关节运动中的作用
- 定义并提供一个相互抑制的例子及其在肌肉收缩中的作用

### 本章要点

当我第一次把泡沫球扔给我两岁的女儿时，她仅仅伸出手臂并直视我的脸。直到球从她的胸部弹起并落在地板上后，她才环顾四周并拍了拍手。不过，很快她的眼睛开始注视着空中的泡沫球，观察它的位置。然后她就移动她的脚步、挥舞着小手去触碰泡沫球。在手指成功挤压球体后，她的整个脸上都会露出灿烂的笑容。

总之，她学到了。通过反复的试验和错误，她的神经系统不仅在肌肉、关节之间形成了数百万个新生的神经连接，而且还与脑的情感中枢联系在一起，以记录困惑、沮丧和最终的成功。

本章重点介绍身体无论是执行惯性思维还是令人耳目一新的陌生事物的动作所必需的受体、抑制剂、反射和神经通路。

- 将一只手放在大腿前面，另一只手放在大腿后面。为了股四头肌成功收缩使膝关节伸展，肌腱会发生什么变化？
- 在一个特别无聊的演讲中，随着你逐渐入睡，你的头开始下垂。当你的颈部伸肌收缩时，你会被头部的快速抖动唤醒，从而安全地将头部恢复到直立位置。在没有意识的情况下骨骼肌自动反应的其他例子有哪些？
- 当幼儿专注于接球时，她身体各处的感受器正在向脑发送信息，以帮助维持她的平衡。你认为它们正在发送哪些类型的信息以使她站起来？她的身体会对这些信息做何反应？

| | |
|---|---|
| 按动开关 | 158 |
|   本体感觉与肌肉功能 | 158 |
| 感受器和反馈 | 159 |
|   肌梭细胞 | 159 |
|   防范肌损伤 | 159 |
|   牵张反射 | 160 |
|   高尔基腱器 | 161 |
|   搬起重箱 | 162 |
|   保龄球 | 162 |
|   环层小体和鲁菲尼小体 | 163 |
| 不伸长就无法缩短 | 164 |
|   交互抑制 | 164 |
|   木棒上的橡皮筋 | 164 |
| 在实验室：高张性 | 165 |
| 在实验室：平衡高于一切 | 165 |
| 在实验室：反射 | 165 |
| 付诸实践 | 166 |
|   神经肌肉系统的运行 | 166 |
|   本体感觉的准确性 | 166 |
|   肩胛提肌从 5 到 8.5 | 167 |
|   应用肌肉组织的属性 | 167 |
|   牵张反射与拉伸方式 | 168 |
|   运用牵张反射带来的优势 | 169 |
|   用高尔基腱器进行放松 | 169 |
|   等长收缩后放松与交互抑制 | 170 |
| 在实验室：婴儿与终身模式 | 171 |
| 在实验室：门前的趣事 | 171 |
| 复习题 | 172 |

# 按动开关

## 本体感觉与肌肉功能

我们已经构建了神经元并组装成神经，将它们串起，通过全身形成周围神经系统，并附于主要的肌上。在进行"肌肉试驾"之前，回顾一下肌和神经之间发生的事情吧。

通常情况下，事情是这样发生的：感觉神经元借助于周围神经系统中的神经将信息传递到中枢神经系统，这些信息将由中枢神经系统的中间神经元加工，决定怎样改变体位或保持原状。运动信息将沿着运动神经元到达外周肌，直接引起肌肉收缩（图11-1）。

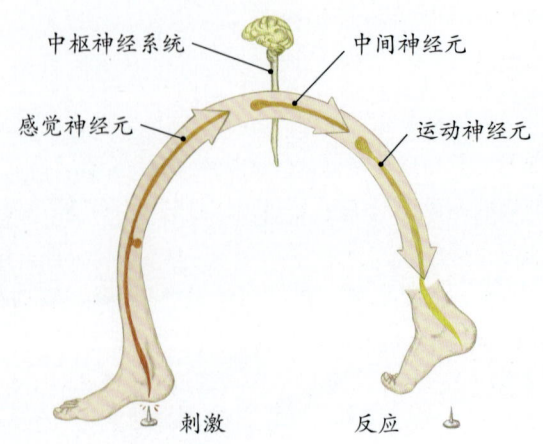

图11-1 神经系统中信息流通

如同将整个过程压缩到零点几秒内一样，我们开始在肌和神经之间构建不间断的、几乎瞬时的感觉运动回路。

首先，收缩和放松一些腿部肌肉。按动开关，打开神经系统。哇！快关上。腿开始像一匹无法控制或无节奏的野马一样振动，紧接着开始痉挛（图11-2）。

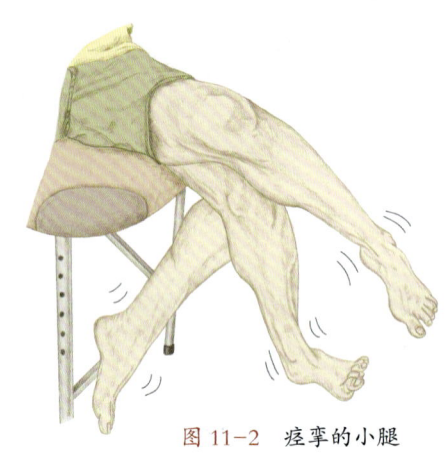

图11-2 痉挛的小腿

哪里出了错？事实证明，稳定、协调的腿部运动（和其他身体动作一样）需要用到本体感觉，即神经系统感知身体空间方位的能力。需要在肌、肌腱和关节内及周围安装感应器以监测参与运动的信息。这些本体感受器，即对肌和关节位置的有关刺激敏感的受体细胞，将有助于信息传入中枢神经系统进行处理。在那里，大脑会对信息进行解释，并把它添加到其持续的感觉中，然后直接传出运动信息来调节身体的平衡、姿势和运动。首先，需要4种类型的感受器（图11-3）。

1 肌梭细胞监测肌的伸展和长度变化的速率

2 高尔基腱器监测和帮助身体应对肌张力的变化

图11-3 4种主要感受器

3 鲁菲尼小体监测关节位置的缓慢变化

4 环层小体监测周围关节囊压力的快速变化

# 感受器和反馈

## 肌梭细胞

从安装肌梭细胞开始。在第 7 章中构建了一些梭外细胞（第 97 页），这些大而丰富的收缩纤维是肌力产生的原因。对于感受器，需要设计一种新类型的肌细胞，即梭内纤维。

就像已知的肌梭细胞一样，这些纤维也具有收缩功能，但要小得多，数量也更少。作为感觉纤维，它们的主要作用不是产生力，而是评估肌的伸展和长度的变化率。在此过程中，梭形细胞在设定肌张力中发挥了关键作用。让我们一起构建一个吧。

首先，使用一些梭内纤维，并连上运动神经元。与梭外纤维相比，它们在外形上是梭形的，意味着其中部较宽大，往两端逐渐变为锥形。

然后将感觉轴突缠绕在像纱线轴一样的非收缩性的中间部分。分开一部分肌腹（由梭外细胞构成），并在其间的结缔组织层中插入梭形细胞装置（图 11-4）。

最终，将监测单元安装在全身的肌腹中。对于产生细微、精确动作的肌，如手和眼，将安装更多的梭形细胞。对于较大的、承担粗糙动作的肌腹，像股后肌群和股四头肌，只需安装较少的梭形细胞。

通过在高度收缩的梭外纤维中植入肌梭细胞，这些"监控设备"就能将肌肉的所有数据提供给中枢神经系统。具体而言，是两条信息：肌肉长度的变化和长度变化的速率。为什么这些对身体如此重要呢？一个词：防护。

## 防范肌损伤

肌组织具有惊人的性能，但当它被拉伸超过其偏移限值或拉伸过快时，它是很容易受损的。当肌肉收缩同时伴有外力时，这些危险可能会更容易发生。梭形细胞是如何参与运动的？

当肌肉被拉长时，梭内纤维也被拉长。伸长的梭形纤维（由中枢神经系统控制的特定长度）受到刺激并发送信息到中枢神经系统，报告肌肉已被拉伸（图 11-5）。

如果肌肉处于危险的伸展量，脊髓会对肌肉发出快速的反馈——反射，使肌肉收缩中止从而避免被进一步牵拉和受到伤害（图 11-6）。为确保收缩的发生，神经系统也将增强肌的协同肌，并抑制其拮抗肌。

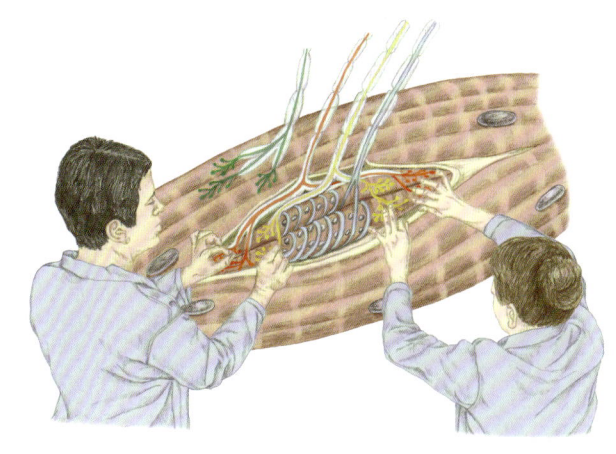

图 11-4　将肌梭细胞安装到肌腹内

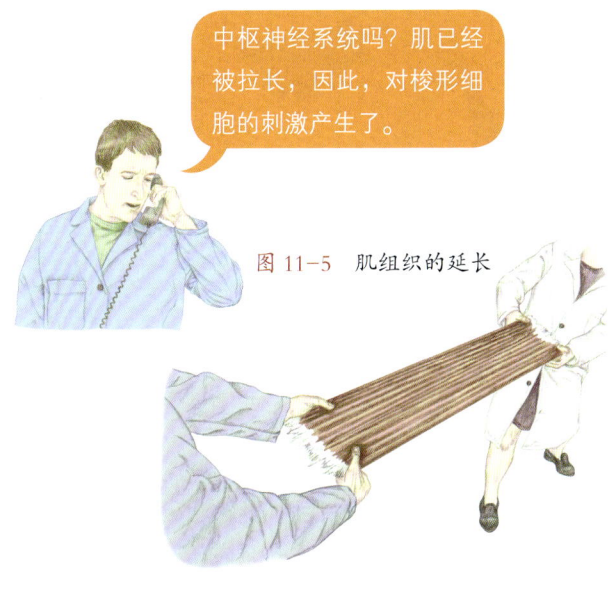

图 11-5　肌组织的延长

图 11-6　对肌组织收缩的反应

举例来说，假设你在瑜伽课做"下犬式"动作，股后肌群并不允许你这么做（图11-7）。你决定通过将骨盆和脚跟向后推以"鼓励"股后肌群继续伸展。这种调节会拉长（和刺激）股后肌梭形细胞。结果导致保护性反射弧被激活使股后肌群收缩。因此，"强制拉伸"其实是有违初衷的：它通过收缩你希望拉长的肌来抵消你所有的拉伸努力。

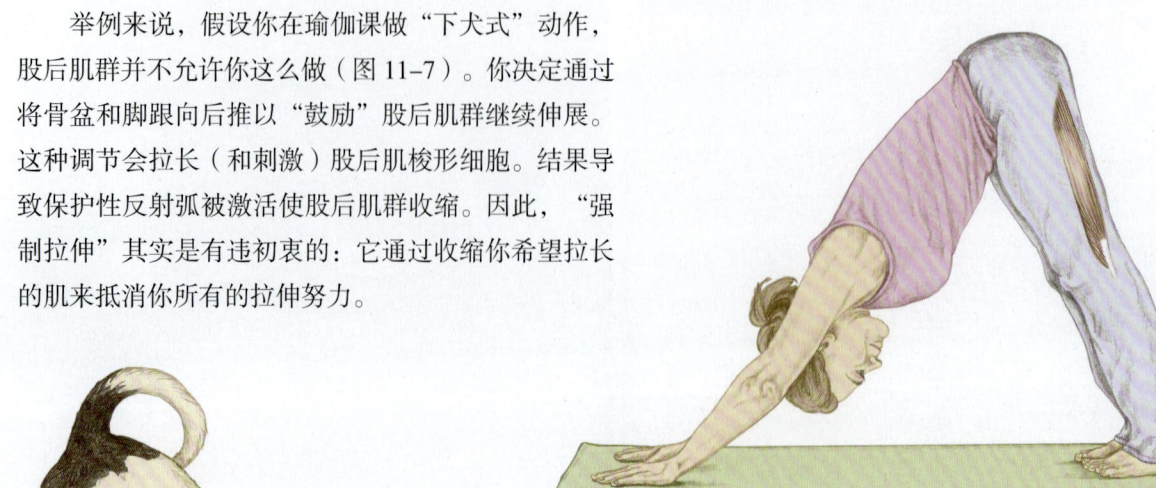

图11-7 下犬式动作（上）和面朝下的狗（左）

## 牵张反射

在开始之前，仔细看一下在瑜伽课上防止肌肉过度拉伸受损的反射。反射是一种对刺激的自动反应，并不涉及意识思考。当医生用叩诊锤敲击膝盖下方的髌韧带时，会看到踢腿的动作。你并没有考虑要这么做，但它就这样发生了（图11-8）。

反射弧是神经冲动产生反射的途径。牵张反射是反射弧的一种类型，是由肌梭纤维激活的。牵张反射允许肌肉调整自己的位置和张力来对刺激做出反应，该过程以毫秒为单位。正如在瑜伽课上看到的，这个特殊的反射导致肌纤维收缩来响应同一块肌的伸长。

在膝跳反射的测试中，股四头肌肌梭受到敲击髌韧带引起的快速拉伸刺激。它们向脊髓发出感觉信息。在那里，反射弧做了180°的转弯，携带信息沿着运动神经元返回到肌肉，"肌腱已伸长，请收缩"。

换句话说，梭内（梭形）细胞受刺激通过牵张反射引起肌梭外纤维的收缩。这种抑制工作方式，即当肌肉被拉伸时引起的纤维收缩，是确保组织不受损伤和肌张力正常维持的基本策略。这种方式不受意识控制。

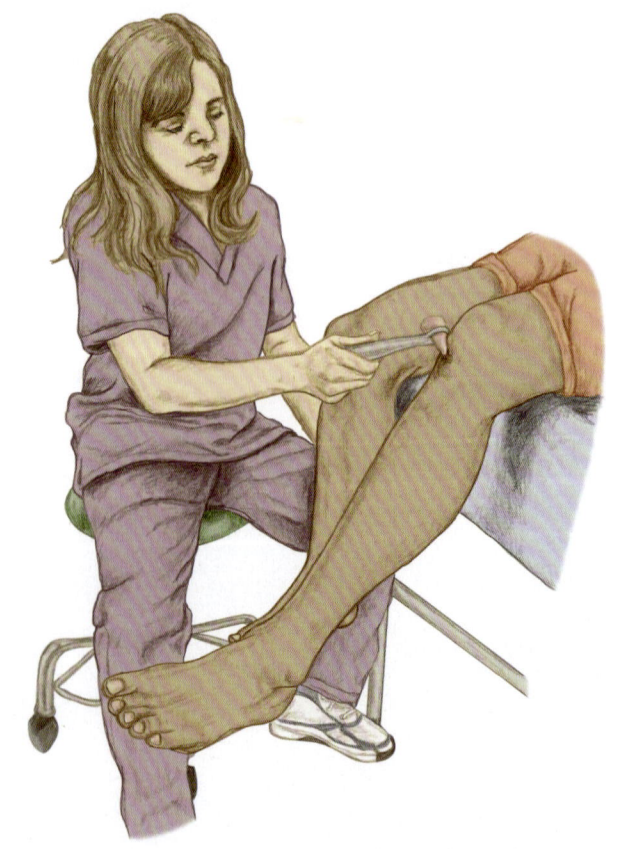

图11-8 轻敲髌韧带引起牵张反射

## 高尔基腱器

将要安装的另一种本体感受器是高尔基腱器。这种位于肌腱内的感受器将监测肌腱上的拉力（图11-9）。它的任务是监测和应答肌张力的变化，这与肌梭细胞的功能正好相反。

肌梭细胞监测肌肉的长度，而高尔基腱器监测肌张力。当联合应用时，两种感受器的属性不仅会增强肌的功能，还会保护肌纤维避免可能的损伤，无论这种危险是被动拉伸（图11-10）还是肌的主动收缩（图11-11）。当肌腱中监测到过大的张力时，收缩肌会接收到高尔基腱器发出的抑制信号，对其进行舒张来解除张力。

回顾一下，肌腱是连接肌腹纤维的结缔组织束，当肌纤维收缩时会牵拉肌腱，从而导致骨移位、关节运动。将高尔基腱器安装到肌腱内，并与感觉神经连接。这样它们就可以将信息传递至中枢神经系统了。

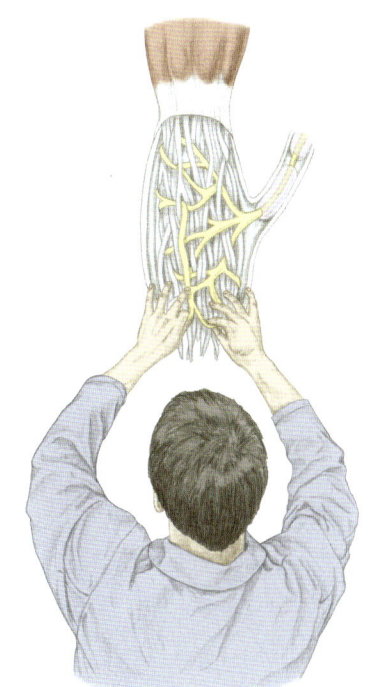

图11-9 构建高尔基腱器

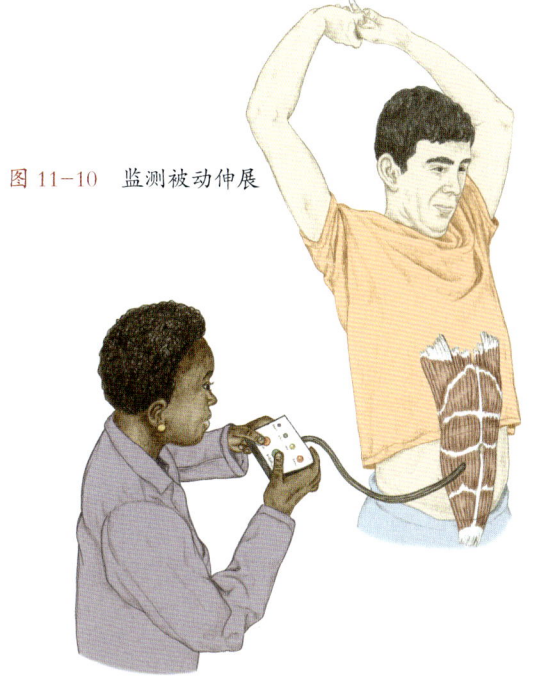

图11-10 监测被动伸展

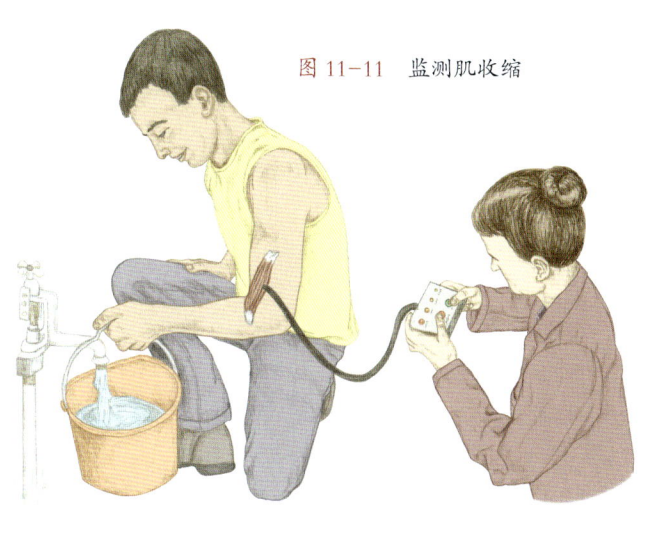

图11-11 监测肌收缩

正如我们已经说过的，肌梭细胞监测肌的长度，同时高尔基腱器监测肌张力。想象一下，股后肌只配有一种本体感受器，而没有另一种，那么中枢神经系统只会接收到肌的长度或张力中的其中一种信息，而不是同时接收两种。

可以肯定地说，这样不会工作得那么出色。就其本身而言，每个本体感受器都会给中枢神经系统提供关键的数据。然而，来自两种本体感受器的信息在中枢神经系统内结合才会产生本体感觉。

例如，在任何时刻肌肉受到很小、很大或不同程度的张力时都可以（偏心性）伸长。相反，肌腹在无拉力、很大或不同程度的拉力时都可以（向心性）缩短。当然，肌肉在上述任何张力状态下都可以在长度上保持静态（等长）。

因此，肌腹可以采用不同长度和张力的多种组合。总之，这两种感受器"涵盖了所有的基本信息"，本体感受器为中枢神经系统采取行动提供了依据。

第11章 神经（下）

### 搬起重箱

为了观察高尔基腱器是如何发挥功能的，需要你用胳膊搬起一箱书（图11-12）。这需要部分肱肌、肱二头肌和其他屈肘肌完成一个强大的向心性收缩。在此过程中，会在肌腱上施加大量的张力。这会牵张和激活高尔基腱器。作为反应，一个快如闪电的反射会被激活（这个反射弧叫腱反射），同时抑制（放松）信息会发送到屈肌纤维。例如，肱二头肌会减少整体的肌张力（作为周围的协同肌），同时肱三头肌受到刺激而增加其肌张力。

高尔基腱器的目的不是完全抑制肱二头肌的运动，使盒子掉落，它的抑制性影响较弱，无法阻止收缩信号的启动。相反，它调节原动肌与拮抗肌间的肌张力，同时，协助确定完成手头工作所需的合适肌力。

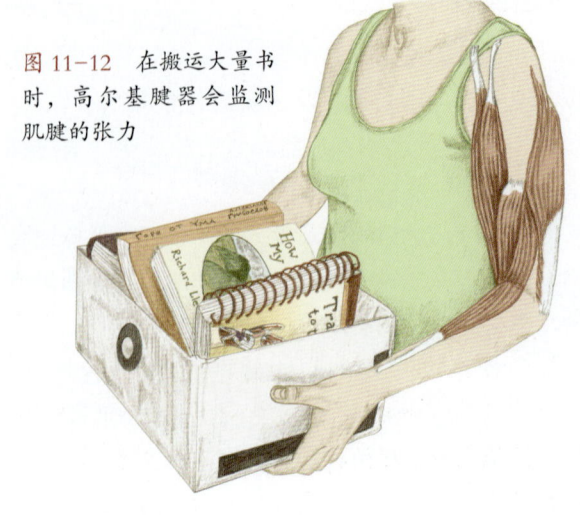

图11-12　在搬运大量书时，高尔基腱器会监测肌腱的张力

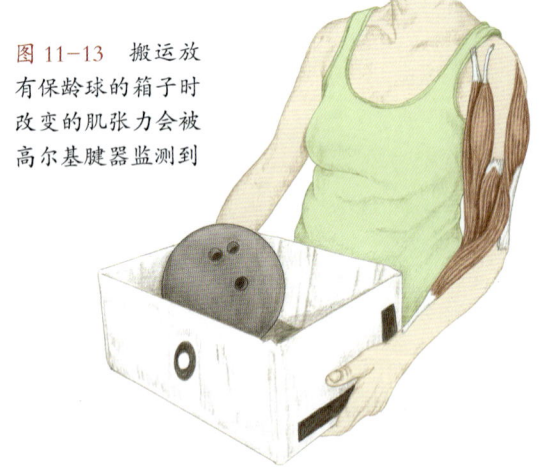

图11-13　搬运放有保龄球的箱子时改变的肌张力会被高尔基腱器监测到

### 保龄球

如箱子里放的不是书，而是滚动的保龄球。尝试用手稳定箱子，但是球会在两侧之间来回滚动。这种重量的不断变化会改变肱二头肌中的高尔基腱器接收到的张力值（图11-13）。此时它们相对紧张，而在下一时刻，它们便会松弛。

无论是对适当的、波动的、大量的肌肉收缩力的产生，还是对整体肌张力和放松，通过响应肱二头肌张力的变化，从高尔基腱器到中枢神经系统的信息都发挥了关键作用。无论是肌肉充分收缩、尽力抬起过重的物体，还是肌肉充分伸展，高尔基腱器均实时监测以防止对组织造成任何伤害。

### 伸张速率

牵张反射（第160页）并非仅仅涉及例如医生拿叩诊锤敲击髌韧带产生的膝跳反射。实际上，有时需要这种反射以完全相反的方式来响应，以维持现状。为了说明这一点，可以把牵张反射分为两类。

当肌收到一个快速增大的拉力时，如当狗突然奔跑使绳子猛地牵拉肱二头肌时，牵张反射的这种相位类型（如膝跳反射）就会发生（左图）。牵张反射的这个类型只需要50毫秒即可发生，有望防止任何组织损伤。

相比之下，牵张反射的肌紧张类型会因受到持续牵拉的刺激，而产生与之相应的肌肉缓慢收缩反应。为了体会这种情况，请站立并使身体从一侧到另一侧缓慢摇摆（右图）。当向左侧倾斜时，右侧的梭形纤维将感受到肌的伸长。这将刺激紧张性牵张反射，使右侧的肌肉缓慢收缩将身体拉向正中。

这种熟练的、潜意识的调节持续伸长和收缩，是让你不会跌倒的基本机制之一，且不必花时间思考应保持平衡。作为一种"反重力反射"，紧张性牵张反射将不断地刺激负重关节的姿势肌以保持身体直立。

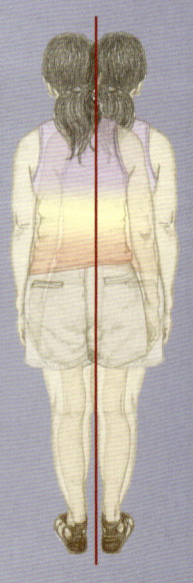

## 环层小体和鲁菲尼小体

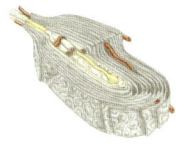 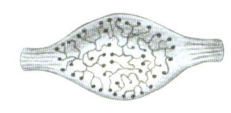

我们在第 5 章构建了滑膜关节。从学术上讲，它还并不完整，还需要一些本体感觉感受器，否则，你将几乎感受不到对关节的角度以及对协调移动有重要信息作用的空间位置。来安装一些吧。

尽管在关节和关节囊的结缔组织中有多种本体感受器，但我们只关注两种：环层小体和鲁菲尼小体。这两种结构通过监测关节内及关节周围的组织变化来协调关节的运动。

当关节改变位置时，一侧的组织将被压缩，而另一侧的组织则被拉伸。屈曲自己的手腕去体验一下。组织中的这些改变由本体感受器接收，通过感觉信息传递到中枢神经系统以确认关节的方位（图 11-14）。

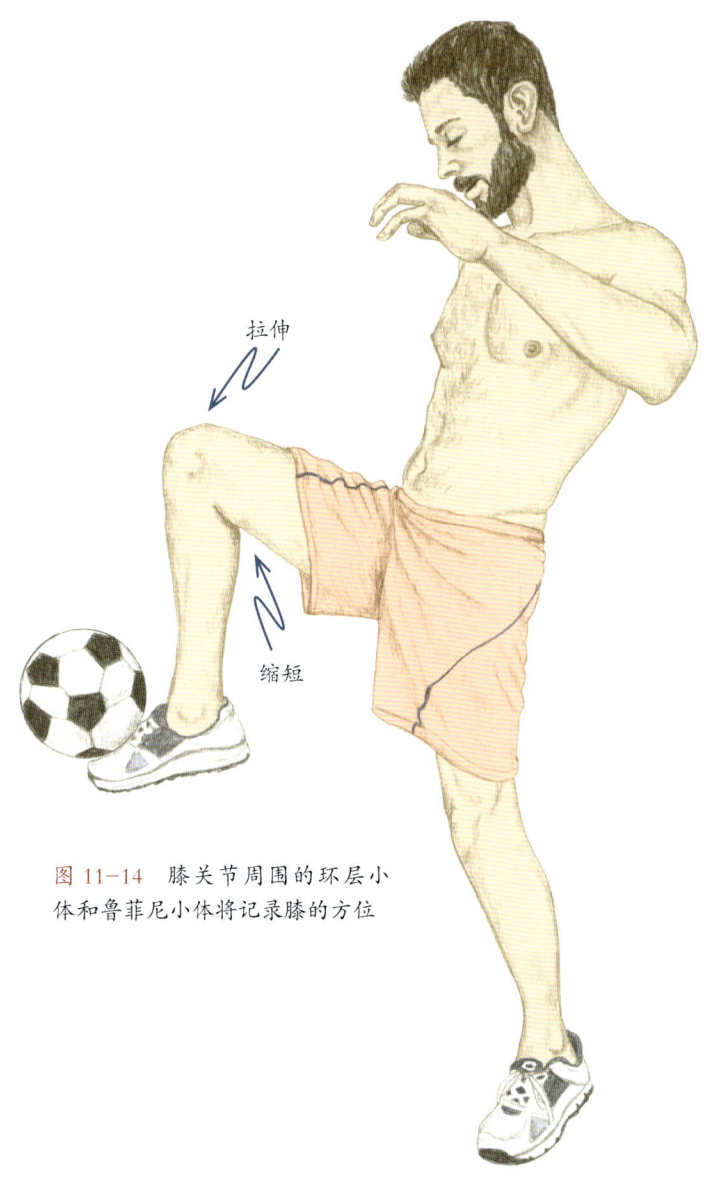

图 11-14 膝关节周围的环层小体和鲁菲尼小体将记录膝的方位

图 11-15 环层小体注重于运动时关节位置的变化

图 11-16 鲁菲尼小体在关节运动或静止时都有涉及

梭形细胞和高尔基腱器是肌和肌腱的感受器，而环层小体和鲁菲尼小体则对关节周围的组织变化进行监测。具体地讲，环层小体监测关节周围压力的快速变化，而鲁菲尼小体监测关节位置的缓慢变化。

环层小体对关节位置的任何变化都反应灵敏，并向中枢神经系统发射多个冲动。然而一旦运动停止，它们就会静止下来并停止发送信息（图 11-15）。

相反，鲁菲尼小体则适应较慢的变化。它们也根据位置的变化向中枢神经系统发送信号，但不像环层小体一样，当运动停止时，它们会继续发送信号（图 11-16）。换句话说，环层小体通过关节位置的变化而兴奋（也就是运动的开始），而鲁菲尼小体在关节运动或静止时都能被激活。总之，这些本体感受器可以通过发送触发肌肉收缩停止或放缓的调控信号保护有潜在破坏性运动的关节。

第 11 章 神经（下）

# 不伸长就无法缩短

## 交互抑制

我们快要将所有的神经肌肉部分组合在一起了，但有一件事还讲不通：肌肉在其拮抗肌不伸长的情况下是怎样向心性收缩的（缩短）？例如躺在床上时，听到一个奇怪的声音，于是决定抬起头看一下。为了让胸锁乳突肌能够弯曲颈部，必须放松颈后肌群（图11-17），否则会出现原动肌和拮抗肌同时各自收缩，互相对抗造成没有实际运动的结果。怎么办呢？

解决这个两难问题的方法是交互抑制，即用来描述某块肌肉的拮抗肌收缩时，该肌肉放松的神经反射的术语。运动，特别是流畅且协调的运动，没有它是不可能发生的。在上述例子中，当胸锁乳突肌收缩时，斜方肌和肩胛提肌不伸长，那么头就不会离开枕头。

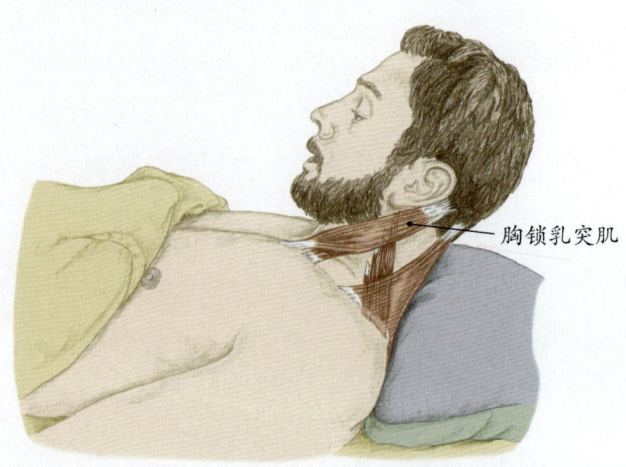

图 11-17 雇佣胸锁乳突肌必须与其他肌发生交互抑制

## 木棒上的橡皮筋

在这方面，对立的肌肉本质上是相关的。比如，用一条缠着橡皮筋的有弹性的棒子代替上面的情形（图11-18）。牵拉一侧的橡皮筋（胸锁乳突肌的功能）使木棒（颈部）弯曲（图11-19）。

然而，当相对侧的橡皮筋（颈后肌肉）伸长时，"屈颈运动"才可能发生。没有伸长就等于没有运动发生。松开橡皮筋，"你的颈部"就会恢复到中立位置。橡皮筋是一块材料，在一定意义上说这些相对的肌腹是它们的肌筋膜单元。但应该停止将肌筋膜单元作为独立单元的想法，因为它们并不是独立的。

还有一个例子：你要吃一块饼干，肱肌接收到刺激信息说，"收缩"（图11-20）。肱三头肌作为拮抗肌会同时收到一个抑制性信号（通过交互抑制）而放松，并因此伸长。但是肱三头肌并不只是松弛，它逐渐下调肌张力，使肌纤维以确保关节平稳且协调运动的方式伸长。这种对立肌的友好合作对有节奏的动作是至关重要的，如走路、跑步和咀嚼运动。

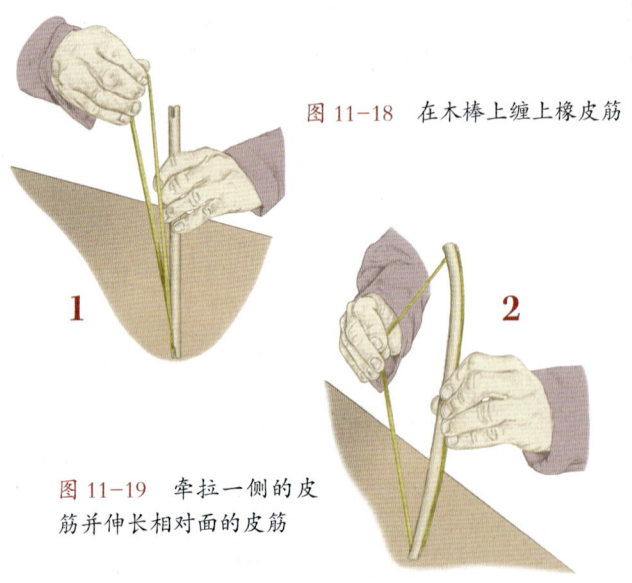

图 11-18 在木棒上缠上橡皮筋

图 11-19 牵拉一侧的皮筋并伸长相对面的皮筋

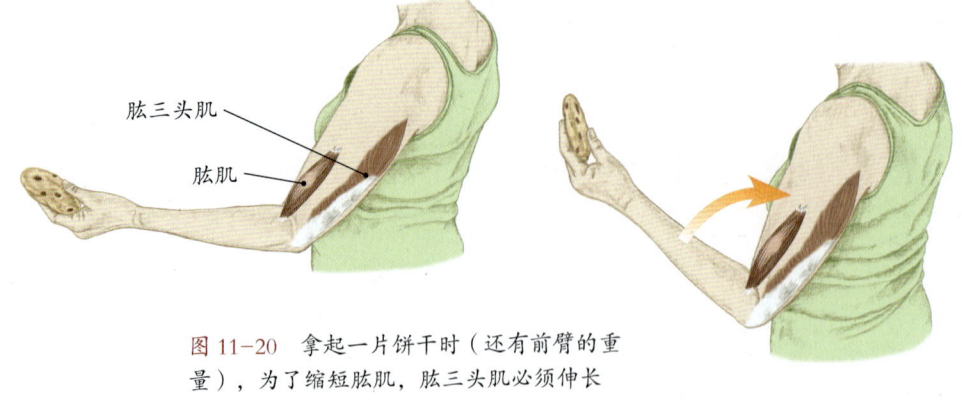

图 11-20 拿起一片饼干时（还有前臂的重量），为了缩短肱肌，肱三头肌必须伸长

## 在实验室

### 高张性

肌张力，即在肌腹中微弱而不随意收缩产生的少量被动力，与梭形细胞和高尔基腱器有密切联系。但是，怎样才算是肌肉"适当的"张力或长度，它又是由什么决定的呢？

比方说，在健身房做了很多臂屈曲练习。由于这些屈曲运动，中枢神经系统已经将这种持续的动作作为一种强力的暗示对肱肌"重写程序"，并提高其整体的肌张力。这种过度的张力就好像一辆汽车以每分钟250转的速度在空转，而不是平常的100转，因此现在肘在休息位时呈明显的弯曲状。在健美运动者中这种现象很常见（上图）。

由于这种高张性（过度张力），肱肌在休息位长15 cm，而现在则长12 cm。意识到你的肘关节已经习惯性弯曲，决定要收缩屈肘肌，但这个过程不是这么快。肌梭细胞从中枢神经系统中收到信号认为肱肌就应该是12 cm长（右图），但这有可能使肌肉组织过度拉伸并造成损伤。为了回避牵张反射，可以对肱肌的梭形细胞进行重塑，对肘关节周围的组织进行缓慢而轻柔的诱导以达到更适当的张力。

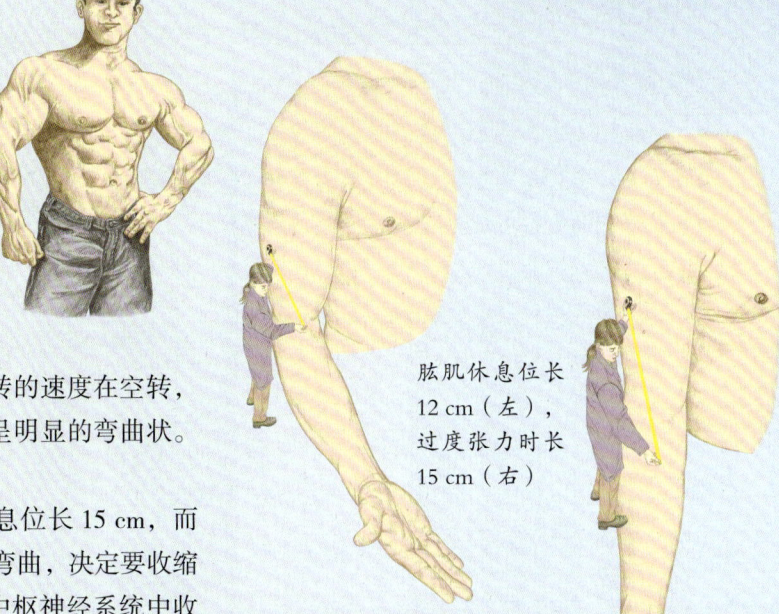

肱肌休息位长12 cm（左），过度张力时长15 cm（右）

### 平衡高于一切

除了肌腹、肌腱和关节外，我们将在内耳和颅底的肌肉放置一些感觉小部件。为什么这样做呢？因为要使头部保持垂直。

耳内的感官结构可以记录头部倾斜的任何程度，以及头的线性和旋转加速度。这些信息结合从眼睛得到的刺激，将是保持平衡的关键。很明显，当头部处于水平时，说明平衡做到最好。如歪斜着脑袋走路，就难以做到身体平衡。

头部是根据翻正反射来保持平衡的，会进行无意识的反应来指导头部以下的肌肉调整身体，但必须保证头部是垂直的（左图）。

颅底部的肌肉在这个反射中起很大作用。这8条小肌内置入有大量的肌梭和高尔基腱器。它们的任务是双重的：产生头部的轻微运动以及监控头部的位置。

当身体随着头部运动时，这些头部的所有监测将是必不可少的。当从山上骑车而下，会保持眼睛（和头部）朝着道路而不是你希望躲避的树，这是本能的反应。

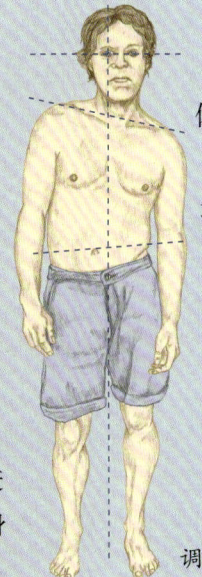

调整头部以下的肌肉，保持头部垂直

### 反射

对于人体来说，像交互抑制（第164页）这样的基本反射由于有利的原因而深深地扎根于我们的进化过程中。当手意外伸进热风炉中时，瞬间的屈肌收缩反射会将手拉回。与所有的反射一样，这种瞬时的、无意识的动作源于脊髓。它产生屈曲运动，从而拉回了手避免损伤。当屈肌收到信号收缩时，交互抑制通过放松手的伸肌协助这种保护机制。

又如，你发现了路上的图钉，在右脚踩上去之前，你已经收回了右脚，并将重心移到了左脚。这个屈肌收缩反射负责右侧膝关节和髋关节的屈曲，但是交叉伸肌反射（这样命名是因为反射信息发送到身体的对侧）将收缩左腿的伸肌以支持额外的重量。

# 付诸实践

## 神经肌肉系统的运行

所有关于本体感受器的这些谈论不只是为了托词和满足,在实际工作中是有实用价值的。具体说来,在实际应用中,可能会专注于控制目标肌的长度、休息位肌张力和强度。由于每一个身体控制的动作模式都是基于一系列肌肉的依次收缩(图11-21),这个意图才是有意义的。换句话说:

> 平衡的肌+最佳的神经模式
> =协调运动

图11-21  100米跨栏

从理论上讲,可以利用,甚至操作前几页介绍的本体感觉的特性,调整你的操作对象,完成适当的运动范围和平衡姿势。

做到这一点,将理论付诸实践,需要扎进运动实验室来测试各种概念和技术,这些可能会改变你的操作对象的肌肉组织状态。但还有一些生理实际情况。

## 本体感觉的准确性

正如已经提到的,肌肉很少能得到充分的放松。即使在沙发上小睡时(图11-22),胳膊、腿以及其他各部的肌肉会处于小而持续的收缩(张力)中。其主要目的是稳定关节的位置(和防止错位),这种背景张力就像是一辆处于空挡的汽车,引擎以低速空转,并准备好在启动时换挡到齿轮。

当然,肌张力可以增加或减少。游泳100圈就会使其增加(图11-23),全身麻醉下将降低到几乎为零。还要关心的是肌腹在休息位的张力,即当睡觉时、躺在按摩床上或坐着看书时肌肉的状态。在这些情况下,肌肉通常是放松的,但它仍然在工作中。

图11-22  各个部位都停止了工作

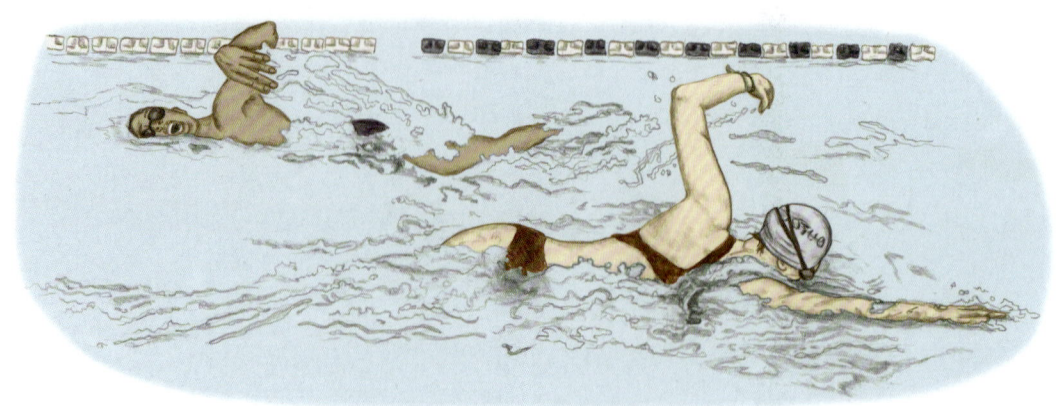

图11-23  增加肌张力

## 肩胛提肌从 5 到 8.5

被动情况下，肌肉应如何"运行"？继续用汽车做比喻，它应该以每分钟 100、200 还是 300 的转速空转呢？根据本体感受器（肌梭和高尔基腱器）以及中枢神经系统的重新校准，这个问题的答案总是在不断变化。最近的活动、损伤以及老的"肌肉记忆"都将影响休息位的肌张力；"张力蓝图"根据传入感觉和传出运动之间的神经信息传递而不断地重绘。

例如，上周你的左侧肩胛提肌在休息位时张力为 5，但是这周在宠物狗死了和帮助朋友搬运了大量的岩石收藏（图 11-24）之后，肩胛提肌在休息位时的张力增加到 8.5。一些关于情绪和身体上的经历将使本体感受器为提肌的休息位张力重写蓝图。

这只是一个关于肌肉如何在理想情况下放松时像一条高度拉紧的带子一样控制自己的例子。对于我们（以及极度活跃的现代世界的其他部分）来说，治疗目标是尽可能降低肌肉组织的休息张力。事实上，更有效的治疗方案可能是降低特定的肌张力，同时提高其他肌的张力（见 135 页"X 标记点"）。

如果仅仅通过想法就能降低或增加肌肉的休息张力，那将是相当方便的。该能力安全隐藏在你的意识控制之下。中枢神经系统确定肌梭形细胞的设定长度，并反过来制定了肌腹的张力。因此，每块肌都会拥有理想的或过度的（促进的）抑或减弱的（抑制的）张力。而且这些情况在姿势、行为情感和动作的基础上持续调整。

图 11-24　帮助朋友搬运岩石

## 应用肌肉组织的属性

听起来就像"肌张力的故事"一样绝望，但还有一线生机。首先，仅需要运用第 104 页讲到的肌肉组织的特性概述就可以实现肌休息位张力的戏剧性变化。事实证明，可以通过利用它的收缩或伸展的性能调整肌张力。

举例来说，假设菱形肌的张力低于最佳值，可以收缩以缩短它们，使其加强提高休息位的张力（图 11-25）。相反，如果前锯肌的张力高于最佳值，你可以伸展并延长它，使其处于更加柔和的休息状态（图 11-26）。

你可能已经在健身房或瑜伽课中促使这些肌张力的转变。当运动时，本体感受器具有的监管职能实时监测，根据提示使肌放松。将肌腹置于缩短且紧绷的状态时，如果你感到疼痛请不要惊讶。重点是通过运用肌肉组织的特性，可以影响肌腹的长度、休息位的张力和肌力。

图 11-25　收缩和加强菱形肌

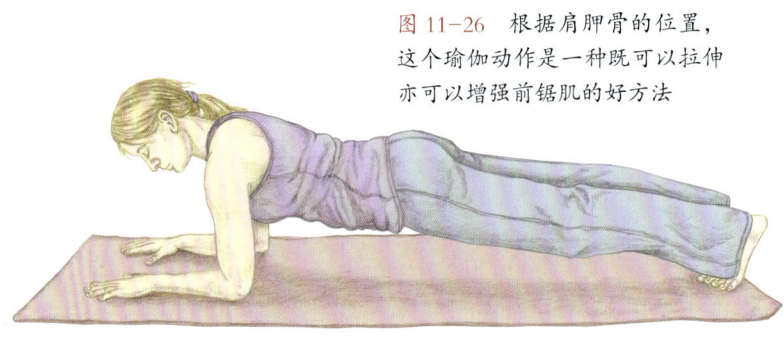

图 11-26　根据肩胛骨的位置，这个瑜伽动作是一种既可以拉伸亦可以增强前锯肌的好方法

## 牵张反射与拉伸方式

回顾一下，牵张反射（第160页）是由肌梭细胞产生的引起肌纤维收缩以回应肌肉伸长的瞬时反应。换句话说，伸展肌肉同时，肌梭以开始收缩的方式响应。这种保护机制存在于所有的伸长情况下，但受到3种拉伸变量的影响：

· 拉力
· 持续时间
· 速度

让我们测试一下以上不同情况中哪一种最有利于肌肉组织健康的伸展。就选择较易操作的测试模型股后肌群吧。

首先，施加一个伸展的拉力（图11-27）。如果我们用身体的重量使操作对象的腿超过其活动度的限制，那毫无疑问他会疼得叫喊出来。这并不是很有效的，因为牵张反射会从肌肉组织接收到报警信息（请记住，它的工作是帮助保护组织）并使大腿收回。相反，如果以轻度的力量牵拉肌肉组织，牵张反射便不会抵抗，肌肉会为伸长提供空间。

其次，它可能会帮助改变拉伸的持续时间。也就是说，给它一些时间。如果只是轻轻地拉伸大腿几秒钟，那么梭形细胞并不能充分调整到新的长度。如保持拉伸长达30秒或更久可能会使组织达到新的比例。

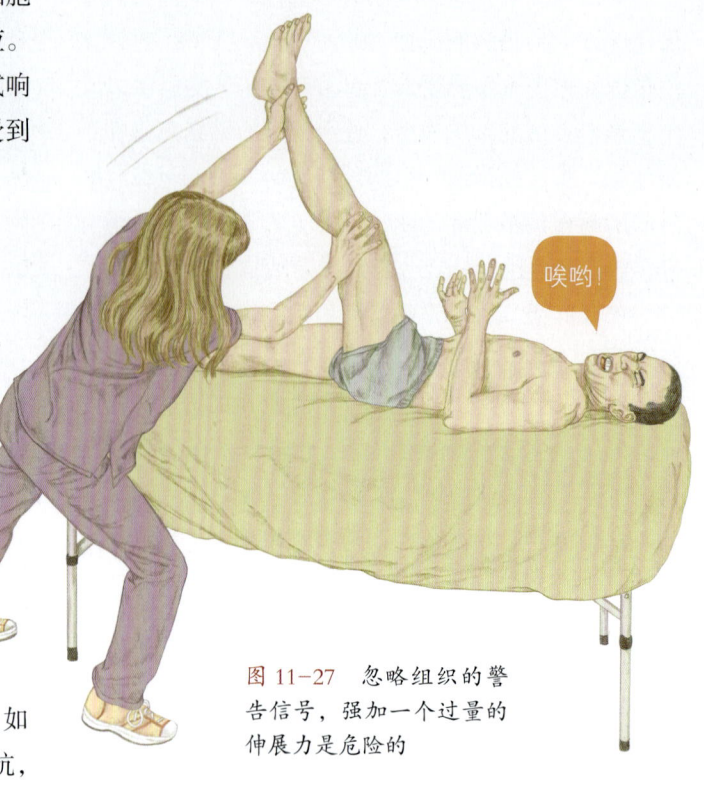

图11-27 忽略组织的警告信号，强加一个过量的伸展力是危险的

第三，应该注意到，即使用适度的力快速拉伸，仍然会有恐慌的信息发送到脊髓，并使肌肉抵抗延长。因此，应放慢拉伸的速度，使其缓和地施加在肌肉上（图11-28）。

看起来，这些因素的完美结合包括缓慢移动、力量缓和以及较长的施加时间（也许这在意料之中）。做到这些，牵张反射就会被阻止，而肌肉组织就会达到我们想要的长度。一旦打破这一切，这些组件的特性实际上是显而易见的。

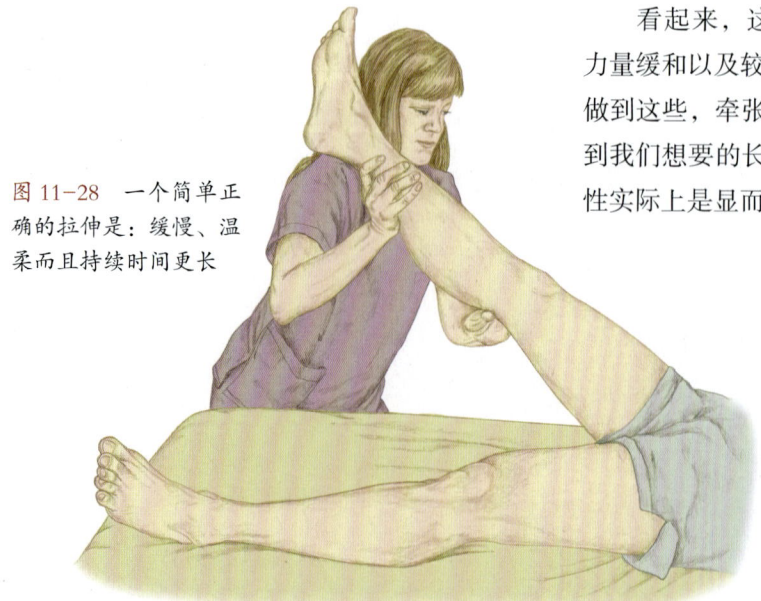

图11-28 一个简单正确的拉伸是：缓慢、温柔而且持续时间更长

## 运用牵张反射带来的优势

有没有注意到在前面场景中肌梭是怎样用反向收缩响应强大且迅速的拉伸的？那么，现在要问：如何用牵张反射来挥动手臂击打球呢？

做个小实验验证一下，让我们到网球场去打球。当球接近时，你甚至没有思考就本能地快速向后挥拍，然后向前挥拍用力击打球。

挥臂动作不仅产生了2种类型的张力（如138页的讨论），而且还将第3种要素组合到其中：通过拉伸肌肉产生向后的摆动，这种后摆会欺骗肌梭牵张反射，使其认为组织将会受到损伤。想让肌肉组织在特定时刻收缩时(向前挥拍过程中)，肌肉便会接收到"收缩"的信息（图 11-29）。

换一种方式再试一下。与向前挥臂之前向后快速挥臂的方式相反，不做挥臂动作就击打球，这会使力量明显不足。这样要全神贯注到球上是很难的，因为不仅关闭了肌肉中拉伸诱导的张力的主动和被动元件，还摒弃了牵张反射所带来的好处（图 11-30）。

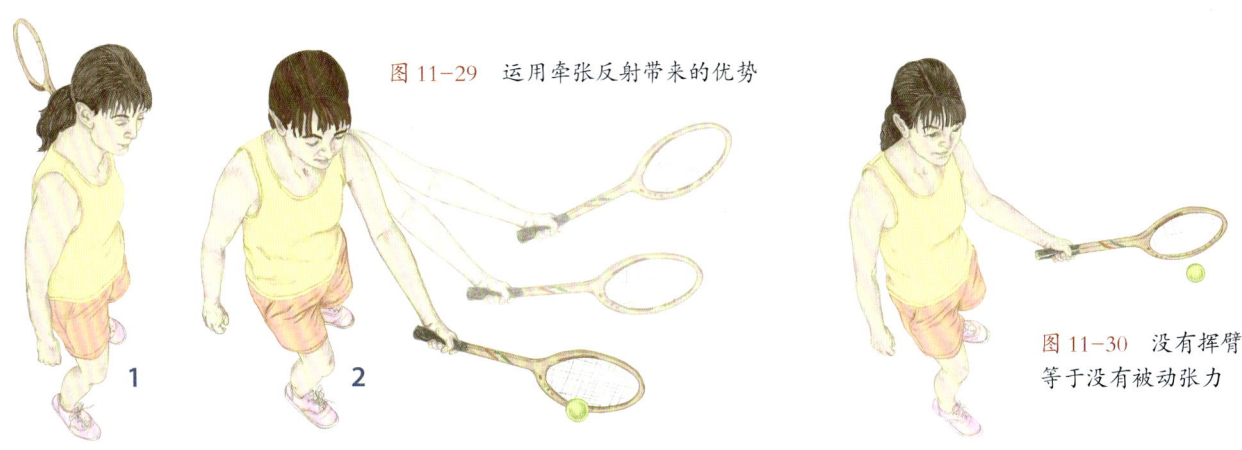

图 11-29 运用牵张反射带来的优势

图 11-30 没有挥臂等于没有被动张力

## 用高尔基腱器进行放松

由于高尔基腱器监测和应答肌张力的变化，可以利用这个属性来放松肌肉组织。毕竟，它们基于肌的紧张度发送抑制信息："哦，这太紧张了，放松一下。"

让我们开始在肌腹上施加一个缓慢、轻柔且持续的力。这一实验会通过侧弯颈部伸展斜方肌的上部来完成。

斜方肌感受到牵拉的感觉，并由肌腱的高尔基腱器记录下来。尽管肌腹上的张力并没有处于危险水平，在拉伸过程中，高尔基腱器会监测该张力并通过诱发发送回肌腹的抑制（放松）信号进行响应（图 11-31）。

与此同时，肌梭（并不监测肌肉的张力，而是测量拉伸的长度）也会监测伸长率并向肌肉发送收缩信息。

还有第2个更戏剧性的选择来刺激高尔基腱器。

我们在受检者身上放置可发送通过肌肉电流的电极。这样的刺激会仿效神经电流，引起肌肉收缩。

持续地对肌腱施加张力（通常超过10分钟）会触发高尔基腱器。随着时间的推移，肌肉厌烦了大量的放松信息，从而得到放松的提示。这就是所谓的电肌肉刺激（EMS 或 E-stim），已经被康复专家成功地应用在实践中。

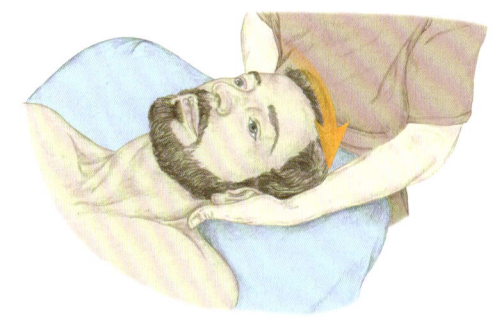

我们已感受到肌腱的张力

图 11-31 随着颈部侧弯，鲁伯特的"内部高尔基腱器"（上图的电话中）会监测到斜方肌上部肌腱的张力

## 等长收缩后放松与交互抑制

你可能还没有注意到,在肌肉收缩之后紧接着有一个自动发生的放松反应。打个比方,肌肉在开始时大小为6,轻微收缩到4后,再放松,会达到6.01。这个工作原理是等长收缩后放松的基础。

有个建议:如何围绕这个生理前提构建拉伸技术呢?举例来说,假设受检者在仰卧位,你弯曲他的髋关节来拉伸股后肌群。

你可以要求他暂时收缩股后肌("请轻微地伸展髋关节来对抗我的阻力"),持续5秒钟(图11-32)。然后,当肌停止收缩以及组织开始放松反应时,可以更大范围地缓慢伸展股后肌。换句话说,你可以采用肌肉自身在收缩后伸展肌的倾向,使肌筋膜组织延伸得更长。

让我们将其提升为一个更好的方法:如将交互抑制与上面的方法结合会怎样呢?如果从第164页开始回忆,就知道交互抑制是一种肌肉在对侧肌肉收缩时放松的神经反射。在上述方案中,如果有一种方法涉及拮抗肌(也就是这个例子中的股四头肌)又是怎样呢?

从中断的地方继续。受检者处于仰卧位,弯曲他的髋关节并要求伸展以抗衡。当放松之后,你可以更大距离地缓慢伸展股后肌。在这一点上,如果要求他活动股四头肌将会怎样(收缩大腿上方的肌肉使其慢慢接近你的胸部)(图11-33)?

现在股后肌群收到另一条神经信息:"股四头肌正在收缩,请放松。"严格意义上讲,这只会应用到股直肌,因为它是股四头肌中唯一跨过髋关节的肌肉,但股四头肌的其他3块肌将伸展膝关节并向股后肌群传递另一条放松信息。根据患者的情况,进行2个或3个伸展以获得更大的反应,不仅来自肌肉组织,还来自它的筋膜结构(图11-34)。

这种联合技术也被称为CRAC,即"收缩—放松—拮抗—收缩"的缩写。

在最后几页中讨论的所有实际应用都是为了引出下一章的生物力学规律和概念。牛顿先生,我们来了!

图 11-32 轻微地伸展髋关节来对抗阻力

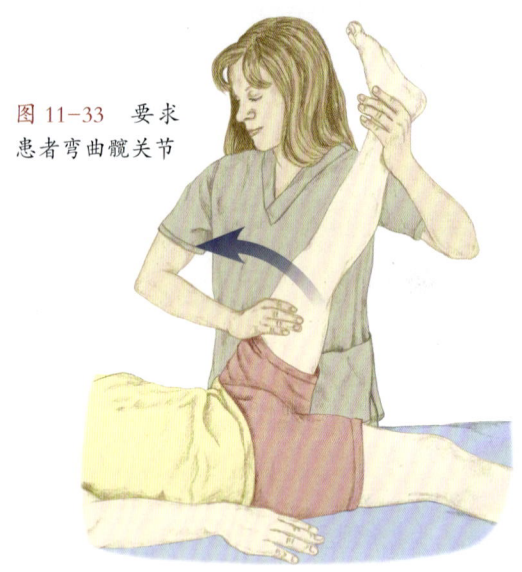

图 11-33 要求患者弯曲髋关节

图 11-34 使股后肌群做更大的拉伸

# 在实验室

## 婴儿与终身模式

观察婴儿学习上楼梯，会发现她有踩每一台阶用特定的脚的偏好。甚至在来到这个世界之前，她就已经在开发运动偏好了。在她意识到之前，第一次的姿势将成为一种会发展为习惯的完整动作，然后一套高度编程的动作模式将会深刻写入中枢神经系统中。

虽然在以后的生活中，她可能会想改变一些模式（重新编程为特定的模式可能需要几个月的持续强化），但没有这些，她不可能这样蹒跚走路。那么运动模式发展不可或缺的过程的背后机制又是什么呢？

用一个比喻可能最好，神经运动的命令就像是从山上泄下的水流，向下流的水越多，水流就越强。同样，突触途径是通过在轴突周围包绕髓鞘来加强电流的传导速度的，神经肌肉通路激活得越多，影响髓鞘的范围越广泛。这种关系在神经系统中会形成一个正反馈循环。

此外，不仅髓鞘的增值"陡然加剧"，而且突触通路的反复激活会引起分子改变，使这些链接锚定在适当位置，就像用水泥围成特定的管道以使其流动路线更永久。正如水会选择在老路流动，神经肌肉系统会积累相似的模式，并将其反映在外部动作中，这就是所谓的易化规律。

回到这个婴儿：虽然她什么也不懂，但逐渐灌输到她身体中的一些习惯正在为她的运动特征打下基础，并将在一生中体现出来。

## 门前的趣事

你想在研究中亲身体验高尔基腱器吗？站在门口，将上肢放在体侧。然后，将手背贴在两边的门框上。保持这种抵抗肩部外展姿势30秒甚至1分钟。然后走出来并放松手臂。你的手臂应该感觉很轻松，并自然向外展，重复你在门口的动作（门控机制）（左图）。

为什么会发生这种情况呢？在某种意义上，你在欺骗你的腱器和中枢神经系统，并使其相信这种稳定的等长收缩代表了新的三角肌休息位张力。具体地说，你的腱器处于肌纤维的拉力下。这种中枢神经系统决定的张力增加并不是威胁，但它似乎可以持久存在，因此需要在休息时重新校准（在本例中需增加）三角肌的肌张力。

与此同时，中枢神经系统发送抑制（松弛）信号到背阔肌和胸大肌（拮抗肌），并告诉它们放松。因此，当你走出门框时，三角肌调整以适应自己新校准的肌张力。当它们缩短到新的长度时，并没有遇到抵抗的阻力，因为那些肌肉已经被通知要相应地"冷静下来"。

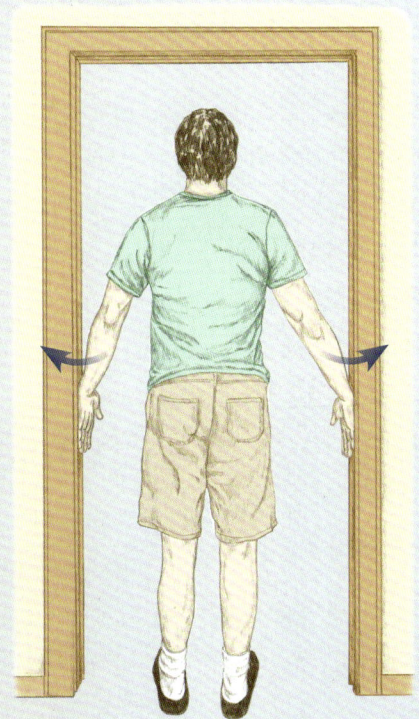

## 复习题

1. 神经系统感觉身体空间位置的能力称为____。（第 158 页）
   a. 本体感觉
   b. 内在感觉
   c. 本体感受器
   d. 感觉感受

2. 肌梭细胞的主要作用是____。（第 158 页）
   a. 监视肌的伸展
   b. 确定肌的速度
   c. 考虑肌变化的持续时间
   d. 向肌施加力量

3. 反射弧为____。（第 160 页）
   a. 由神经系统确定的循环最有效
   b. 脊髓发出的神经冲动链
   c. 神经冲动产生反射的途径
   d. 神经冲动持续的时间

4. 高尔基肌腱器____。（第 161 页）
   a. 检测并应对肌张力的变化
   b. 响应肌长度的变化
   c. 确定肌腱的适当长度
   d. 响应肌腱长度的变化

5. 环层小体____。（第 163 页）
   a. 检测肌腱组织变化
   b. 对关节的外部刺激做出反应
   c. 监控关节周围压力的快速变化
   d. 确定关节的运动

6. 当对侧肌肉收缩时，一侧肌肉放松的神经反射被称为____。（第 164 页）
   a. 本体感觉
   b. 交互抑制
   c. 泰特斯·安特洛尼克斯（Titus Andronicus）
   d. 鲁菲尼小体

7. 在肌腹中由微弱、不随意收缩产生的少量被动张力称为____。（第 165 页）
   a. 颤动
   b. 痉挛
   c. 冲动
   d. 张力

8. 引导颅骨下方的肌移动身体以保持头部水平的非自主反应称为____。（第 165 页）
   a. 颅反射性冲动
   b. 空间反射
   c. 翻正反射
   d. 颈椎平衡冲动

9. 平衡的肌加上最佳的神经模式等于____。（第 166 页）
   a. 最大拉伸
   b. 协调运动
   c. 同步组织
   d. 最大的灵活性

10. 影响拉伸的变量包括____。（第 168 页）
    a. 力，持续时间和速度
    b. 力量，力量和节奏
    c. 持续时间，力量和速度
    d. 潜力，节奏和动态

11. 肌肉收缩后，自然发生松弛反应，这称为____。（第 170 页）
    a. 交互抑制
    b. 等长收缩后松弛
    c. 离心性收缩前
    d. 向心性松弛后

（赵庆豪　译，张露青　丁自海　校）

# 12 生物力学（上）

牛顿（1642—1727），英国物理学家，数学家，炼金术士。

## 学习目标

- 解释静力学和动力学之间的区别
- 比较骨运动学和关节运动学
- 定义力和扭矩；举例说明它们在运动中的表现
- 列出生物力学中涉及的物理定律和原理，例如摩擦力、矢量、速度和动量
- 识别并描述重力在运动中的作用
- 总结牛顿三大运动定律以及它们与人体运动的关系

## 本章要点

高中物理课结束时，塔拉将试卷揉成一团，丢在了马尔科先生的办公桌上，她宣称："物理学与我的生活毫无关系。"

马尔科先生微笑道："塔拉，你踢球吗？想象一下你的试卷就是球。"

她用手推出那份揉成团的试卷，使它从桌子上滚到她手里。"嗯，你看，我们刚刚证明了牛顿第一运动定律。"

"是吗？怎么证明的？"

"在我击球之前，球在做什么？"

她想："呃，静止不动？"

"没错，但它为什么不动呢？"

"哦，这一点我知道——不动的物体往往会保持静止。"

马尔科从椅子上站起来："太对了，那之后又发生什么了？"

"你击中它，纸球在滚动，碰到我就停下啦。"

"没错！一个物体——运动中的物体需要保持运动状态！"她惊呼道。

"你知道，有人不承认牛顿的建议。如果是这样，宇宙将会是一片混乱"，她摊开那张纸说，"就像我的测验一样。"

"幸运的是"，马尔科定律指出，"学习是一段旅程。请明天再交试卷吧。"

当我们深入研究一个与你的生活有很大关系的物理学分支时，请记住马尔科定律：生物力学。

- 如果塔拉用相同的力将一个足球和一个保龄球推到同等的地面上，哪个会走得更远？为什么会走得更远？
- 作为身体掌控者，我们可以利用重力的方式有哪些？
- 当你准备拿起一个你认为装满教科书但实际上是空的盒子，拿起它时会发生什么？如果盒子里装满了书但你认为它是空的，这个结果又会怎样？

| | |
|---|---|
| 生物力学的基础知识 | 174 |
|   静力学和动力学 | 174 |
|   骨运动学和关节运动学 | 174 |
|   动理学和运动学 | 174 |
|   力 | 175 |
|   惯性和质量 | 175 |
|   扭矩 | 175 |
|   矢量 | 176 |
|   摩擦力 | 176 |
|   速度和动量 | 176 |
| 重力 | 177 |
|   重力，反重力和跨越重力 | 177 |
| 运动定律 | 178 |
|   第一定律：惯性 | 178 |
|   第二定律：加速度 | 179 |
|   第三定律：作用力与反作用力 | 180 |
| 力的详解 | 182 |
|   力和矢量的概述 | 182 |
|   线性力 | 183 |
|   平行力 | 183 |
|   共点力 | 184 |
| 扭矩详解 | 185 |
| 复习题 | 188 |

# 生物力学的基础知识

既然身体无时无刻不在运动（包括筋膜、骨、肌等），那么为了更好地理解运动就需要基础物理知识，这也是我们学习运动生物力学的原因。

此刻，你可能想合上这本书或者平板电脑。能理解你的心情，毕竟关节和神经这些结构，不能完全用物理知识来解释，然而，在你离开之前，请切记生物力学是探讨与身体密切相关的力学知识，贯穿于一切日常活动之中。

洗手涉及力学吗？是的，摩擦力。打开罐头盖呢？也有，涉及扭矩。穿过舞池去见心仪的伴侣呢？有，涉及向量。因此，无论是举起一袋混凝土，还是抓起水瓶喝水，都包含着生物力学原理。无论我们在运动还是休息，生物力学都与之息息相关。

因此，请带着好奇心来探索运动定律、杠杆和力，这些如何与生活中身体的灵活和稳定性相关联。首先需要学习一些基本概念。接下来，将带你了解牛顿爵士发现的三大运动定律。最后再来理解运动涉及的力、扭矩、杠杆和稳定性原理。

图 12-1　在器械上运动的约瑟夫

## 静力学和动力学

正如我们在第 14 页提及的，静力学主要阐述静止（或几乎没有运动）系统层面的事情。插图描绘的是在体操中保持静止状态的约瑟夫·普拉提，这是一个很好的静力学也涉及"动态张力"的例子（图 12-1）。

动力学适用于运动系统的各个方面。它关注的是"动态的身体"：一个以可感知的速度改变形状的身体，以及各种力如何作用于它。

例如，扑向一个脱手的橄榄球只是观察动态的一种方式（图 12-2）。动力学可分为动理学和运动学。

图 12-2　行动的动力学

## 骨运动学和关节运动学

在第 82 页中，我们深入研究了两种类型的关节运动。骨运动学着重探讨骨运动的轨迹。关节运动学则侧重于探究关节面之间的位移（相互运动）。举例来说，当大厦的玻璃清洁工在水平方向移动他的上肢时，即为骨运动学；而此时他的肱骨头在关节窝内正在做旋转运动，这里指的就是关节运动学（图 12-3）。

图 12-3　清洁窗户

## 动理学和运动学

动理学是研究施加在身体上的那些足以产生或改变运动轨迹的力（重力、摩擦力和压力）。例如，施加在大腿按摩的力道（图 12-4）将取决于你的手部发出的力和遇到的阻力。

相反，运动学更多的是针对机械元素（例如时间、空间和质量）对运动进行分析。例如，让受检者躺在治疗床上做划水动作，我们会考虑划水速度和手、足的关系，这是在探讨人体力学。

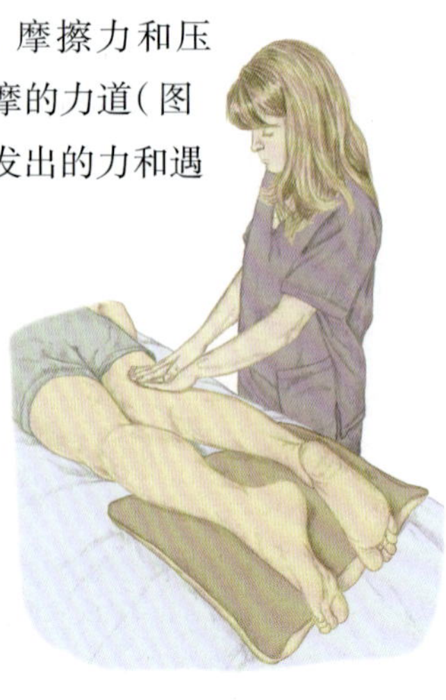

图 12-4　按摩股后肌群

# 力

力究竟是什么？你一整天都能感受到力的存在，推购物车或牵拉患者的肢体时（图12-5），但它是什么？我们将在第182页深入探讨这一点。概括地讲，力是引发物体发生特定变化的因素。这种变化体现在3个方面：方向的变化（如被海浪撞倒）、运动的变化（当紧张的结缔组织减缓拉伸时）和结构的变化（当靴底踩碎水果蛋糕时）。

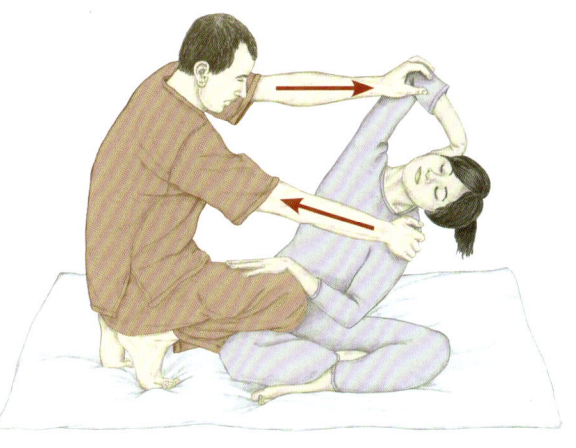

图 12-5　推拉受检者的肢体

无论是在运动中还是在静止时，力都会施加在你的身上，要么盆底肌肉保护内脏免于脱出体外，要么皮肤筋膜防止外物轻易侵入人体。

例如，当你跳入海水中嬉戏，重力的作用将你沉入水中，而同时需要肌肉发力抵抗重力才得以把身体浮出水面，脱离危险。

图 12-6　为投球做准备

## 惯性和质量

惯性是物体保持其运动或静止状态不变的性质。换句话说，就是物体保持原有状态。例如，滚动的球若没有阻力将持续运动；而静止的球将永远保持静止。

但是有些物体较其他物体更多（或更少）受到阻力的影响。这就是物质的质量，即物体中含有物质的数量。请看下图，任何物体都有质量：足球、房子、小鸡，一个物体拥有的质量越大，它保持原有运动状态的能力就越强。质量比铅球小（因此惯性小）的垒球可以扔得更快、更远（图12-6）。

相反，铅球具有更大的质量，也就具有更大的惯性来抵抗状态改变，因此投掷的距离更短（图12-7）。惯性和质量都是牛顿第一定律的主要参与者（第178页）。

图 12-7　投掷铅球

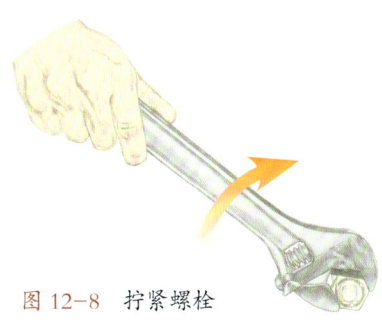

图 12-8　拧紧螺栓

## 扭矩

扭矩是带有扭曲的力。在线性拉力或推动力的情况下，扭矩是涉及物体围绕轴旋转的力。用扳手拧紧螺栓、拧开瓶盖或旋转被检者的踝关节，都将产生相关动作伴随的扭矩（旋转力）（图12-8，12-9）。此外，正如你的判断，杆的长度（扳手手柄、你的手指或手臂）会影响你使出多大的旋转力。我们将在第185页深入探讨这个问题。

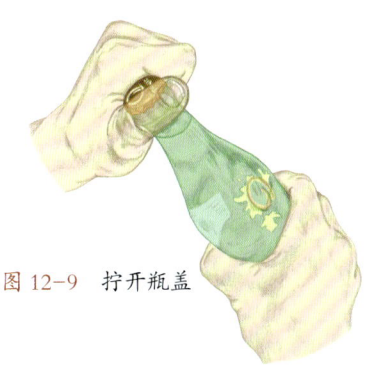

图 12-9　拧开瓶盖

第 12 章　生物力学（上）

## 矢量

图 12-10

电影《空前绝后满天飞》中的经典台词"维克多，我们的航向指示是什么"？指的是喷气式飞机飞行方向和推动力（图 12-10）[因为矢量（vector）与维克多发音相近]。矢量指的是飞机的方向和推动力。一架起飞的喷气式飞机包括这两个要素（例如在很大的推力下向西飞行）。

所有的力都有矢量，包括肌力。例如，当你的腘绳肌收缩时，绘制的矢量箭头指向腹部（图 12-11）。虽然它主要指示肌肉力量的方向（而不是它的大小），但这可以作为理解肌肉拉力线的简便工具（第 130 页）。练习空手道斩劈时，可以沿着肌肉的方向绘制多条矢量线（图 12-12）。

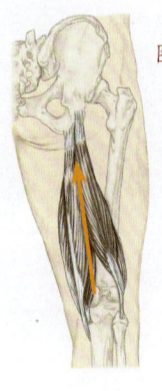

图 12-11　腘绳肌

图 12-12

## 摩擦力

摩擦力是一件有趣的东西：你必须借助它才能到达想去的地方，但它会在你前进的过程中减缓你的速度。例如，走过涂有黄油的硬木地板，你几乎感觉不到摩擦力；相反，尝试穿着羊毛袜走过魔术贴表面，你会举步维艰。

作为抵抗两个表面相对运动的力，在人体之外可以经常看到，如划火柴时手指、火柴与砂纸之间的摩擦力（图 12-13）；跑步时脚、鞋和跑道之间的摩擦力。同时，摩擦力也是体内活动的一个关键因素，例如咀嚼食物时牙齿对食物的摩擦，活动关节时关节表面与周围液体的摩擦。拉伸筋膜组织时各组织层之间的摩擦（图 12-14）。

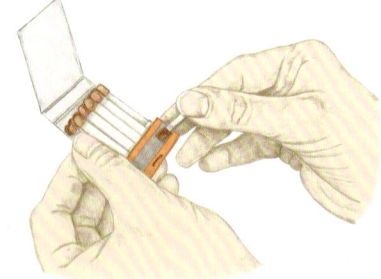

图 12-13　手指与火柴之间以及火柴与砂纸之间的摩擦

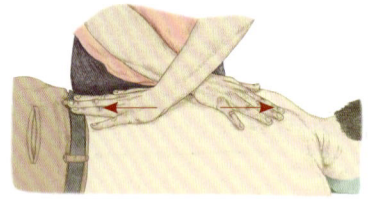

图 12-14　手和皮肤／浅筋膜之间的摩擦使背部肌筋膜放松

## 速度和动量

当雷达测速器瞄准草原上奔跑的猎豹时，你会注意到它的速度可以达到 120 千米／小时。然而，为了确定它的速度，我们需要将它的速率和运动方向结合起来。速率是表示物体移动得多快；速度是它的速率加上运动方向。猎豹在追逐猎物时不断调整速度和方向，很少保持匀速运动（图 12-15）。我们的日常活动也是如此，每一步的速度和方向都有所不同。

但是，你在一条笔直的乡间小路上慢跑时可能会获得一个恒定的速度，当一阵风从背后吹来时，这将使你加速，也就会失去这种恒定的速度。你获得了动量——质量和速度的产物。在这个例子中，你的质量没有变化，但是速度变大了。因此，动量增加了。

即使是一只三趾树懒，以它最慢的速度爬行（0.24 千米／小时），它拥有速度，因此同样拥有动量（尽管二者都不是很大）（图 12-16）。

图 12-15　猎豹

图 12-16　树懒

# 重力

作为宇宙中存在的主要力之一，重力对运动的影响比其他所有因素的总和还要大。作为将身体吸引向地心的力（相对于月球，图12-17），它与生俱来，无处不在，无法摆脱，以至于有时都忽略了它的存在也是情有可原的。然而，当你摔了一跤，回弹的震动穿过组织时才会迅速提醒你它的存在。

图12-17 月球上较小的重力使宇航员们相比在地球上可以跳得更高和更远

像所有动植物一样，我们无时无刻不在与重力做对抗。即使平躺着，人体的结构也会因重力而下沉。很久以前，我们的祖先选择直立行走时其实是克服了重力所带来的巨大困难，但在进化过程中，同样利用重力（以及其他特性，如动量）来发挥我们优势，这可以从手臂和腿的摆动中得以体现。

## 重力，反重力和跨越重力

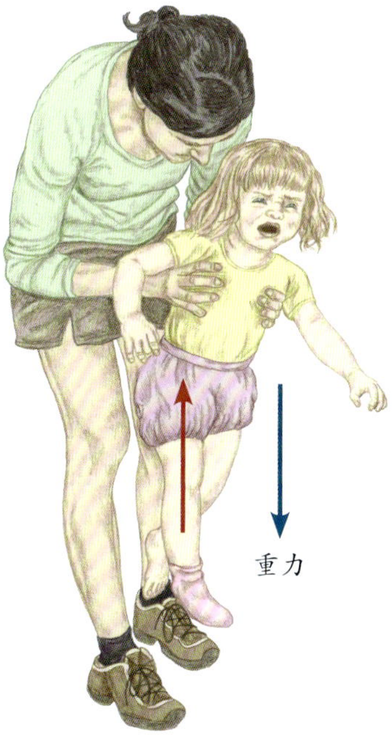

所有的力：重力、摩擦力、一阵风、一条河，都会影响我们身体的方向和运动速度。下坡时后背吹来微风，感受重力和气流如何加快你的行走速度。江河中逆流而上，水流及其动量会减慢速度。然而，转过身来，这些力量就变成了动力。一般来说，重力和阻力会减慢运动速度。

知道了这一点，就会明白，身体相对于重力的方向将极大地影响运动中肌肉收缩的形式。将一个哭闹的孩子抱在怀里的动作要对抗重力的作用（图12-18）。这个动作主要包含了一系列的肌肉收缩，尤其是股四头肌、臀肌、竖脊肌和肩后肌群。

当你安抚怀中的孩子时，你的肌肉会等长收缩（既不缩短也不延长）抵抗重力的持续牵拉。在孩子哭闹之后，你轻轻地把她放回地板上。这时，完全相同的肌与重力一起协同作用，通过离心（延长）舒张来完成这一动作。

当然，你的体位——俯卧、仰卧或倒立，会重新适应重力对身体的影响。例如，当从站立开始向右侧侧屈弯腰时，右侧腰方肌（图12-19）实际上是不收缩的。但当左侧卧再尝试这个动作时，这块肌就会产生明显的收缩（图12-20）。

图12-18 "我要下来！"举起小孩需要克服重力

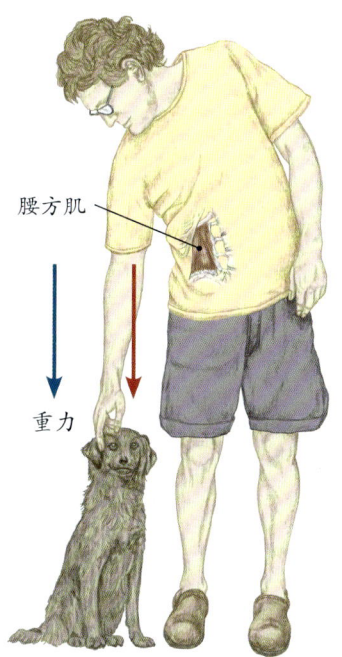

图12-19 倾斜身体向右侧触摸宠物时，基本上是重力作用下完成的动作，此刻，他的右侧腰方肌几乎没有运动

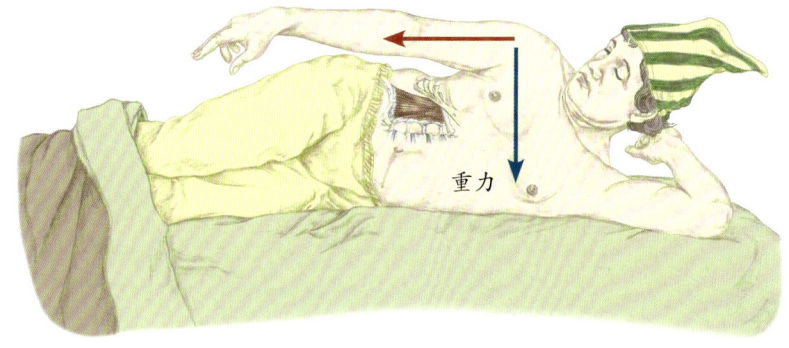

图12-20 水平侧卧位伸手抓毯子需要克服重力。右侧的腰方肌此时收缩，带动脊柱向一侧弯曲来辅助完成上述动作

# 运动定律

当牛顿开始解释（也可以说是发现）三大运动定律时，他并没有完全将肌和骨考虑进去。天体是他的关注重点，而不是人体。然而，事实证明，他的研究成果放之四海而皆准，同样适用于人体组织，就像它们适用于地球、月球和太阳一样。

作为经典力学的基础，这3个物理定律描述了"作用在物体上的力与这些力引起的运动之间的关系"。

图 12-21 撞上墙了！

## 第一定律：惯性

试想你正在沿着一条小路阔步奔跑时，转进了一个黑暗的角落，小路在砖墙位置戛然而止。你开始收缩肌肉和把脚踩稳来启动"刹车"，但可能仍无法避免撞到墙上（图 12-21）。

这个例子阐述了牛顿第一定律，即惯性定律。换句话说，一个静止的物体倾向于保持静止，而一个运动的物体倾向于保持运动，直到外力迫使它改变运动状态为止。正如我们在第 175 页所讨论的，惯性就是物体保持它原来的运动状态。在这个例子中，你在运动，而墙壁则一直保持静止状态。

更重要的是，要克服物体的惯性，需要一个导致物体静止、移动或改变方向的力。在这个例子中，你的移动被墙的固定力改变了。这突出了惯性如何对抗运动的改变，并解释了为什么没有发生相反的结果：在碰撞时没有撞倒墙，这是因为墙的质量比你大，惯性也大，所以减速体的力有边际效应。

让我们重温上述场景，但让我们将主角换成威廉·佩里（一位高大的美国橄榄球巨星）和一只小羊羔。随着相对惯性大小的切换，佩里先生可能会将小山羊撞飞。

在该定律的另一个示例中，将两个高尔夫球排成一列，然后轻轻地击打 1 号球，让它滚向草坪。2 号球保持原地不动（静止的物体倾向于保持静止），球杆的击打使 1 号球向球洞滚动（运动中的物体倾向于保持运动）。如果我们去除重力、摩擦力和空气阻力等力，1 号球将永远不会停止运动（图 12-22）。

牛顿第一定律似乎非常简单，你可能想知道为什么还需要讨论它。然而，这个简单的概念几乎清楚解释了运动和静止。反过来想一想，如果抛弃这个定律，静止的物体倾向于运动，或者是运动的物体倾向于静止，世界将像科幻小说一样混乱。

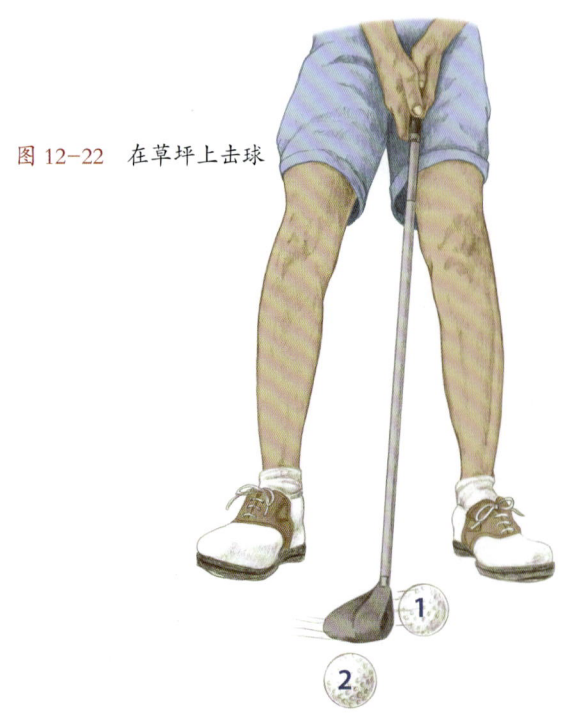

图 12-22 在草坪上击球

车祸中的撞击使脊柱过度后伸也是对第一定律的诠释

在紧急情况下,如汽车急刹车时(或猛冲),依据第一定律所言,这将会对颈椎产生极大的危害。如果你驾驶的车被追尾,头部在惯性作用下前后摇摆动作证明"静止的物体趋于维持静止状态"。不幸的是,在你的头部静止的那几秒内,你的躯干被汽车座椅(左图)推向前方。这些不同方向的惯性(躯干运动,头部静止)使你的头被迫向后过度伸展,然后被再次反推(正如我们将在第三定律中看到的)向前造成过度屈曲(右图)。

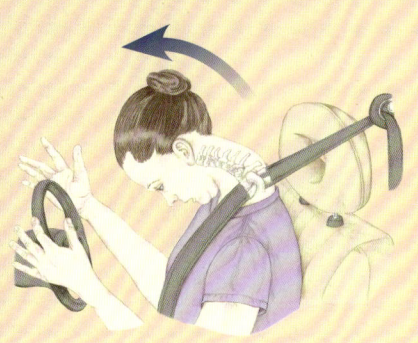

颈椎过度屈曲

## 第二定律:加速度

雪下得很大,你的车被困在沟里。幸运的是,另一辆车停了下来,出来3个人帮忙推车。这时你控制着方向盘,他们慢慢地将小轿车推回路上。你向他们致谢并安全行车抵达目的地(图12-23)。

其实,你还应该向"牛顿第二定律"致谢。人们所熟悉的加速度定律,它与油门无关,而是关注力、质量和加速度之间的关系。

该定律指出,加速度与作用在物体上的力成正比,而与其质量成反比。加速度的方向与作用力的方向一致。这意味着什么?一些人推动(力)你的汽车(质量),朝着他们推动的方向,直到动起来(加速度)。

让我们深入一点。如果我们回想一下,力是可以导致物体产生特定变化的作用因素。因此,这3个人产生了力,并导致汽车移动。质量,物体中物质的数量,与汽车有关。对这些人来说幸运的是,汽车较小,质量也不大。在他们将汽车的位置从沟内转移到道路上时,加速度(物体速度随时间变化的速率)是很明显的。

现在让我们来看看,如果我们改变了故事中的一些变量会发生什么。假设我们将你的小轿车换成了2吨重的越野车(图12-24)。这3个人产生的力相同,但车的质量要大得多。尽管他们一直在推,但几乎没有移动车体,因为车辆的加速度减小了。换句话说,如果施加相同的力(3个人),但质量增加了(越野车),加速度就会变小。

试想现在有10位来自加州大学洛杉矶分校橄榄球队壮硕的小伙子们出来帮忙推车(图12-25),即使面对2吨质量的越野车,他们也能爆发出足够大的推力,将车辆从沟里推回道路上。在这里,我们看到了作用力的增加是如何提高加速度的。

图12-23 3个人成功地推出了小轿车

图12-24 3个人没能推出越野车

第12章 生物力学(上) **179**

该定律的第二部分告诉我们，加速度的方向跟作用力的方向相同。例如，如果你将一个巨大的雪球向南滚动，如果雪球已经在滚动，再向西南方向轻推（推或拉）将改变雪球的运动方向。该定律虽然听起来简单易懂，但极其重要。试想若定律不成立，那情况又会如何？你试图屈曲受检者的肩部，令人震惊的是，肩部反而向用力相悖的方向外展或后伸。又来了，这场景好似科幻小说一样混乱。

让我们回到高尔夫球场，当我们用保龄球代替高尔夫球时，看看这条定律如何发挥作用。增加的质量需要施加更多的力才能使球获得相同的加速度（图12-26）。换回常规尺寸的高尔夫球，现在施加与打保龄球相同的力会发生什么呢？如此巨大的力施加在质量小的物体上会产生更大的加速度。

如果想在自己的身上看到栩栩如生的牛顿第二定律，只需等待电视上的广告插播即可。当你从沙发上站起来时，肌会拉动骨和肌本身的质量，使四肢产生运动（加速度）。这个定律的第二部分就是确保你加速的方向，带你去想去的地方，厕所而不是厨房。

图12-25　加州大学洛杉矶分校的运动员完成了这项工作

图12-26　击打"保龄球"

### 第三定律：作用力与反作用力

你在湖中泛舟，湖面就像镜子一样，随着每一次划桨，波纹的涟漪都会传递到独木舟（图12-27）。当划到湖中央的一个小型浮动码头边时，由于独木舟和浮动码头都没有系泊在稳定的物体上，当你吃力地从独木舟爬上码头时，二者就彼此远离开来（图12-28）。当你平安地躺在码头上时，听到鸟啼声从头顶传来。

如果那只鸟是牛顿的幽灵的话，它可能会说："任何一个作用力，都存在大小相等而方向相反的反作用力。"这正是第三定律的前提：作用力与反作用力定律。换句话说，每当一个物体推动另一个物体时，另一个物体也在以相同大小的力推动第一个物体。作用力与反作用力是大小相等方向相反的力。该定律在上述故事情节中出现了几次。首先，桨对水的作用与水对桨的作用相等，但相反的力相互推挤，以使独木舟前行。

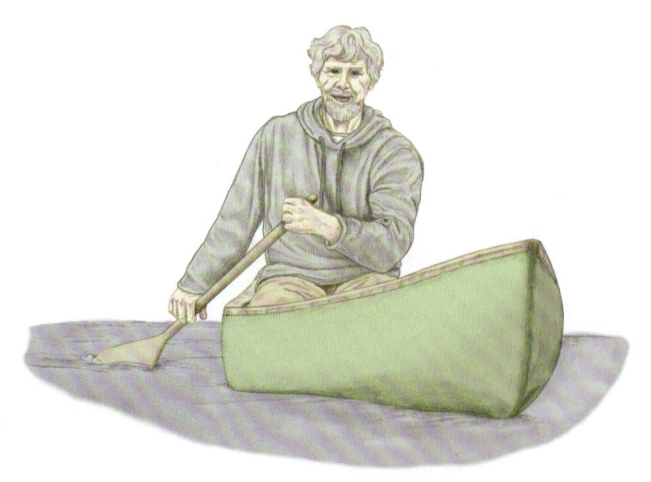

图12-27　水中划桨

如果水没有施加反作用力，独木舟可能仍在岸边。从某种意义上说，水和你（产生的力）相互推挤，你向前滑行，水向后流。

当你试图爬上码头时，这条定律也起作用了。关键时刻，你一只脚在独木舟上，另一只脚站在码头上（图12-28）。当你用脚蹬推独木舟时，比码头轻得多的独木舟飘走了。

其实牛顿第三定律早已印证了我们日常生活的每一个细节。从我们每天迈出的第一步开始，也就是说，将我们的身体从一个位置离开，这样做的方式是推着地面，含蓄地相信地面会推开我们。在这个例子中，"地面"（独木舟）与你的身体具有相似的惯性。更重要的是，水面对船体的摩擦很小，可以抵抗你施加的力。结果（回到我们对牛顿第二定律的讨论）是双方都各自产生加速度离开对方。

在公园里散步，你也能体会到这条定律。实际上，在公园里简单地散步都可以说明这个问题，它是你的鞋子推着地面，而地面也在推着鞋子。草地上有一个放风筝的男孩（图12-29），可以看到这种相互作用力不仅体现在手和绳子之间，还体现在风筝和风之间。在一场篮球比赛中，注意球员控球的手和球之间的作用力和反作用力（图12-30）。在健身房中，感受肌肉的力量与健身器材的作用力和反作用力（第174页）。

图 12-28　试图踏上未系泊的码头

图 12-29　放风筝

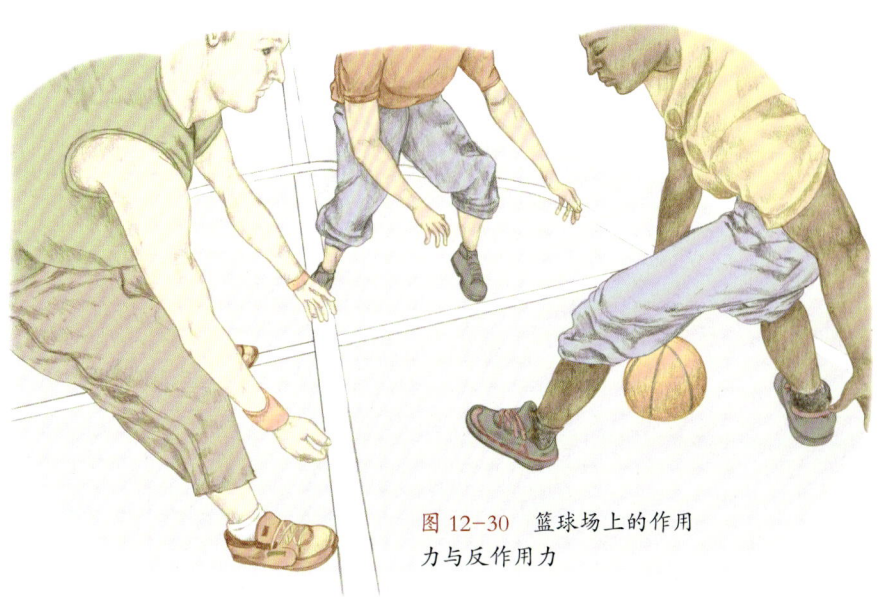

图 12-30　篮球场上的作用力与反作用力

第 12 章　生物力学（上）　**181**

# 力的详解

第175页简要概述了力的含义，现在更进一步阐述它。正如我们所提到的，力是任何可以使物体发生特定变化的因素。概括来说，力就是一个物体（如拳头）作用于另一个物体上（拳击沙袋）。正如在结缔组织中提到的（第31页），力可以表现为推力或拉力（扭、剪、拧都是在这些力的基础上转变过来的）。

当施加在两个物体上的拉力旗鼓相当时，它们便保持静止（图12-31，12-32）。但当一方的力大于另一方的力时，将会产生运动。这里值得注意的是，力可以在身体内部（肌、筋膜、骨）或身体外部（重力、摩擦力、风）产生。在接下来的例子中，我们将见证这两种形式。

图12-31 相同的相互作用力则不产生运动

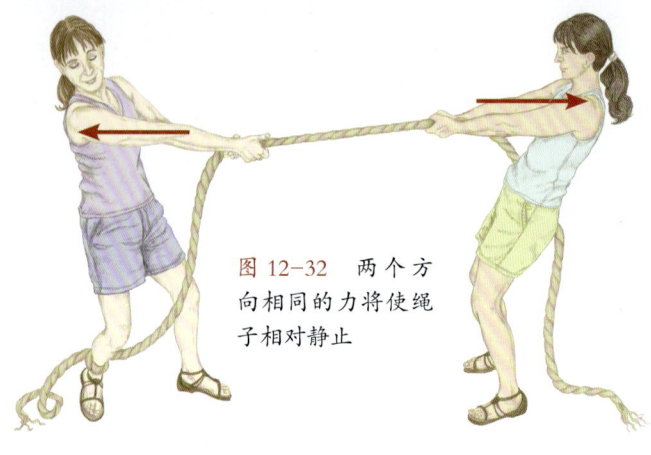

图12-32 两个方向相同的力将使绳子相对静止

## 力和矢量的概述

在深入研究3种不同的力系之前，让我们首先认识到力是一个矢量。而矢量（正如在第176页讨论的）只是一种具有方向和大小的力。例如，你在向朋友提供方向时描述了一个矢量："向西走两个街区。"西是方向，两个街区是数量（大小）。

力具有这两个特性（大小和方向），并且具有作用点。这3个组成部分中的任何一个变化都会影响所包含的运动。

例如，想象一艘拖船拉着一艘驳船。拖缆上的张力表示矢量的大小（M），拖船的航线表示矢量的方向（D）（图12-33）。它的作用点（A）是绳索连接到驳船船头的地方。

当你用足趾站起来时，可以看到力作为矢量的解剖学示例（图12-34）。小腿三头肌肌腱上的张力代表矢量的大小（M），肌的拉线（向上上升）说明矢量的方向（D），作用点（A）位于跟骨后部。

正如我们接下来将看到的，我们可以使用力的这3个方面来创建3种不同的力系：

- 线性力
- 平行力
- 共点力

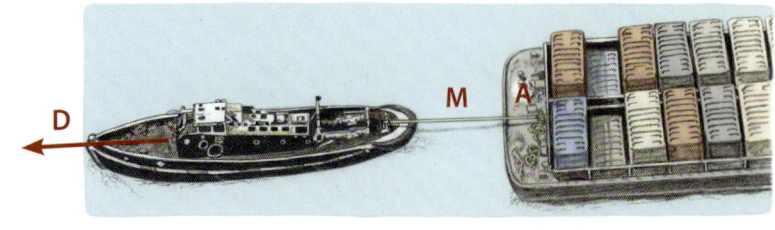

图12-33 拖船在牵动负载时的施加方向、大小和作用点

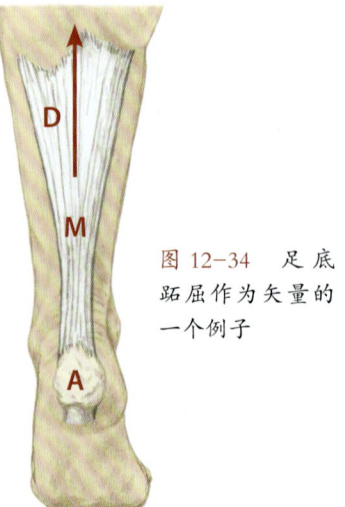

图12-34 足底跖屈作为矢量的一个例子

## 线性力

受检者仰卧,对她的颈部进行颈椎牵引(图12-35)。这是线性力的一个很好的例子,所有力都沿着同一条拉力线发生。在这里,通过让你的手移动而产生牵引力,而她的头部和颈部(通过组织的内部张力)沿着同一条拉力线抵抗你的牵引力。

线性力可能作用在相同方向或相反方向,不同方向决定了将产生拉伸还是压缩。在上面的例子中,手产生的拉伸力(对头部的拉力)和线性力沿相反方向移动。

或者,当受检者仰卧,对她进行屈髋屈膝检查时,可以看到产生压缩的线性力(图12-36)。站在受检者身体一侧,你可以推挤组织,从而产生相同方向的线性力。

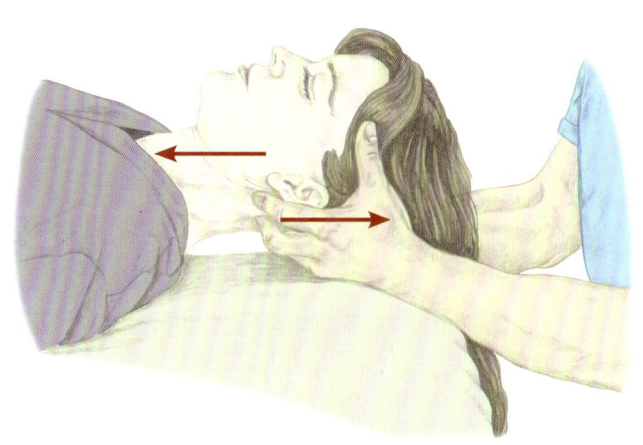

图12-35 颈椎牵引,线性力沿相反方向移动

## 平行力

现在让我们移动到肩部。站在受检者一侧,你将一只手放在肩部前方,另一只手则放在肩部后面。当你向相反方向施加压力时(前方的手向内侧滑动,而后方的手向外侧拉),施加的是平行力(图12-37)。

平行力作用在同一个平面上,相互成一条直线。要么彼此相邻(横向位移),要么作用在不同的深度(如上述场景中的手)。

它们可以沿相同方向或相反方向移动。在腘绳肌(图12-38)的收缩中可以作为平行力的解剖学示例(以及力沿相同方向移动的示例)。肌腹位于同一平面,以并肩作战的方式起作用,使膝关节运动到同一个角度。

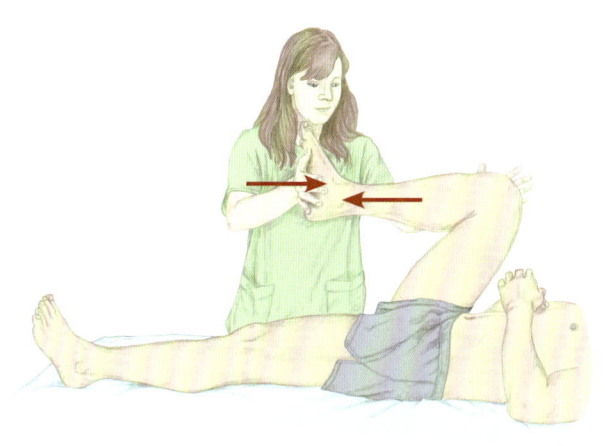

图12-36 髋关节屈曲时作用在同一方向的线性力

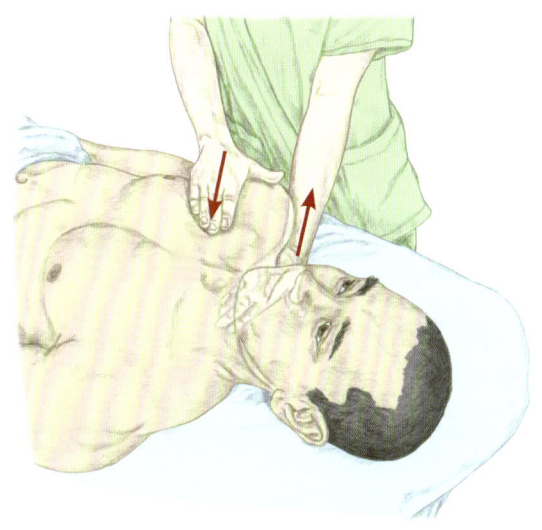

图12-37 平行力:在肩部的相对两侧施加压力

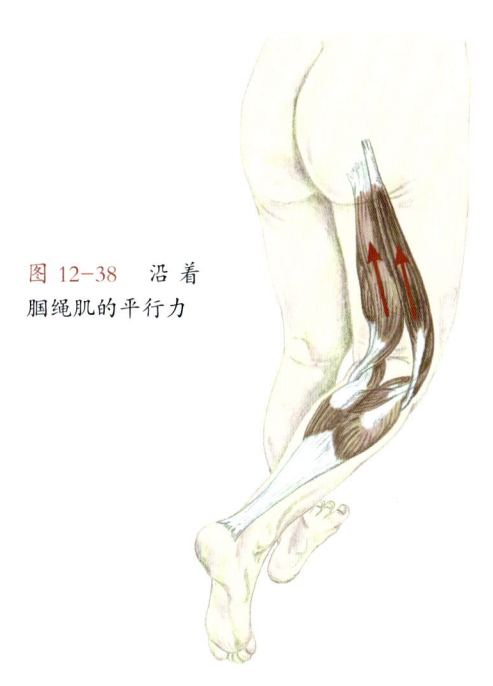

图12-38 沿着腘绳肌的平行力

第12章 生物力学(上) **183**

当平行力沿相反方向移动时，它们会产生一个旋转力，称为力偶。转动方向盘是这种特殊类型平行力的日常示例。双手施加相同的力，但向不同的方向移动（图12-39）。

当斜方肌和前锯肌施加相反的肌肉力量使骨向上旋转时，发生力偶的肌在肩胛骨处（图12-40）。斜方肌的上部纤维牵拉肩胛骨向上，而其下部纤维向下方拉，前锯肌向外侧拉。这些不同的动作共同形成肩胛骨逆时针旋转。当腹内斜肌和腹外斜肌在躯干的相对两侧收缩以旋转脊柱时，也会发生力偶（图12-41）。

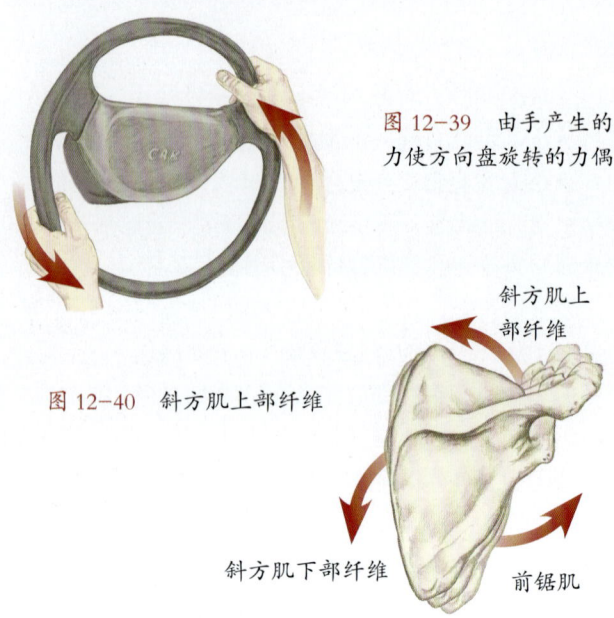

图12-39 由手产生的力使方向盘旋转的力偶

图12-40 斜方肌上部纤维

## 共点力

假设受检者站在检查桌旁边并外展臀部。当臀中肌的斜行走行纤维运动时，它们会产生共点力：2个或多个力作用在物体的同一个点，但作用方向不同。

臀中肌的3个部分（前、中、后部纤维）最终结果是共同产生合力（2个或多个不同力共同作用）。这3个部分臀肌共同作用的结果是髋关节外展（图12-42）。

共点力在整个身体中都可能体现出来，不仅存在于胸大肌和三角肌等具有聚集纤维的肌肉中，也包括肩袖和股四头肌等。

根据所需的动作，一个共点力可以产生更大的拉力，这不同于合力。例如，从桌子斜对面伸手拿笔需要更大的三角肌前束拉力，而三角肌后束的拉力则很小（图12-43）。不是横向抬高手臂（需三角肌同等大拉力的2个部分），合力会拉动手臂。

手臂向前和向外侧（屈曲和外展的组合），到达拿笔所需的手部位置。

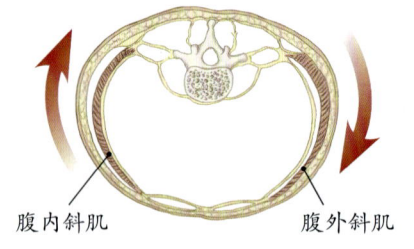

图12-41 在脊柱旋转过程中相反的作用会产生力偶

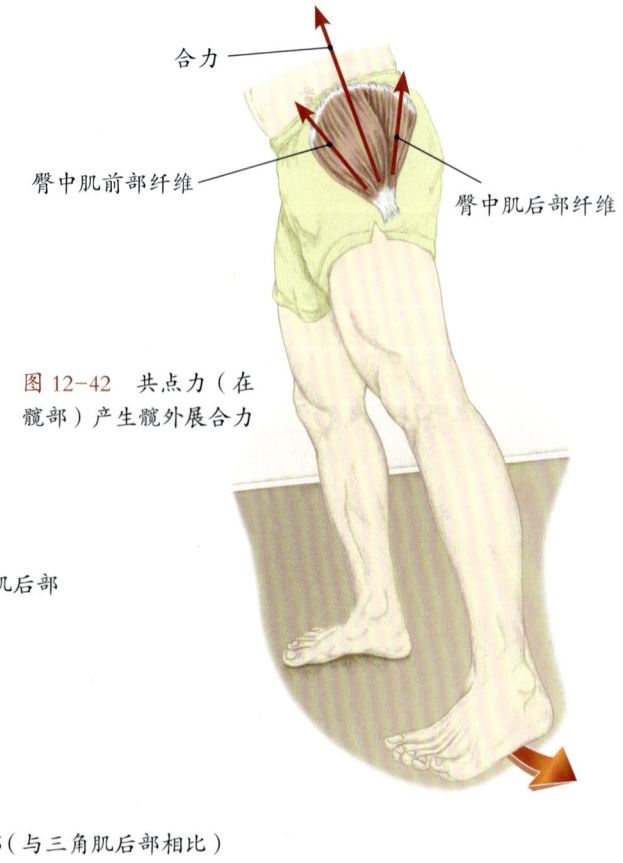

图12-42 共点力（在髋部）产生髋外展合力

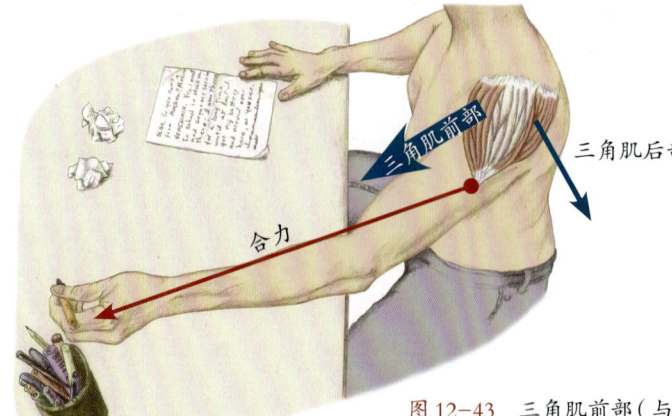

图12-43 三角肌前部（与三角肌后部相比）的更大收缩力导致手臂的对角线运动

# 扭矩详解

我们在前几页描述的力系统通常在直线范围内运行。但是人类的很多运动都是在转圈、螺旋和旋转方向上完成的。对于这些，我们需要扭矩（也称力矩），一个使物体围绕轴心转动的力。

回到桌子旁，你尝试屈曲和伸展受检者的髋关节（图12-44）。在做这个动作时，会产生一个扭矩（旋转力），股骨头借助这个力围绕关节的轴线进行旋转（图12-45）。

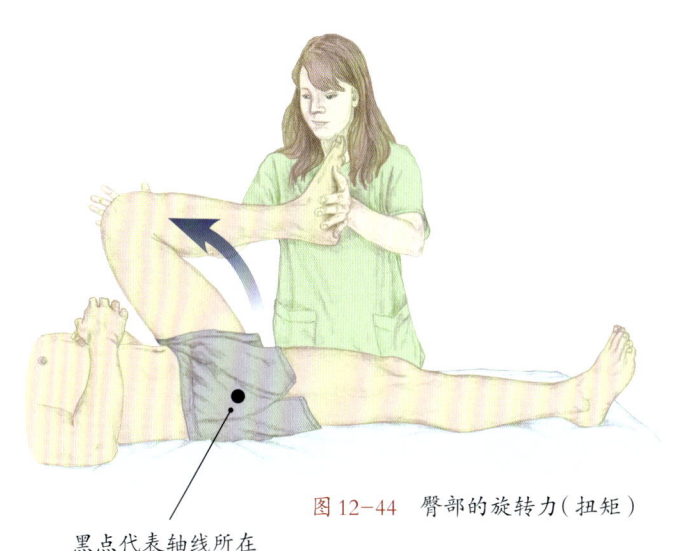

图12-44 臀部的旋转力（扭矩）

黑点代表轴线所在的位置（髋关节）

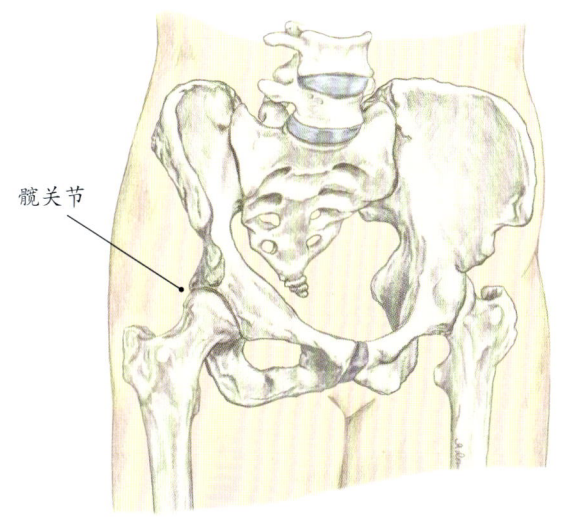

髋关节

图12-45 骨盆的前外侧观

旋转运动取决于2个关键因素：
- 施加力的大小
- 力与支点之间的距离

缺乏上述因素，运动就不可能实现。例如，你能用一根手指转动扳手吗？不行，因为力不够。用短柄扳手可行吗（图12-46）？也不行，因为力点太靠近支点了。这2个例子都说明上述因素在运动完成中的重要作用。

让受检者做髋关节旋转运动（适当的力与支点的距离）（图12-44）。首先，你需要使用足够的力来抬起整个下肢（它非常重），并且以杠杆的方式握住小腿去旋转关节。为此，我们绝不会仅用一只手从受检者大腿后部提起下肢，这无法保证产生足够的扭矩，因为力量太小，距离旋转轴太近。

相反，可使用我们双臂的力量，在受检者的膝部和踝部提起大腿，保证有足够的动力，距离支点更远（图12-44）。

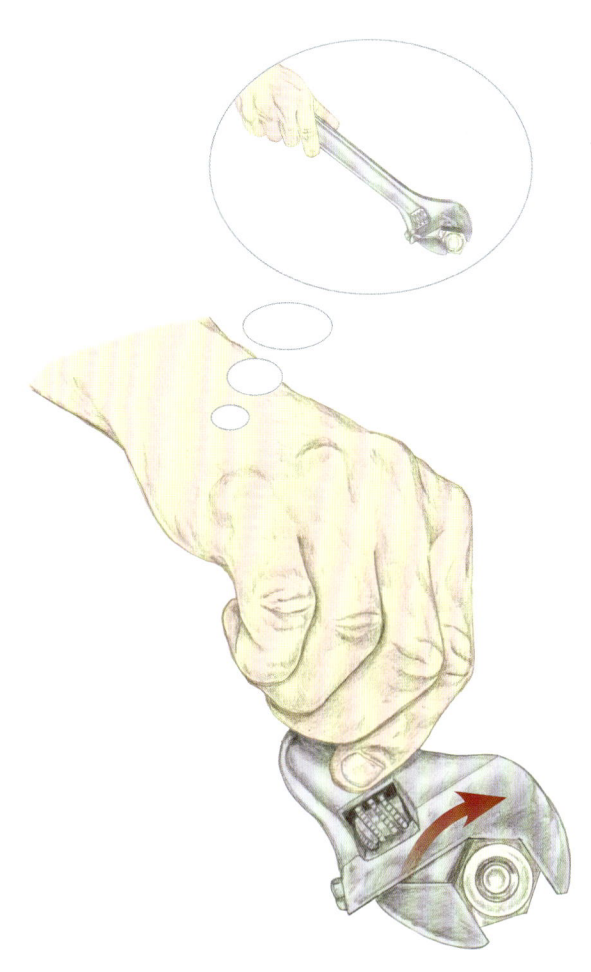

图12-46 一个得心应手的扳手非常有用。该工具从其动力（手）到其旋转轴（钳口）的距离太短，几乎不会产生扭矩

第12章 生物力学（上）

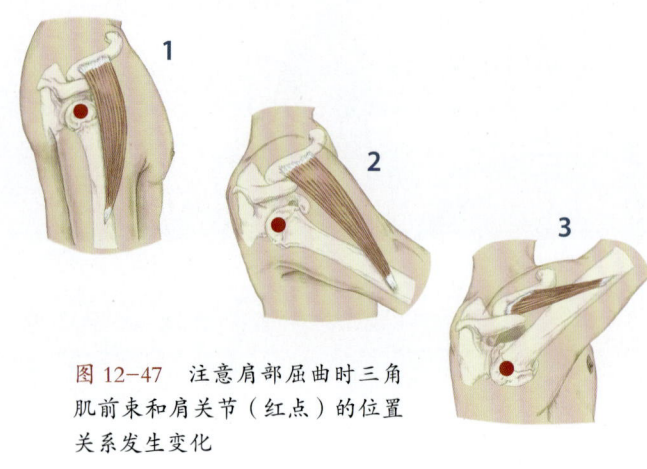

图 12-47　注意肩部屈曲时三角肌前束和肩关节（红点）的位置关系发生变化

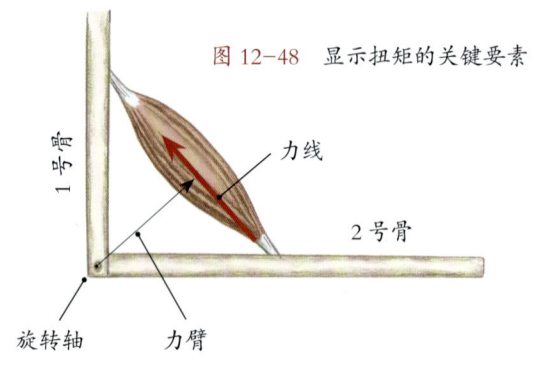

图 12-48　显示扭矩的关键要素

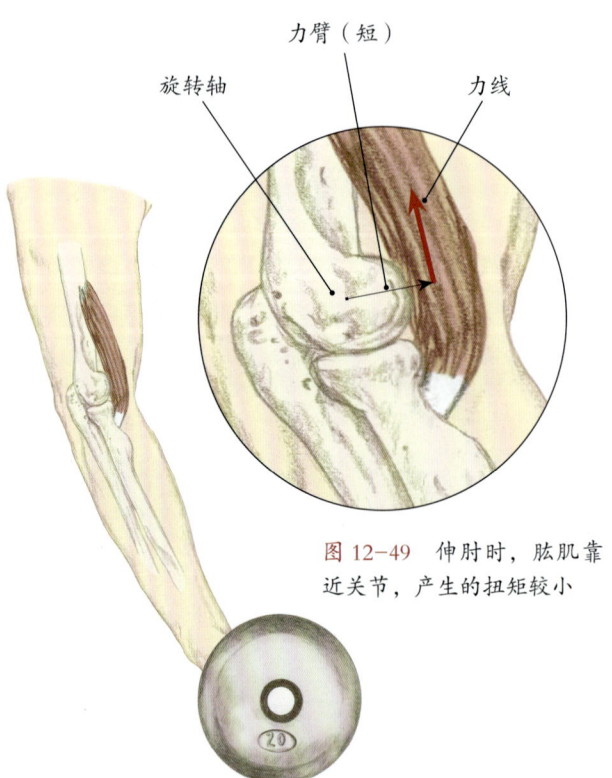

图 12-49　伸肘时，肱肌靠近关节，产生的扭矩较小

正如我们在上一页所述，扭矩是"一个涉及物体绕轴旋转的力"。现在看看扭矩与关节和肌肉运动相关的概念。大多数关节的运动都涉及旋转运动。屈膝关节、伸手指、旋转颈部等，所有这些都涉及围绕关节的旋转，需要肌来发生这些动作。更具体地说，肌肉收缩会产生一定量的力以在关节处产生扭矩（旋转）。

考虑到这一点，你可能没有想到：肌与关节之间的位置关系在运动过程中会不断变化。

例如，当肩关节180°屈曲时，三角肌前束（及其附着的肌腱）相对于肩关节的位置会不断变化（图12-47）。由于这种关联的可变性，运动范围内产生的扭矩量也会发生变化。

我们可以通过检查关节及其与扭矩相关的运动系统组成来进一步学习。将关节（图12-48）简化为一条力线（穿过肌腹，第130页）和一个旋转轴（位于关节的中心）。跨越这些点的是力臂（或扭臂），即肌肉力线和旋转轴之间的垂直距离。

正如上面所说，产生的扭矩取决于：①肌肉力量的强度（大小）；②力线和旋转轴之间的垂直距离。这个距离（力臂的长度）会随着关节运动范围的变化而变化，相应地扭矩量也会发生变化。稍后我们将看到，当关节的力线为90°时，扭矩最大。但是，当该关节的角度从该垂直角度增加或减少时，扭矩会减小。

以肱肌为例讲述上述概念。当肘部伸展时，肱肌的肌腹靠近肱尺关节（图12-49）。这个位置产生了一个短的力臂。这意味着当肘部处于伸展位置时，肱肌产生的扭矩较小。

同样，在完全屈曲的位置，它具有较小的旋转力（图12-51）。但是，当关节定位时，在90°力臂最长（图12-50），它可以产生最大的扭矩（这与第137页中关于肌如何通过其肌节在中间位置最强的讨论相吻合）。

现在，你可能会疑惑为什么力臂的长度（力线和旋转轴之间的跨度）对肌力有如此大的影响。毕竟，从一个位置到另一个位置的距离变化很小。但是，事实上，这种微小的改变不仅决定了肌的生物力学潜力，还决定了它将在关节上产生的力的类型。

当肱二头肌屈曲举起哑铃时，3 种力如何影响肘关节。在运动开始时，当手臂完全伸展时，肌腹主要产生稳定力（图 12-52，A）。肱二头肌的运动将两块骨靠近。

当肱二头肌屈曲肘关节时，它会产生较少的稳定力和更多的角向力。现在肌的运动旨在拉动肱骨下端的尺骨（图 12-52，B）。在屈曲的中点时（肘关节屈曲 90°），肱二头肌的力臂最长；因此，它的大部分力都用于旋转肘关节。

当超过 90° 的屈曲时（屈曲的后半阶段），力再次改变。随着肌的运动远离关节，它变成了一种使关节脱臼的力量（图 12-52，C）。

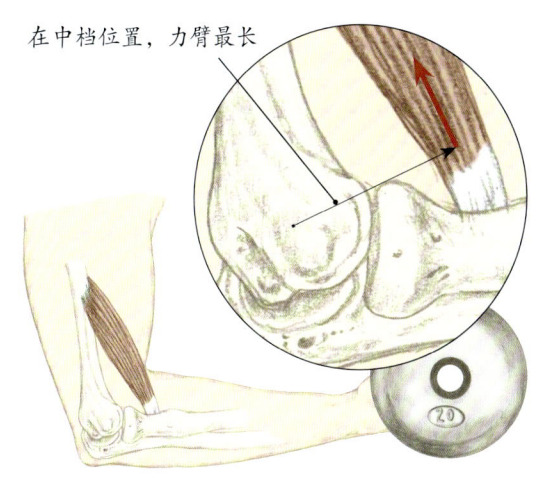

图 12-50　在 90° 时，肱肌在角向力模式下产生最大扭矩

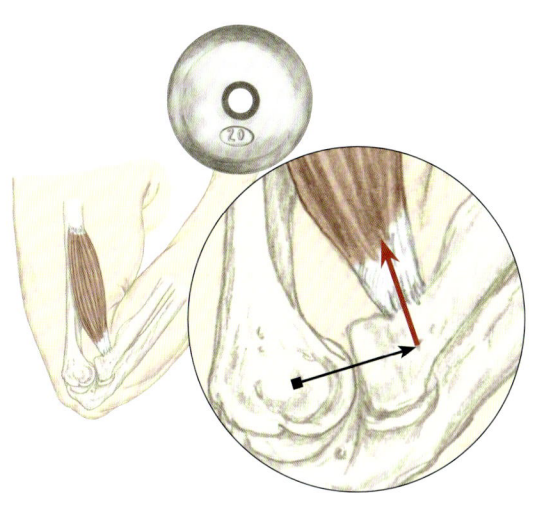

图 12-51　与伸展一样，屈曲的位置使肱肌靠近关节并产生较小的扭矩

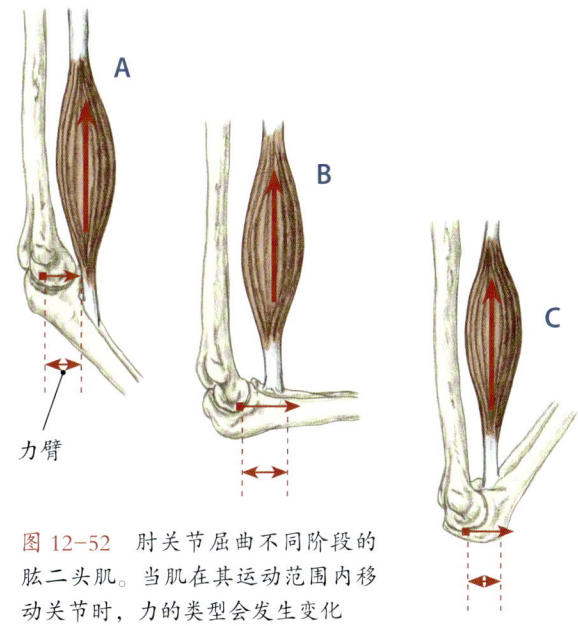

图 12-52　肘关节屈曲不同阶段的肱二头肌。当肌在其运动范围内移动关节时，力的类型会发生变化

要确定肌肉是否会在其整个运动范围内产生更大的稳定力或角向力（见上文），需要考虑肌的构造和位置。例如，喙肱肌在稳定肩部肱骨头方面起着重要作用，因为它大部分是垂直的，并且靠近（即短力臂）盂肱关节。相反，股四头肌是产生角向力的一个例子——但并非没有髌骨的帮助。

髌骨包裹在股四头肌腱远段内，将肌腱抬离股骨，这个额外的距离延长了力臂并改变了肌肉的力线（右）。因此，股四头肌会产生更大的角向力来将胫骨拉到股骨末端。

如果膝关节设计成没有髌骨（最右边），力臂会更短，力线更靠近轴，而且股四头肌的大部分努力都会对关节产生稳定的力，而不是周围的角力关节。

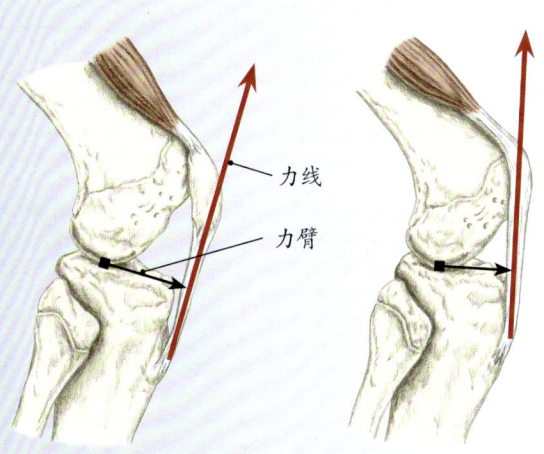

股四头肌的不同力臂——有髌骨（左）和无髌骨（右）

第 12 章　生物力学（上）　187

# 复习题

1. 生物力学定义为____。（第174页）
   a. 与哺乳动物有关的生物学物理定律
   b. 直接与身体相关的机械原理
   c. 机械方面的生物学和科学
   d. 涉及人体运动的生物学原理

2. 力可以以什么方式发生？（第175页）
   a. 方向、运动和结构
   b. 方向、稳定性和力量
   c. 稳定性、移动性和功能
   d. 运动、结构和功能

3. 没有阻力并继续运动的滚动球是____的例子？（第175页）
   a. 质量
   b. 扭矩
   c. 惯性
   d. 重力

4. 抵消两个表面相对运动的力是____。（第176页）
   a. 矢量
   b. 摩擦
   c. 静力学
   d. 动力学

5. 以下哪一项对身体运动影响最大？（第177页）
   a. 灵活性
   b. 重力
   c. 力
   d. 时间

6. 撞到砖墙说明了牛顿三大运动定律中的哪一个？（第178页）
   a. 惯性定律
   b. 行动定律
   c. 加速度定律
   d. 运动定律

7. 以下哪些是牛顿第二运动定律的关键因素？（第179页）
   a. 质量、矢量和重力
   b. 力、重力和光
   c. 矢量、重力和加速度
   d. 力、质量和加速度

8. 从自由漂浮的独木舟上踏上不稳定的码头是____的例子？（第181页）
   a. 矢量和力
   b. 作用力和反作用力
   c. 加速和减速
   d. 力与稳定性

9. 力可以分为哪3个系统？（第182页）
   a. 圆形力、平行力和线条力
   b. 线性力、垂直和矢量
   c. 线性力、平行力和共点力
   d. 长方形力、同步力和区域力

10. 转动扳手是什么例子？（第185页）
    a. 扭矩
    b. 重力
    c. 矢量
    d. 力

（付　饶　译，张露青　丁自海　校）

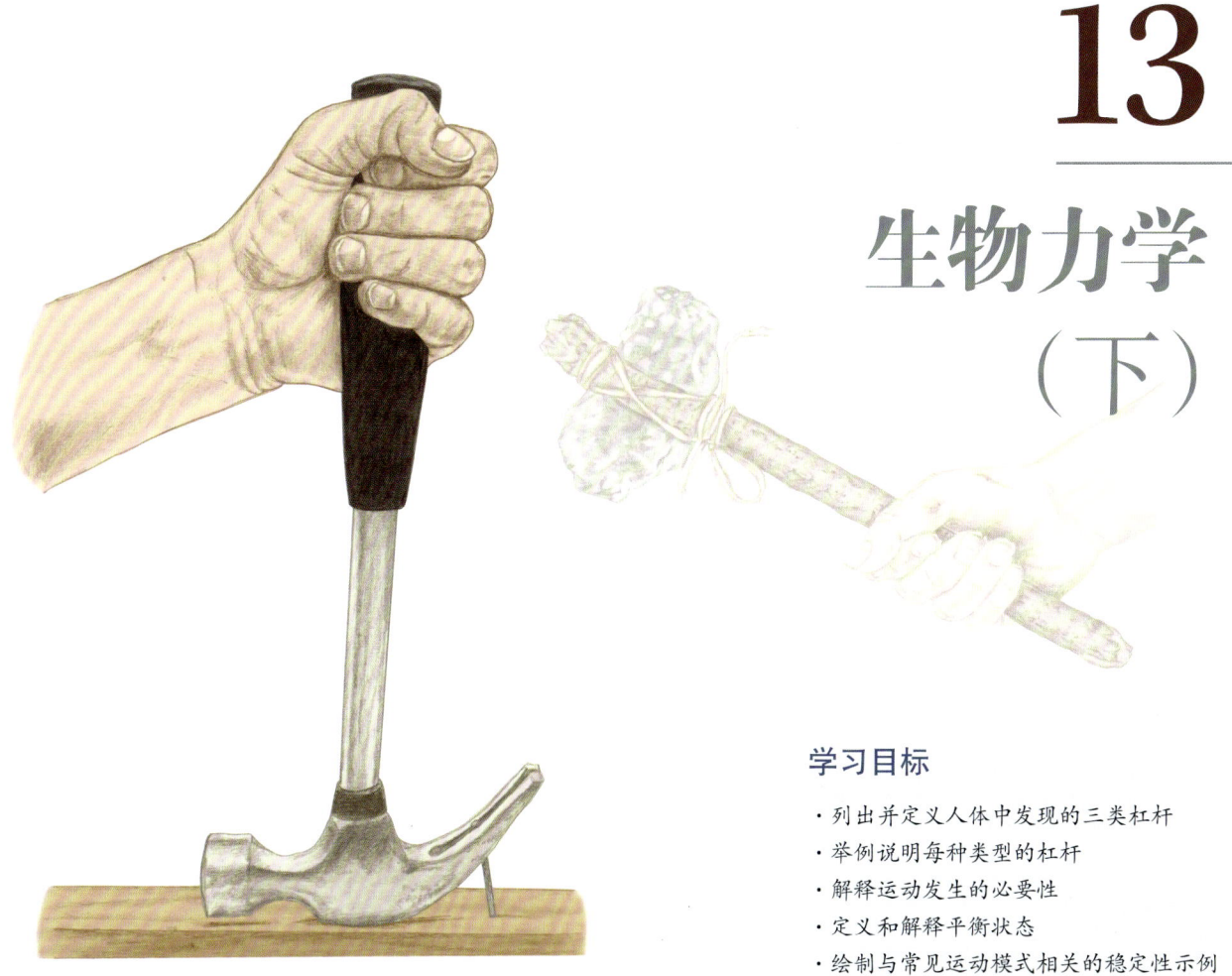

# 13

# 生物力学（下）

## 学习目标

- 列出并定义人体中发现的三类杠杆
- 举例说明每种类型的杠杆
- 解释运动发生的必要性
- 定义和解释平衡状态
- 绘制与常见运动模式相关的稳定性示例

## 本章要点

大约 3 万年前，旧石器时代人类一直尝试着如何将石块、棍棒和动物肌肉结合在一起应用。几千年后，工具可以在任何一家五金店内唾手可得。大家看似在使用锤子，但实际上却在应用物理学中的杠杆知识。

早期人类会对杠杆的定义（"移动物体的力的机械优势"）感到困惑，而当实际使用它时，便逐渐理解它的概念。如今，杠杆作用可以体现在现代生活中的方方面面：车间、家庭和汽车中皆可看到它的存在。正如你将在本章中发现的那样，甚至我们的肌肉也可以通过将骨骼作为杠杆来发力。

然而，需要明确的是，杠杆并不会减少所需的工作量。它只是传导力量。例如，当使用羊角锤拔钉子时，我们不会将手放在手柄的中点（上图）。相反，会本能地握着锤子手柄的末端然后猛拉以获得更大的杠杆作用。是的，必须将手柄握得更远，否则白费力气了。相较于上述这些文字，不如动手用锤子、钉子和木头来实践一下，你对杠杆作用的体会将更深刻。

- 从墙上拔钉子时，通常采取什么措施维持身体稳定性？
- 腹部有大量脂肪（"啤酒肚"）将如何影响个人身体重心？
- 健美运动员专注于上肢和躯干力量训练而忽略下肢锻炼，这将如何影响身体稳定性？

| | |
|---|---|
| 杠杆 | 190 |
|     第一类杠杆 | 191 |
|     第二类杠杆 | 192 |
|     第三类杠杆 | 193 |
| 在实验室：二合一杠杆 | 195 |
| 在实验室：在你的手中 | 195 |
| 稳定性 | 196 |
|     平衡 | 198 |
|     平衡的因素 | 199 |
|     稳定性原则 | 200 |
| 复习题 | 202 |

# 杠杆

最近，我们的工作人员开始打造一间全新的运动实验室。施工现场满是砖块、铲子和撬棍，但可别忘了骨、关节、肌肉等运动系统都参与了建造。为了移动建材以及工人们自身的身体，他们需要力和在上一章中阐述的组成生物力学最重要的要素。然而，杠杆是生物力学中另一个不可或缺的组成部分。为此，需要为工人们提供一些杠杆。

杠杆是一种简单机械，可以通过它来转换扭矩以增大所施加的作用力。换句话说，杠杆使你事半功倍，节省力气。

杠杆无处不在。理发过后清理地面、打开黄桃罐头盖并用叉子戳上一块，这些情况分别用了4种杠杆（图13-1）。除了剪刀、扫帚、开罐器、叉子这些工具外，还用到了人体运动系统的杠杆。

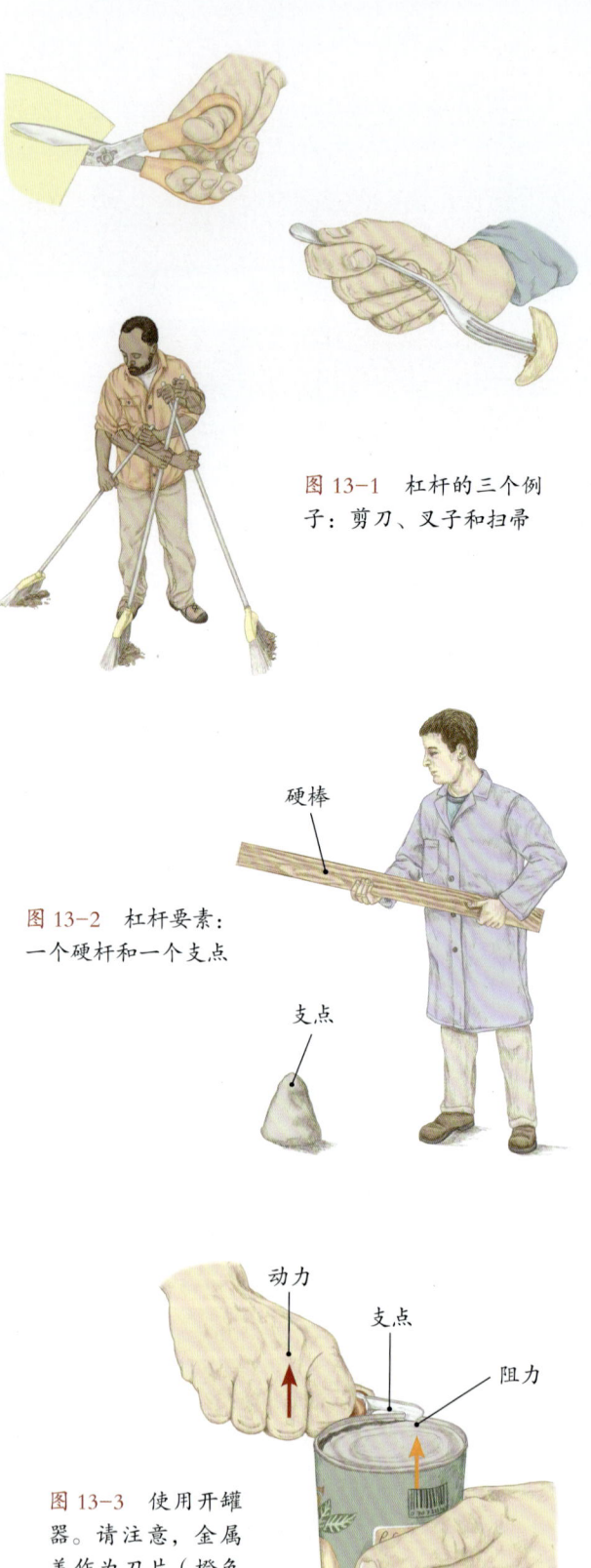

图 13-1 杠杆的三个例子：剪刀、叉子和扫帚

为了构建一个解剖学上的杠杆，我们需要一个硬杆和一个轴（支点）让杆围绕其旋转（图13-2），即骨和关节。实际上，所有这些运动都是通过骨杠杆的不断调节来完成的。

四肢的长骨最适合发挥杠杆作用，但是即使是肩胛骨、椎骨和颅骨等不规则骨也会提供杠杆作用。

如果将杆和支点排列在一起，就组成了杠杆，它包含3个基本结构：
- 支点
- 动力
- 阻力

杠杆绕支点旋转，力作用在杠杆上，杠杆作用在阻力（负载）上。在开罐器示例中，开罐器与罐头瓶接触的点就是支点，手和肌提供动力，罐头盖提供阻力（图13-3）。

杠杆的物理学要求这3个点之间保持一定距离。动力和轴之间的距离是动力臂，阻力和支点之间的距离是阻力臂（图13-4）。

通过不断变换组件的位置，我们设计出3类杠杆。如何理解呢，就像每位超级英雄都会在力量、速度、运动等方面拥有一两个独特能力一样。但是，某一种独特能力是以牺牲其他技能为代价的。因此，某些杠杆会在较短的距离内产生强大但缓慢的力；而有些杠杆会在长距离内产生较小但快速的力。

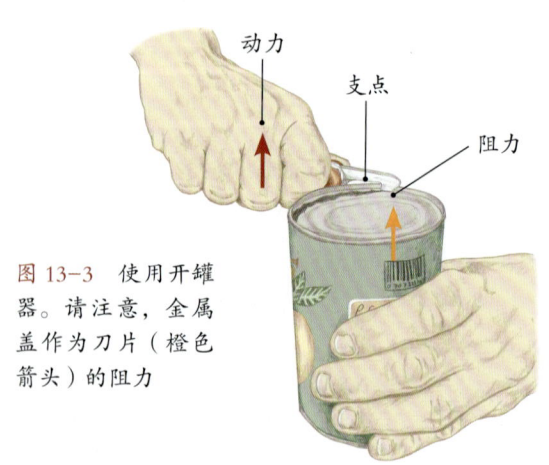

图 13-3 使用开罐器。请注意，金属盖作为刀片（橙色箭头）的阻力

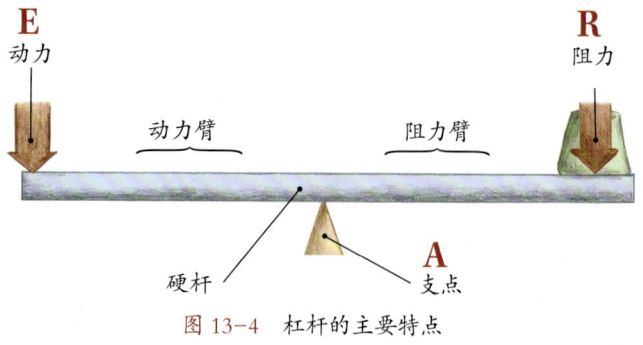

图 13-4 杠杆的主要特点

## 第一类杠杆

回到我们新实验室的施工现场,克里正在用撬棍撬起一块大石块(图 13-5)。尽管他不能将石块撬得很远,但他只用了较小的力就产生较大的力,或者扭矩。

第一类杠杆的特点是使力的效果增强。正如克里所做的,可以用很小的力就可使一块大石头移动一小段距离。因此,这类杠杆在省力方面表现很优秀,但在运动距离和速度方面表现不佳。

我们前面讨论过的开罐器和剪刀都是第一类杠杆。当然,与阻力相比,这种类型的杠杆提供的机械优势在很大程度上取决于动力臂的长度(图 13-6,13-7)。

例如,尝试用 0.6 m 长的撬棍和 2 m 长的撬棍撬起一块大石头,你会立即看到(并感觉到)动力臂的长度如何决定所需的力。

要体验身体的第一类杠杆,请抬头看天花板(图 13-8)。颈部和头部伸肌产生的力,你的颈椎间关节提供一个支点,颅骨(前部)的重量作为阻力。我们的身体实际上没有几个构造属于第一类杠杆,这是因为人体是一种为最大灵活性而设计的生物,这与第一类杠杆不太相适应。

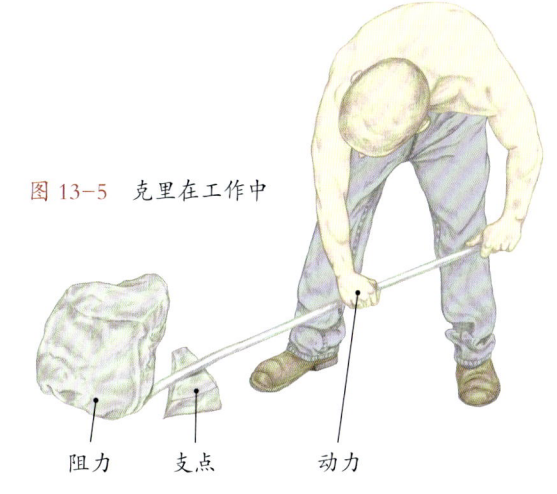

图 13-5 克里在工作中

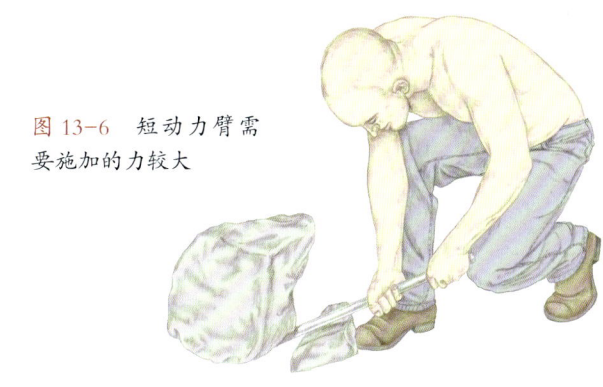

图 13-6 短动力臂需要施加的力较大

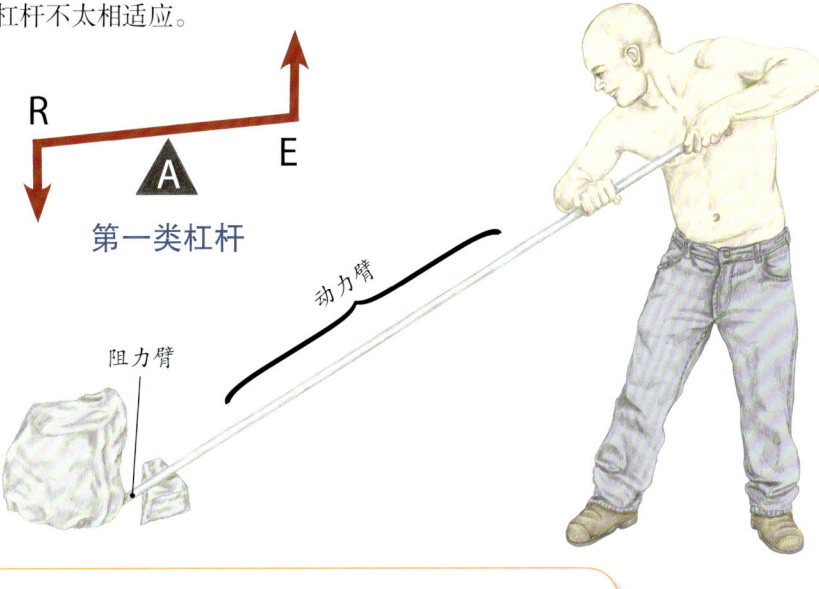

图 13-7 一个超长的动力臂减少了需要施加的力

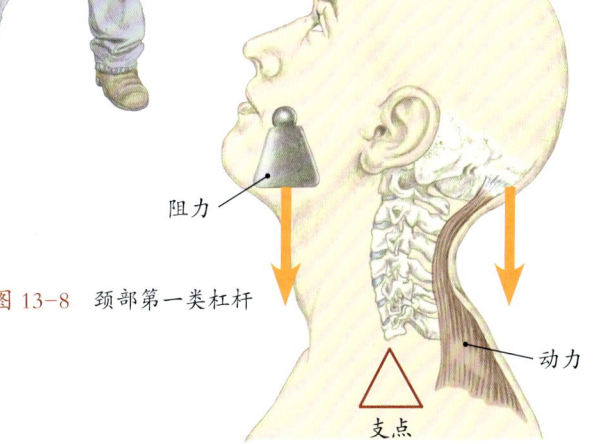

图 13-8 颈部第一类杠杆

> 杠杆的机械优势是通过力来移动物体("机械优势"是通过更轻松地移动物体而获得的好处)。在人体中,肌通过将骨用作杠杆来获得机械优势。
>
> 然而,我们应该明白,运用杠杆并不会减少所需的工作量,只是仅仅将工作量分解而已。例如,使用超长杠杆让巨石滚动一小段距离(图 13-7),这与使用一根很短杠杆的工作量相同。你用很少的力得到了,但你必须通过更长的距离才能达到这种效果。

当足不承重时，会出现第一类杠杆的其他示例。例如，当躺在床上或将足放在对侧膝盖上（图13-9），小腿三头肌发力，带动足以踝关节为支点跖屈，而背屈肌施加阻力。当然，如果你转换肌的角色（背屈肌为动力），则会出现相同的杠杆类型。足踝负重时会发生什么，将在第二类杠杆中讨论。

当你的肱三头肌伸展肘部对抗阻力时，第一类杠杆也会发挥作用。肱三头肌（动力）拉动鹰嘴过程，肘关节作为支点，阻力可以是前臂（当没有其他阻力时）或手（例如在健身房，在滑轮上做肘部伸展时）（图13-10）。

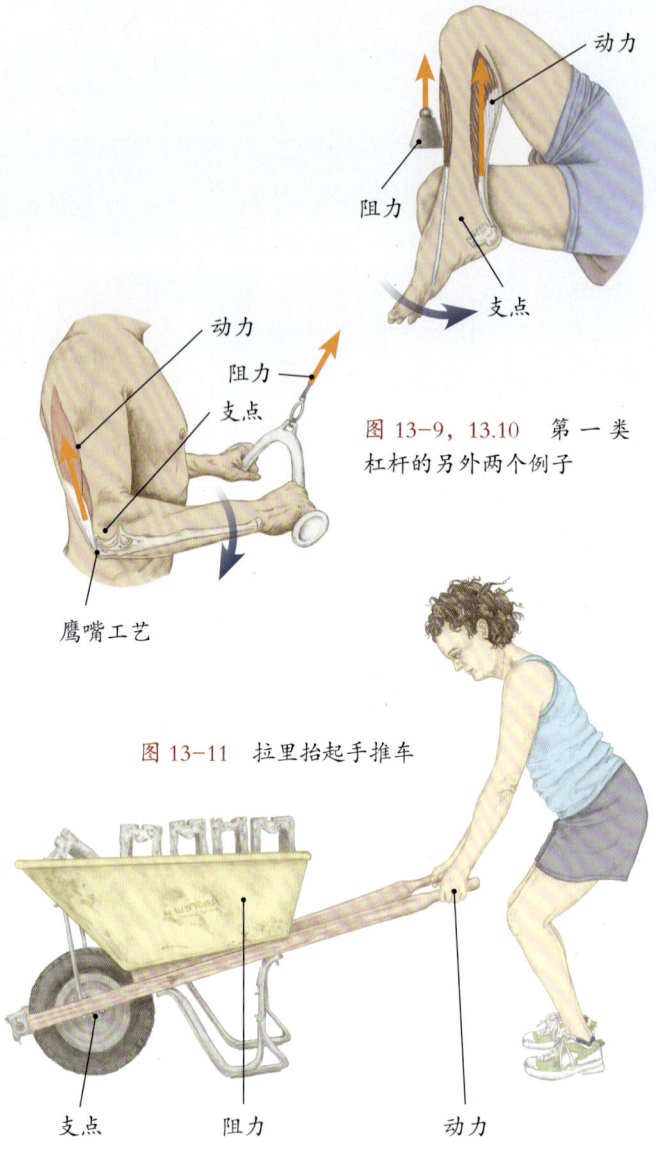

图13-9，13.10　第一类杠杆的另外两个例子

## 第二类杠杆

拉里的工作是把砖块运到泥瓦匠那里。她在独轮车里装满了砖块，开始抬起手推车的把手（图13-11）。令人惊讶的是，为什么她可以轻而易举地抬起装满砖块的车子呢？

通过将负载（砖块）放置在轴（轮）和力（拉里的升力）之间，第二类杠杆可以非常强大，通常比第一类杠杆更强大。它不需要大的运动范围和速度以增加机械优势。正如在第一类杠杆中看到的那样，改变动力臂与阻力臂之间的比例将改变杠杆的效率（图13-12）。

除了使用胡桃夹子或开瓶器之外，你还可以通过用足尖站立来感受身体中的第二类杠杆。在这里，足掌充当支点，而小腿三头肌则为动力。位于这二者之间的是整个体重的阻力（图13-13）。

图13-11　拉里抬起手推车

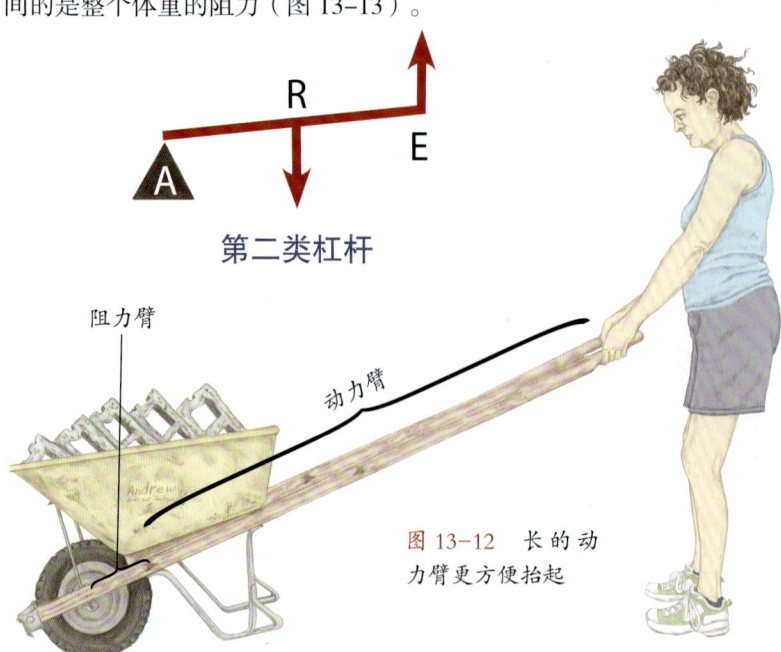

第二类杠杆

图13-12　长的动力臂更方便抬起

阻力并不一定都是重力或肢体的重量。也可能来自拮抗肌和筋膜。

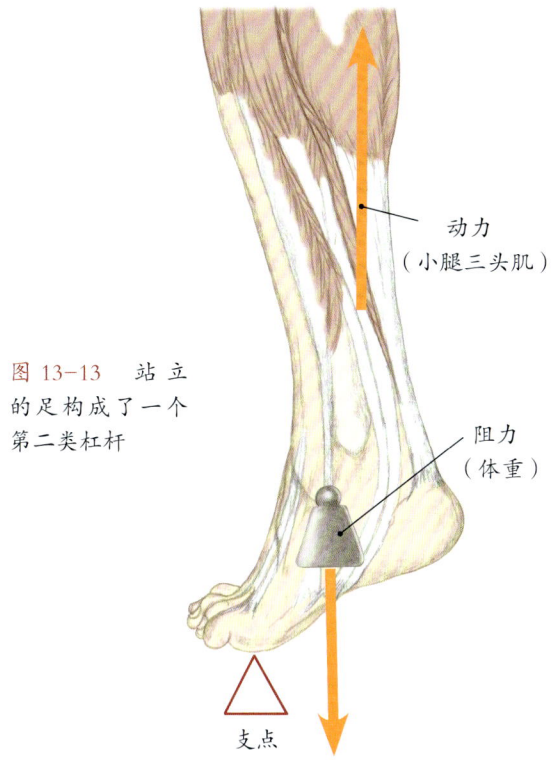

图 13-13 站立的足构成了一个第二类杠杆

3种杠杆中都需要一个硬杆。什么又充当了身体的杠杆呢？当身体绷紧时，肌与筋膜带可以帮助提供一些杠杆作用，但这对骨骼系统来说是一项负担。所有骨都可以起到一定的机械作用，四肢骨的长骨作为杠杆效率更高。同时，关节将被作为旋转支点。如果没有这些"转折点"，你的骨架将是一个单一的骨质，杠杆作用无法实现。

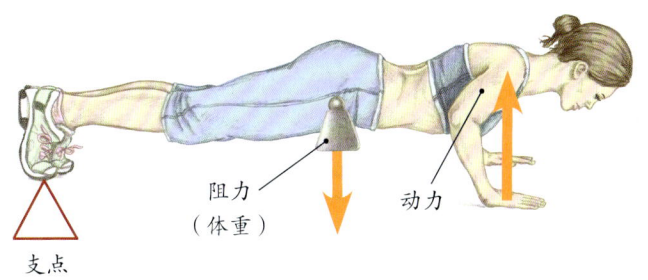

图 13-14 俯卧撑返回阶段的第二类杠杆

另一个第二类杠杆发生在俯卧撑的返回阶段（图13-14）。当你抬起身体时，脚是支点，体重是阻力，而作用力是肩膀和手臂肌肉提供的。同样，第二类杠杆产生相对较小的运动，但能产生巨大的力。

## 第三类杠杆

莫伊擅长使用铁锹。通过使用长手柄，他迅速地清扫垃圾并将其放入适当位置（图13-15）。第三类杠杆是关于运动范围和速度的。通过将力（莫伊的手）放在支点（他的另一只手在手柄末端）和负载（土渣）之间，这种杠杆类型以运动幅度的放大代替力的放大。与第一、第二类杠杆一样，通过改变动力臂与阻力臂的相对长度（在这种情况下，通过移动手柄）来改变机械优势和所需要的力（图13-16，13-17）。

扫帚、镊子、棒球棒、网球拍和高尔夫球杆都是第三类杠杆。尤其是运动器械，突出了这种杠杆类型的优缺点。一方面，第三类杠杆提供了较大的击球幅度，并可以在短时间内迅速击球。然而，它不会提供太大的力，所以运动员需要提供必要的力，因此需要一根大棒来击打一个小球，随之而来的是发出非常响亮的击球声。

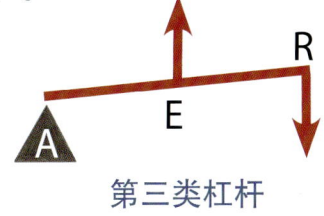

第三类杠杆

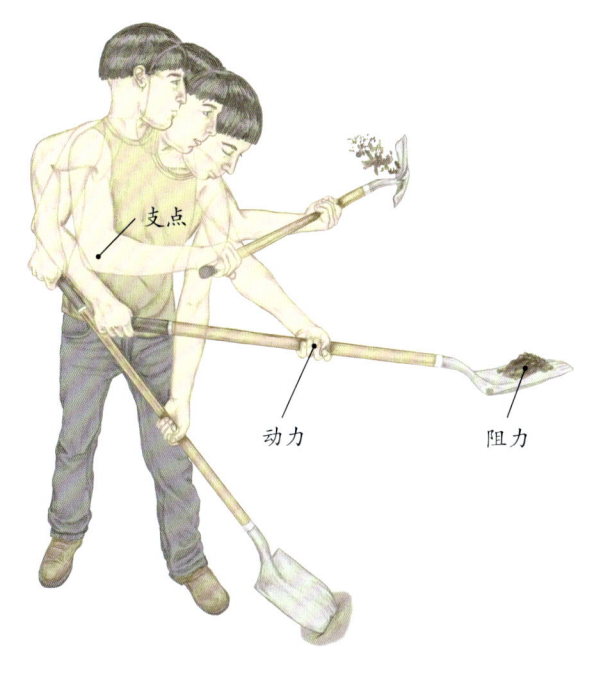

图 13-15 莫伊正在用铁锹工作

第13章 生物力学（下）

由于人体被设计成具有运动性，因此人体中（尤其是四肢）主要由第三类杠杆组成也就不足为奇了。屈肘关节（图13-18）、腕关节或膝关节（甚至咬紧牙关），感受这种杠杆并体会它提供的速度和灵活性吧！

其他第三类杠杆的例子有很多，包括运动肩关节的胸大肌和运动髋关节的臀中肌。关节作为支点，肌产生动力，上下肢的重量提供阻力。

有趣的是，踢足球或掷标枪（图13-19）时，肩部或臀部的第三类杠杆并不是唯一涉及的杠杆，而是一系列被激活的延伸至四肢的第三类杠杆。

图13-16 使用超长的力臂（由长的人类手臂提供）可以在使用铁锹时增加杠杆作用

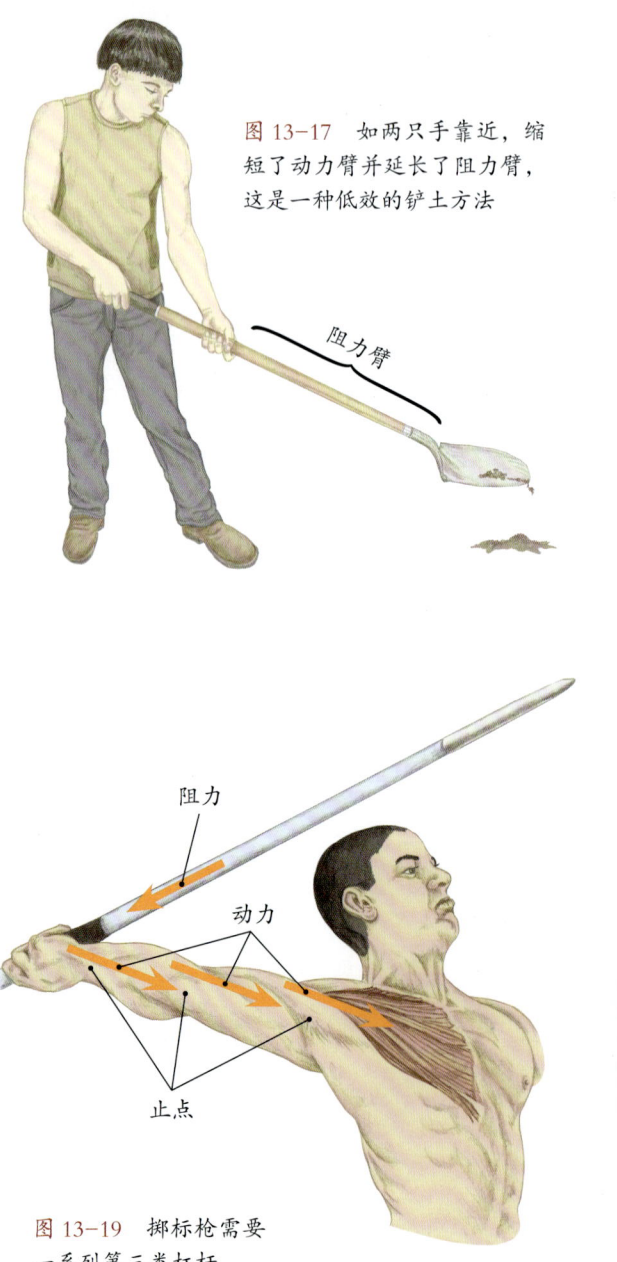

图13-17 如两只手靠近，缩短了动力臂并延长了阻力臂，这是一种低效的铲土方法

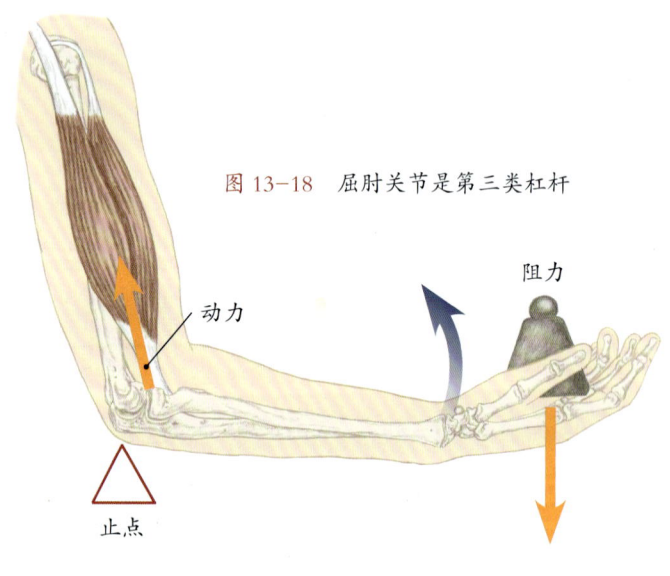

图13-18 屈肘关节是第三类杠杆

图13-19 掷标枪需要一系列第三类杠杆

当你考虑到身体中充满了快速、敏捷的第三类杠杆，而第二类杠杆很少时，身体功能的优先性就会变得清晰起来。运动性超越了力量。例如，上肢的大部分关节属于第三类杠杆。这是有意义的，因为肩关节、肘关节和腕关节的唯一目的就是确保手能在更大范围内运动和摆放位置。

## 二合一杠杆

有时机体同时包含两种杠杆类型。例如，膝关节的屈曲包括腘绳肌提供第三类杠杆的力，而腓肠肌提供第二类杠杆的力。因此，腘绳肌提供速度和距离，腓肠肌产生动力。决定关节系统包含哪种类型的杠杆的因素取决于其肌肉附着（力）相对于关节和载荷的位置。腘绳肌刚好附着在胫骨和腓骨的膝关节远端，并充当支点（膝关节）和阻力（腿和足的重量）之间的力（图13-20）。然而，腓肠肌的活动端附着在跟骨远端。该配置将阻力（腿部重量）置于支点（膝关节）和腓肠肌产生的力之间（图13-21）。

肘关节屈曲时可以看到同样的设置，肱二头肌充当腘绳肌，肱桡肌充当腓肠肌。并排使用不同的杠杆类型，为关节及其支持组织提供了如何通过同心或偏心收缩以及止点向起点移动时的反向动作，来选择如何移动和固定（第119页）。

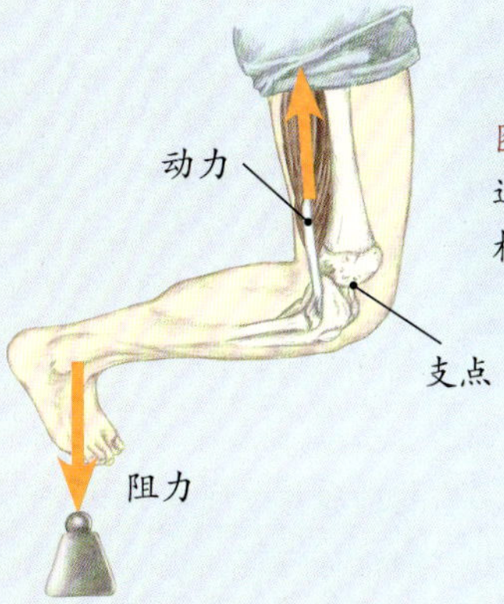

图13-20 在膝关节屈曲过程中，腘绳肌起第三类杠杆的作用

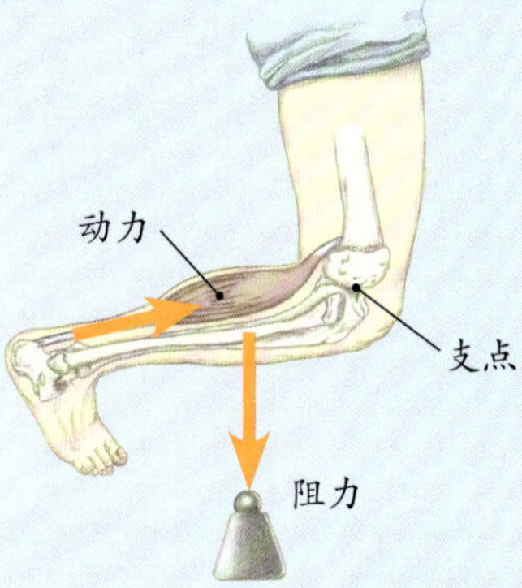

图13-21 腓肠肌作为第二类杠杆发力

## 在你的手中

你不必走得太远，就能体验到不同类型杠杆的操作。看看自己的手，为了创造一个一流的杠杆，把一个负荷（如铅球）放在手掌中（图13-22）。当支点（掌指关节）位于负载（阻力）和动力（远端肌腱附着部位）之间时，这个杠杆产生一个强力抓握。它既不快也不灵活，但非常稳定。

如果你将铅球从手指远端滑动到近端指骨间关节的水平（图13-23），这种负荷和作用力的重新排列会产生一个第二类杠杆，它更稳定、更有力，但运动范围很小。用手指两头夹住一个橘子需要第三类杠杆。这是最好的，因为想要快速、精确的动作而不是巨大的力量（图13-24）。

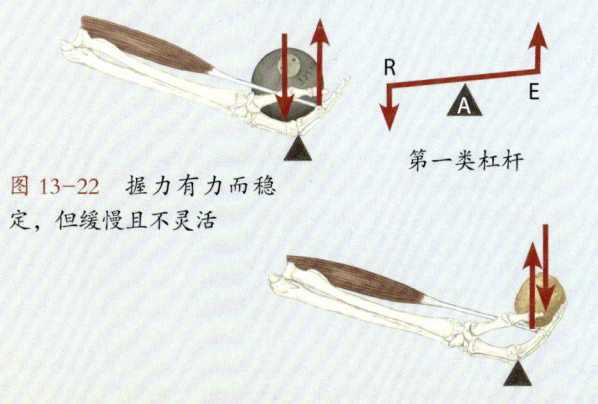

图13-22 握力有力而稳定，但缓慢且不灵活

第一类杠杆

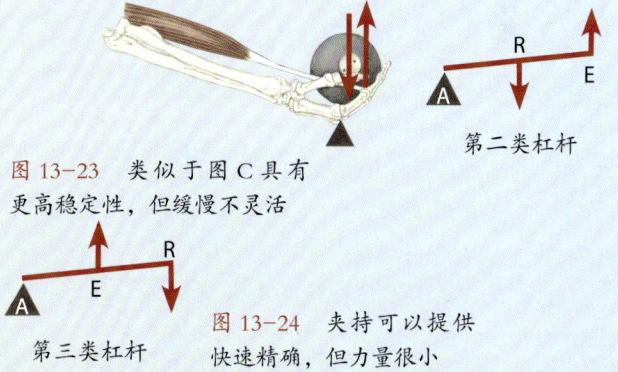

图13-23 类似于图C具有更高稳定性，但缓慢不灵活

第二类杠杆

第三类杠杆

图13-24 夹持可以提供快速精确，但力量很小

杠杆还有一个有趣的特性：可以切换。通过沿着工具更改支点、动力和阻力，可以变换杠杆类型。例如，当莫伊从他的铁锹上倒掉泥土时，它就像一个经典的第三类杠杆（第193页）。但当他把工具插在地里，撬起一些泥土时，支点向下移动到铲头，此时它作为第一或二类杠杆（取决于他如何摆动手柄）。如果莫伊随后将他铲的泥土举到臀部水平，并用他后方的手操纵铁锹（保持他的前方手静止），那么工具将成为第一类杠杆，因为支点从他后方的手移动到前面了。

在咀嚼动作中可以看到类似于铁锹的解剖学例子（杠杆的类型可以改变）。用你的切牙啃一根玉米棒，就有了一个移动的第三类杠杆，其动力（咬肌）位于支点（颞下颌关节）和阻力（玉米）之间。用后磨牙磨碎一块牛排，现在你有了第二类杠杆，阻力（肌）位于支点（颞下颌关节）和动力（咬肌）之间。通过把磨牙放在后面，人体明智地利用了这个杠杆放大力的能力。换句话说，切牙在前面，而磨牙在后面，这种安排不是偶然的。

# 稳定性

正如第 15 页所讨论的，稳定性是移动中不易被察觉的因素。稳定性是指能够被牢固地固定或支撑的能力，它利用不断变化的关节、肌肉和筋膜来为活动创造必要的支撑。

但有时这种支持与活动的作用是直接对立的。这是因为稳定性和运动性有相反关系：稳定性越强，创造运动就越困难。反之，运动性越强，稳定性就越差。换句话说，巨石越重，越难滚动；赛车越快，状态就越不稳定。

稳定性和运动性共同作用，产生了身体从戏剧性到不可察觉的所有动作。尽管稳定性受到了大多数人的关注，但值得记住的是，每一运动性背后都有一些巨大的稳定因素。让我们先看看稳定性的 3 个主要组成部分（图 13-25）：

- 重心
- 支撑面
- 重力线

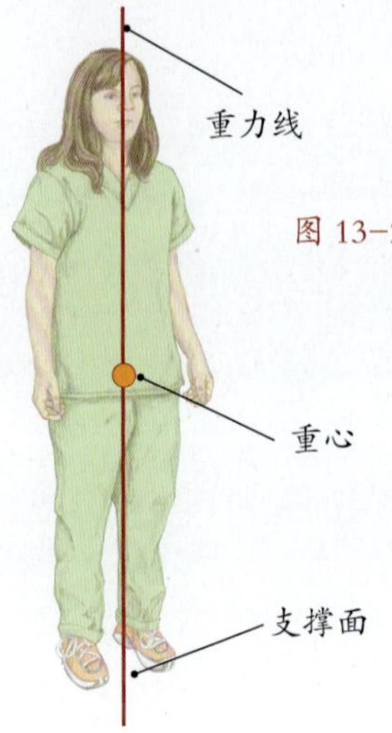

图 13-25 稳定性的三个组成部分

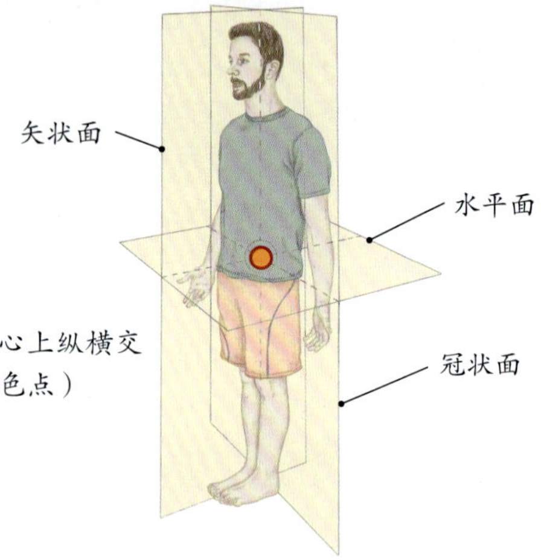

图 13-26 在重心上纵横交错的主平面（橙色点）

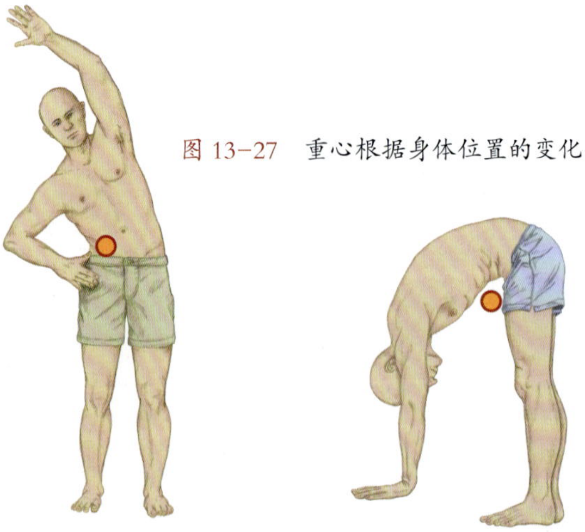

重心是物体重量集中的假想平衡点。这是一个单一的点，代表体重分布在所有 3 个方面。所有物体，校车、砖头、你的身体，都有一个重心。如果你站在解剖位置（第 54 页），重心将位于身体正中线第 2 骶椎水平的正前方。这是人体的平衡点和 3 个主平面的交点（图 13-26）。

图 13-27 重心根据身体位置的变化而改变

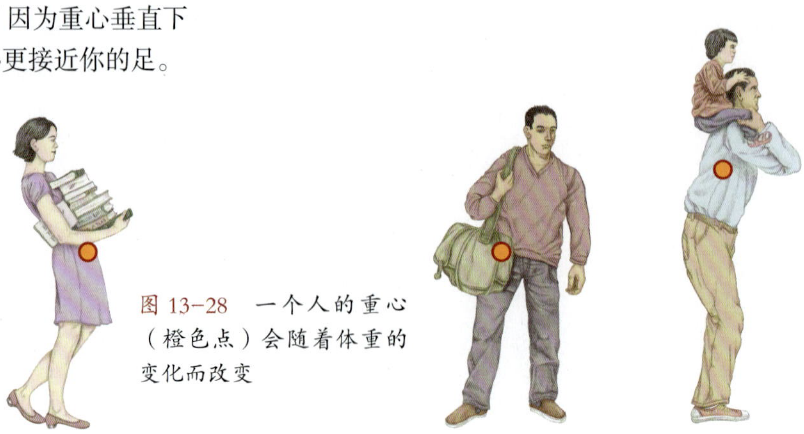

重心可以随着身体位置或形状的变化而移动。例如，当左臂向上伸展，脊柱向右侧弯曲时，重心向上向右横向移动（图 13-27）。向前弯腰，双手放在地板上，重心向前和向下移动（图 13-27）。

重心的位置因年龄、性别和身体比例而异。例如，由于幼儿的大脑袋，孩子的重心比成年人的高。

另外，一个重心可能会由于重量的重新分配而移动，比如当你把一堆书放在胸前（更靠前）。把一个沉重的提包挎在右肩上会使重心横向向右移动，而把一个孩子扛在肩上会使重心向上抬高（图 13-28）。

蹲在地板上会大大增加稳定性，因为重心垂直下降到支撑面上，在这种情况下，重心更接近你的足。

图 13-28 一个人的重心（橙色点）会随着体重的变化而改变

支撑面是身体与支撑表面（如地板）接触的部分。这些接触点可能包括足、手或膝部，以及助行器、拐杖或手杖。

支撑面将显著影响稳定性。例如，双足并拢站着，你的支撑面会在身体下方形成一个紧密的圆圈（图13-29），这不是最稳定的姿势。为了有更稳定的支撑面，双足应与臀部同宽，一只足稍微向前跨一步，以增加站姿的深度。注意足之间的矩形区域（图13-30）。

稳定性不仅取决于支撑面的大小，还取决于它的形状。例如，在短跑比赛开始时，会把足排成一条直线的准备动作（图13-31）。作为进攻队员的准备动作时，会分开双足，将一只手放在草地上，形成一个三角形的支撑面，以防止防守型队员将其击倒（图13-32）。

如果你拄着拐杖走路，支撑面会因运动的不同阶段而不同（图13-33）。当拐杖在前面或后面时，它们会提供前后方向的支撑。在身体两侧，它们会从侧面稳定。

重力线是一条假想的中垂线，它直接穿过头部、躯干，使重心到达地面（图13-25，第196页）。当我们在下面的章节中讨论姿势和步态时，这条垂直线将发挥更大的作用。

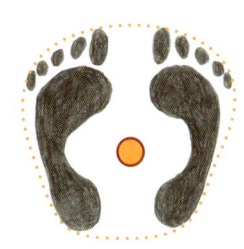
图13-29 双足并排站立所提供的支撑面较小（橙色圆点）

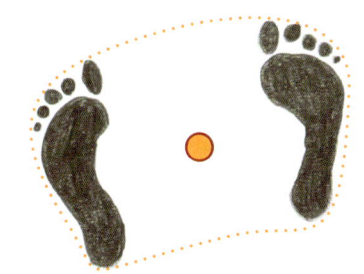
图13-30 叉开双足则使身体具有更稳的支撑面

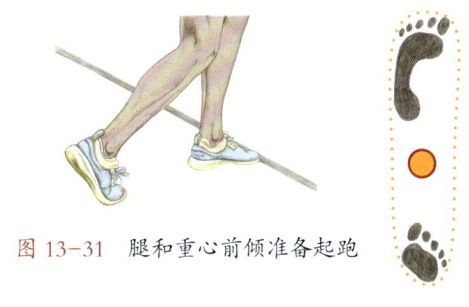
图13-31 腿和重心前倾准备起跑

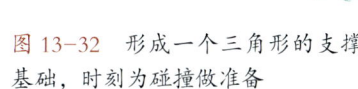
（不按比例）

图13-32 形成一个三角形的支撑基础，时刻为碰撞做准备

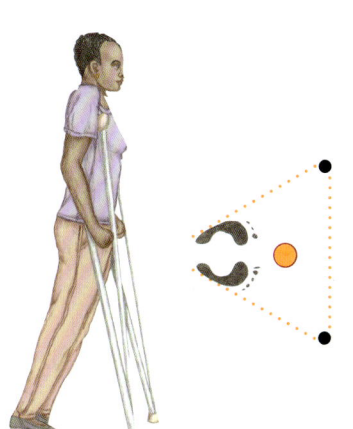
图13-33 一对拐杖通过变换位置为不同姿势提供支撑面

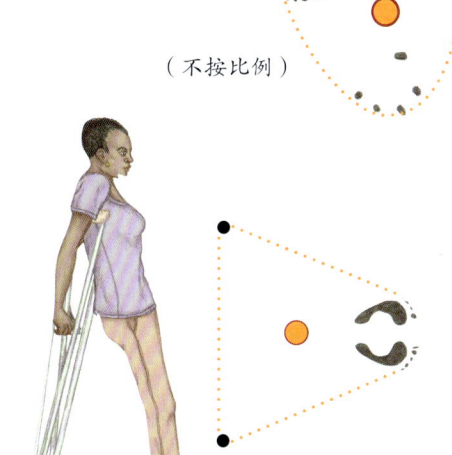

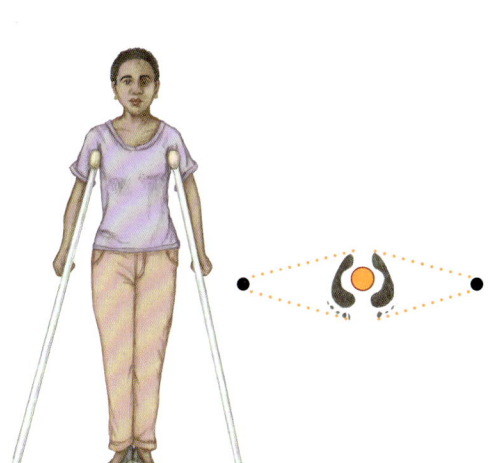

第13章 生物力学（下） 197

## 平衡

一个物体平衡意味着什么？无论是埃菲尔铁塔、被海浪推挤的皮划艇运动员，还是举起哑铃的运动员，当作用在物体上的所有力和力矩都相等时，物体都是平衡的（从左边来的力被从右边来的力平衡，以此类推）。这被称为平衡状态，它取决于两个因素，即物体的重心和支撑面。可以分为3种平衡状态。

稳定平衡是物体的重心处于最低位置。例如，平躺将使平衡处于最稳定的位置，重心处于最低点（图13-34）。

不稳定平衡是当一个物体的稳定性很容易受到一个小的力的干扰，且它的重心高的时候，就会出现（图13-35）。你可以通过单腿站立来体验这一点，轻轻一推就会跌倒。然而，这种岌岌可危的地位并非总是不受欢迎的。例如，一名奥运会跳水运动员在比赛中特意以这种状态站在跳板边上。他升高的重心和小的接触点（足趾）为他开始跳水提供了最佳条件（图13-36）。

中性平衡发生在当物体的重心受干扰时既不升高也不降低的状态。例如，当你把台球敲过台桌的表面时，球既不增加稳定性，也不失去稳定性（图13-37）。

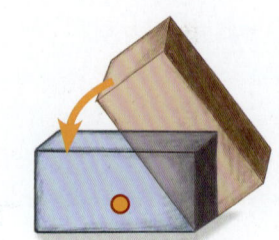

图 13-34　蓝色砖块和瑜伽练习者表现出稳定平衡

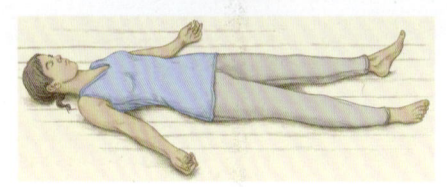

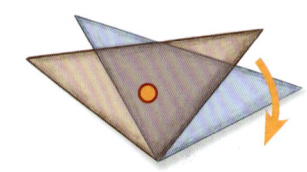

图 13-35　三角形的尖端表现出不平衡

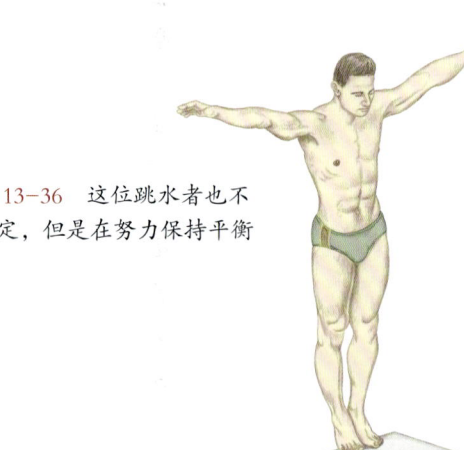

图 13-36　这位跳水者也不稳定，但是在努力保持平衡

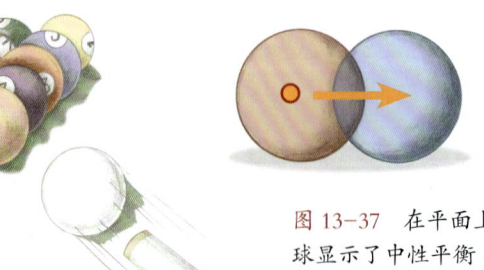

图 13-37　在平面上滚动的球显示了中性平衡

当然，稳定也有其局限性。其临界点称为稳定极限，是指身体在失去平衡之前，从直立位置向任何方向倾斜的偏移量。举个例子，站起来，双足站稳，尽量向前伸，你需要快速重置足站立点，在矢状面上达到稳定极限。再试一次，但这次要靠右。当你失去平衡时，视线就在前平面上。不仅柔韧性、力量或对摔倒的担忧会影响你的稳定极限，而且你的重心也会受到影响。戴上重型摩托车头盔，尝试上面的练习。你会马上感觉到重心提高对稳定极限的影响。

## 平衡的因素

如果我们把稳定重心、支撑面和重力线这3个稳定要素结合起来，就可以有确定平衡的3个关键因素。这些组件决定你（或任何对象）是否找到稳定性。

1. 个人的支撑面的大小
2. 个人重力线和支撑点之间的关系

具体来说，只有当重力线保持在支撑面内时，才能保持稳定性。当身体抵抗重力时，身体的重力线越靠近支撑中心的底部，稳定性就越大。相反，重力线越靠近支撑边缘的底部，平衡就越脆弱（图13-38）。

3. 个人重心的高度

当你站在通勤列车的过道上时，让我们把这3个因素付诸行动（图13-39）。当你面对列车的前部时，它开始向前猛冲。身体向后倾斜，但保持稳定，因为重心和重力线保持在你的支撑面之上（因素1）（图13-40）。

突然，火车减速了。你本能地弯曲膝盖以降低重心（因素3），但重力线仍然越过你的支撑点（因素2）。为了防止自己向前摔倒，你将双足分别向前一步和向后一步，以延长支撑面（因素1）（图13-41）。现在你的重心和重力线移回支撑面，你就稳定了（因素2）。你真幸运，一个座位空了，就坐下来。在这个位置上，已经最大化了支撑面（因素1），确保重力线保持在支撑面之上（因素2），并且降低了重心（因素3）。

图13-38 在曲棍球比赛中，当球员的重力线并不总是在支撑面内，就会出现第二种情况

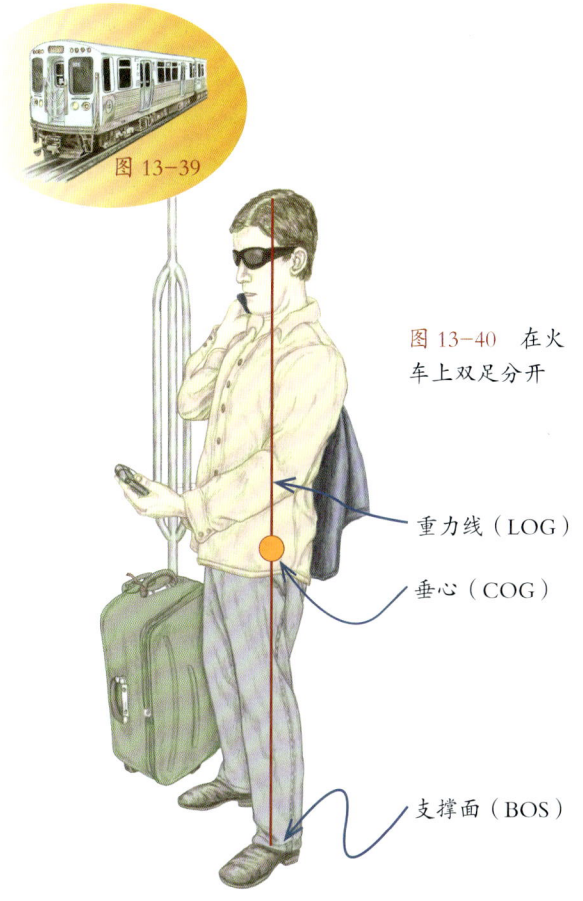

图13-40 在火车上双足分开

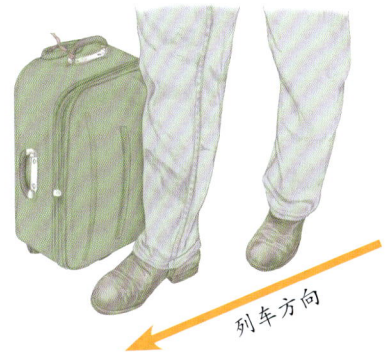

图13-41 火车慢了下来，所以你要把一只脚移到另一只脚前面

## 稳定性原则

上一页讨论的平衡因素是稳定性的基本成分。现在来探讨稳定性的 6 个原则（或"一般规律"）。

1. 物体重心越低，其稳定性就越大。一个武术家运用这个原理，不仅可以保持脚步，而且还可以获得对抗对手的杠杆作用（图 13-42）。其他例子包括：沿着陡峭的小道行走时，适当降低重心，以防止摔倒。

2. 沿着重力线方向增加身体的支撑面将产生更大的稳定性。回到第 199 页你站着的场景。在火车上，面朝前方。还记得火车减速的那一刻，为了获得更大的稳定性加大站立双脚间的距离吗？你没有意识到，一只脚向前，一只脚向后，沿着重力线的方向（在这个例子中，就是火车的运动）。

拳击手和棒球投手也使用这个原则。通过假设一只脚向前，一只脚向后的姿势，当他们的重心向前打出一拳或投球时，就具备了必要的稳定性。此外，这种姿势可以让他们把身体的重量放在用力的后面（图 13-43）。

3. 为了最大限度地提高稳定性，人的重力线需要通过支撑面的位置，该位置将提供最大的潜在运动范围和运动力的方向。这与第 199 页的平衡因素 2 有关，并添加了运动元素。这一原则在第 197 页足球运动员中有所体现。通过向前倾斜，他将重力线放在前面，希望防止对手向后的力量使他失去平衡。然而，排球运动员通过设置一条经过支撑面中心的重力线来为对手的反击做准备，这样她可以快速地向任何方向移动而不会失去平衡（图 13-44）。

这种做法也可以在足球场上看到，当比赛时运动员试图迅速"转身"，如角度过小，他将变得不稳定，因为他的前进动力将他的重力线拉到他狭窄的双脚（他的支撑面）之外。因此，他需要扩大他的站姿，向后倾斜来"踩刹车"，这将使重力线保持在他的支撑面内。现在，他的处境得到控制，他可以转身了。

图 13-42　为什么要"降低重心"

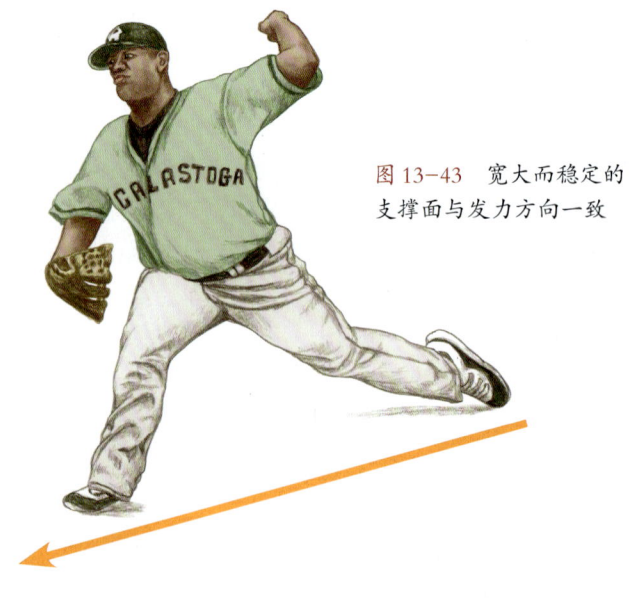

图 13-43　宽大而稳定的支撑面与发力方向一致

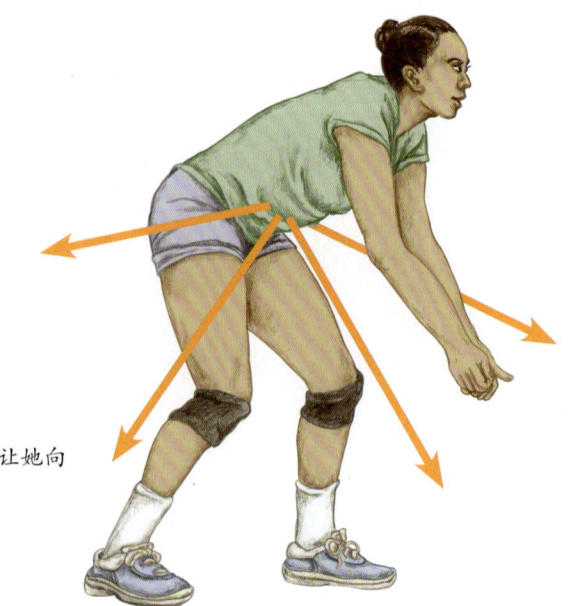

图 13-44　一个聚拢的支撑面可以让她向任何方向快速移动

4. 一般来说，体重较大的人稳定性更好。这一概念解释了为什么空手道、摔跤和柔道等以打乱对手重心为目标的运动是按体重等级分类的。这样，每个竞争者拥有相同的质量。当然，稳定性的最大缺点是运动性降低（图13-45）。

5. 由于人体是由垂直堆叠的节段组成的，所以当每个承重节段的重心位于支撑面的中心时，人体稳定性处于最佳。这一原则体现了伊达·罗尔芬、弗雷德里克·马蒂亚斯·亚历山大（前一位是美国生物化学家，结构整合运动教育的创造者；后一位是澳大利亚演员和作家，开发了亚历山大技巧，是一种识别和克服运动和思维反应性、习惯性限制的教育过程）和其他在姿势和结构整合领域的先驱们的工作。这种平衡身体的"平衡连接"从脚到头不仅创造了更大的稳定性，而且还减少了对主要关节和周围组织的压力。

然而，由于身体经常弯曲或扭曲，身体各部分的重心如何保持在其支撑面之上？答案就在于这样一个事实：把身体的任何一部分拉向一个方向的力，此时如果要保持平衡的话，都需要一个相反方向的相等的平衡力。例如，当你抬起左臂去接球时，你自然地向相反方向伸展右腿，以产生保持稳定和直立所需的力（图13-46）。

6. 物体表面和身体接触点之间的摩擦力越大，身体就越稳定。这一概念的一个明显例子是在垫子、场地或跑道上使用鞋钉和其他运动鞋（图13-47）。鞋与地板之间的额外阻力不仅在快速或有力的动作之间，而且在这些动作开始时也提供了更大的稳定性。

如果我们将这些原则与上述平衡因素结合起来（第199页），可以看到如何通过利用以下因素实现最大的稳定性（以降低运动性）：

· 大的支撑面
· 较低重心
· 重心与支撑面间最佳位置
· 质量大
· 物体表面和身体之间的摩擦力更大

相反的元素被证明是造成最小稳定性的重要原因：

· 小的支撑面
· 较高的重心
· 重心位于支撑面的边缘位置
· 质量小
· 较小的摩擦力

图13-45 它们的质量不同，因此稳定性不相等。然而，尽管这个小男孩的体重轻得多，但比他的对手更敏捷

图13-46 他的右腿与他伸出左臂相平衡

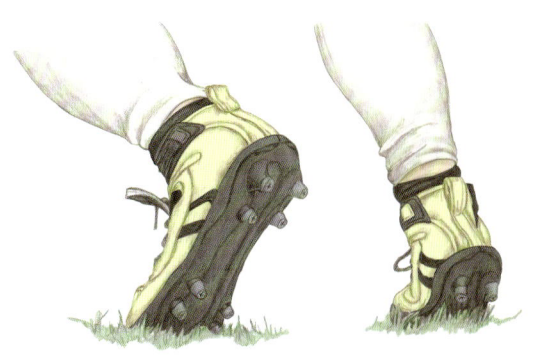

图13-47 钉鞋增加稳定性

第13章　生物力学（下）　201

# 复习题

1. 建立杠杆需要一个支点和一个____。(第190页)
   a. 硬杆
   b. 平面
   c. 三角
   d. 球

2. 开罐器、剪刀都是什么样的杠杆的例子?
   (第191页)
   a. 第一类杠杆
   b. 第二类杠杆
   c. 第三类杠杆
   d. 第四类杠杆

3. 一个第二类杠杆的例子是____。(第192页)
   a. 撬棍
   b. 铁锹
   c. 手推车
   d. 钻头

4. 以下哪一项为运动提供必要的支持?(第196页)
   a. 离心率
   b. 延展性
   c. 柔韧性
   d. 稳定性

5. 拄拐行走突出了生物力学的什么原理?(第197页)
   a. 矢量原理
   b. 支撑面
   c. 扭力结构
   d. 重力轴

(付 饶 译,张露青 丁自海 校)

# 14 姿势

## 学习目标

- 定义姿势并描述它在运动中的作用
- 列出并描述站姿的组成
- 区分直立姿势中各种软组织的不同作用
- 肌筋膜核心部分的命名并解释其在稳定身体方面的作用
- 解释躯体如何失衡，疼痛是如何发生的
- 描述直立姿势畸形
- 举例并描述其他姿势畸形
- 解释衣服、鞋子和家具对身体姿势的影响

## 本章要点

你可能有一部智能手机，在颈椎过度屈曲的体位下盯着它的时间超过了你意识到的时间。在日常生活中，你周围也有很多和你一样的人有这种习惯。全球约数十亿人拥有智能手机，每人每天花 2~4 个小时用智能手机发短信、阅读或上网，使用手机的姿势往往对颈部和肩部有害。

"短信脖"（text neck）这个词最近成为医学常用词汇，越来越多的患者由于长期使用颈椎、头和肩部，因向下和向前看智能手机而引起短信脖。损伤不是由于头部的重量造成的（大约 5.5 kg），而是由于拉伸筋膜、拉紧肌肉施加在颈椎上的扭矩从而压迫神经引起的。

然而，在我们对"短信脖流行病"感到恐慌之前，让我们记住这一点，许多活动，比如读书，长期以来已经损害了我们的脊柱健康。姿势没有一个固定的模式，而是涉及各个方面的有意识和无意识的决定。

- 想想你自己的姿势，过去有没有表现出不良的姿态？随着时间的推移它对你的身体有什么影响？
- 晚上在歌剧院，你注意到一个穿着 12 cm 高跟鞋的女士了吗？她的身体将如何改变姿势来保持平衡？
- 想象一下每天在电脑前工作 8 个小时，你的姿势会在一天中发生哪些变化？在一年的时间里它会怎样影响你的姿势？

| | |
|---|---|
| 姿势和步态 | 204 |
| 　两大挑战 | 204 |
| 　姿势 | 204 |
| 　步态 | 205 |
| 站姿 | 206 |
| 　怎样保持直立？ | 206 |
| 在实验室：关于姿势 | 208 |
| 在实验室：健康的姿势 | 208 |
| 软组织在直立姿势中的作用 | 209 |
| 构建肌筋膜核心 | 210 |
| 构建姿势支撑系统 | 212 |
| 稳定功能紊乱和疼痛 | 213 |
| 直立姿势畸形 | 214 |
| 　锯齿形姿势 | 214 |
| 　圆背 | 214 |
| 　驼背 | 215 |
| 　脊柱侧弯 | 215 |
| 　斜颈 | 215 |
| 　平背 | 216 |
| 其他常见的姿势畸形 | 217 |
| 　头前倾姿势 | 217 |
| 　圆肩 | 217 |
| 　隆肩 | 217 |
| 　下肢姿势综合征 | 218 |
| 　过度旋前足 | 218 |
| 　膝外翻和膝内翻 | 219 |
| 在实验室：坐、弯腰及平躺 | 220 |
| 复习题 | 224 |

# 姿势和步态

## 两大挑战

现在让我们的身体来做个测试吧。人体具有能够压缩和拉伸的框架（骨和筋膜），还有能运动的连结（关节），一组运动的发动机（肌肉）和电信系统（神经），这些都符合自然规律（生物力学）。

要判断机体是否构建得当，可通过完成一系列的身体挑战，如骑独轮车或转呼啦圈、走钢丝时用筷子吃饭。事实上，它们都可以归结为看似简单的保持直立姿势和用双足走动，即看看如何站立和行走。

作为两足直立的脊椎物种，身体的定位（姿势）和走路的方法（步态）在动物王国中是独一无二的。让我们先简短地分别介绍它们，然后在接下去的几页内更深入详细地说明。

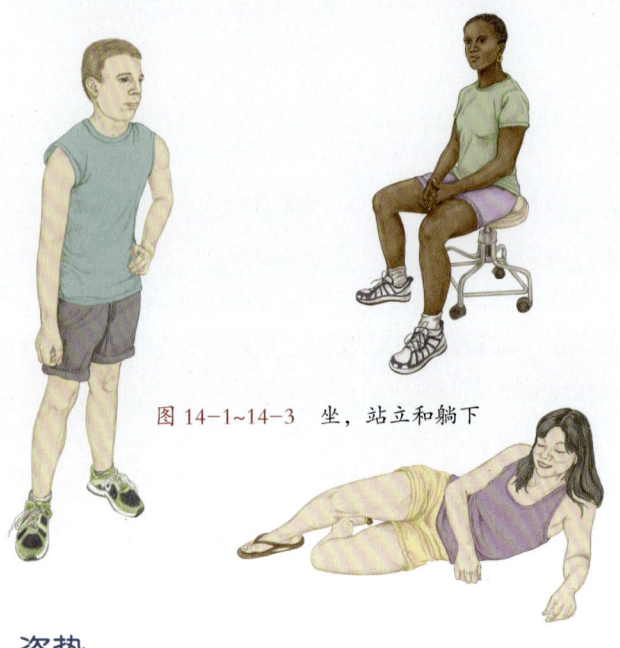

图 14-1~14-3　坐，站立和躺下

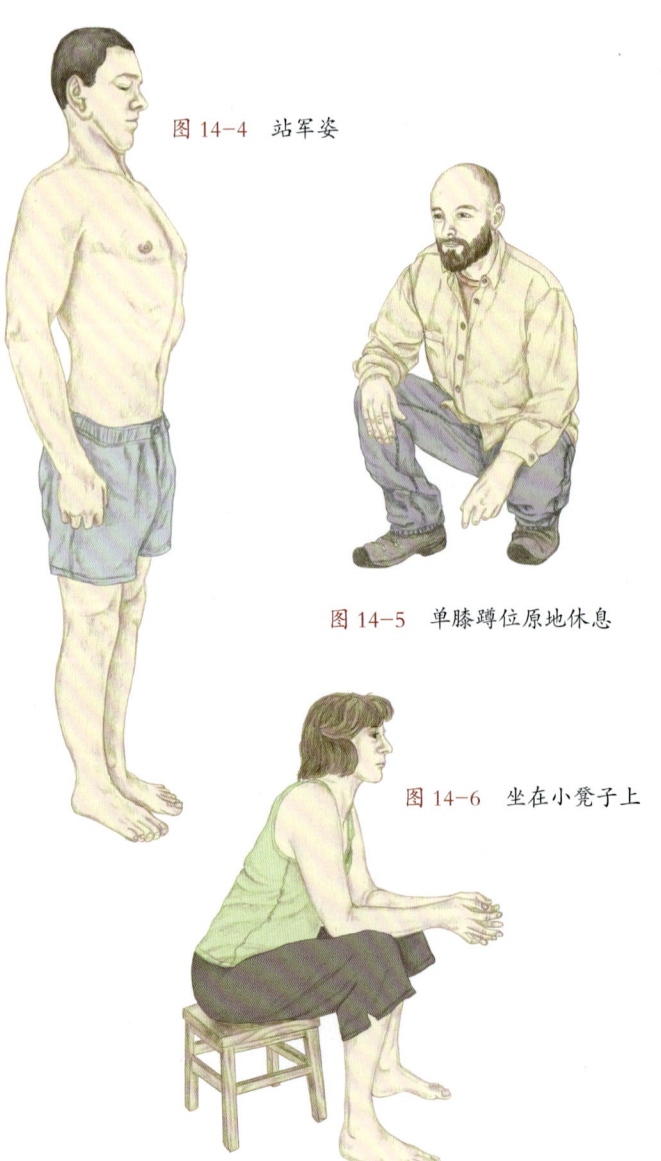

图 14-4　站军姿

图 14-5　单膝蹲位原地休息

图 14-6　坐在小凳子上

## 姿势

姿势仅仅是人体各个部分之间组成的位置。当你坐下、躺下、向前移动或站立时，主要涉及头、脊柱和下肢。换句话说，它包括所有的解剖区域（图14-1~14-7）。

静止状态不算是姿势，如在学校学到的站姿。姿势实际上是在持续变化中完成的一系列动态行为，包括连续调节位置和平衡。即使在拜见女王时严格地站立，你的身体也会轻微地颤动和移动。

同样，也不存在"完美的姿态"。的确有一些基准的位置可以更轻松地获得运动能力（可以短时间内掌握），但在完成特定任务时，每个个体的姿势都是独一无二的。然而这并不意味着与人类的进化没有关系。

既然我们脑海里已经设定了对称、对齐和平衡的模式，一个关于姿势的问题出现了：你想要实现什么功能呢？就像一辆装着破旧轮胎的车歪歪扭扭地行驶，或一座倾斜的摩天大楼即将倒塌，不平衡的肌和不协调的关节（包括其他组织）将形成一个低效率、痛苦的姿势和步态。

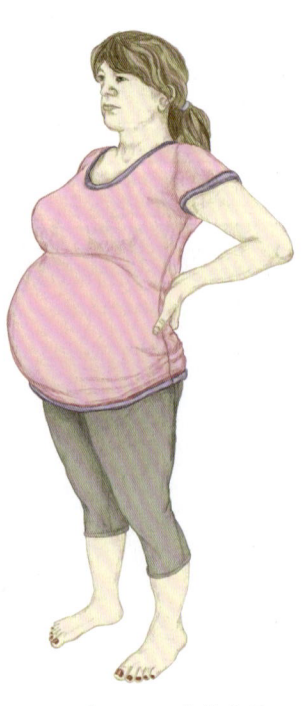

图 14-7　期待分娩

## 步态

步态是行走的方式。将站立的姿势运动起来向前进,然后就呈现出了步态(图 14-8~14-10)。

就像姿势一样,步态也是独特的,前进时会带有直立时的动作特征。如果臀部僵硬,并且在行走或站立时左肩高,这个特征也将会表现在行走的过程中。如观察一位骑自行车的女士上车并驶去咖啡店,将会明显发现她脊柱弯曲和骨盆倾斜。一个人的姿势会反映他的步态(图 14-11)。

现在请开始站直身体并确定这会让你有一个优美的站姿。接下来将详细讲述你从 A 点移动到 B 点与步态之间的关系(更多的步态知识请见第 225 页)。

图 14-8　牵动臀部,他的腰部感觉如何

图 14-9　步态是运动的姿势。这种情况下她的左侧足弓影响臀部和脊柱

图 14-10　急忙奔跑时,下颌会前伸

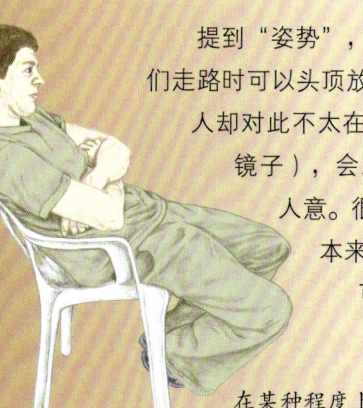

提到"姿势",大家都会严肃起来。教导孩子们走路时可以头顶放置一本书来保持平衡,而成年人却对此不太在意。看一下周围的同伴(或照镜子),会发现大部分站姿和坐姿不尽如人意。很不幸,因为做出姿势的身体,本来是为了使动作更平衡、轻松和可实施。

在某种程度上,这样很舒服

图 14-11　即使下了自行车,她骑车时的姿势依然会影响直立动作和行走步态

第 14 章　姿势

# 站姿

## 怎样保持直立？

在很久以前，我们的祖先还是四足行走，他们中的一位大胆地选择了用双足支撑整个身体直立起来。为了和他一样，人们要做到两条腿竖向定位并提供持续的支撑来抵抗地心引力（如果是一只四足行走的狗会容易得多）。然而，这个竖直的姿势将会显示出它的价值，最佳的姿势可实现增大肌的承受力和组织的连结作用。那我们该如何用腿和足站立起来，躯干高过臀部，头高于肩部呢？

从身体的框架，即骨与筋膜（还有部分暂未提及的关节）开始描述。我们拼齐了这些组件，支持身体保持垂直位置。此时的人体躯干呈现出5个突起（四肢和头部）。首先从核心骨（脊柱）开始了解。

脊柱并不是像积木那样堆叠而成（图14-12），而是包括几个维持平衡的前后弯曲。在活动和休息的过程中，这种弹簧般的设计可以将产生的冲击吸收，减少受伤的机会。颈椎和腰椎区域凸向前形成前凸弯曲，而胸椎和骶段凸向后方，形成后凸弯曲（图14-13）。图示中并没有包括脊柱侧弯这种不正常的情况（见第215页）。

健康的姿势依靠脊柱的自然弯曲来保持平衡位置。当增加或减少一个弧，姿态将变得不平衡且变形。如"平背"减少了胸部弯曲，而"驼背"会使腰部更加弯曲。

与脊柱紧密相连（可以说是自然延伸）的是骨盆。沿着楔形骶骨的骨盆运动会在很大程度上影响腰椎的曲度。如果骨盆向前倾斜（向后翘臀），腰椎曲度会增加；相反，骨盆向后倾斜会减少腰椎曲线（图14-14~14-16）。理想的情况是骨盆在中立位置（髂前上棘和髂后上棘处于同一平面），腰椎拥有平衡的曲度。

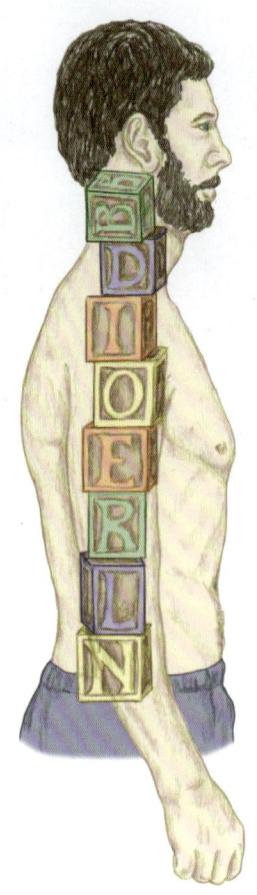

图14-12 脊柱不是像积木一样堆叠而成

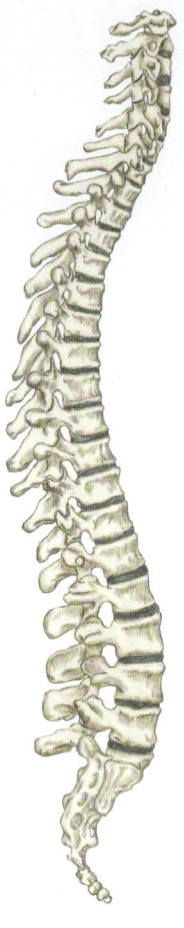

图14-13 脊柱（侧面观）

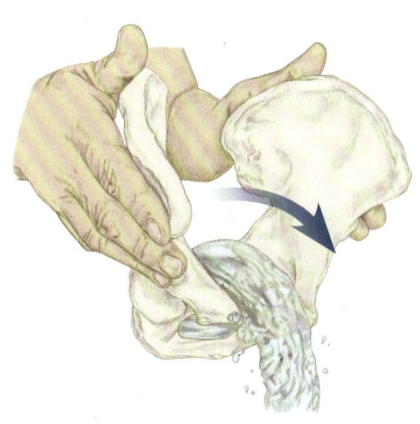

图14-14 骨盆前倾时水向前方流出

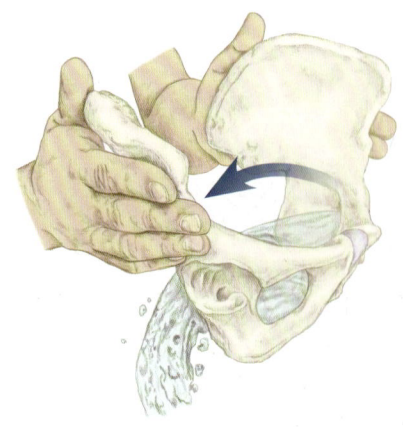

图14-15 骨盆后倾时水从后面流出

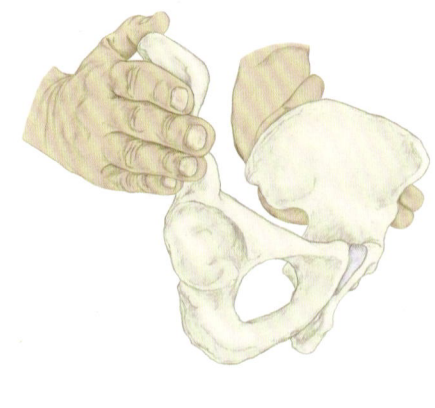

图14-16 水平骨盆。水停留在"盆中"

前面已经介绍了脊柱和骨盆,下面将要讲述头部、上肢和下肢,说明如何站立起来。如果在身体的中心插入重力线,从侧面看,诸多骨性标志均沿着(或靠近)其路径(图14-17)。

这些理想的标记位置(如图标记处),可使你用最小的力气保持直立的姿势。按照这样的姿势站立,所有的用力点接近重力线,将会使各个部件更加轻松。

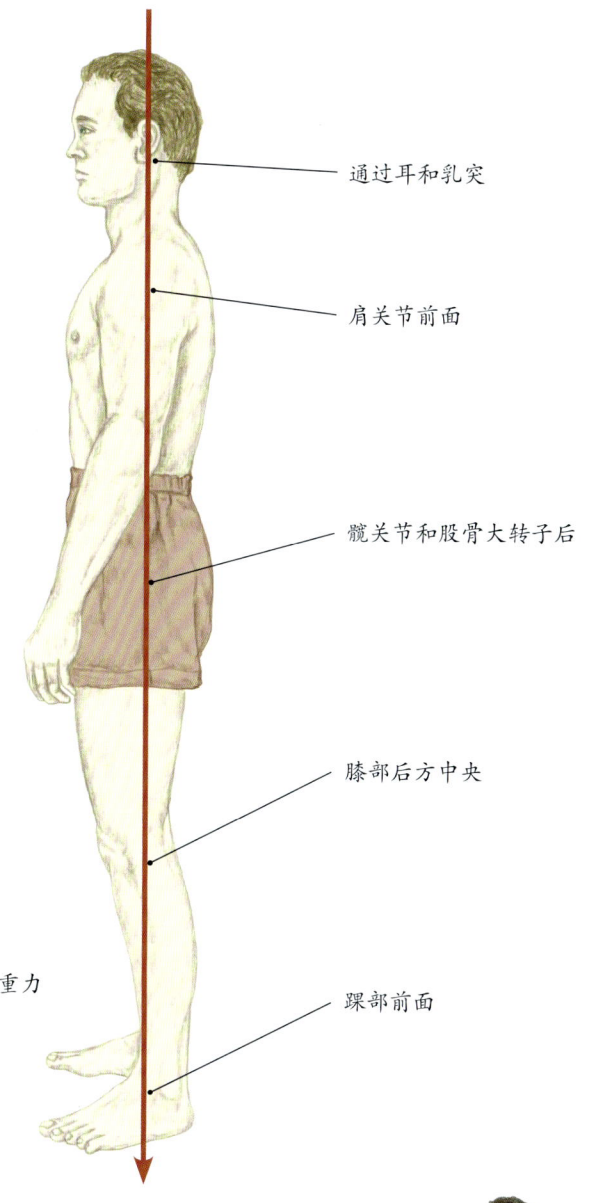

通过耳和乳突

肩关节前面

髋关节和股骨大转子后

膝部后方中央

踝部前面

图14-17 通过身体的纵向重力线(侧面观)

脾气不好的人

### 关于"姿势"

姿势不仅是身体的位置关系,而且可以反映一个人的态度和性格。比如,一个"脾气不好的人"可能会表现出双肩下沉和骨盆不灵活,并且收紧下颌(左图)。而一个成功的销售代表会挺胸抬头(右图)。一个人的内心会通过外表展现出来。

当然,姿势也可以影响心情。做个测试,以松弛无力的身段在房子周围徘徊,这种姿势会使人心情沮丧。相反,气宇轩昂、充满希望的姿态会使心理状态产生变化,让人觉得状态变好。

销售代表

第14章 姿势

# 在实验室

## 关于姿势

从关节连结的角度来看姿势。直立姿态中,负重关节设计为可屈伸但不能转动或弯曲。"不好"的站姿会影响新陈代谢和舒适度,不符合设计要求。理想的关节功能强的原因是因为它将重心尽可能接近通过人体的重力线(第 196 页)。不正确姿势的重心通常是向前偏离重力线(左图)。

另一个观点是关于头部的位置。也许你已经注意到,作为一个有优越感的动物种群,我们多数重要的感觉器官都位于身体的上方。姿势的有益属性可能只是为了简单地构建视觉能力和平衡的颅骨,而不是为了重量的平均分布、能量的有效利用、肌和韧带的平衡。也许直立姿势只不过是保持头部直立的一种方法而已。

肩部和其他部分没有对准重力线会导致重心前倾

## 健康的姿势

那么什么是"合适"的姿势呢?理想情况下应该包括以下几点:①反映身体的架构;②支撑关节和组织;③优化效率和平衡。如果它符合了这些标准,基本上就是健康的姿势(右图)。

"为什么弯腰的感觉比站直更好呢?"简单地说,如果你习惯了弯腰的姿势,结缔组织和神经肌肉系统将非常感谢你继续保持这个位置。但对比以上 3 点,你会注意到,虽然这样在短期内感觉良好,但不是一个可行的长期选择。对于这一问题,并不包括挺直脊柱和锁紧膝部的经典军姿。当健康的队列不再是常态时,你将感到不适。

理想情况下,将"平衡"和"运动"这两个词与"姿势"结合起来就产生了"平衡运动",这是一个缩写后的合成词(balmoture,你在字典里找不到),但它至少暗示把运动的自然属性和内在的平衡相结合才是健康的姿势。把它从静止的世界移除,进入舞蹈和摇滚的领域,这才是真正属于健康的地方。

亚历山大疗法*:身体应该逐渐锻炼着回到它自然的位置

\* 亚历山大疗法,是由 F. M. 亚历山大(1869—1955)发明的一种身心再教育方法。

# 软组织在直立姿势中的作用

现在已经设定了站立的姿势，且给出了一些让关节处于最佳位置的指导。但是，就像之前章节中讨论的，骨和关节完全依靠周围的软组织来实现支撑和稳定。离开了这些装置，它们将无法工作。我们需要这些软组织，尤其是韧带、关节囊、肌和筋膜等。

回忆一下，韧带和关节囊主要通过提供被动阻力来限制关节的运动，那么决定关节活动度的是什么？它在站立中所起的作用是什么？应该不多。承重关节的设计已经为韧带和关节囊创造了站立时保持放松和维持最小的姿势支持的条件。它们的作用并非使机体站立，那是肌和筋膜的作用。

肌的主动和被动收缩，尤其是姿势肌，将支撑直立的状态并使关节稳定地连结在一起（图14-18）。或许并不奇怪，标准直立姿势的维持其实只需要少量肌的参与，这些少量的肌能令人惊奇地将身体挺起（在第212页有更多关于姿势支撑的讲解）。

我们无法仅仅讨论肌，而不管它的筋膜外套。这些外套由片状或条带状的结缔组织构成，使肌腹的作用更加有效。

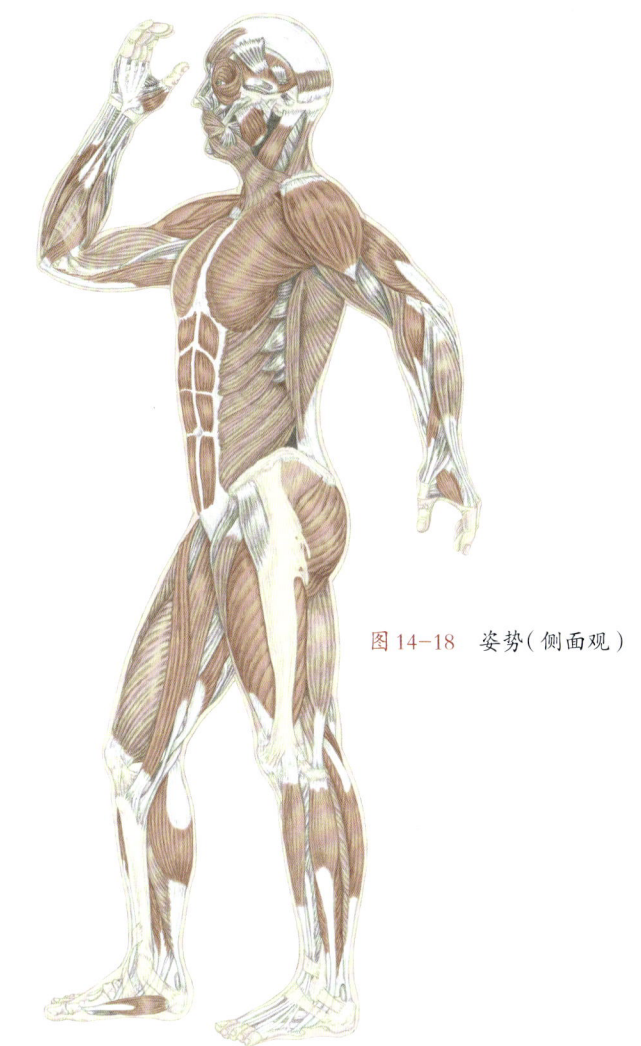

图14-18 姿势（侧面观）

没有这些筋膜组织来连结椎骨和骨盆，你将永远无法实现站立。就像在运动中见到的，如果筋膜出现了问题，将极大地减少人们做出某种姿势的可能性。

那么，做一个不标准的站立是什么情况呢？对于韧带和关节囊，身体屈曲、骨盆前倾将产生额外的负荷。它们要在异常的状态下拉紧并维持身体的站立，久而久之，就会变得松松垮垮（图14-19）。

过来拯救它们的是肌肉，虽然有点不情愿。为了让肌能提供站立的支撑，疲惫的关节软组织要担负起更重要的责任，最终承担了一些它们本不该承担的任务。

尽管之前谈论过正常时很少的肌就可以维持站立的姿势，但现在不是这样了。身体离开重力线哪怕是1 mm距离的每一次弯腰或扭转，都需要更多的肌产生更多的收缩。

同时，筋膜组织失去平衡，一些结缔组织变短而另一些被拉长。因此，整个姿势支撑体系受到牵连。

让我们总结一下：不平衡的直立姿势是一种昂贵的站立方式。

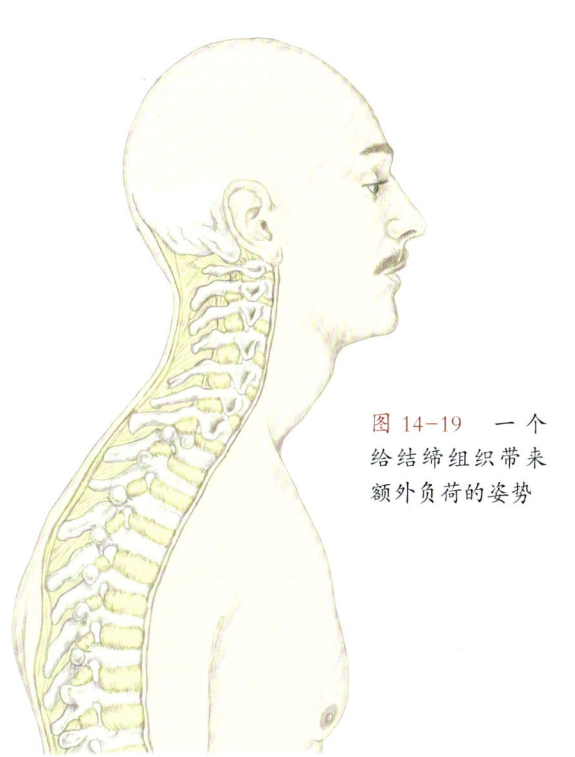

图14-19 一个给结缔组织带来额外负荷的姿势

# 构建肌筋膜核心

现在已经为骨设计好了最佳的排列关系,并考虑到了各种软组织在维持直立姿势时所起的作用。让我们为人体构建一组基础骨架结构,不论是在站立、坐着,还是剪指甲时都能用到。

肌筋膜核心由许多腹肌以及围绕在腹肌周围的筋膜结构构成。它们是为移动的身体中心提供保护、稳定和激发作用的基础结构。

构建这样一个其他结构可以围绕它旋转的中心(图14-20),我们首先从内部说起。

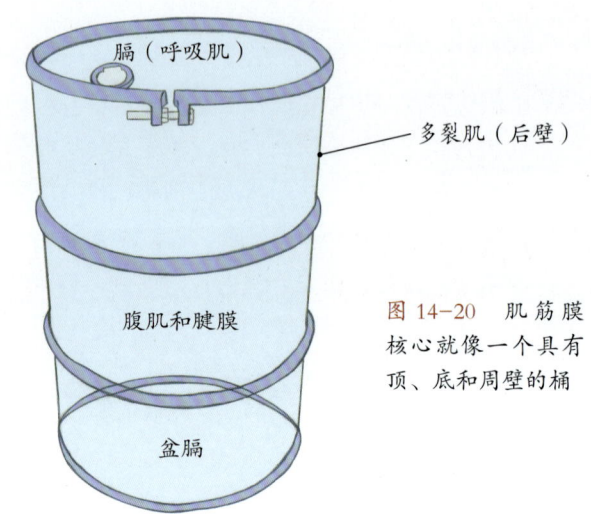

图 14-20 肌筋膜核心就像一个具有顶、底和周壁的桶

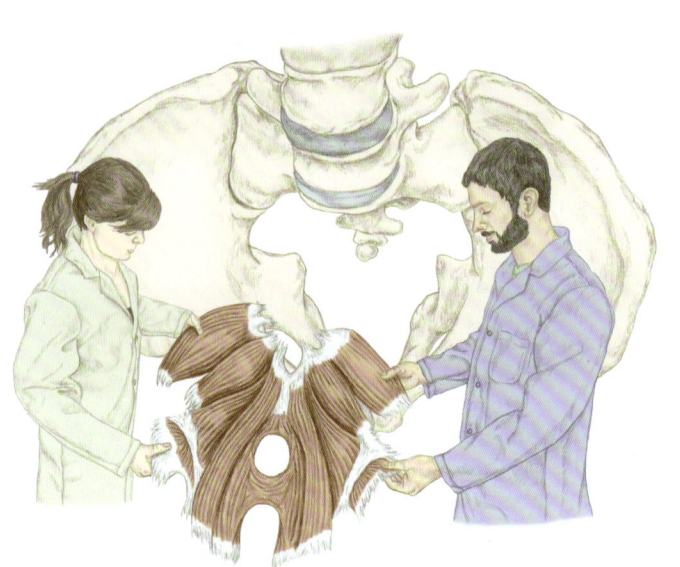

图 14-21 从肌筋膜核心的底板开始,将盆膈安装在骨盆底部

首先,先在骨盆底部放置一些肌筋膜组织(盆膈)(图14-21),这些盆底肌将在呼吸、排便和分娩时经受严峻的考验。

其次,第二个水平是宽阔的组织——膈肌(呼吸肌),横跨胸腔底部,腰椎前方(图14-22)。

图 14-22 用膈肌给桶加上盖子

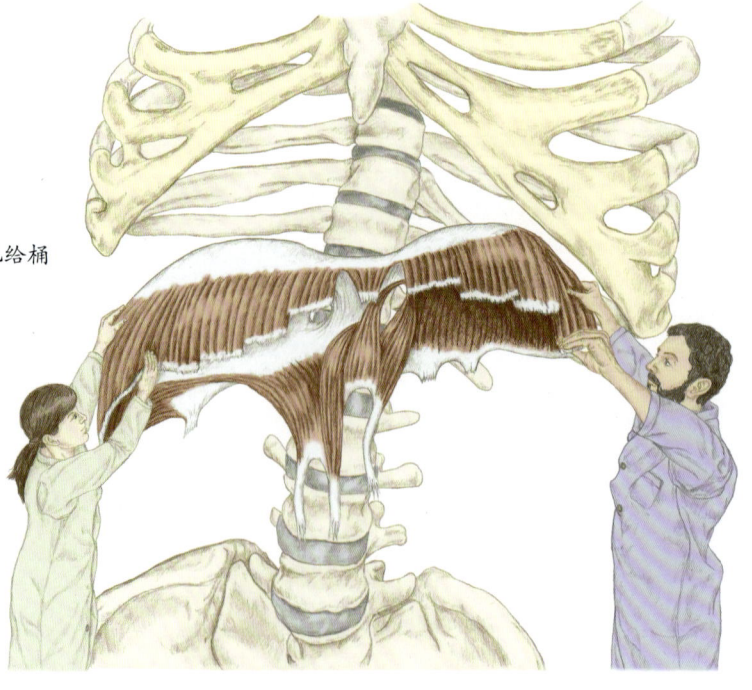

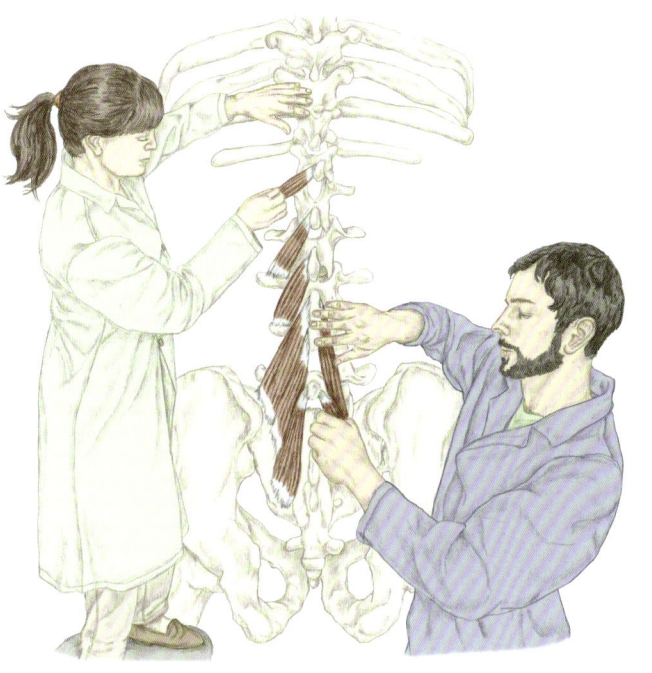

沿着腰椎的后面垂直编排多裂肌（图14-23）。从这里开始，将围绕腹部从两侧分别安装一片片腹横肌和浅层的腹内斜肌、腹外斜肌，并在前面通过白线将两侧肌连接在一起（图14-24）。这3层肌的筋膜将在后方椎体处会合编织成胸腰筋膜。

你可能会注意到，事实上所有的这些肌（相对于附件来）都位于身体轴心的深部并且与关节靠得很近。这并不是巧合。它们组成的桶状结构的肌筋膜核心，不仅仅可以用来维持内脏的位置和形态，稳定呼吸活动，而且还可以"调动"上肢和下肢的大部分运动。理想情况下，所有的运动都始于这里。它们或许不是在健身房炫耀的肌，但是有助于在普拉提锻炼中实现你的真实力量和灵活性。

图14-23　由多裂肌组成的核心（后面观）

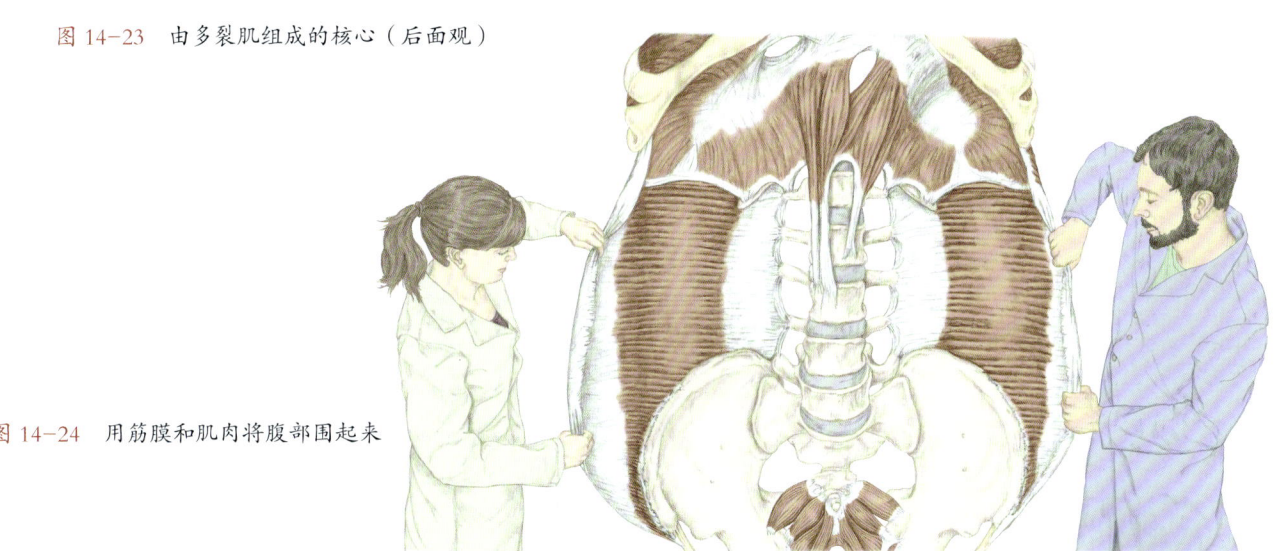

图14-24　用筋膜和肌肉将腹部围起来

## 站着别动！那不可能。

父母都可以证明的是，小孩子有时需要被告知"站着别动"。但是，对于很小的孩子来说，做到这一点是不可能的。即使他很稳定地站在那里，他的身体总会出现一些晃动。这种身体先天的反射叫做姿势晃动。

从踝关节开始，正常前后及左右摆动的角度并不小，通常在头平面可以达到直径20 cm（左图、右图）。除了可以促进身体下方静脉回流到右心房，这种摆动是重心在支撑面上的一种持续不断地偏离及回位。

你试着站立时将双足稍微分开，然后屈曲踝关节，缓慢地前倾身体。在即将失去平衡时停止，感受一下足底的屈肌在试图让身体回归到中线时做出了怎样的努力。现在向后移动回到中线，感受一下踝关节的内翻运动。

第14章　姿势　**211**

# 构建姿势支撑系统

除了核心肌筋膜单元（不能仅仅称其为"肌"，因为那将忽略关键的筋膜部分），还有另外一些肌肉直接影响直立姿势——支撑系统（图14-25，14-26）。

就像在第134页中讨论过的，这些肌（左右各一组）从足趾一直延伸到头部。它们肩负了多重任务，不仅仅是支撑直立的姿势，同时稳定承重关节。只有一小部分核心肌（如腹横肌和多裂肌）参与姿势支撑系统中。如多裂肌，将椎骨连在一起的同时支撑整个脊柱。当在排队等候时，所有这些姿势支撑肌都在发挥作用（有时也能感觉到）（图14-27~14-30）。

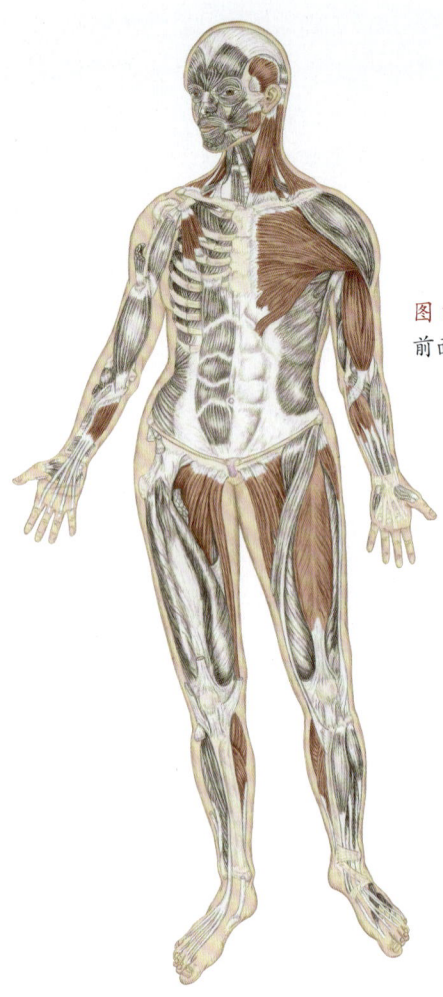

图14-25 支撑肌，前面观

图14-26 支撑肌，后面观

> 一个人脂肪组织的数量与分布将会对站立或走路姿势构成影响。例如拥有一个大肚子，身体就必须重新做出特别的调整来承担这种额外的负荷，那将需要脊柱伸肌做出更多的努力。巨大的乳房同样需要姿势的补偿。

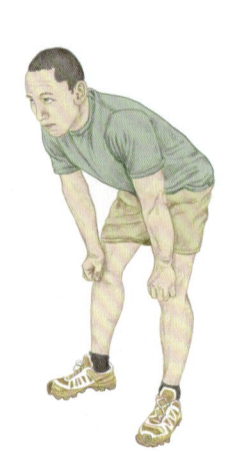

图14-27~14-30 排队等候，可以看到完全不同的姿势

# 稳定功能紊乱和疼痛

虽然我们已经拥有核心结构和姿势支撑系统，但仍然不可避免地会遇到意想不到的关节不稳、功能紊乱或疼痛。

例如，直立姿势不知不觉中变得没有那么直（图14-31）。但是，微小的姿势是如何演变成颈部疼痛的？让我们一步步来理解它。

1. 开始，颈椎或胸椎平时运动中的不平衡都会对韧带和软组织施加额外的牵拉。因此，受累关节开始变得不稳定（图14-32）。很快，这些受累及的关节变成脊柱各运动节段之间的薄弱环节，进而，一些小活动的累积效应就会引起严重的损害。

2. 现在，疼痛开始出现（图14-33）。在疼痛面前，姿势支撑系统（用来加强关节的肌肉已经受损）受到限制。

3. 身体甚至不能去做简单的弯腰动作，因为支撑肌已经开始罢工了。作为代替，除了征用运动肌——像斜方肌、肩胛提肌和背阔肌这些具有大的、外在肌腹的肌来补偿一些姿势稳定性外，我们没有其他选择（图14-34）。这个计划的问题在于这些肌肉必须要在取代形式下长期处于收缩状态，这并不是它们本应该承担的任务。接下来就这个问题继续探讨。

4. 现在，运动肌被迫处于等长收缩以起到稳定作用。由于使用不当，这些肌肉很容易疲劳、缺血和纤维化。这些变化反复刺激，引起大量代谢产物在肌肉周围聚集并沿肌肉扩散。更严重的是，它们阻止肌腹产生运动或使活动度减少（图14-35）。

5. 每一块肌肉都有它的强度极限，如姿势支撑系统一样，这些替代肌开始痉挛并产生疼痛。其他的肌肉又被征用进来，整个神经肌肉系统逐渐失去效率。所有这些，都是因为微小的姿势不正。

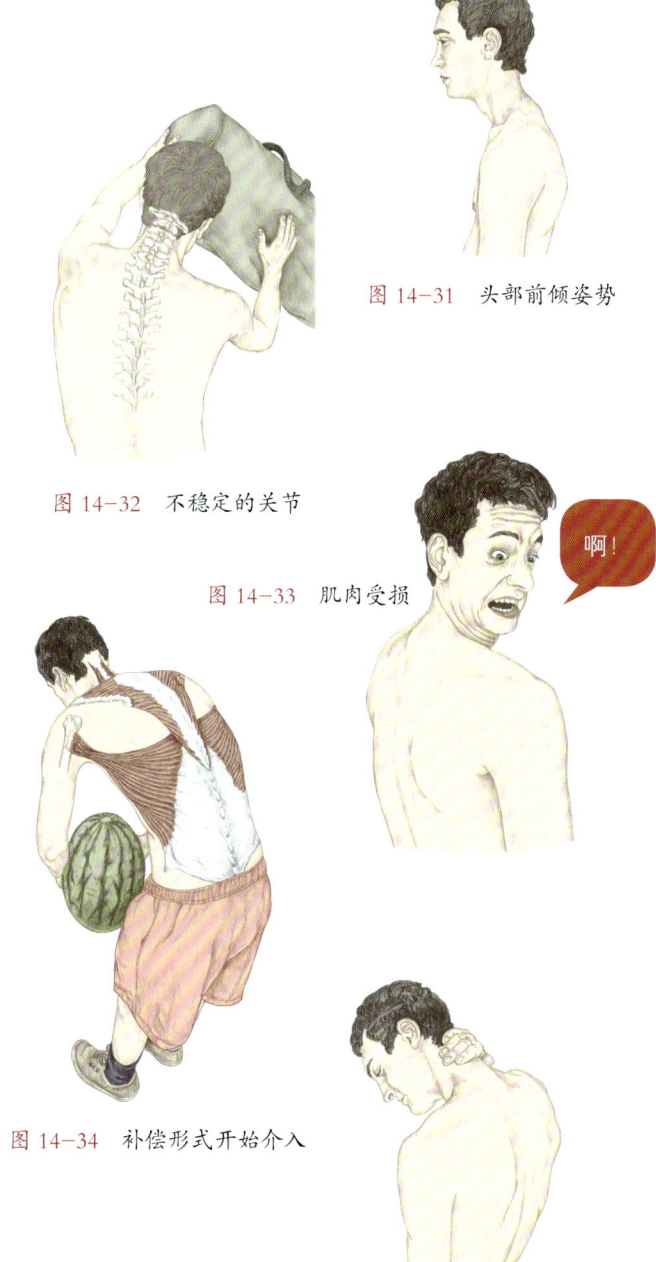

图 14-31　头部前倾姿势

图 14-32　不稳定的关节

图 14-33　肌肉受损

啊！

图 14-34　补偿形式开始介入

图 14-35　活动度减少

## 其他常见的情况

你是否回忆起这样一句格言——"稳定先于运动"？就是说身体在运动之前，需要振作起来并准备好。同样，该原理在另外一些常见的病情中同样适用，并常常出现在本页所讲病情的前面。让我们一起来细数一下这些情况。

1. 如果组织已经受损，姿势稳定肌将在运动之前先进行收缩（稳定先于运动）。
2. 但是，如果它们在强有力的稳定肌开始收缩之前没有起作用，那么活动的关节很有可能被拉出它的正常活动范围。这种情况如果不断重复，不稳定就将产生。
3. 持续不断地活动这些受累的关节将会对韧带和关节产生越来越多的机械压力。
4. 关节组织最终严重受损，稳定功能逐步紊乱。这时将无法在正常范围内控制关节的活动度，损伤就会发生。

# 直立姿势畸形

在这一点上，确定正确的姿势对分辨多种直立姿势畸形具有重要价值。

为什么不假定这些姿势？一句话，因为效率低。站直具有足够的挑战性，没有比这更为常用的姿势了。每一种姿势以自己的方式使至少身体的某一部分离开重力线（穿过身体中心的假想线）。这迫使身体的另一部分转向相反的方向。目的是恢复平衡，但它需要更多的努力。作为回应，非姿势性肌肉必须支撑倾斜的姿势。然而，它们并不能坚持多久，在它们的拮抗肌拉长变弱时，它们就会变得疲劳和适应性缩短。

由于侧面观及后面观最适合观察这种姿势，因此，我们应准备一条垂线（图14-36）。只需从天花板挂一根长线系上很小的重量（较重的垫圈或一串钥匙），这将在比较这些姿势时提供垂直参考线。让我们从这里开始脊柱的学习吧！

图14-36　垂线

## 锯齿形姿势

当稳定骨盆的肌（腹肌、多裂肌和股后群肌）变弱且骨盆壁向前倾斜时，便会发生锯齿形姿势（之字形姿势）。这个看似很轻微的倾斜，由于使整个脊柱的曲度变大（前凸和后凸角度），便会对整个脊椎产生鞭梢效应。由于脊柱不直，这些比正常大的脊椎弧度增加了脊椎各节段的应力（应变），从而导致维持身体姿势的肌力消耗（图14-37）。

## 圆背

圆背牵涉胸椎过屈，最典型的例子就是巴黎圣母院中的驼背者（图14-38）。圆背常因长期坐在课桌旁的弓背姿势而引发或者加重。这种姿势还会引起其他破坏，比如过度驼背时，为了使头处于水平位，导致颈部过伸。因此，胸廓的伸肌肌力变弱，而颈伸肌及胸肌适应性缩短（图14-39）。

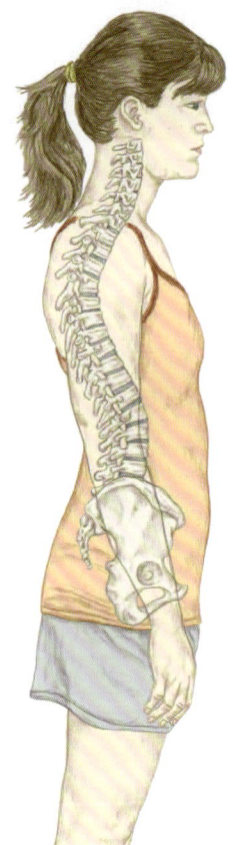

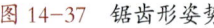

图14-37　锯齿形姿势

图14-39　圆背

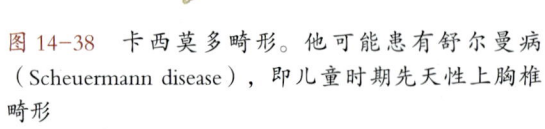

图14-38　卡西莫多畸形。他可能患有舒尔曼病（Scheuermann disease），即儿童时期先天性上胸椎畸形

## 驼背

驼背经常发生在骨盆向后倾斜,足向前伸时。髋关节伸展,使腘绳肌和髂肌变短。经常是腰椎变平,而胸椎变得更加屈曲。这种牵拉使头向前伸长,削弱了上背部伸肌和颈部屈肌的力量(图14-40)。

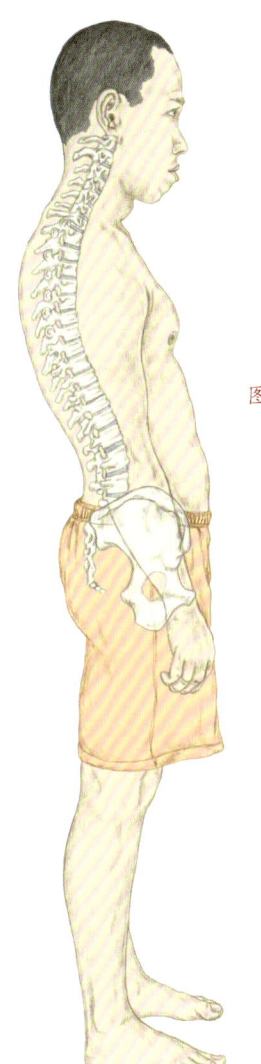

图14-40 驼背

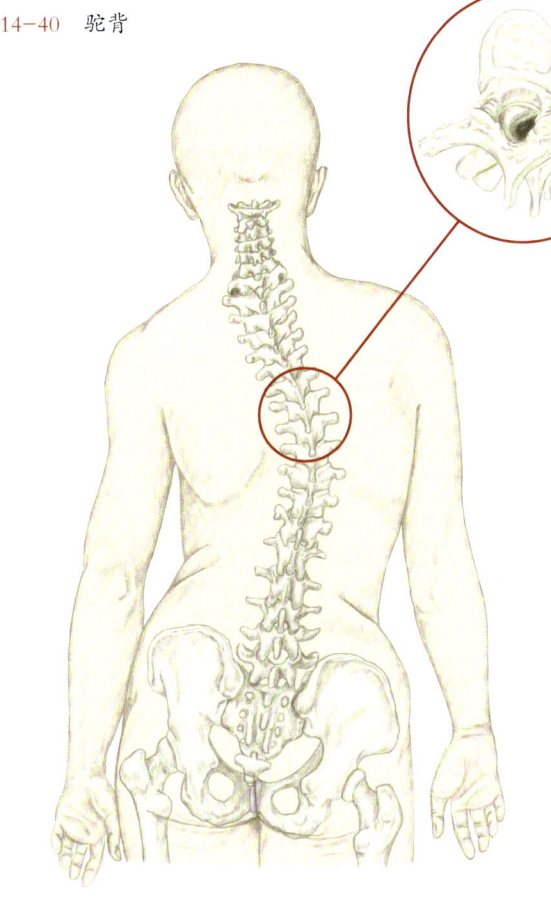

图14-41 脊柱侧弯,椎骨旋转(放大的小图)

## 脊柱侧弯

脊椎向一侧弯曲称为脊柱侧弯,这是异常情况下脊柱曲线的偏移(图14-41)。除此之外脊柱可形成S形曲线。它在一定程度上也与个人部分椎骨的旋转有关(图14-41,圆圈)。

先天性脊柱侧弯包括畸形脊椎和胸廓的不平衡。后天性脊柱侧弯的起因多样,可以由短足、不良姿势和机体的不平衡运动引起。例如,办公室工作需要经常使身体向左偏移从而使脊椎发生横向偏移。

## 斜颈

颈椎因为不依附肋骨而较胸椎更易活动,可发生不对称性偏移。斜颈可能由头部或颈部的不对称运动引起,也包括固定的或多变的旋转、倾斜或者头颈部的屈曲。多因胸锁乳突肌病变引起,使头部偏向受累肌(图14-42)。

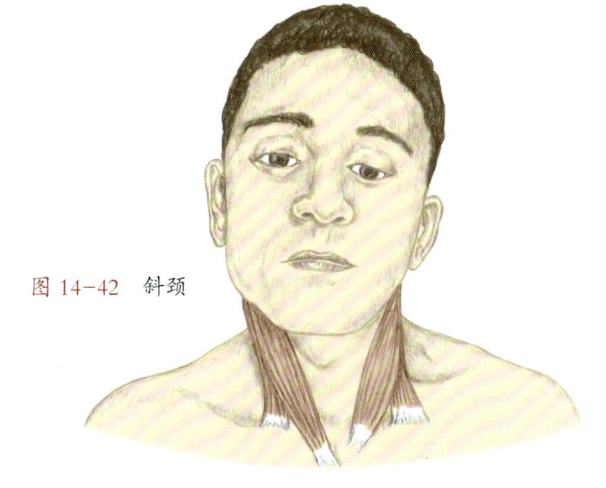

图14-42 斜颈

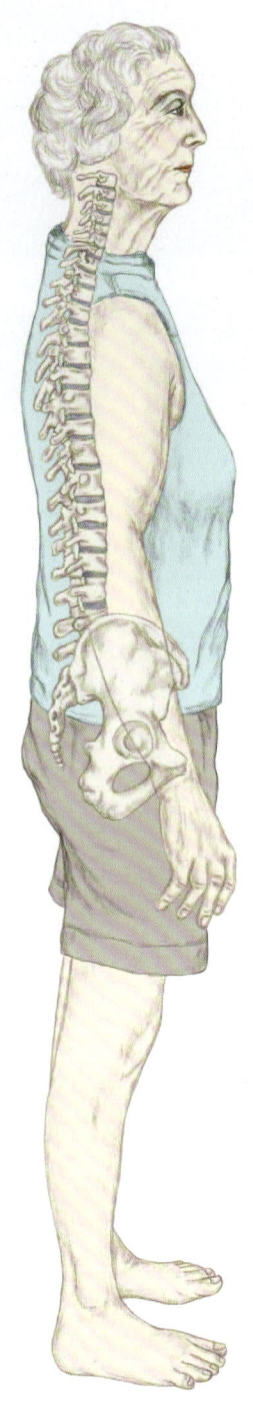

## 平背

类似驼背，平背时骨盆向后倾斜，同时表现为胸、腰椎变平（图14-43）。腘绳肌变短而紧张，屈髋肌变长、伸展。

图14-43　平背

### 姿势代偿

直立姿势可视为终身对抗重力。作为宇宙中的主要力量，重力通常获胜（看一眼许多长者就证实了这一点）。在生活中，你可能通过3种方法来代偿姿势失平衡（施加一个相反的力量）。这些方法都不理想，但很常见。

首先，可以通过转变身体一部分向相反的方向来促使身体平衡。例如，骨盆左侧上提，这将迫使腰椎偏向右，向左拉胸椎来抵消不平衡。又如右图所示，局部的严重畸形需要邻近组织来代偿，使其保持平衡。

其次，正如在第6章中讨论的，如果一个关节活动度受限，另一个关节活动度将代偿性增加，这两种选择都可能导致进一步的病理变化。

最后，可以通过改变拮抗肌组来实现。让我们回想一下，一个肌筋膜单元的活动能力依赖于邻近拮抗肌的协调。换句话说，肌的收缩变化将迫使其拮抗肌收缩改变来代偿。

这是如何运作的？如果左侧的腰方肌变得紧张而短缩，那么右侧的腰方肌将平衡脊柱上的拉力，也会变得紧张而短缩，从而导致姿势畸形。一个问题解决了，另一个问题接踵而至。

# 其他常见的姿势畸形

## 头前倾姿势

有时也称为"电脑脖"或"下巴戳",此时头部和颈椎的位置致使颅骨慢性伸展。随着头部向前突出,颈椎失去前屈曲线,转为向前形成踏脚石样外形(图14-44)。这种曲线极力维持关节的完整性,因此对颈后部韧带和关节囊形成较大的拉力。同时它缩短颈部伸肌(斜方肌上部和肩胛提肌),延长屈肌(胸锁乳突肌、颈长肌和头长肌)。

更糟糕的是,头部前倾会累及舌骨和颞下颌关节。伴随头前倾,舌骨肌和周围的筋膜伸展(把手放在下颌的下面,采取头前倾姿势,然后观察你自己)。肌筋膜紧张使下颌骨对颞下颌关节产生张应力(图14-45)。

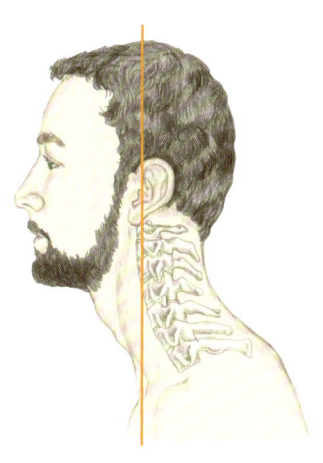

图14-44 头部前倾姿势

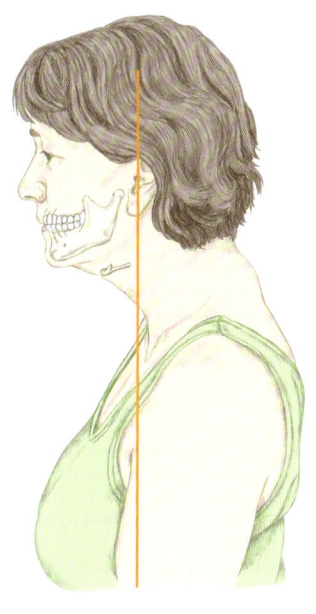

图14-45 注意头前倾姿势如何影响下颌骨的位置

图14-46 学习时的圆肩

图14-47 即使是很小的重量都能引起隆肩

## 圆肩

圆肩通常伴有头部前倾姿势,伴随胸部和肩胛骨周围肌的伸长,以及肱骨在肩关节内的旋内(图14-46)。在从事电脑或其他办公室业务的人群中更为常见,这种姿势使肩胛伸肌(前锯肌和胸小肌)变短变紧,缩肌(菱形肌和斜方肌中部)变长变弱。脊柱向前屈曲产生脊柱后凸(增加了胸椎曲线)。

## 隆肩

如果习惯性地在一侧肩上挎包或背包,就会形成慢性隆肩(图14-47)。也许你已经注意到,肩部上方并不是平的,而是倾斜的。因此挎着一个包时斜方肌和肩胛提肌等距,这样提起了肩部,向神经肌肉系统释放强烈的信号。即使把包取下,肩部也会重新设定程序以继续保持之前的姿势。补救的措施是,当携带手提包或者双肩包时,要经常双肩交换背包。

## 下肢姿势综合征

到目前为止，我们初步了解了脊柱的不平衡。这些扭曲主要源于身体的中轴（脊柱和头），也许其他原因可以补充解释臀部和下肢关节变形的原因。下半身异常会影响上半身，反之亦然。

当问题在腰部以下出现时，如臀部上提、膝部不灵活等功能障碍或者结构变异，如下肢缩短，会影响头部和脊柱的平衡（图 14-48）。例如，当站立时把下肢置于锁定位置（伸展过度），注意骨盆将向前倾斜，腰椎更加前凸和扁平。

为了理解上部影响下部，采取向下蹲的姿势，感觉你的骨盆如何变换。膝关节可能放松，所有的体重都集中在足踝部（图 14-49）。

图 14-48　膝关节交锁

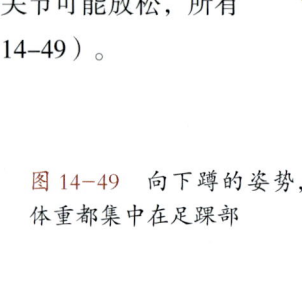

图 14-49　向下蹲的姿势，体重都集中在足踝部

## 过度旋前足

也称"扁平足"或"足弓塌陷"。足过度旋前改变了踝关节的角度，并且通过骨导致一系列不平衡。当单侧出现时，它能改变近侧的膝关节导致膝外翻（见下页），并使臀下部下垂。这将引起一系列脊柱、头部和肩部组织的代偿反应（图 14-50）。

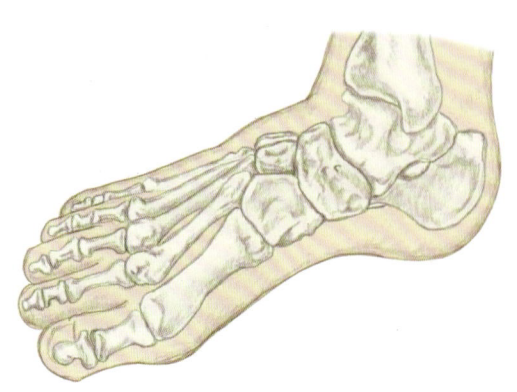 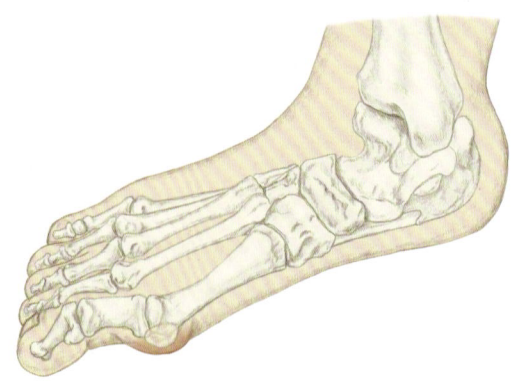

图 14-50　正常的足弓（左）和蹞趾基底部囊肿旋前的足弓（右）

## 膝外翻和膝内翻

膝外翻是膝关节的内侧位移，它可以由扁平足引起，并且经常双侧对称（图14-51）。

膝内翻也称为弓形腿，膝关节向内成角度偏移（图14-52）。

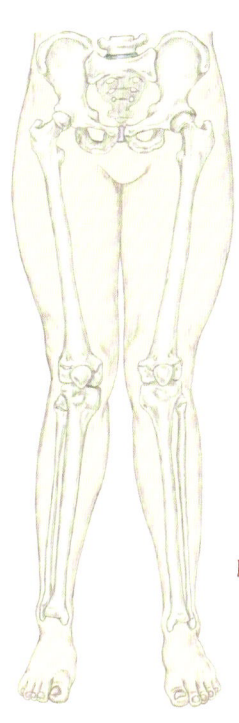
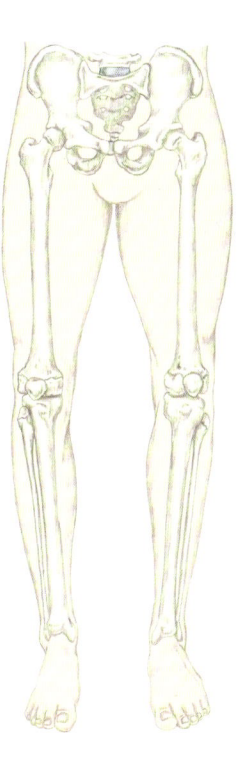

图14-51　膝外翻　　　图14-52　膝内翻

## 连锁反应

姿势畸形的影响很少只涉及一个部位，而是有从原发病变蔓延的趋势。例如，外旋髋不仅会影响臀部关节的旋转肌，也影响膝关节和骶髂关节的结构。

在上面的情形中，原发性扭曲发生在身体某个特定区域：髋过度外旋。继发性扭曲为身体的另外部分引起的不平衡问题，由膝关节及骶髂关节引起。这些原发的和继发的原因出现连锁反应，造成姿势畸形。

有时某个畸形变化可以波及整个身体，例如，左侧侧弯畸形可以导致左臀及左肩降低（左图），而右肩上提。此上提很容易误解为由肩部肌过度收缩造成。实际上是因为对侧踝关节的问题（这就是一个严重的连锁反应）。

继发性扭曲并不一定是最终结果，也可能引发代偿。让我们继续观察左边的侧弯，同以前一样，左臀部降低（右图），脊柱侧凸向左侧以便代偿这种位置畸形。通过脊柱扭曲模式使肩部保持水平，为了纠正这种畸形，脊柱侧弯导致了另一个畸形。

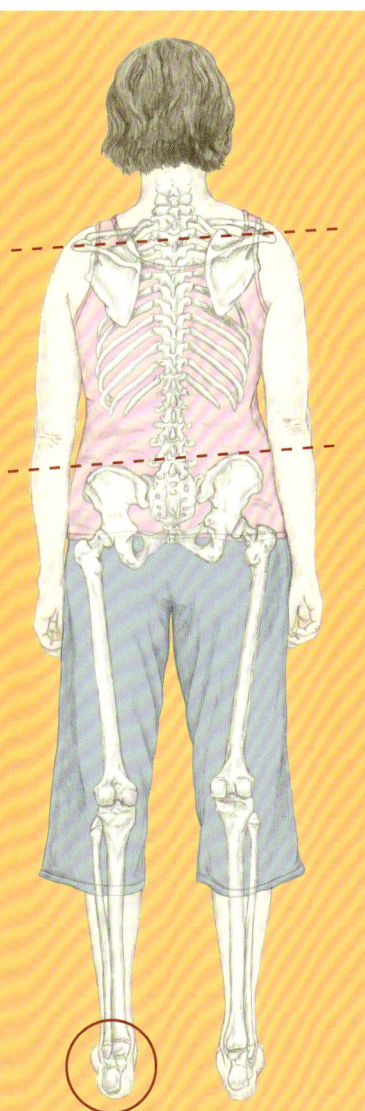
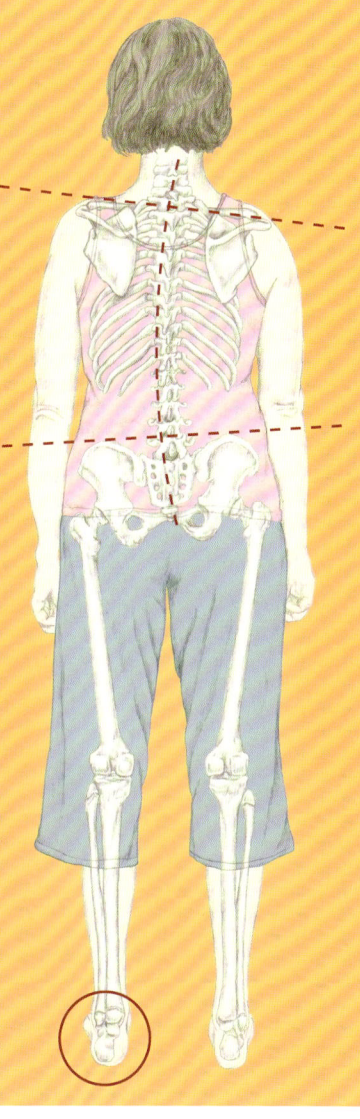

## 坐、弯腰及平躺

前面的章节讲的是我们向上牵拉你的身体,现在让我们卸载负荷。当你坐在椅子上时,事实上"姿势的故事"离垂直线很远。

正如我们在前面看到的,你只花费很短的时间保持姿势的平衡,但身体具有适应性和多样性。为了舒适和高效,你将重心从一侧移向另一侧,接着调整脊柱并倾斜骨盆。你也会弯腰、坐下或躺下,你如何使自己处于不同的位置将是重要信息,但完成过程同样重要。

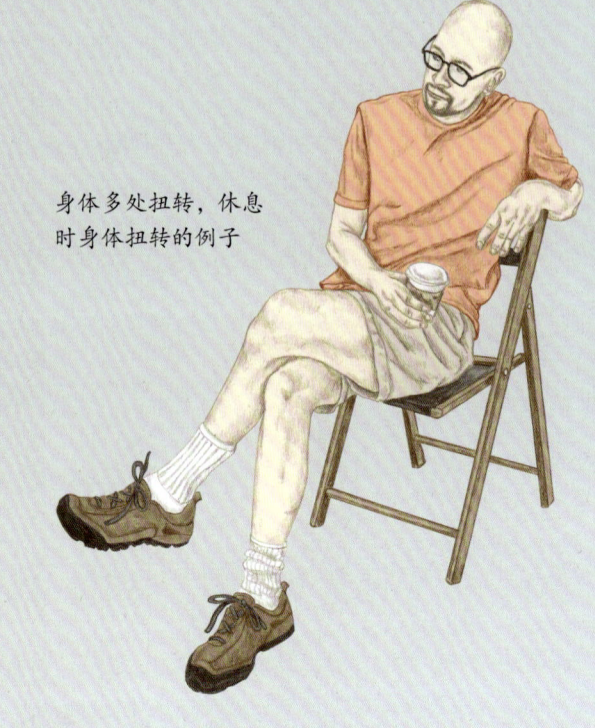

身体多处扭转,休息时身体扭转的例子

上身前屈盘腿而坐,涉及核心肌群的完美姿势

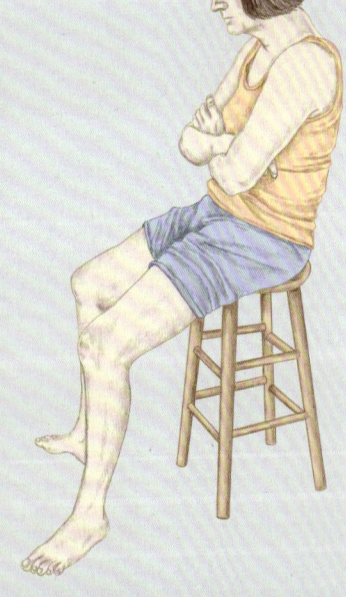

没有脊柱的支撑,她选择前倾

看上去或许奇怪,但他从头到足部是平衡和放松的

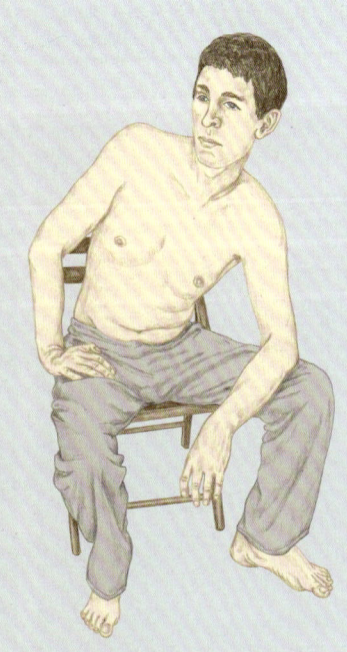

大腿作为支持体、支持肩胛带。注意颈部的扭曲和角度

如何在床上翻身或弯腰去擦厨房地板的橙汁（然后站立），将会显示你如何使用你的身体。

在 21 世纪早期，我们更多依赖于平衡姿势或水平体位。理论上，这样没有错误。毕竟它是适合的，不是吗？只要你意识到可能的疼痛源于筋疲力尽的关节和肌肉，就知道采用这样的姿势是有道理的。

当你思考这些的同时，让我们简单地回顾日常生活中的一些姿势。

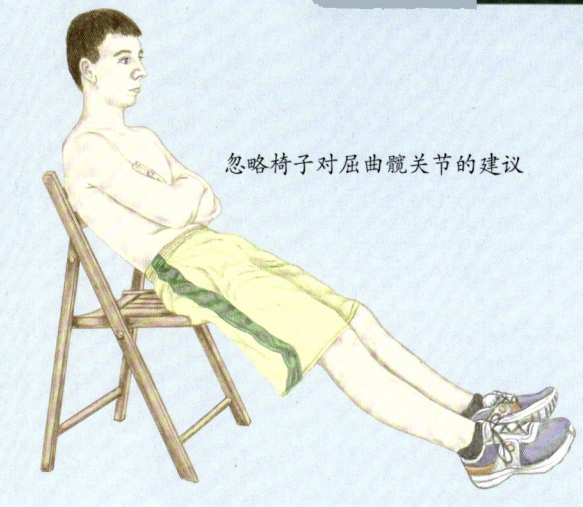

忽略椅子对屈曲髋关节的建议

经典的跷腿姿势，考虑左侧膝盖侧面受到的压力

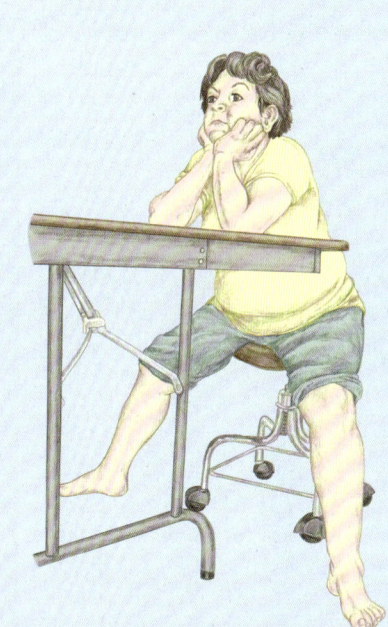

胳膊托着下巴，双脚支持骨盆，虽然可以使腰椎放松，但是对其他部位产生压力

两个常见的姿势容易被忽略，注意髋关节屈曲的差别。这种因素会影响排便过程中结肠运动的方向

第 14 章 姿势 221

用整个身体捡起一个球。观察一下这个动作如何涉及臀部、膝部和足踝

如果不使髋关节发生屈曲（通过向前倾斜骨盆），该动作需要其他部位完成，如脊柱

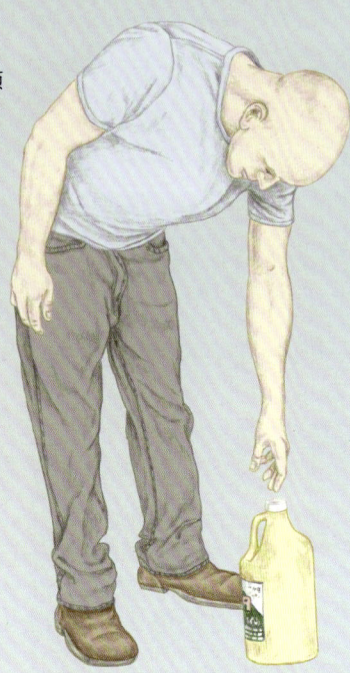

屈曲腰部和臀部。注意身体上半部分和下半部分的分离

符合人体工学的座椅使脊椎处于自然状态，伴随头部的放松

既不完全坐着也不完全站立。基于视线，身体的这种姿势牺牲了舒适、平衡和安全，都是为了发邮件

在实验室

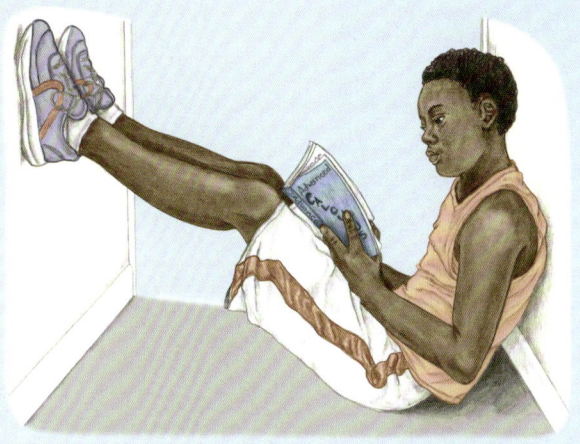

在宿舍走廊里,这是增加腿部静脉和淋巴循环的良好姿势

爱因斯坦发现站着要比坐着好。现在,你可以购买一张能调节位置的桌子

头变得沉重有时需要扶起,但这是否真的能解决颈部肌肉的问题

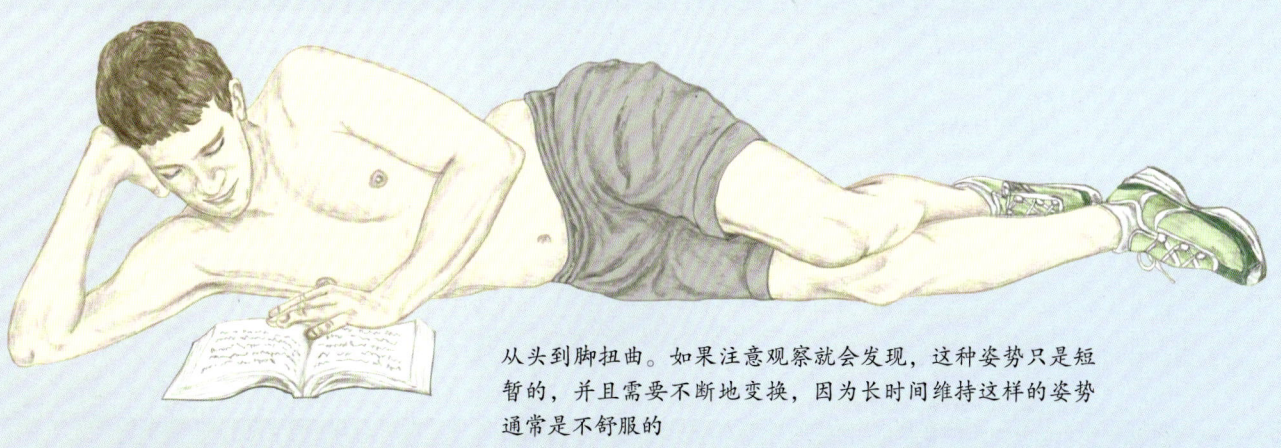

从头到脚扭曲。如果注意观察就会发现,这种姿势只是短暂的,并且需要不断地变换,因为长时间维持这样的姿势通常是不舒服的

第14章 姿势 223

# 复习题

1. 姿势包括____。（第 204 页）
   a. 你身体所有的解剖区域
   b. 只有骨盆和下肢
   c. 只有上下肢
   d. 只有骨盆、脊柱和头部

2. "合适"的姿势是____。（第 208 页）
   a. 当脊柱垂直时
   b. 更注重外观的对齐而非平衡
   c. 能反映你身体的结构和关节的支撑
   d. 可以通过将一本书顶在头上来维持平衡

3. 弯腰的姿势比直立的姿势感觉更好，因为弯腰的姿势____。（第 208 页）
   a. 反映了关节的结构
   b. 对结缔组织更舒适
   c. 比直立姿势更省力
   d. 是身体所习惯的

4. 对齐良好的垂直姿势要求____。（第 209 页）
   a. 显著的肌肉收缩
   b. 几乎没有实际的肌肉参与
   c. 无筋膜参与
   d. 强有力肌的充分辅助

5. 肌筋膜核心包括____。（第 210~211 页）
   a. 腹横肌和胸锁乳突肌
   b. 胸大肌和斜方肌
   c. 多裂肌和膈肌
   d. 腰大肌和菱形肌

6. 锯齿形姿势包括____。（第 214 页）
   a. 脊柱呈"之字形"排列
   b. 骨盆后倾
   c. 锻炼腹肌和股后肌群
   d. 脊柱弯曲减少

7. 斜颈是一种包括____。（第 215 页）
   a. 胸椎后凸曲线减小
   b. 头部或颈部的异常偏移
   c. 下腰椎和骨盆的异常移位
   d. 减小腰椎前凸

8. 头前倾姿势____。（第 217 页）
   a. 延长胸椎外侧屈肌
   b. 延长颈椎外侧屈肌
   c. 缩短胸部屈肌
   d. 缩短颈部伸肌

9. 过度旋前足发生于____。（第 218 页）
   a. 足掌内翻
   b. 足弓塌陷
   c. 足弓上抬
   d. 足跟内翻

10. 下面哪项描述了继发性扭曲？（第 219 页）
    a. 由身体的两个部位的不平衡引起的状态
    b. 由整个身体位置失调引起的问题
    c. 由身体某一部位不协调引起的问题
    d. 由身体的另外部位不平衡引起的问题

（李筱贺　译，张露青　丁自海　校）

3 种方法搬运箱子，各有利弊

# 15 步态

## 学习目标

- 定义步态
- 区分和描述步态的特征要素，明确其是如何影响人类运动的
- 对比步态的两大时相
- 描述髋部在步态支撑相和摆动相中的作用
- 描述步态周期的8个时相，并列出每个时相所涉及的肌
- 列举并解释异常步态
- 评价和讨论同伴的步态

## 本章要点

2001年，纽约市马拉松冠军兼教练阿尔贝托·萨拉查在看到美国长跑运动员在国际比赛中被击败之后，创立了"俄勒冈计划"，以改善美国马拉松比赛前景。

在招募了一批才华横溢、充满潜力的大学毕业运动员后，他很快将目光转向了生物力学。他对跑步者身体和步态各方面都进行了分析，包括步幅、躯干倾斜角度、足部触地时踝关节的位置、肘部弯曲配合前臂摆动、甚至拇指的位置等。

然而，改变精英运动员的跑步方式是一个需要精心策划的提议。在多年数万千米的训练中，跑步者的节奏和路线已在神经系统中盘根错节，即使是细微的调整，也会引发身体的连锁反应，甚至导致受伤。然而，萨拉查觉得承担这些风险是值得的，尤其是他自己的职业生涯就是因为不良的生物力学导致腘绳肌和膝盖问题而过早结束。

正如你将在本章中看到的，步态分析不仅适用于42.26千米的全程马拉松，当你拖着行李匆匆穿过机场，或是沿着海滩悠闲漫步时，它都在发挥作用。

- 马拉松运动员的步幅与相同身高的奥运会短跑运动员的步幅有何区别？
- 马拉松运动员和其他运动员在跑步时都会弯曲手臂并摆动，这对他们的步态有何益处？
- 从静止的姿势，到开始步态周期的第一块肌肉是什么？
- 从步行的姿势，到步行完全停止，有哪些肌肉参与？

步态 ·········· 226
　一步一步 ·········· 226
支撑相和摆动相 ·········· 227
　支撑相 ·········· 228
　摆动相 ·········· 229
步态和髋部 ·········· 230
在实验室：步态其他参数 ·········· 231
　各项测量参数 ·········· 231
　步频 ·········· 231
　躯干旋转和对侧肢体运动 ·········· 231
步态中的肌肉运动 ·········· 232
在实验室：家具和服装 ·········· 234
异常步态 ·········· 238
　肌无力或肌肉瘫痪 ·········· 238
　关节活动度受限 ·········· 240
　神经系统病变 ·········· 241
环顾四周 ·········· 242
　评估自己和他人的姿势及步态 ·········· 242
日常生活中的运动 ·········· 246
　一天中所有的运动 ·········· 246
复习题 ·········· 250

225

# 步态

现在，我们已经将所有的身体部件拼在一起了，还能站起来，那接受最后的挑战吧，通过行走把身体移动到另一个地方。

正如在第 205 页简要讨论的那样，步态是行走的方式。如果从站立姿势启动向前走，就会产生步态，而站立姿势的特征会影响行走的方式。简单地说，步态是步行时的姿势，站立姿势则会影响行走的方式。

我们人类自身，要直立行走，说得委婉些，是需要一定技巧性和协调性的。脊柱稳定在双下肢之上是决定直立站姿和行走的关键。

每走一步，你都需有意识地失去平衡，之后再重获平衡，下一步又会失去平衡。如果这种循环往复的摆动维持下去，最终会向前移动，也就是行走。这就是行走的故事。

我们的计划是打造一个经典的步态周期，兼具平稳、舒适和适应性强的特点。虽然每个人的步态都有细微差异和独特风格，这可能与其本人的性格、情绪和健康状态无关，但是无论你或者他人如何行走，正常步态的组成要素都是一致的。让我们详细学习吧！

图 15-1　齐足跳行

图 15-2　单足跳行

图 15-3　跳跃前进

显而易见，步态离不开足，更具体地说，步态在下肢的任意前进动作中，无论是走、跑，还是双脚或单脚跳（图 15-1~15-5），都有涉及。虽然每个人都可以选择步态，但没有一种模式可以一劳永逸，兼顾高效、省力和距离。

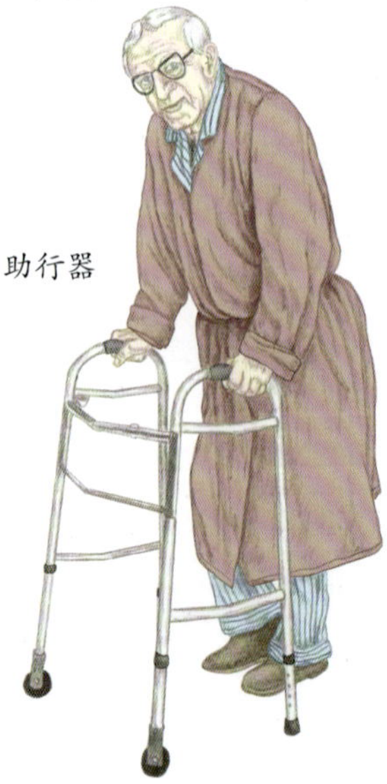

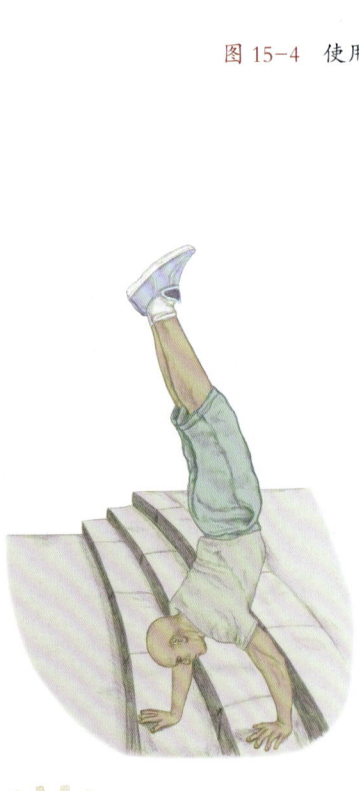

图 15-4　使用助行器

图 15-5　这可不是典型的行走方式

## 一步一步

为了更好地行走，我们需要认识步态的各个特征要素，先从最小的组件——"一步"开始。当你走过房间时，请注意当左足跟落地时，右足跟紧接着地，这两个时刻间发生的动作就是一步，也就是一足置于另一足之前。

步长是指左、右足跟着地点之间的纵向距离。在森林悠闲漫步时，步长会逐渐缩短；而去拿免费冰激凌的时候，步长又会变长。但不管行走速度如何，同侧下肢的步长大致相等。

再次走过房间，完成两步走：左足跟着地、右足跟着地、左足跟着地，此即为一个步态周期（该例中是左步态周期）。步态周期可定义为在行走时一侧足跟着地到该侧足跟再次着地的过程。

持续行走由交替完成的左、右步态周期组成，在同侧步态周期中行走的距离（以左侧为例，两次左足跟着地间距）即为步幅（也称为跨步长）。

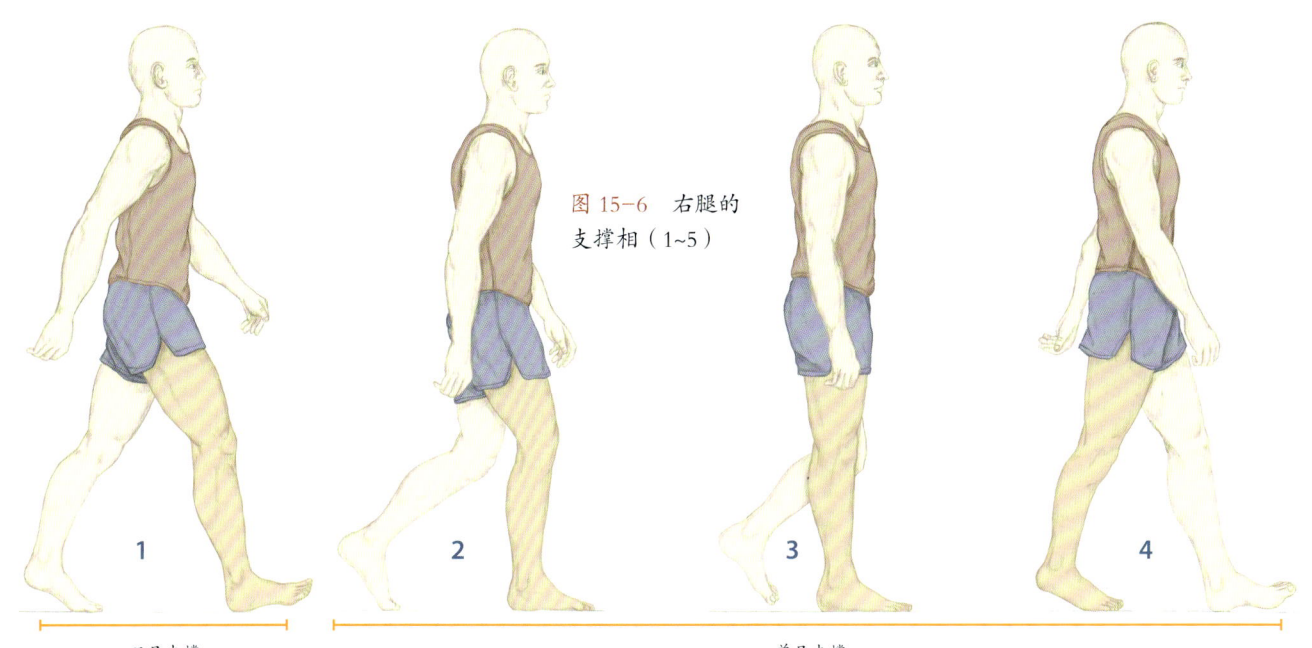

图 15-6 右腿的支撑相（1~5）

双足支撑　　单足支撑

## 支撑相和摆动相

进一步阐述，步态周期可以分为两个时相：支撑相（站立相）和摆动相（迈步相）（图 15-6，15-7）。

顾名思义，支撑相发生在足触地时，占步态周期的 60%，开始于足跟着地，结束于足悬空。摆动相占步态周期的 30%，是足离地时发生的活动。

你可能没有注意到，每个步态周期都有 3 个关键任务：第一，双足支撑体重，发生在支撑相开始，当足着地时；第二，单足支撑体重，发生在支撑相；第三，另一腿迈步前行，发生在摆动相。

除非你拖着脚走，那么在一次步态周期中，你的一只或两只足肯定会离开地面。在一次步态周期中，双足支撑（双足着地）发生两次，每次占步态周期的 10%；单腿支撑（单足落地）也有 2 次，每次占步态周期的 30%。

双足离地（没有足着地，如跑、跳、跃等）也被称为空中相，不包括在步行的过程中。

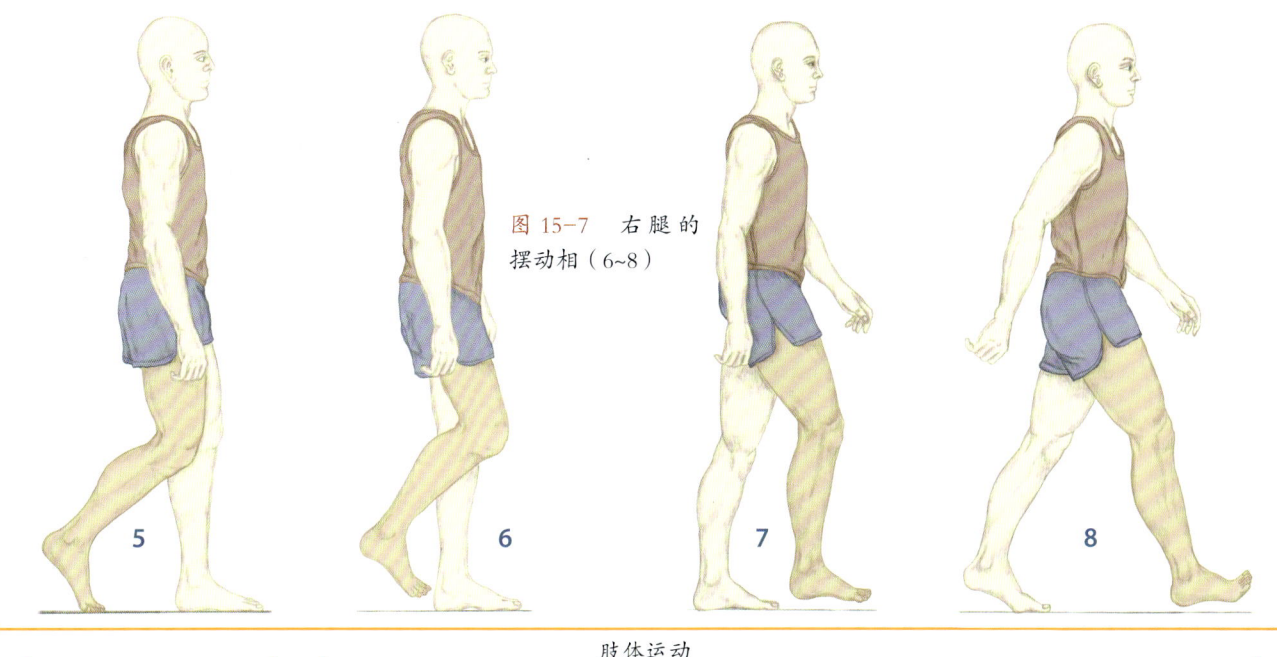

图 15-7 右腿的摆动相（6~8）

肢体运动

双足支撑　　单足支撑

第 15 章　步态　227

## 支撑相

支撑相是步态周期的一部分，指下肢接触地面的时期，可划分为5个阶段。支撑相开始于足跟着地期，之后是足放平期和站立中期，接着是足跟离地期，最后是足趾离地期。

当足跟开始接触地面时（足跟着地期），髋关节呈25°屈曲，踝关节处于中立位（图15-8）。与此同时，膝关节开始弯曲，以减轻着地的冲击。尽管脊柱在整个步态周期都呈直立状态，但在此时相中，前部躯干开始向同侧支撑腿旋转。这种躯干转向在此后上半身的摆动平衡中起着重要作用，有助于达到"正常"的行走速度。

体重开始落在支持腿上后，足跟着地期即转变为足放平期（图15-9）。此时踝关节跖屈约5°，足底全部着地。为了防止足底重击地面，背屈肌启动"刹车"。与此同时，髋关节开始伸展，膝关节屈20°，使身体的其他部位"跟上"支撑腿。

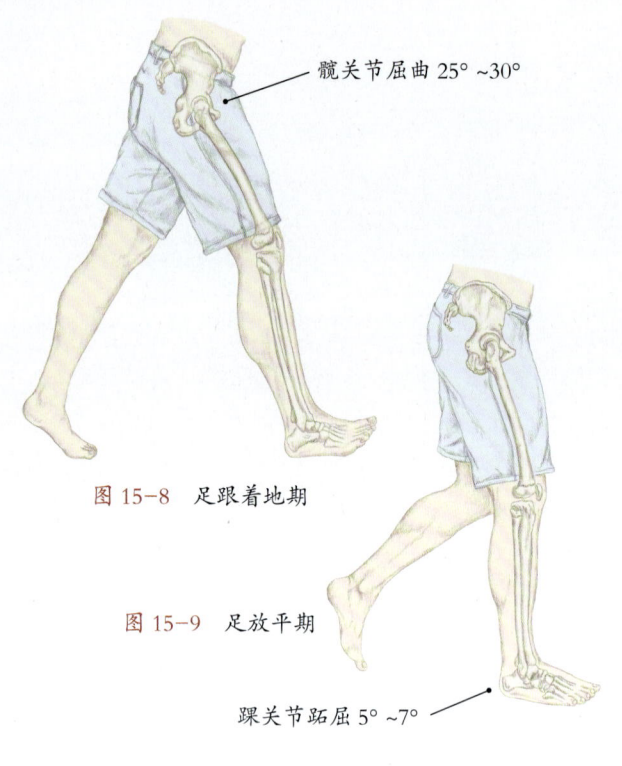

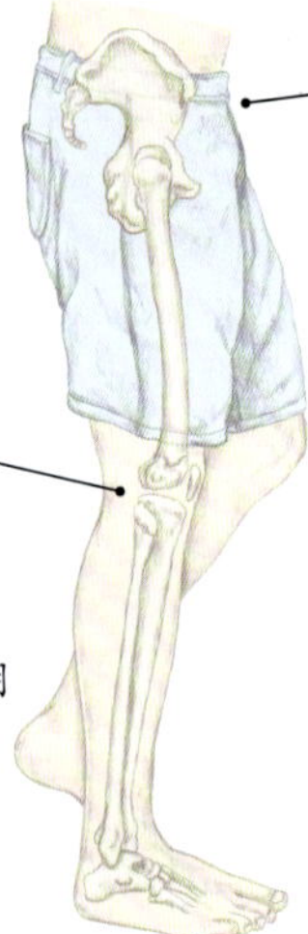

图15-8　足跟着地期

图15-9　足放平期

髋关节屈曲25°~30°

踝关节跖屈5°~7°

骨盆水平

膝关节屈5°

图15-10　站立中期

当躯干越过承重足时，即为站立中期（图15-10）。踝关节处于背屈的状态（不依赖于背屈肌，而是因为躯干向前的冲力），而跖屈肌开始收缩，其重要作用是控制小腿在足踝上移动的速度。髋关节和膝关节依旧处于伸位，躯干和双侧手臂处于中立位。

在支撑相末，支撑腿足跟离地，进入足跟离地期（图15-11）。踝关节由背屈快速转为跖屈，跖屈肌推进肢体向前，进入推进阶段。膝关节和髋关节处于伸位，躯干向对侧支撑腿旋转，同侧手臂向前摆动。

足趾离地期表示推进阶段和支撑相的结束（图15-12）。膝关节和髋关节开始屈曲，踝关节轻度跖屈。随着支撑相结束，摆动相即将开始。

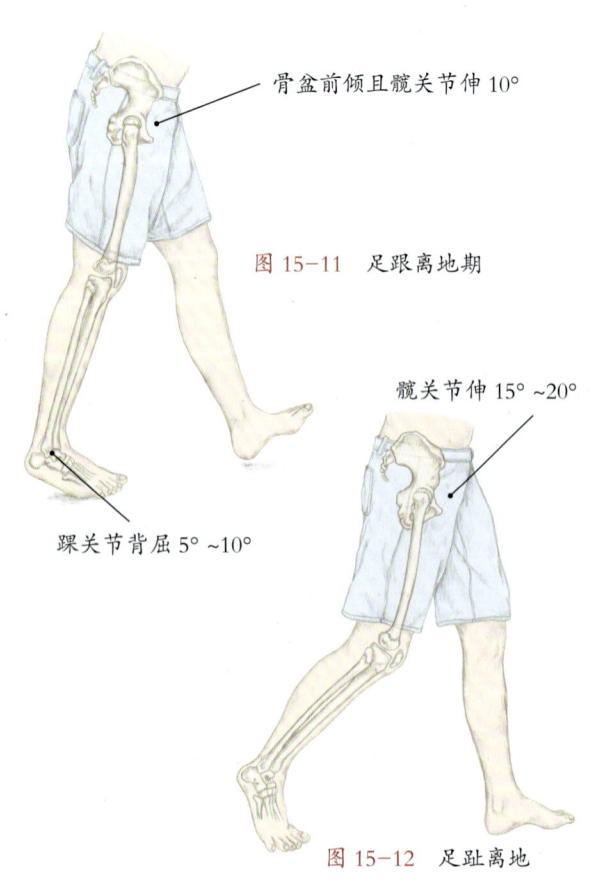

骨盆前倾且髋关节伸10°

图15-11　足跟离地期

髋关节伸15°~20°

踝关节背屈5°~10°

图15-12　足趾离地

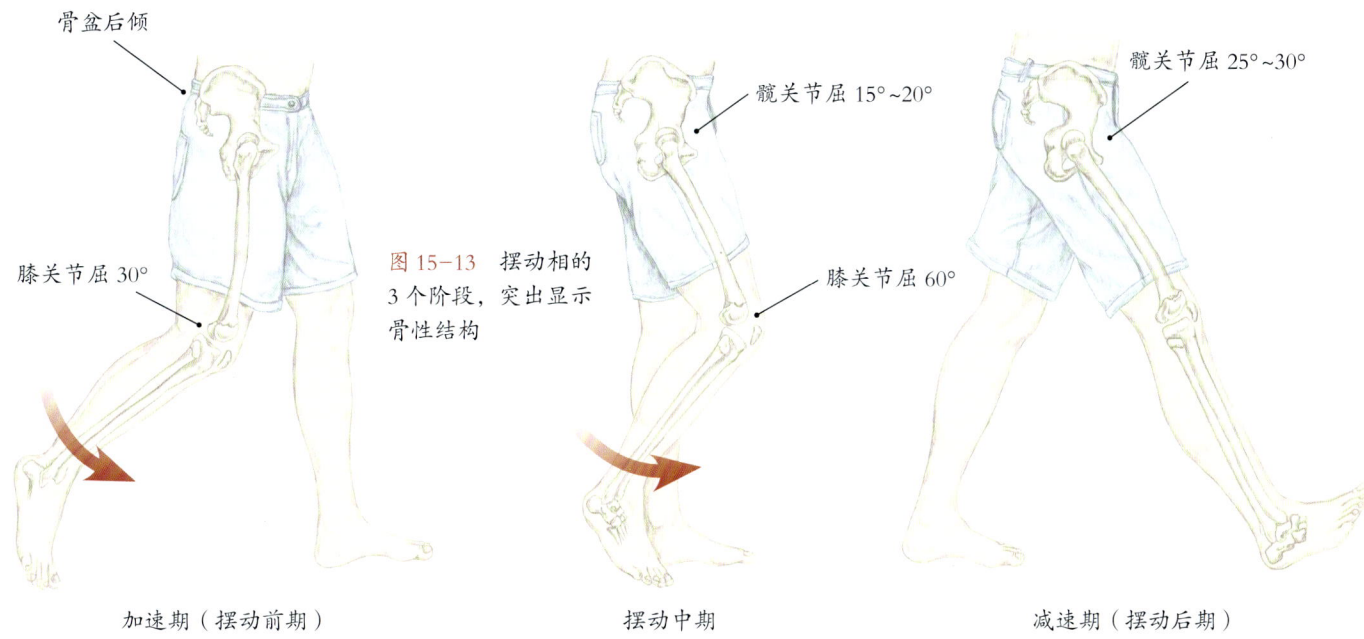

图15-13 摆动相的3个阶段，突出显示骨性结构

骨盆后倾
膝关节屈30°
加速期（摆动前期）

髋关节屈15°~20°
膝关节屈60°
摆动中期

髋关节屈25°~30°
减速期（摆动后期）

## 摆动相

腿和足不能悬在躯干后方（需要向前移动），因此摆动相开始，其发生在足不承重时，细分为3个阶段：加速期（摆动前期）、摆动中期和减速期（摆动后期）（图15-13，15-14）。

摆动相以加速期开始，落后于身体重心的腿和足加速向前"追赶"，膝关节和髋关节屈曲，踝关节开始背屈。

在摆动中期，下肢向前摆动。踝关节处于中立位，膝关节和髋关节屈曲幅度加大，确保足趾在躯干下方摆动时不会触地。髋关节进一步屈曲（连同下肢自身的动量），使下肢移向前方。

为避免下肢过快向前摆动，最后进入减速期，包括腿和足的"刹车"，为支撑相开始的足跟着地期做准备。此时踝关节处于中立位，膝关节伸展，腘绳肌（股后肌群，包括股二头肌、半腱肌和半膜肌）离心收缩以约束腿部。髋关节屈曲，腿部停止向前摆动。

一个完整的步态周期就包括上述的支撑相和摆动相。

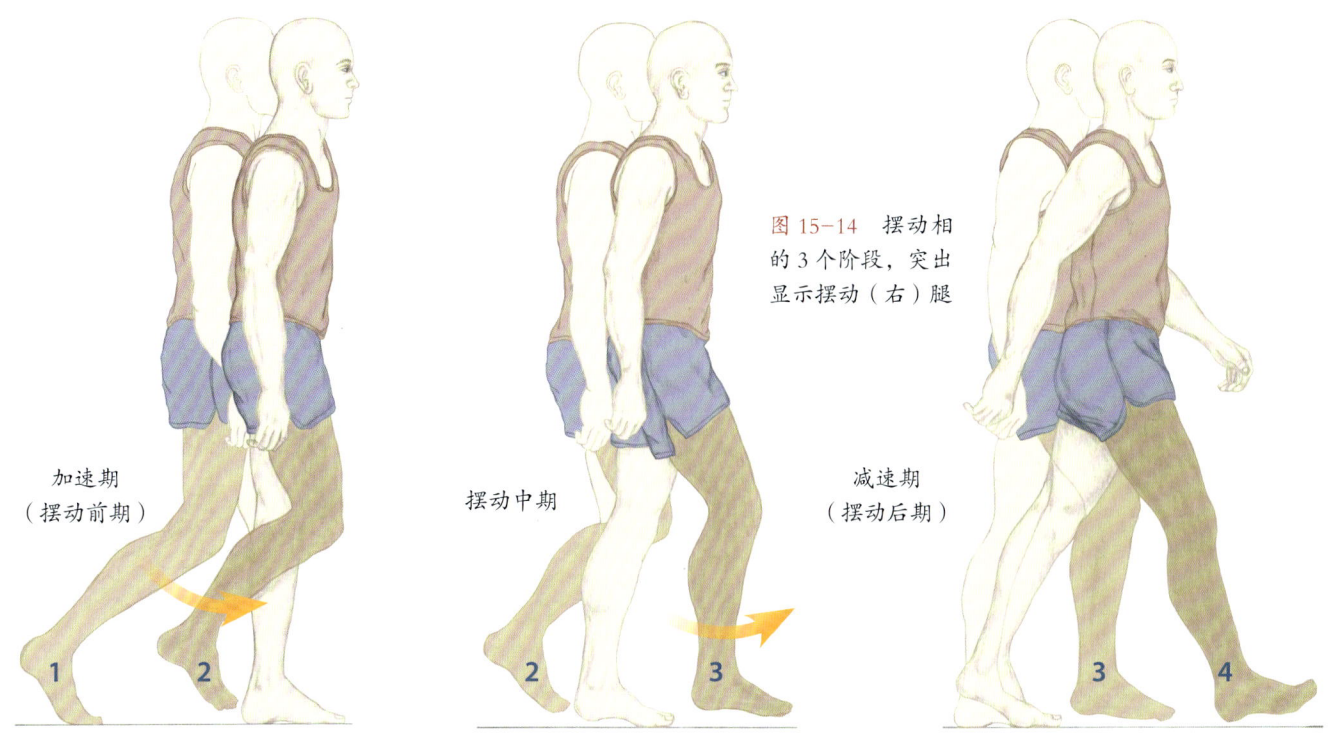

图15-14 摆动相的3个阶段，突出显示摆动（右）腿

加速期（摆动前期）　摆动中期　减速期（摆动后期）

# 步态和髋部

到目前为止，我们主要关注的是腿和足，但真正的步态需要全身参与（试着上半身完全不动，可能一步都迈不出去）。

当你行走时，腿、足、躯干和手臂的运动是显而易见的，而把上述结构连结在一起的关键，是骨盆。

为了顺畅完成一个完整步态，骨盆需要在 3 个方向上移动（围绕着 3 个轴）。首先，在步态周期中，骨盆会有约 5 cm 的上下位移。一侧髋部抬高时，另一侧髋部会降低。髋部的最高点出现在站立中期，最低点出现在足跟着地期，这种变化使得足在摆动相时有更多的空间来上提或下移（图 15-15）。

你可以站在一个白板旁，把记号笔放在髋关节水平，向前走的过程中在白板上画线，这条线将会随着骨盆上下移动，形成一条波浪线，直观记录下位移的变化（图 15-16）。

其次，骨盆会有约 5 cm 的侧方位移，使得重心从一侧转移到另一侧。在步态周期中，最大的侧方位移距离出现在站立中期，这个位移让骨盆"让路"，便于足向前摆动（图 15-17）。

最后，骨盆会有前后位移。例如，当左腿向前摆动、足跟着地时，骨盆左侧向前旋转至最远。双手置于髋部后走一段路，可能会感觉到精细的、前后方向上的骨盆位移，位移距离与步幅正相关，大步走时位移感觉明显，反之亦然（图 15-18）。综上，一个健康的步态周期需要骨盆上下、左右、前后地移动起来。

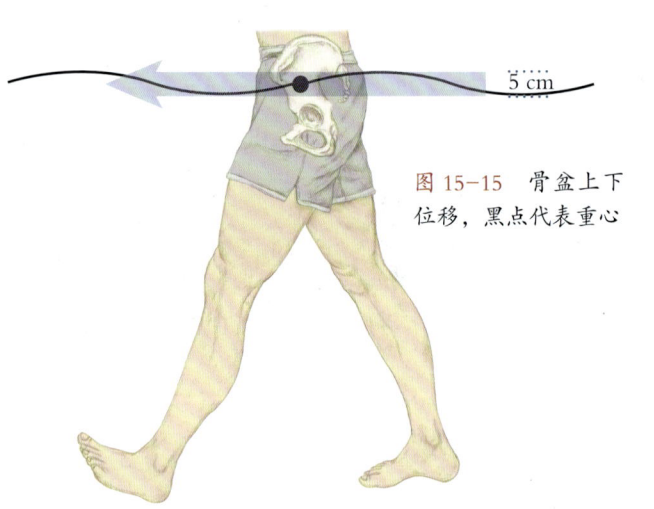

图 15-15 骨盆上下位移，黑点代表重心

图 15-16 在白板上标记的上下位移

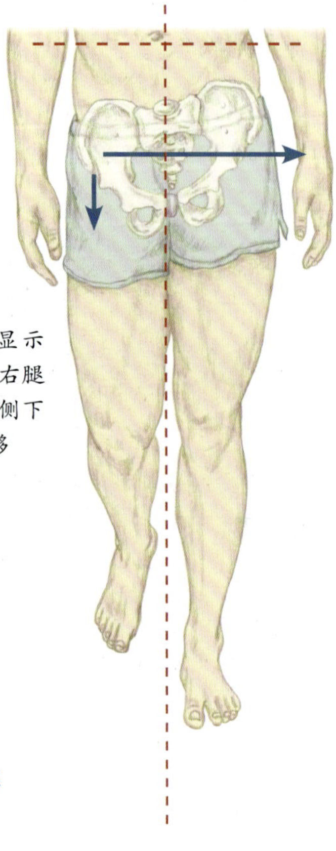

图 15-17 前面观。显示骨盆的侧方位移。当右腿向前摆动时，骨盆右侧下移，而骨盆整体向左移

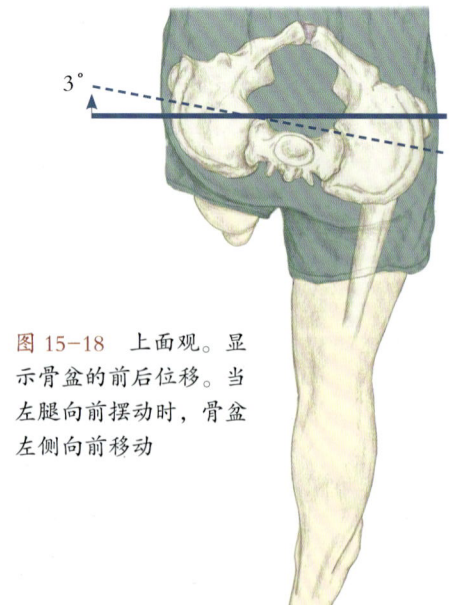

图 15-18 上面观。显示骨盆的前后位移。当左腿向前摆动时，骨盆左侧向前移动

在足趾离地期和紧接的摆动相中，为什么骨盆不会明显下移呢？毕竟一侧足趾离地，同侧骨盆缺少支撑，是理应下移的，但在对侧（承重侧）的髋外展肌和同侧的竖脊肌的作用下，骨盆得以保持水平。

# 步态其他参数

## 各项测量参数

步长（左、右足跟着地点之间的距离）为38~46 cm，与身高呈正相关。步幅（跨步长）为左、右步长相加，为76~91 cm。

步态的参数还包括步宽（走钢丝时除外），是指左、右足跟间的横向距离，通常是5~10 cm。

行走时双足不会笔直向前，而是会稍微向外偏，也就是足偏角，通常为5°~8°，走得越快，角度越小。

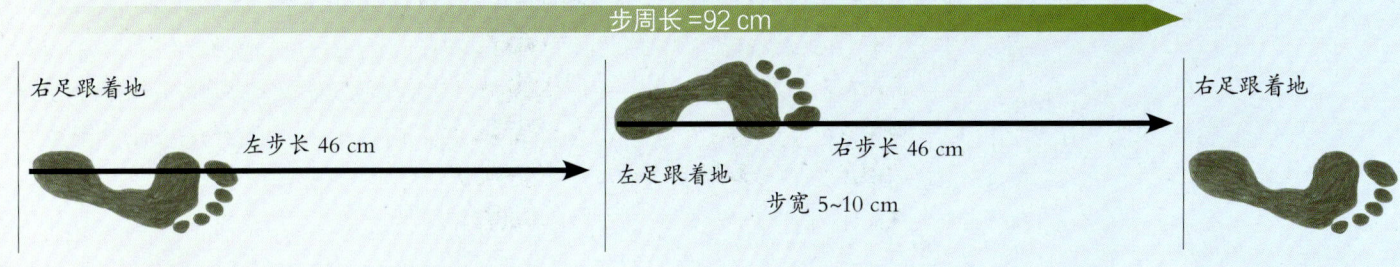

步周长 =92 cm

右足跟着地 — 左步长 46 cm — 左足跟着地 — 右步长 46 cm — 右足跟着地
步宽 5~10 cm

### 步频

你可能取笑过奥林匹克竞走选手的步行方式，但如果尝试一下跟上他们的步频，就不会这么想了。步频是指每分钟行走的步数，正常人自然步频为100~120步/分，慢走时为70~90步/分，而竞走选手每分钟的步数为145或更高。

如果想超过一个速行者，请尝试跑步，这会让你的步频达到180步/分，并出现腾空期——双足均不与地面接触。

如果你想"脚踏实地"，那就"从容不迫"地缓步行走，此时支撑相延长，摆动相缩短，双足支撑期（双足同时着地的时期）也会延长。因此，平衡较差的人（如老年人）在步行时，应该慢行以增加触地时间。

### 躯干旋转和对侧肢体运动

尽管行走看似是直线运动——沿矢状面前进，但这一过程需要依靠身体几处关键转动才能实现。

让我们拍下你在街上行走的样子。为了方便观察你对侧肢体运动，可以定格一帧。在这个快照中，你的右腿和左臂同时向前摆动，右髋跟随右腿向前，左髋随之向后。当左臂摆向前时，上半身又向右旋转。如此交错往复运动。

现在倒带回去继续研究，在这里，双腿的摆动产生前进动力，一条腿向前迈时，另一条腿则推离地面；同时躯干的转动和手臂的摆动也有助于维持平衡，进一步产生向前的推动力。

竞走

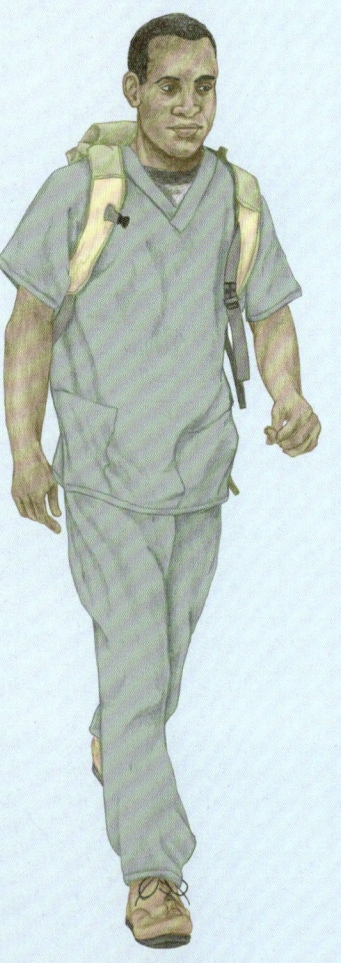

对侧肢体运动

# 步态中的肌肉运动

把步态周期分解为 8 个阶段，进一步研究每阶段中参与的各下肢肌（图 15-19，15-20）。

## 足跟着地期

当腿向前摆动结束时，便开始减速。此时，伸髋肌（臀大肌和腘绳肌）、屈膝肌（腘绳肌和腓肠肌）和踝跖屈肌（腓肠肌和比目鱼肌）等长收缩，稳定和制动下肢停止前移。（很有意思的肌肉链，不是吗？）

与此同时，屈髋肌（髂腰肌和股直肌）和伸膝肌（股四头肌）向心收缩，保持腿的位置便于足跟着地。

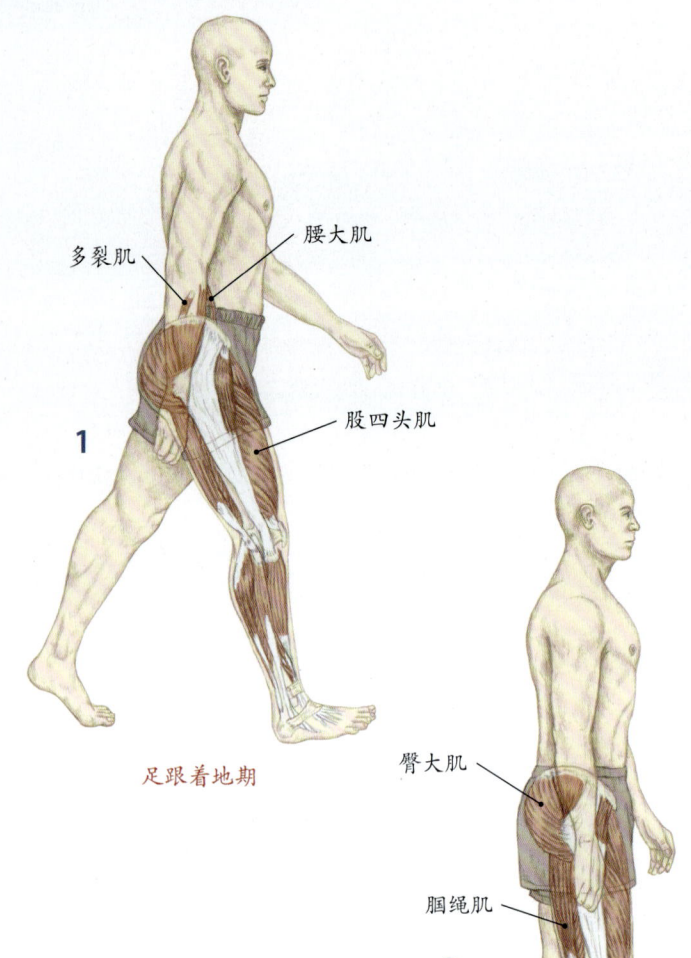

图 15-19 支撑相的 4 个阶段（1~4）

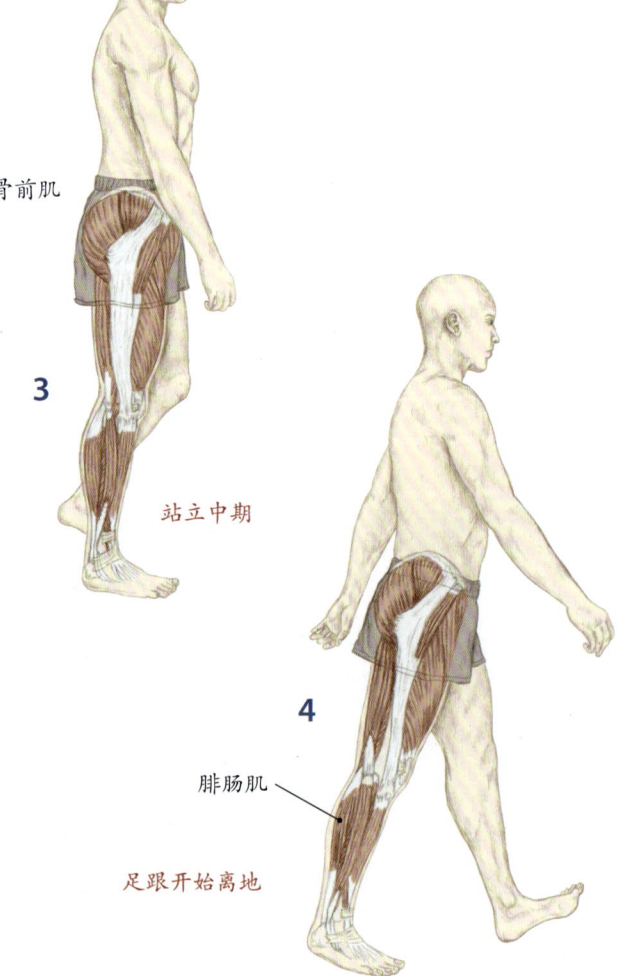

## 足放平期

踝背屈肌离心收缩使前足掌着地，而屈膝肌（腘绳肌）向心收缩，为站立中期的关节负荷做准备。

## 站立中期

此期体重落在支撑腿上，需要一些肌肉等长收缩以维持平衡。因此，髋外展肌（臀大、中、小肌）收缩以稳定髋关节，并防止过度内收。同时，伸膝肌（股四头肌）和踝跖屈肌也发生等长收缩，以稳定膝关节和踝关节。

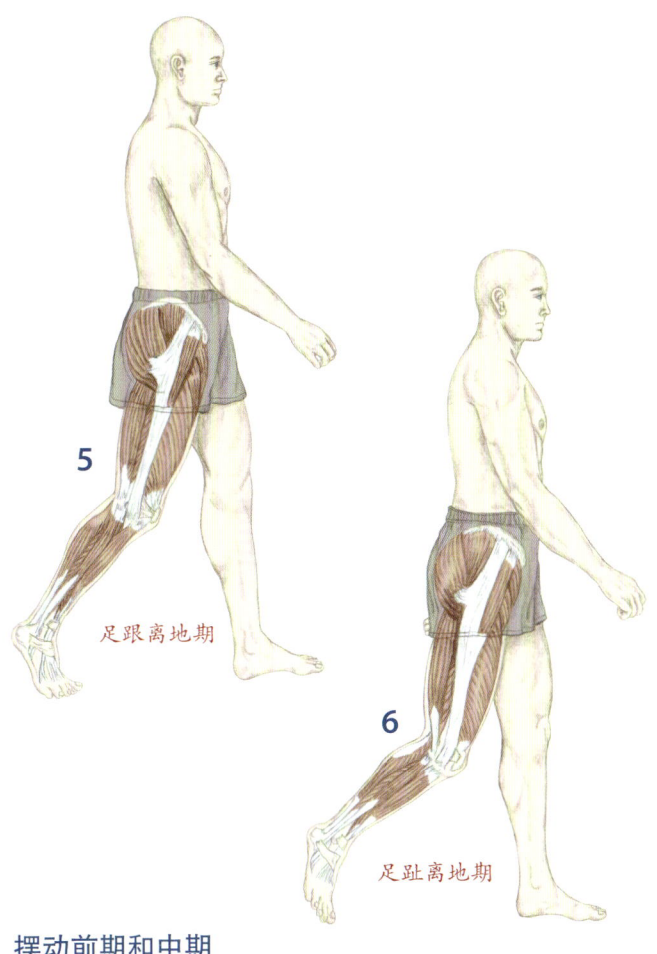

### 足跟离地期

此期腿位于身体后方,踝跖屈肌(腓肠肌和比目鱼肌)向心收缩,抬起足跟离地,为接下来足趾离地期做准备。同时,伸髋肌(臀大肌和腘绳肌)、伸膝肌(股四头肌)向心收缩,伸髋伸膝(见 228 页)。

### 足趾离地期

伸髋肌及踝跖屈肌(腓肠肌和比目鱼肌)进一步向心收缩,牵拉足趾离地,而踝背屈肌(趾长伸肌和姆长伸肌)收缩,协助伸趾。同时,屈髋肌(髂腰肌和股直肌)开始离心收缩,以免下肢过分向后摆动,为接下来的摆动相做好准备。

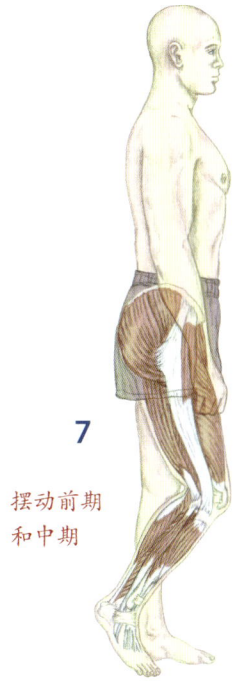

图 15-20 足跟离地期(5)、足趾离地期(6)与摆动相的 3 个阶段(7,8)

### 摆动前期和中期

在摆动前期,屈膝肌和踝背屈肌向心收缩,伸膝伸踝,以免足趾在摆动中期碰到地面。当较重的下肢向前摆动时,伸髋肌也会离心收缩以保持平衡。上述参与肌持续作用至摆动中期,确保足趾安全地离开地面。

### 摆动后期

屈髋肌(髂腰肌和股直肌)及伸膝肌(股四头肌)向心收缩,摆腿向前,为接下来的足跟着地做准备。在之后的足跟着地期(第 232 页),伸髋肌及屈膝肌共同协作,稳定和制动下肢。

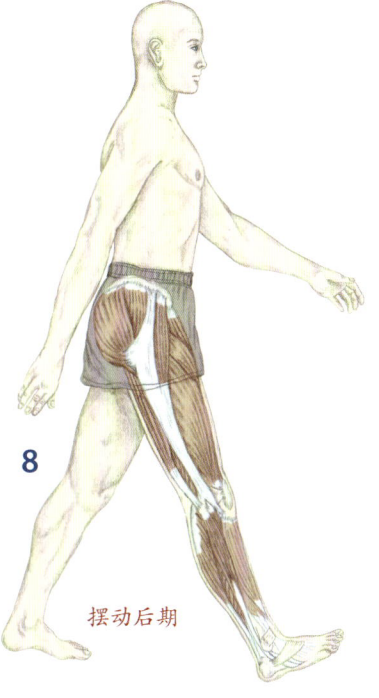

### 跌还是不跌,这是个问题

步行是一系列接近跌倒和重获平衡的动态过程,虽然大多数人都会觉得走路这种动态行为过于简单,而"熟视无睹"。但是,对于在人口结构两端的婴幼儿和老年人来说,步行时很容易跌倒。

对小宝宝来说,跌倒是学会站和走的"必经之路"。婴幼儿关节适应性强、重心也较低,不会摔得很重,在学习直立和步行时,跌倒可以帮助其发展运动协调和平衡能力。

但是,对一位 90 岁的老爷爷来说,跌倒可能会是灾难性的。随着运动协调和平衡能力的下降,容易跌倒的事实和对后果的恐惧可能会像阴影一样笼罩着老年生活。

## 家具和服装

千万年前，一个蹲着的原始人站起来并找了块大石头坐下，从那刻起，人类的姿势和动作就此改变。我们对短暂休息（舒适程度）的渴望超越了对生物力学（功能完整）的要求（那时的人体构造更适合蹲而不是坐），这也是家具革新的原动力。接着，当第一块鹿皮被搭在肩上用来保暖时（衣着的出现），保持姿势平衡在追求舒适度面前再次显得微不足道。

直至今天，人类持续通过各种奇特技巧来定位和装饰自身。这种历史和文化创造力的结果是，你的姿势和运动能力不再只由皮囊之下的身体构造决定，还受"身外之物"的影响。

斜靠在办公椅上，姿势实则与站立相类似，只是呈45°

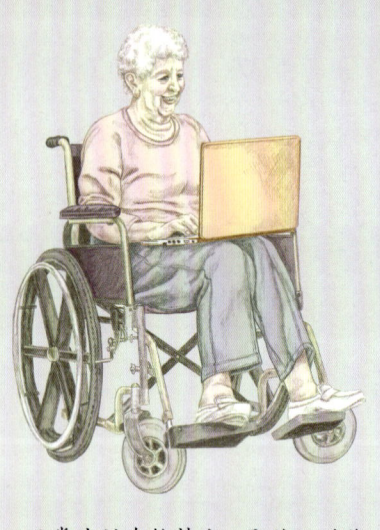

日常生活在轮椅上，即使运动能力下降，但仍可追求生活品质

老式楼梯，一步一阶，可能没有其他发明比楼梯更能影响人类的运动方式

踮起足尖，有时只靠凳子或其他辅助装置还不够

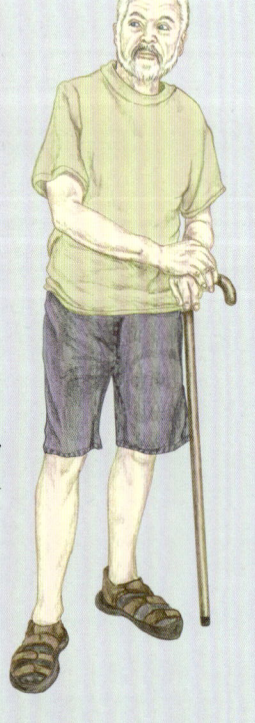

小支撑，大不同，思考他的体重是如何落在左足上的，这不平衡的姿势又将如何影响他的左髋关节和左肩关节

# 在实验室

紧身牛仔裤、圆椅、塑形内衣、水泥地板、系紧的领带和松软的床都会对身体组织造成一定的移位、扭曲或压缩。一部手机都有可能限制你的机动性,试着把手机放在前裤袋中,然后屈髋感受一下。

上述例子都是负面影响,原因可能在于我们的文化背景中,大多数的家具和服饰都是有意设计成减少或限制你的移动。这几页内容(第234~237页)管中窥豹,举例展示了家具和服饰是如何影响人体骨骼、肌肉及筋膜的位置和形态的。

该午睡时就午睡

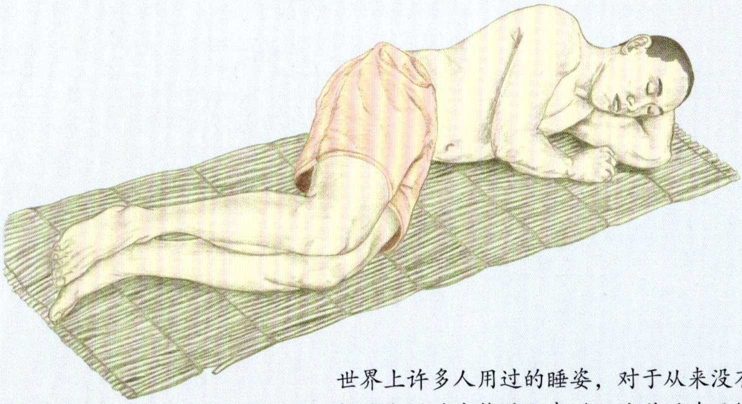

世界上许多人用过的睡姿,对于从来没有枕过枕头和睡过床垫的人来说,这种睡姿无疑是很舒服的——兼具对称性和支持点

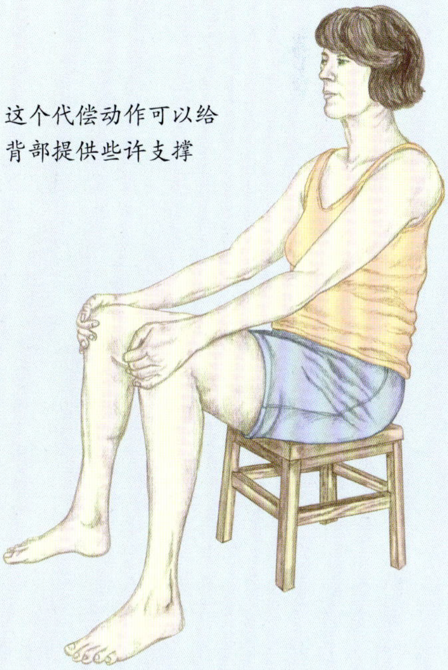

这个代偿动作可以给背部提供些许支撑

抛开骑行不谈——观察颈部、肩部和髋部

第15章 步态    **235**

腰带和领带——缠绕和紧绑在身体上的服饰范例

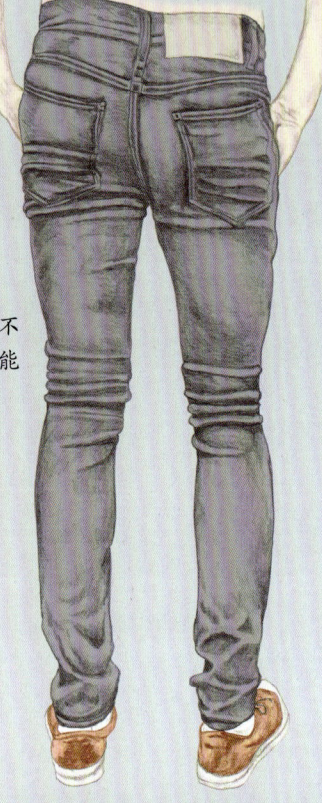

啊，时尚的代价——裤子不仅限制了运动幅度，还可能影响血液和淋巴回流

当谈到服饰的选择（以及有可能伴随的姿势）时，好莱坞一直是美式文化输出和时尚引领的发源地。在上图中，帽子、腰带、靴子（还有枪）明确地传达了一些特定信息，伴随的站姿（分腿挺胯）和坚毅的目光亦是如此

她从水里出来后是不是很冷？还是有其他情况？比基尼（以及其他暴露的服装）不仅展示身材，身体姿势还会显露穿着者的感受

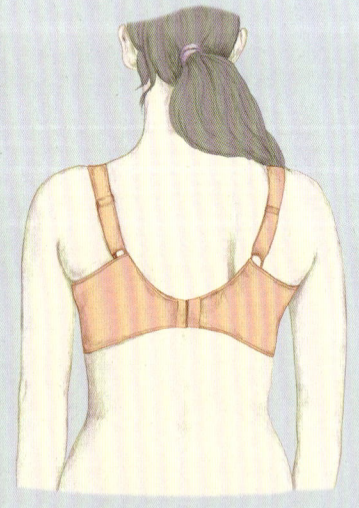

胸罩作为裹胸束腰和紧身胸衣的衍生品，美其名曰是为了防止乳房下垂，实则限制了成千上万女性的胸廓，并发展成一个价值数十亿美元的产业

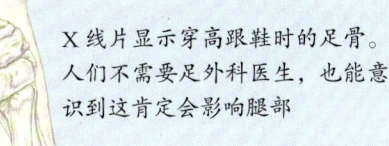

## 在实验室

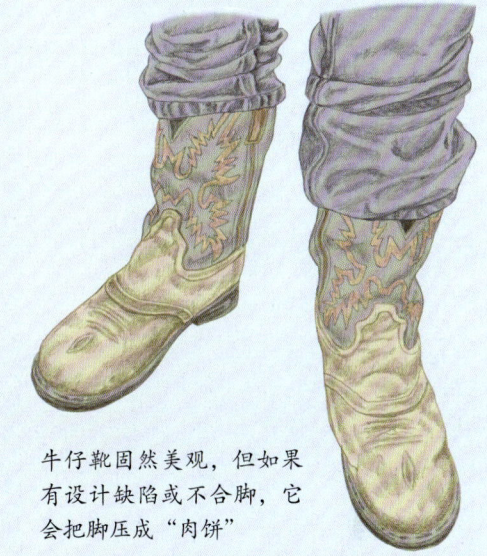

X 线片显示穿高跟鞋时的足骨。人们不需要足外科医生,也能意识到这肯定会影响腿部

某些时尚人士的裤腰线(滑板裤),位于臀部中间

牛仔靴固然美观,但如果有设计缺陷或不合脚,它会把脚压成"肉饼"

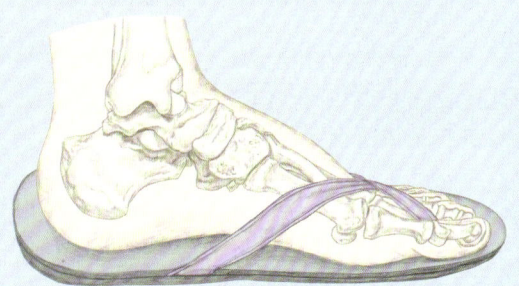

X 线片显示穿平底凉鞋时的足骨。即使没有弓形鞋垫的支持,足本身也能保持足弓稳定,但可能不会太长时间

职业西装源于 19 世纪,最初的设计理念就是紧身与合体,同时也向社会传达了一种身份信息,因为穿着它无法从事体力劳动,所以穿着者不会是劳动人民。当然西装在运动方面的局限性依旧存在

第 15 章　步态　237

# 异常步态

行走并非是"一帆风顺"的,肌肉紧张或无力、瘫痪、关节损伤、神经系统病变或疼痛都有可能导致异常步态(病理步态)。异常步态和前面提到的独特行走风格不同(第226页),后者是你独一无二的步态,这也是为什么你的朋友可以在很远的地方(甚至在没看清楚脸之前)就认出你,异常步态有助于个人识别。

是的,手臂的摆动、骨盆的倾斜及步长等都是正常步态独特而细微的特征,这和异常步态是截然不同的。前者是独特的行走风格,而后者是行走时伴随着功能障碍、不平衡和不适。

异常步态的类型和原因众多,扭伤足踝可能会表现为暂时的跛行;罹患中风可能会永久性地影响整体性步态。异常步态可能是以下原因导致的:
- 肌无力或瘫痪
- 关节活动度受限
- 神经系统病变

## 肌无力或肌肉瘫痪

我们在前几页中(第232~233页)分析了健康的步态周期中所涉及的肌及其作用,但前提是肌功能好。如果存在肌无力或肌肉瘫痪的情况,就无法满足功能需求。

相较于严重的肌肉瘫痪,肌无力更加常见,即肌肉缺乏足够的抗拉强度去执行功能。在此情况下,机体通常会将重心转移至相关肌肉进行代偿,这似乎违背直觉,但下述的实例说明这种代偿机制会降低对肌力的要求。

### 臀大肌步态

回忆一下,臀大肌在站立中期收缩,外展髋关节。如果臀大肌无力,此期的步态将失去控制——躯干在患侧足跟着地时向后移,身体重心线落在骨盆后方(将髋关节锁定在伸位),表现为一种防御性姿势。尽管这种步态是笨拙和蹒跚的,但有助于在支撑相保持髋关节伸展,降低对臀大肌肌力的要求(图15-21)。

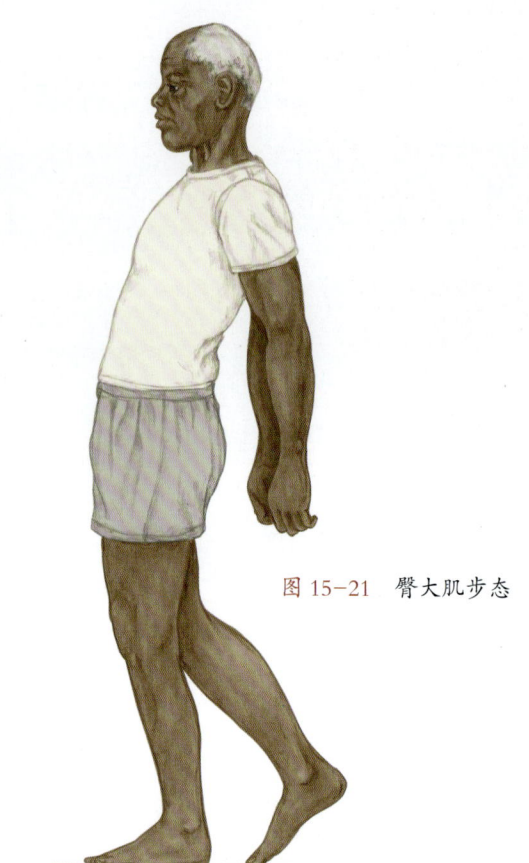

图 15-21 臀大肌步态

### 臀中肌步态

如果右侧臀中肌无力,会有两种情况出现:第一,躯干在支撑相向患侧(右侧)倾斜,降低对肌力的要求,尽量稳定骨盆;第二,健侧(左侧)骨盆在摆动相时,由于缺乏右侧臀中肌支撑,比平常下降更多。臀中肌步态称特伦德伦堡(Trendelenburg)步态(也称鸭步或摇摆步)(图15-22)。

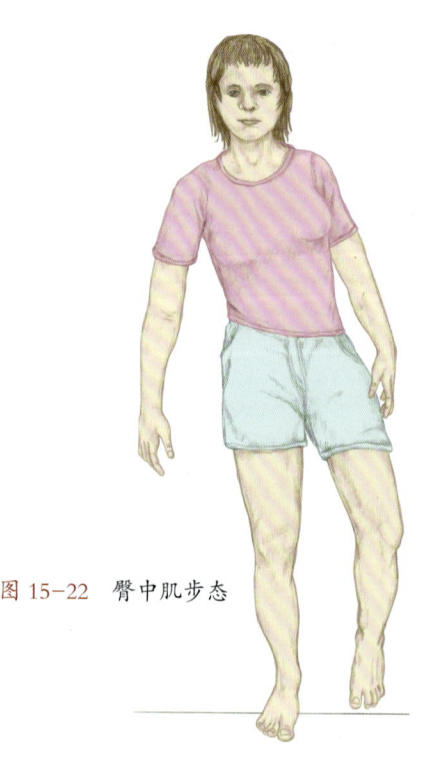

图 15-22 臀中肌步态

## 股四头肌无力

股四头肌无力时可能会出现多种代偿模式，主要取决于其他腿部肌的情况。在正常情况下，股四头肌会在支撑相初期收缩防止屈膝。但是在股四头肌无力时，最常见的情况就是躯干前倾（超过股四头肌）将重心前移，使膝伸直，但也会增加关节负荷导致损伤（图15-23）。

如果不起作用，可以尝试在足跟着地期，通过臀大肌和腓肠肌代偿收缩，伸髋屈踝，"锁膝"过伸，使膝被动伸直。

如果上述代偿模式都未奏效，还可通过推动大腿前面的肌，手动保持膝关节伸展。

图15-23 股四头肌无力

## 腘绳肌无力

如果腘绳肌在步态中没有提供足够的肌力，也可能有两种情况出现：第一，膝关节在支撑相过伸（膝过伸步态，图15-24）；第二，在摆动相的减速期，腘绳肌主要作用是制动下肢，减缓摆动的速度，而如果腘绳肌无力，缺少对抗，膝关节会突然伸直。

图15-24 膝过伸步态

## 蹒跚步态

当几组肌肉的肌力同时减弱时，可能会导致蹒跚步态。此种情况下，肩膀会落在臀部后方，躯干会整体向前摆动，然而手臂后撤，腿却向前伸出。这将导致骨盆不稳定、腰椎前凸增加，左右摇摆，呈现鸭步（特伦德伦堡步态）。当然，蹒跚步态中躯干和骨盆的转动也不充分（图15-25）。

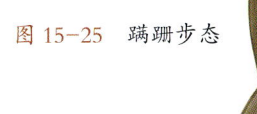

图15-25 蹒跚步态

## 踝背屈肌无力

踝背屈肌功能完好是正常行走的必要条件，肌力缺乏的话就会出现一些常见的功能障碍，我们将会在整个步态周期中逐期进行分析。

在支撑相的足跟着地期，如果踝背屈肌的肌力减弱，足掌将"轰然倒地"；如果踝背屈肌完全无力，踝关节进一步跖屈，足趾将先着地（马蹄足步态）（图15-26）。

足跟着地期之后是足放平期，踝背屈肌群的作用是通过离心收缩，使足掌平稳着地，但如果踝背屈肌无力支撑，整个足底将拍击地面（足拍击）。

接下来分析摆动相，如果这些肌肉不能充分背屈踝关节，会导致足下垂。当然，足不能只在跖屈位下垂，在摆动向前的过程中为了确保足趾不会刮擦地面，需要抬高患肢前行（跨阈步态）。

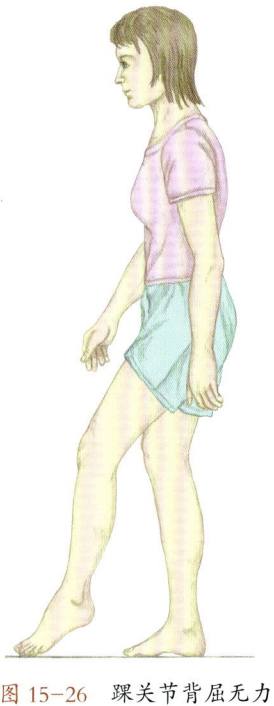

图15-26 踝关节背屈无力

第15章 步态 239

## 关节活动度受限

有一天你可能会发现，受关节囊或周围肌等软组织的限制，有些关节不能像以前那样在正常活动范围内自由顺畅的运动了，即为关节活动度受限，也会影响步态。

### 髋关节屈曲挛缩

髋关节屈曲挛缩的患者无法在站立中期和足趾离地期充分伸展髋关节，而是通过前倾躯干呈弓形进行代偿（图 15-27）。

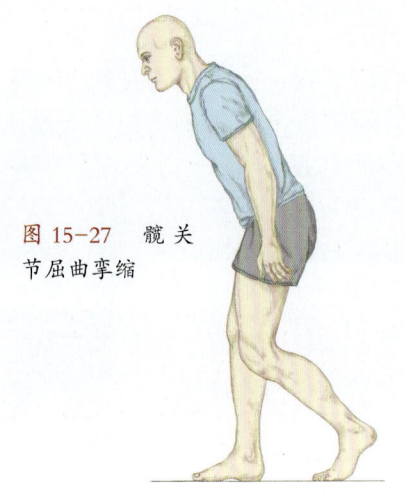

图 15-27 髋关节屈曲挛缩

### 钟摆步态

钟摆步态是髋关节融合所致。试想一下，身体的一个部位活动受限，将导致另一部位代偿性的过度活动，反之亦然。那么一侧髋关节融合时，就会通过腰椎和骨盆进行代偿，腿向前摆动时，腰椎前凸减少，骨盆向后倾斜（图 15-28 左）；相反，在支撑相后期腿移动到身体后方时，腰椎前凸增加，骨盆向前倾斜（图 15-28 右）；整体呈钟摆样步态。

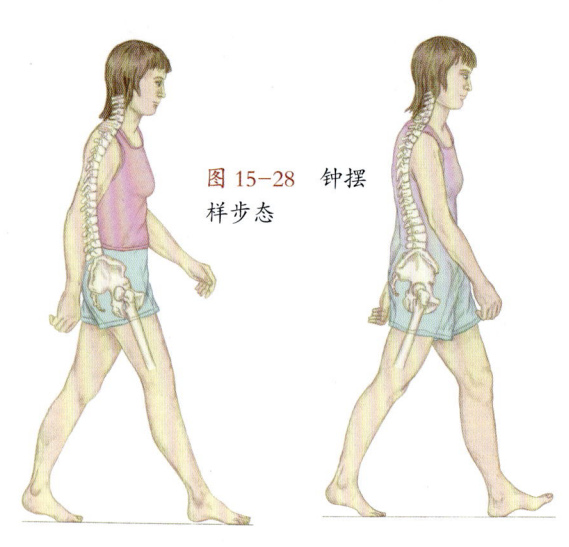

图 15-28 钟摆样步态

### 跳跃步态

膝关节融合术后的整个下肢的长度（髋关节和踝关节之间）是固定的，当然确切的长度取决于融合时膝关节的状态——是完全伸直的还是轻度屈曲的。如果是前者，患者的下肢在摆动相无法缩短，当然也有一些单独或者联合的机制进行代偿。

以左膝关节融合为例。第一，患者可通过踮右脚站立进行代偿，即跳跃步态（图 15-29）。第二，患者可以提高左髋，以抬高整个下肢。第三，患者可以向外摆腿，也就是画圈步态。画圈步态始于足趾离地期，腿自中线位置向外侧画圈摆动前进，于足跟着地期再回到中线（图 15-30）。

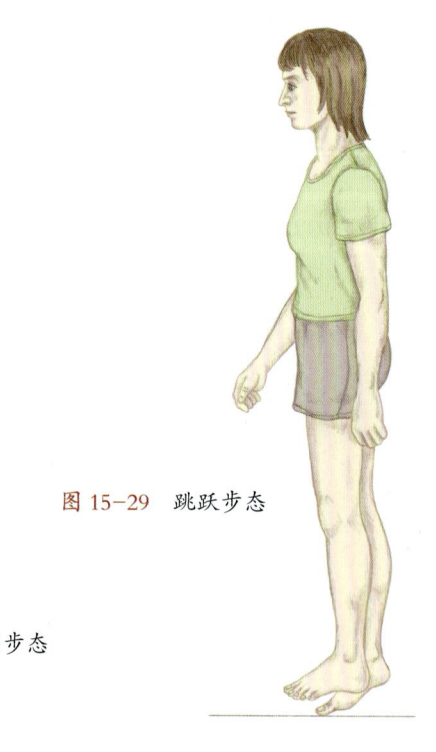

图 15-29 跳跃步态

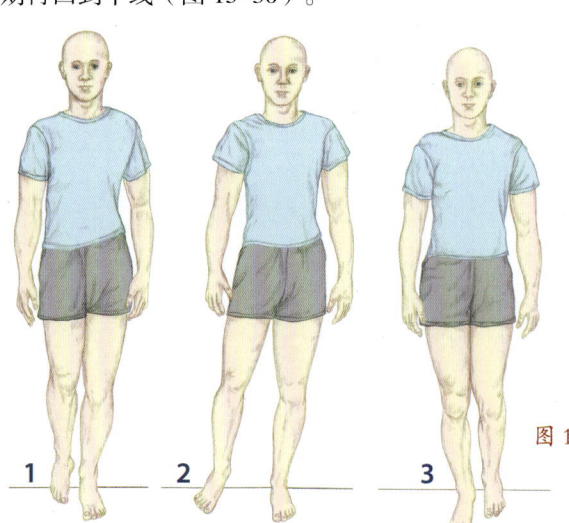

图 15-30 画圈步态

## 神经系统病变

即使关节和软组织都保持健康，步态也可能会受神经系统病变的影响。病变可由损伤、疾病或中风引起，会导致肌痉挛和强直，使步态周期缺乏控制，引起病理步态。

### 偏瘫步态

偏瘫患者行走时，其步态取决于神经系统病变的严重程度和肌肉痉挛的程度。偏瘫步态通常表现为患侧髋关节伸展、内收和内旋，伴随膝关节伸展（但不稳定），足下垂并内翻；同侧上肢关节可能全部处于屈曲且内收状态。在行走时，患侧通常缺少手臂摆动，且步长较大（图15-31）。

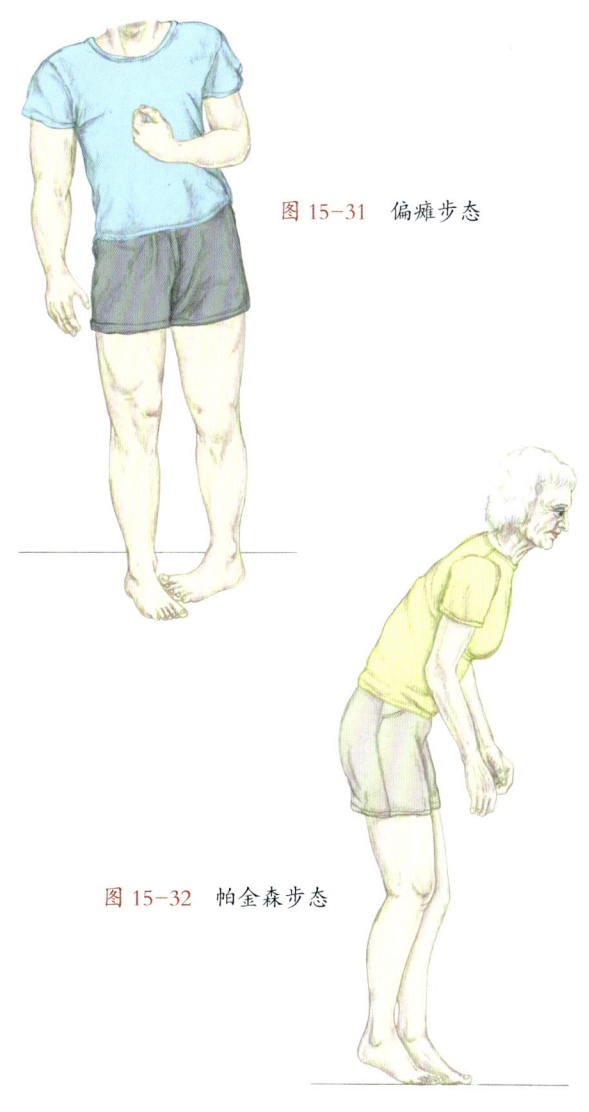

图 15-31　偏瘫步态

### 帕金森步态

帕金森步态是帕金森病患者的特征性步态，主要表现为运动迟缓。站立时，肘部、腰部和下肢关节屈曲；行走时，重心前移落在前足掌，即为帕金森步态（图15-32）。

图 15-32　帕金森步态

### 剪刀步态

剪刀步态多见于脑瘫或截瘫患者，可表现为腰部、髋关节及膝关节屈曲。股内收肌紧绷导致内收过度，双腿、双膝向内接触，甚至完全交叉，行走时呈"剪刀状"步态（图15-33）。

### 共济失调步态

小脑——中枢神经系统中协调随意运动的关键性器官，如果损伤，患者可能会出现共济失调步态。具体表现为运动不协调和平衡性差，迫使患者以宽基步态（双足间距增宽或步宽增加）行走。除此之外，患者动作夸张，呈折线前进，行如醉汉，也叫醉汉步态。

### 蹲伏步态

脑瘫及其他动作协调障碍的患者，经常会出现蹲伏步态，通常表现为髋关节和膝关节的长期过度屈曲，伴随过度的侧臂摆动和躯干旋转。

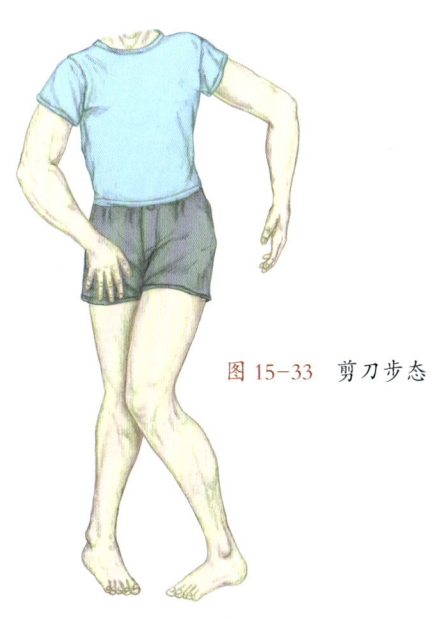

图 15-33　剪刀步态

不管你怎么想，人们的双腿并不是等长的，二者相差6 mm左右，有时会更大。对于差异较大的人来说，一个鞋跟垫就可以巧妙地解决问题。然而，在没有外部支持的情况下，人们会形成一种倚靠短腿的步态——而长腿的膝关节和髋关节更加屈曲。只穿一只鞋在房间里走几步试试，你会发现穿鞋这一侧的髋关节和膝关节自然屈曲。

# 环顾四周

## 评估自己和他人的姿势及步态

现在你的身体已经完工了，也掌握了站立姿势和步态，那就去走走吧。此次散步的目的不是去考验你的腿，而是为了评估日常生活中的姿势和步态。观察和评估他人是如何站立和行走的，是深入了解身体组织和关节的重要渠道。

当然，如果你是一名学生，你和同学们可以简单地穿上泳装，分析彼此的站姿和步态，这也很有帮助。但是还不够，让我们走进繁华世界，观察各式各样的普通人在日常活动中的姿势和步态，来吧，我们走。

走到一条繁华的街道上，我们可以观察到没有人的站姿和步态是相同的。每个人的姿势都是独一无二的，也似乎反映着他们内在性格的方方面面。

当开始观察之后，注意不要随意评判或指责，以柔和的目光和开放的心态，观察全景画面并收集第一印象，注意不要把身体看做零部件，而是作为一个以统一、同步的方式进行移动的整体。

如果没有过类似的练习经验，第一次评估可能会充满挑战，但是和学习其他技能一样，实践出真知，让我们在这个公园的长椅上坐下来，更加具体地进行全面观察吧（图15-34）。

图 15-34　坐在长椅上全面观察

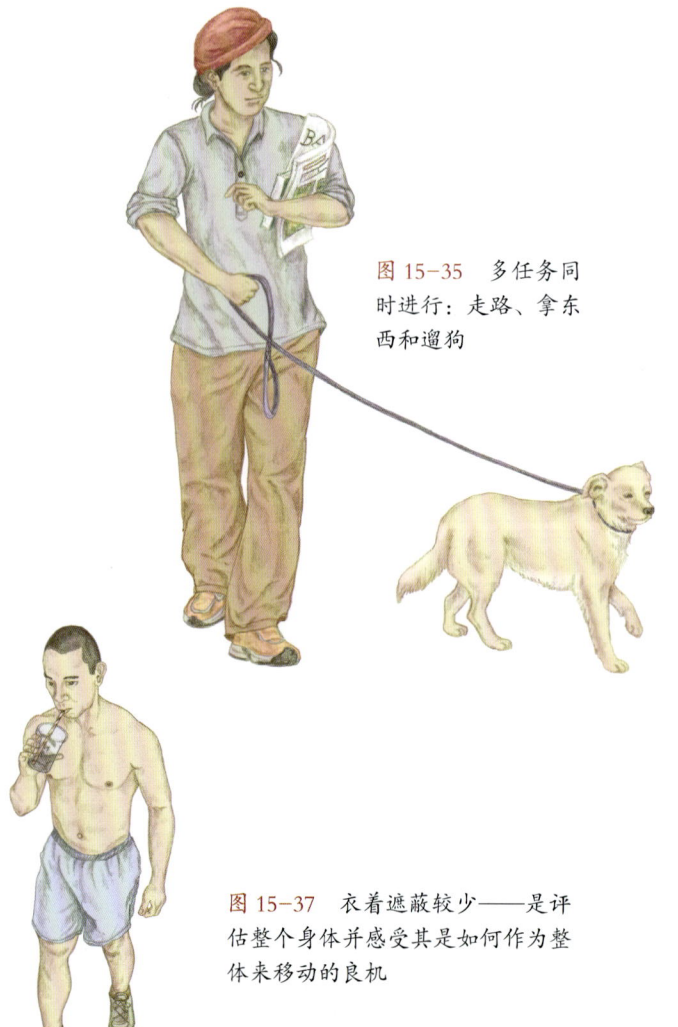

图 15-35　多任务同时进行：走路、拿东西和遛狗

图 15-37　衣着遮蔽较少——是评估整个身体并感受其是如何作为整体来移动的良机

图 15-36　记住，其他人可能也在观察你

让我们从姿势开始评估。环视广场时，你注意到有几个人站在公交车站，接着你选择了那位戴帽子的先生，但是从哪里开始呢？好吧，从一些基本问题开始：

（1）你对这个姿势的最初想法是什么？随便什么都可以，放松的，平衡的，屈曲的，还是蜷缩的？不用想太多，只说第一印象就可以。

（2）你真正看到了什么？快速扫视之后，你再仔细观察一下身体。足部和髋部相对于脊柱的方位是怎样的？头的方位如何？肩部呢？我们可以在这里讨论各种细节，但别忘了整体。

（3）你能感觉到任意姿势的不对称或扭曲吗？肩部是否抬高？骨盆前后左右是否平衡？体重是平均分配到双足还是集中在一只足跟或足掌上？

（4）你能想象出这个人的骨性结构吗？当然，这在穿着"清凉"的沙滩上会比在寒冷的冬日更容易。但是，让我们戴上"X线眼镜"，对准髋部和脊柱。骨盆是倾斜还是平衡的？脊柱是竖直的还是移位的？将注意力转向四肢，评估肩胛骨、股骨和其他附肢骨的位置。

图 15-38　当他准备坐下时，步态就结束了，此时右侧的阔筋膜张肌充分参与

图 15-39　鞋子、西装和背包也会影响步态，对吗？

图 15-41　额外的重量是怎样改变姿势和步态的

图 15-40　即使你在休息，身体也会讲故事

第 15 章　步态　243

接下来让我们关注步态,你看到了一个在旁边走过的女士,我们的对话可以从以下问题开始:

(1)行走的特征是什么?是缓慢的、快速的、弹性的、笨重的,还是平稳的?你能分析出是哪些步态参数给了你这些印象吗?

(2)身体哪些部位在动?哪些不动?身体两侧的动作是否一致,是否有一侧手或腿的摆动比另一侧更远?

(3)身体哪些部位先动?头部还是髋部?有没有哪个部位看起来被"落在后面"?

(4)当观察一个人的步态时,你能想象出他或她的站姿吗?记住,步态只是步行时的姿势。

(5)步态(或姿势)是对称和平衡的吗?如果不是,哪里看起来不对劲呢?

基于上述这些或更多的调查,我们开始注意到大步流星和小步款款、宽阔的肩膀和翻转的足部、弯腰驼背和蹒跚跛行,以及摆动和静止的四肢。

图 15-42　让朋友在背后拍摄你走路的视频,可以让你以全新的视角观察自己

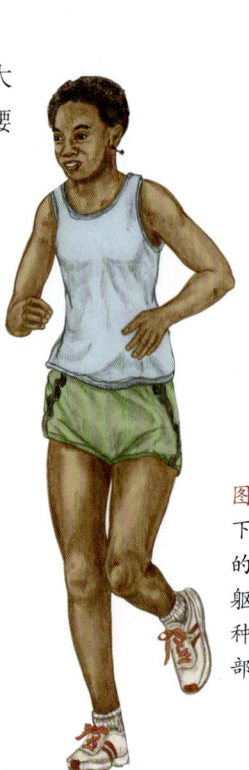

图 15-43　三种不同的跑步步态。研究以下问题:步伐是怎么通过鞋底滚动起来的?肩部和肘部在什么位置?头部相对于躯干的方位在哪?跑步者的呼吸方式是哪种,胸式还是腹式?呼吸部位在哪里,胸部、腹部还是胸腹联合?

这 4 页(第 242~245 页)可能会成为一个善意的"诅咒"。一旦开始注意人们的动作、姿势和手势后,你可能一辈子都停不下来,沉浸在观察和评估人们的动作之中,就像音乐家会情不自禁地关注周围的音乐和节拍。

在这方面,本书就像一针文学良剂,为你注入无法忽视周围事物的认知。当走过商场、观看体育比赛或在镜子中观察自己时,你会本能地去察觉身体的姿势和行为举止。好奇和着迷于人们皮囊之下机体运动的方式方法,可能会发展成为你一生的爱好。转念一想,这何尝不是一件幸事呢?

从解剖学的角度来考虑这一切，你可以开始想象哪些肌肉和结缔组织可能处于缩短或拉长的状态，继续联想关节和神经，它们分别在承受重量和协调运动中发挥作用。

现在轮到你了。请一位朋友拍摄一段你在公园行走的短视频。第一次看你可能会笑，但重放的时候你会再次分析自己的步态参数。商店门面、练舞房或任何有大的反光玻璃的场所都可以用来观察自己的姿势和步态。

让我们漫步回去，在车上讨论一下，如何不偏不倚制定一套最佳方案来把这种评估应用于自己或他人身上。仅仅给出"好"与"坏"的判断是很简单的，特别是被评估对象的动作明显受累时，但是更加投入的分析和参与，将有助于你获得更加准确的身体全景信息。当然，这种积极参与、富含同情和包容性的心态，也有助于你看清真正摆在面前的是什么。

所有这些都证实了，人体运动学不是"纸上谈兵"（此书也不例外），而是"走入寻常百姓家"——存在并延伸到人们日常生活的方方面面——有时款步姗姗，有时踽踽独行。

图 15-44　吉他手经常蜷缩身体

图 15-45　结伴而行时，对个人空间和步频的不同需求可以改变一个人的步态

图 15-46　所有生活中的场景都可以通过肢体语言呈现出来

# 日常生活中的运动

## 一天中所有的运动

这本书的旅程开始时,我们考虑了一天的日常生活中人类运动的方方面面(第6页)。在这期间,我们构建了一个能够运动的"人体"——兼具平衡性、收缩性和协调性。那么在书的结尾,让我们通过一天中所有的运动,重温对身体机能至关重要的概念和结构,来给这段旅程画上句号。

**1** 这一切都是从结缔组织开始的。依托其独特的性能,我们以这种无处不在的组织作为基本材料,制定完成了各种设计构造。我们还分析了各类结缔组织的结构和功能,发现有些适用于压缩,有些适用于拉伸。

**2** 为了组装拉伸和压缩部件,我们构建了坚硬的刚性支撑系统(骨),缓冲垫(软骨)以及膜片、管材和线缆(筋膜组织)。在肌肉通道里兜一圈后,将所有这些组件用几桶液体灌注成一个结缔组织网络。

**3** 我们带来了锤子和锯子,在骨端构建滑膜关节,然后探讨了6种类型的滑膜关节。有些关节是为了移动,有的则是为了稳定。让我们暂停下工期,分析以下的概念:不同类型的关节运动、关节活动度和运动终末感等。

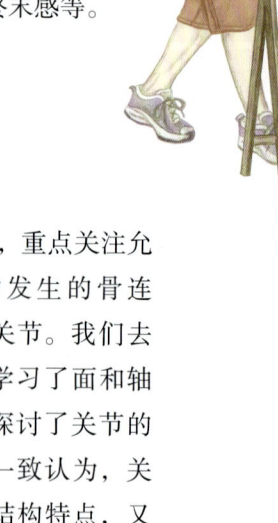

**4** 接下来,重点关注允许运动发生的骨连结,也就是关节。我们去了马戏团,学习了面和轴的概念,也探讨了关节的运动。我们一致认为,关节既可根据结构特点,又能根据功能进行分类。

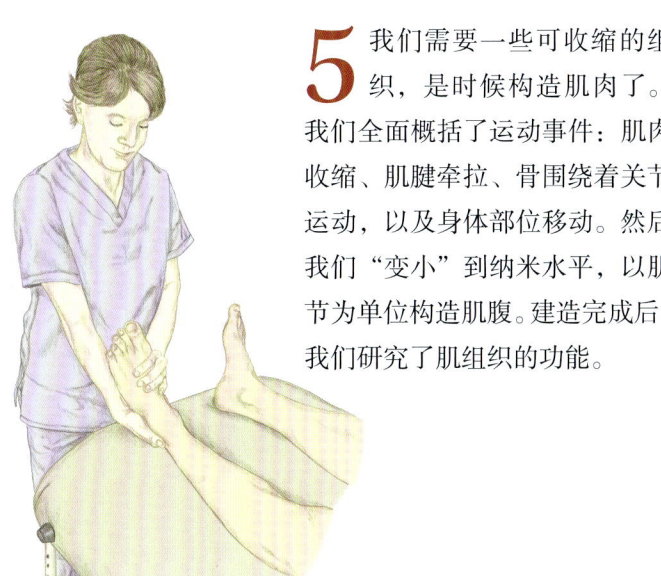

**5** 我们需要一些可收缩的组织，是时候构造肌肉了。我们全面概括了运动事件：肌肉收缩、肌腱牵拉、骨围绕着关节运动，以及身体部位移动。然后我们"变小"到纳米水平，以肌节为单位构造肌腹。建造完成后，我们研究了肌组织的功能。

**6** 只靠肌肉"走"不了多远，实际上，如果没有神经系统（确切地说，神经肌肉系统）参与、指导和协调，肌肉连单纯的收缩都无法实现。因此，我们从头开始，先构建一个神经元，并逐步完成脊髓和脑的构造。然后，我们把数个神经丛和众多外周神经沿着四肢"铺设电缆"。

**7** 肌组织的功能是通过 4 个惊人的性能实现的。然而，缺乏组织排列的肌腹是没有收缩功能的，不得不把肌纤维按照两种基本模式排列——平行和羽状纤维。然后，我们安装了 3 种类型的收缩纤维对肌肉进行编程。最后，肌肉通过缩短、伸长或保持原有长度这 3 种不同类型的收缩来行使功能。

**8** 肌肉扮演着多种角色：原动肌、拮抗肌等，但是没有哪一块肌肉是"孤岛"。原动肌收缩时需要周围其他肌的参与或放松，才能产生协调的运动。我们还明确了影响肌肉发挥功能的一些因素，并将肌筋膜单元归纳为姿势肌和相位肌两类。

**9** 如果只嵌入必要的神经系统运动部件，按下开关只会让一切失控。我们认识到，有效的运动需要足够的"监控"。为了做到这一点，我们安装了一些传感器——肌梭等本体感受器。它们可以精确地感知本体肌筋膜单元、肌腱和关节的运动，让机体适应这样的神经设置，并表现在正常活动中。最后，我们再次启动"人体"的开关，将其付诸实践。

**10** 当然，结缔组织、关节、肌肉和神经都无法脱离物理学定律来发挥作用。换句话说，我们仍需要把生物力学的理念应用到人体框架中去。我们概述了运动的几个关键原则，并重点讨论了身体力量的最根本来源之一，即重力；之后讨论并应用了牛顿三大运动定律。

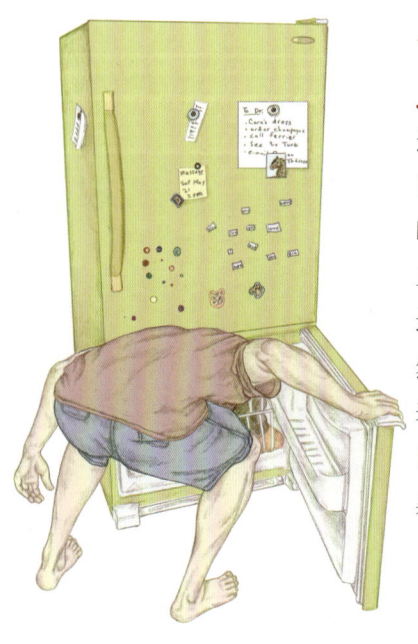

**11** 接下来，我们仔细研究了力和力矩，这对人体的运动至关重要。当我们探索 3 种类型的杠杆时，发现其不仅存在于建筑工地，也存在于人体之中。最后考虑了稳定性问题，虽然经常被人们忽视，但结果表明，"一个好汉三个帮"，良好的移动性需要稳定性的鼎力支持。

**12** 为了构建人体，我们购买了物资，安装了部件，还应用了物理学知识，是时候"试驾"一次了。对直行的两足动物来说，两大挑战即是站立和行走。因此既要竖直身体，也要检查姿势。我们探讨了站立时软组织的作用，并构建了肌筋膜核心和姿势支撑系统。当然，垂直站立并不表示没有潜在的扭曲，为此我们也列举了一些常见姿势变化。

**13** 一旦能够站立，我们就提高难度，挑战一下行走能力。行走的过程包括两大时相：支撑相和摆动相，当然也需要一系列肌肉调动以及稳定下肢、髋部和躯干。一路上，我们停下来分析家具、服饰和身体位置对姿势和步态的影响，并通过分析各种异常步态结束了这段"试驾"旅程。最后在小镇上漫步，在自身能够保持直立和向前移动的同时，以柔和的目光和开放的心态，观察他人的姿势和步态，在这人间百态流连忘返。

**14** 这4页（第246~249页）代表了一天的运动，但是如果我们将其延伸至一生呢？在这种情况下，人的运动能力往往就像一只缓慢漏气的气球，随着时间的推移逐渐下降。

如何在年华老去时保持身体的灵活性、力量性和活力呢？问题的答案还需在自身的结构中寻找，毕竟，人体的构造就是为运动量身打造的。正如谚语"用进废退"提醒我们的那样，运动会带来更好的机动性。今天的你如何运动将决定明天的生活质量。

运动是生命中最确切的晴雨表，只有生命停止时才能真正地不动。即使静卧在床上，肌张力也在稳定各种结构，呼吸肌和其他生理过程也在昼夜不停地工作。希望通过本书的文字之旅，能够帮助你开阔眼界，描绘一张关于人体平衡和协调运动的全景知识图像。也许你会放下书本，出门散散步，但你永远无法知晓接下来会发现什么——也许你会看到一对八十多岁的老夫妇，在随心所欲地跳舞。

第 15 章　步态　249

## 复习题

1. 步态是指一个人____时的姿态和行为特征。（第226页）
   a. 跑步
   b. 行走
   c. 站立
   d. 跳跃
2. 一个步态周期由____。（第226页）
   a. 两步走完成
   b. 支撑相完成
   c. 摆动相完成
   d. 四步走完成
3. 支撑相占步态周期的百分比是？（第227页）
   a. 20
   b. 40
   c. 60
   d. 80
4. 支撑相前3个连续阶段是____。（第228页）
   a. 足跟离地期，足放平期和足跟着地期
   b. 足跟着地期，足放平期和站立中期
   c. 足趾离地期，站立中期和足跟着地期
   d. 足放平期，足跟着地期和站立中期
5. 摆动相的3个连续阶段是____。（第229页）
   a. 加速期、摆动中期和减速期
   b. 加速期、减速期和推进期
   c. 减速期、站立中期和推进期
   d. 减速期、摆动中期和加速期
6. 步行时，骨盆侧方位移是____。（第230页）
   a. 2.5 cm
   b. 5 cm
   c. 7.5 cm
   d. 10 cm
7. 步频是指____。（第231页）
   a. 步伐的节奏
   b. 步伐的速度
   c. 每分钟的步数
   d. 步间距
8. 哪组肌群在摆动中期帮助稳定髋关节？（第232页）
   a. 躯干屈肌
   b. 髋内收肌
   c. 髋外展肌
   d. 腰屈肌
9. 踝背屈肌无力会导致哪种异常步态？（第239页）
   a. 蹒跚步态
   b. 特伦德伦堡步态
   c. 马蹄足步态
   d. Shistler步态
10. 在日常生活中观察姿势和步态，需要采用____。（第242页）
    a. 果断的态度和明确的参数
    b. 开放的态度和柔和的目光
    c. 批判的眼光和记事本
    d. 摄像头和幽默感

（吕叶辉 译，张露青 丁自海 校）

# 附　录

关节运动范围……………………… 253
名词解释…………………………… 254
在实验室：两只桶、两块腰方肌和
　　一个脊柱………………………… 259
在实验室：脊柱形态的演变…… 259
在实验室：学步儿童+汽车座椅
　　=核心…………………………… 259
在实验室：膈肌的选择………… 260
在实验室：甩头………………… 260
是站还是坐——腰大肌的困惑… 261
参考文献………………………… 262

# 关节运动范围（第 57~62 页）

人体大关节运动范围测量值

| 脊柱颈段（从 C1-C2 到 C7-T1） | |
|---|---|
| 屈 | 40°~60° |
| 伸 | 40°~75° |
| 侧屈 | 45° |
| 旋转 | 50°~80° |

| 寰枕关节 | |
|---|---|
| 屈 | 5° |
| 伸 | 10° |
| 侧屈 | 5° |
| 旋转 | 5° |

| 寰枢关节 | |
|---|---|
| 屈 | 5° |
| 伸 | 10° |
| 侧屈 | 40° |
| 旋转 | 40° |

| 脊柱胸段 | |
|---|---|
| 屈 | 30°~40° |
| 伸 | 20°~25° |
| 侧屈 | 30° |
| 旋转 | 30° |

| 脊柱腰段 | |
|---|---|
| 屈 | 50° |
| 伸 | 15° |
| 侧屈 | 20° |
| 旋转 | 5° |

| 脊柱总活动范围（颈椎+胸椎+腰椎） | |
|---|---|
| 屈 | 120°~150° |
| 伸 | 75°~115° |
| 侧屈 | 95° |
| 旋转 | 85°~115° |

| 颞下颌关节 | |
|---|---|
| 下降 | 35~55 mm |
| 上提 | 0 mm |
| 前进 | 3~6 mm |
| 后退 | 3~4 mm |
| 侧移 | 10~15 mm |

| 肩关节 | |
|---|---|
| 屈 | 100° |
| 伸 | 45° |
| 外展 | 120° |
| 内收 | 10° |
| 旋外 | 50° |
| 旋内 | 90° |

| 肩胛骨在肩锁关节上的运动 | |
|---|---|
| 上旋 | 30° |
| 下旋 | 0° |

| 肩肋连结 | |
|---|---|
| 上旋 | 60° |
| 下旋 | 0° |

| 胸锁关节 | |
|---|---|
| 上提 | 45° |
| 下降 | 10° |
| 前伸 | 30° |
| 后退 | 30° |
| 上旋 | 45° |
| 下旋 | 0° |

| 肱尺关节 | |
|---|---|
| 屈 | 145° |
| 伸 | 0° |

| 桡尺关节 | |
|---|---|
| 旋后 | 80° |
| 旋前 | 80° |

| 腕关节 | |
|---|---|
| 屈 | 80° |
| 伸 | 70° |
| 尺偏 | 30° |
| 桡偏 | 20° |

| 第 1 腕掌关节 | |
|---|---|
| 屈 | 40° |
| 伸 | 10° |
| 外展 | 60° |
| 内收 | 10° |

| 骨盆 | |
|---|---|
| 前倾 | 30° |
| 后倾 | 15° |
| 下降 | 30° |
| 旋转 | 15° |

| 髋关节 | |
|---|---|
| 屈 | 90° |
| 伸 | 20° |
| 展 | 40° |
| 收 | 20° |
| 旋外 | 50° |
| 旋内 | 40° |

| 膝关节 | |
|---|---|
| 屈 | 140° |
| 伸 | 5° |
| 旋内 | 15° |
| 旋外 | 30° |

| 踝关节 | |
|---|---|
| 背屈 | 20° |
| 跖屈 | 45° |

| 距跟关节 | |
|---|---|
| 内翻 | 20° |
| 外翻 | 10° |

# 名词解释

**被动运动**：患者关节不能自主活动，主要依靠医生引导辅助的活动。

**主动机能不全**：运动关节的肌处于缩短的状态后，不再产生有效的力。

**主动活动度**：治疗过程中，患者靠自己的力量和意志完成运动时关节产生的活动范围。

**主动限制**：肌主动收缩对关节运动的限制。

**原动肌**：主动收缩产生主要运动的肌或肌群。

**微动关节**：运动范围有限的关节。

**解剖学姿势**：身体直立，头部水平，上肢贴于躯干两侧，手掌朝前，足尖向前。

**拮抗肌**：与原动肌运动方向相反，原动肌收缩时拮抗肌被动伸长。

**腱膜**：附着于肌末端的宽平的肌腱。

**附肢骨**：指上、下肢骨，又分为肢带骨和自由肢骨。

**关节面运动**：关节面之间不可见的小幅度运动。

**关节盘**：在某些关节内（如颞下颌关节），由纤维软骨构成的盘状结构。

**自主神经系统**：区别于有意识控制的躯体神经系统。它作为一个控制系统，其功能往往是低意识水平，主要控制内脏功能。

**中轴骨**：位于人体的中轴，包括颅骨和躯干骨（又分为椎骨、肋骨和胸骨）。

**轴**：为垂直于平面的线，人体内人为设计了3种相互垂直的轴，关节沿着这些轴运动。

**轴突**：神经元传导神经冲动离开胞体的细而长的突起，每个神经元只有一个轴突。

**平衡**：重量或力均匀分布，达到相等或静止。

**球窝关节**：关节头大，呈球形，关节窝深，包绕大部分关节头的关节。

**支撑面**：身体与地面或是其他支持性表面的接触部分（通常是足）。

**脑**：调节和控制人体各种机能活动的最高中枢，位于颅腔内。

**滑囊**：封闭的结缔组织球状中空结构，其内充满滑液，多位于肌或肌腱与骨面接触处。

**步频**：每分钟走的步数。

**面**：穿过人体中心的3个主要平面。

**软骨连结**：两骨或多骨间借软骨连结的关节，属微动关节，比纤维连结运动幅度大，比滑膜关节运动幅度小。

**细胞**：生物体基本的结构和功能单位。

**身体重心**：身体的平衡点，在第2骶椎正中线水平的腹侧。

**中枢神经系统**：调节和控制人体各种机能活动的核心，包括脑和脊髓。

**紧缩位**：关节面表面最大限度地接触，而且韧带和关节囊紧缩。

**胶原纤维**：由胶原蛋白构成的纤维，具有很强的韧性，在脊椎动物的结缔组织中大量存在。

**胶体性状**：两种不同相态的物质中，一种材料组成的固体微小颗粒悬浮在另一种流体中。

**骨密质**：骨组织的一种，相对于骨松质，结构致密，耐压性大，位于骨表层。

**向心性等张收缩**：肌收缩时，肌的远端向近心端移动的收缩形式。

**共点力**：两个或多个力作用在物体的同一个点上，但作用方向不同。

**收缩性**：肌组织受到刺激时缩短并提高张力的性能。

**收缩周期**：肌收缩时肌内分子活动的节律。

**协调**：不同元素（成分）的配合。

**脑神经**：直接与脑相连的周围神经，有12对。

**蠕变**：当组织受到缓慢且持续的压缩、拉伸或扭转时发生的形状上的逐渐变化。

**自由度**：关节允许移动的平面数。

**树突**：神经元的枝状延伸，其作用是从其他神经细胞接受电化学刺激。

**可动关节**：可自由活动的滑膜关节。

**动力学**：运动时的状态。

**离心性收缩**：肌长度增加时产生的收缩。

**动力臂**：动力和支点之间的距离。

**弹性**：在被拉伸（或变形）之后反冲或反弹回原来长度（或形状）的能力。

**弹性软骨**：软骨的一种类型，存在于外耳、咽鼓管和会厌。

**弹性纤维**：结缔组织中的一种蛋白质，具有弹性且可以使组织在牵拉或压缩后恢复形状。

**椭圆关节**：双轴滑膜关节，由一块骨的椭圆形凸面与另一块骨的椭圆形凹面构成。

**终末感觉**：关节到达其移动限制时的可感知性。

**肌内膜**：包绕每一个肌纤维的薄层结缔组织。

**神经内膜**：一层包绕神经纤维的结缔组织膜。

**肌外膜**：一层包绕整块肌的结缔组织膜。

**神经外膜**：包绕在神经最外面的致密不规则结缔组织膜。

**兴奋性**：肌组织回应刺激的能力。

**偏移**：肌的长度可以改变的程度。

**伸展性**：肌组织在不损伤的前提下伸长的能力。

**梭外肌纤维**：一种典型的肌纤维，与梭内肌纤维相对，通过收缩产生运动。

**筋膜粘连**：过多的结缔组织使一块组织与另一块粘连在一起并限制活动度。

**筋膜组织**：疏松或致密结缔组织的一种。

**肌束**：骨骼肌纤维被肌束膜包绕而成的束。

**成纤维细胞**：合成细胞外基质和胶原的一类细胞。

**纤维软骨**：由纤维组织和软骨组织以不同比例组成的软骨。

**纤维连结**：没有滑膜腔，由致密纤维结缔组织连结在一起的关节。

**屈肌收缩反射**：旨在保护身体免受有害刺激的脊髓反射。

**足掌着地**：步态周期中整个足在地面上的相位。

**力**：导致对象产生一定变化的任何力。

**力偶**：两个或两个以上肌以不同的线性方向牵拉，但产生相同轴向关节运动的力。

**头前倾姿势**：头长期前伸使压力置于颈椎关节及周围组织。

**摩擦力**：抵抗两个表面相对运动的力。

**矢状轴**：从前向后穿过身体的轴。

**冠状面**：将人体分为前后两部分的任意垂直平面。

**步态**：人行走的方式。

**步态周期**：也称步幅，是指一只足接触地面到同一只足再次接触地面的时间段内发生的运动。

**膝外翻**：也称"内八脚"，下肢的远端部分（踝）的位置比正常情况下更偏外侧。

**膝内翻**：也称"罗圈腿"，下肢的远端部分（踝）的位置比正常情况下更偏内侧。

**滑行**：一个关节面滑过另一个关节面。

**平面关节**：位于两个平坦关节面之间的单轴滑膜关节类型。

**高尔基腱器**：监测和响应肌张力变化的本体感受器。

**嵌合连结**：在上颌骨和下颌骨中使牙与牙槽结合的关节。

**重力**：将物体向地心吸引的力。

**基质**：细胞周围的无定型凝胶状物质，由细胞外基质的非纤维成分构成。

**足跟离地**：步态周期中足跟抬离地面的相位。

**足跟着地**：步态周期中足跟与地面接触的相位。

**屈戌关节**：可以在一个轴（和一个平面内）运动的一种单轴关节类型。

**透明软骨**：也称关节软骨，关节面上的一种软骨。

**活动度过大**：超过关节的正常活动范围。

**过度旋前**：又称"扁平足"或"足弓缺失"，当足弓塌陷时，足底与地面接触。

**可动性减少**：关节活动度受限。

**惯性**：对象在运动或静止状态时抵抗其变化的性质。

**中间神经元**：在其他神经元中形成连接的神经元。

**骨间膜**：连于两块骨间的纤维组织膜。

**梭内肌纤维**：由肌梭构成的一种骨骼肌纤维，监测肌长度变化量和速率的本体感受器。

**等长收缩**：肌长度不变的收缩。

**等张收缩**：肌长度变化的收缩。

**关节囊**：包绕滑膜关节的结缔组织囊。

**关节活动性**：关节在没有限制情况下的活动范围。

**动理学**：力学原理方面运动分析的学科。

**运动机能学**：研究人体运动的学科。

**动力链**：运动模式的可预测序列。

**运动学**：作用于人体以产生或改变运动力的研究。

**脊柱后凸曲线**：在脊柱胸段和骶段向后凸的曲线。

**关节盂唇**：围绕在髋臼和肩关节盂的软骨环。

**加速度定律**：物体的加速度与作用的力成正比，与它的质量成反比。

**作用力与反作用力定律**：每一个作用力都有一个大小相等、方向相反的反作用力。

**惯性定律**：物体在静止时倾向于保持静止，而运动时倾向于保持运动。

**杠杆**：通过转换成力矩将施加的力放大的简单设备。

**杠杆作用**：对于移动物体的力的机械优势。

**韧带**：连接骨的结缔组织带。

**线性力**：所有的力沿着同一直线发生。

**力线**：施加在关节处的肌力的方向。

**前凸曲线**：脊柱的颈段和腰段凸向前的曲线。

**巨噬细胞**：组织内静止状态的大型细胞或移动的白细胞。

**质量**：物体单位物质的数量。

**站立中期**：步态周期中身体经过负重足的时相。

**M线**：肌节中间的线。

**运动性**：运动的能力。

**力臂**：动作的力线到旋转轴线的垂直距离。

**动量**：质量和速度的乘积。

**运动神经元**：位于中枢神经系统中的神经元，其轴突从中枢神经系统发出，直接或间接控制肌组织。

**运动单元**：一个运动神经元及其支配的所有肌纤维。

**肌腹**：肌腱之间的肌肉组织。

**肌纤维**：肌细胞。

**肌梭细胞**：用于监测肌的伸展和长度变化率的本体感受器。

**肌张力**：肌微弱、不随意收缩产生的微量张力。

**髓鞘**：包绕神经轴突的层状髓鞘，为一种电绝缘材料。

**肌筋膜核心**：由若干个肌腹及其周围筋膜的组成体。

**肌筋膜单元**：肌和筋膜结合，包括肌腹及其肌腱。

**肌原纤维**：肌的基本单元，包括肌丝。

**肌丝**：由蛋白质构成的肌原纤维的微丝。

**肌球蛋白**：构成肌丝的肌纤维中的收缩蛋白。

**神经**：指周围神经电缆状的轴突束。

**神经丛**：一组交织的神经网。

**神经系统**：神经细胞和纤维的网络，在身体各部分间传递神经冲动。

**中立平衡**：物体在被干扰时，其重心既不升高也不降低。

**静息状态长度**：当肌没有受到刺激、没有力作用时的长度。

**斜轴**：垂直通过斜面的轴。

**斜面**：两个或三个基本面组成的任意面。

**松弛位**：关节面重叠最少时的位置，韧带松弛，关节腔内的液体容量最大。

**器官**：具有特定功能、由两种或两种以上组织构成的结构。

**成骨细胞**：负责骨形成的细胞。

**破骨细胞**：重新吸收骨组织的一种骨细胞。

**骨细胞**：常见于成熟骨中，主动参与骨基质常规流通的一种细胞。

**骨运动**：围绕关节轴的骨的运动。

**环层小体**：监测关节囊周围压力快速变化的一种本体感受器。

**平行力**：作用在同一平面并且互相平行的力。

**平行肌**：由相对较长的肌纤维组成，没有跨越其全长的肌。

**副交感神经**：自主神经系统的2个主要部分之一，负责"休息和消化"的刺激。

**被动机能不全**：多关节的肌，肌长度不足以使肌在超过两个关节正常伸长。

**被动活动度**：患者关节由医生被动活动的范围。

**被动约束**：稳定关节的非收缩组织。

**羽状肌**：肌纤维走行与中央腱呈斜角的肌。

**肌束膜**：将肌纤维包绕成束的结缔组织膜。

**神经束膜**：将神经中的神经纤维包绕成束的结缔组织膜。

**骨膜**：包绕在骨外表面的结缔组织膜，不包括骨的关节面。

**周围神经系统**：脑和脊髓以外的神经以及神经节组成的部分。

**相位肌**：通过关节进行运动的肌。

**生理活动**：人体能主动活动关节的距离。

**压电效应**：通过对特定晶体施加机械应力产生的电力或电极结果。

**车轴关节**：一种单轴滑膜关节，其一个骨的表面在另一个骨的环形表面自旋运动。

**面**：一个平的、想象的二维空间表面。

**可塑性**：改变和保持新结构的能力。

**等长收缩后放松**：肌在收缩后会放松的一种生理原则。

**姿势肌**：维持姿势和关节运动的肌。

**姿势**：身体部分相对于彼此的位置。

**主要异常**：发生在身体特定区域的变化。

**比例**：与其他部分的相对大小。

**本体感受器**：对刺激敏感，经感觉神经发送信息到中枢神经系统进行处理的受体细胞。

**活动度**：关节的移动量，通常由度表示。

**交互抑制**：关节一侧的肌放松以适应关节另一侧肌收缩的生理现象。

**反射**：不涉及意识思考的对刺激的自动反应。

**反射弧**：神经冲动产生反射的途径。

**阻力臂**：阻力和轴线之间的跨度。

**抵抗性活动度**：在手法治疗中对抗医生阻力的动作。

**合力**：两种或两种以上不同力的共同作用。

**网状纤维**：在结缔组织中由网状细胞分泌的胶原构成的一种纤维。

**支持带**：用于固定肌腱的带状结缔组织。

**反向肌运动**：当肌传统起止点改变时，起点移动而止点保持静止。

**翻正反射**：当身体偏离其正常直立位置时纠正其方位的反射。

**滚动**：一个关节面沿着另一个面移动，就像轮胎从道路上滚下。

**旋转运动**：身体的一部分绕着一个固定点(或轴)移动。

**鲁菲尼终末器**：监测关节位置缓慢变化的本体感受器。

**鞍状关节**：由凸、凹关节面构成的变形椭圆关节，可提供前后和左右方向的运动。

**冠状轴**：从左右横行穿过身体的轴线。

**矢状面**：将身体分为左右两部分的面。

**肌纤维膜**：肌细胞膜。

肌节：肌运动的基本单位。

肌浆：包围肌纤维成分的凝胶状物质。

肌浆网：提供钙离子触发收缩的充满流体的管道加工系统。

脊柱侧弯：脊柱异常弯向一侧。

次要异常：由身体另一部分的不平衡引起的问题。

感觉神经元：负责把外部刺激转换成神经冲动的神经元。

肌间膜：分隔四肢不同肌的筋膜间隔。

骨骼肌：在躯体神经系统控制下产生运动的一种肌组织。

肌丝滑行原理：粗丝两端的肌球蛋白头部接触肌动蛋白，并逐步将细丝向 M 线牵拉的过程。

躯体运动神经元：刺激骨骼肌收缩的神经元。

躯体神经系统：自主控制骨骼肌运动的周围神经系统。

自旋：一个关节面在另一个固定的关节面上旋转。

脊髓：低级的中枢神经。

脊神经：与脊髓相连的神经。

骨松质：形成骨质的两种骨组织之一。

扭伤：多指韧带或其他非收缩性结缔组织的过度拉伸或撕裂。

稳定性：固定或支持的能力。

稳定平衡：物体的重心在其最低位置。

起步态：步态中足与地面接触的时相。

静力学：对不运动系统方面的研究。

劳损：肌或肌腱拉伸或撕裂的损伤。

伸展：在不损坏情况下伸长的能力。

拉伸弱点：肌不断拉长会出现异常状态的弱点。

步幅：一只足接触地面的瞬间到同一只足再次接触地面瞬间之间的幅度。

步长：步态周期中两个足跟之间步行的距离。

浅筋膜：在皮下的一层疏松结缔组织和脂肪。

支撑肌：主要动作发生时支持身体其他部分在正常位置的肌。

缝连结：由一薄层致密结缔组织形成的纤维连结。

摆动期：步态周期中足与地面不接触且下肢摆动的时相。

对称：由面对面完全相似的部分。

纤维软骨结合：两个骨之间借纤维软骨连结的形式。

突触：任何两个神经元之间或神经元与终末器之间的连接。

不动关节：骨与骨之间由纤维连接固定不动的骨连结。

透明软骨结合：两块骨之间由透明软骨连接的骨连结形式。

韧带连结：两块骨之间由韧带连接的骨连结形式。

协同肌：协助原动肌产生主要运动的肌。

滑液：填充在滑膜关节腔内的黏液。

滑膜关节：有关节囊并含有滑液的关节。

滑膜：关节囊的内层结构。

肌腱：将肌连接到骨的纤维组织。

拉伸强度：在不损伤情况下以两个不同方向拉伸的能力。

触变性：通过从凝胶状态转化为液体，响应温度变化（或其他干扰，如压力）的性质。

足趾离地：步态周期中推动起步相结束的信号。

力矩：涉及一个物体关于轴线旋转的力。

垂直轴：从上到下贯穿身体的轴线。

水平面：将身体分为上下两部分的任意平面。

不稳定平衡：某个对象的稳定可以很容易被很小的力所扰乱。

矢量：具有方向和大小的力。

速率：物体位置变化的速度。

叠加波：通过运动单元发出的神经信号节奏的收缩强度。

沃尔夫定律：骨组织在压力下会增厚并形成更强的骨基质。

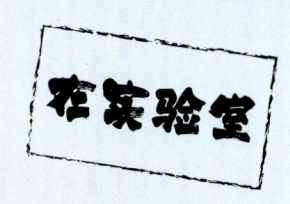

## 两只桶、两块腰方肌和一个脊柱

一位木匠一手提着一只沉重的桶,停下来想想他的卡车停在哪里。在他站立时,桶的重量可以使他的腰椎和椎间盘弯曲。他需要一些支撑。为了复原,两块腰方肌可以好好利用它们的多向纤维,纵向支撑腰椎、肋骨和骨盆。

当他的身体摇摇欲坠、忽前忽后时,腰方肌收缩(连同核心腹肌)使胸腰筋膜拉紧,以提供腰骶部的稳定性。更具挑战性的是,桶的重量并不均衡,因此需要沿着脊柱上部和大腿,进行额外的肌筋膜补偿。噢,他的卡车在那。现在,走路真的会把事情搞砸——也可以说是一团糟。

## 脊柱形态的演变

宝宝刚出生时脊柱只有一个弯曲:轻微 C 形后凸。几个月后,当宝宝对世界产生好奇时,他开始从低头姿态抬起头来。这种行为拓展了颈椎关节,慢慢发展成颈前屈。颈前屈有利于儿童平衡躯干上端不成比例的大脑袋。

当儿童的兴趣继续发展时,他已有能力坐起来并最终站立。这时,腰椎关节慢慢形成了第 2 个前屈。和颈椎一样,这样的弯曲平衡了骨盆上方躯干的重量。这种平衡在现实中反映在学步的孩子身上往往向前摔到。

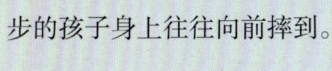

## 学步儿童 + 汽车座椅 = 核心

父亲准备把他的女儿抱进车内。因为女儿体重渐长,父亲蹲下后,本能地快速深吸一口气抱起她,扑通一声把女儿放在座椅上,长出了一口气。

好吧,这不是一个勇夺金牌的过程,但是让我们回想这个过程并加以分析。父亲开始深吸气,这使肺部膨胀,胸腔负压。膈肌不只为吸气活动使胸腔产生真空,也使腹部缓慢增压。

所有的呼吸张力传导到身体核心:筋膜和肌组织,使脊柱免于拉伤。当然他并不是用他的核心而是用四肢来举起孩子。肌筋膜单元紧张的波传导效应传导到四肢近端。

当他连带着孩子的额外重量抬起身体时,肩部和髋部的局部肌紧张收缩以应对即将到来的动作。最终,呼气使组织恢复到松弛状态。看来,爸爸的点心时间到了。

附录 **259**

## 膈肌的选择

清晨,你正在铲雪,膈肌需要重新设定。下面是设定的过程:你弯曲躯干,由于手上的重力,需要脊柱有较好的稳定性,尤其是腰骶部区域。许多肌筋膜都参与其中,包括腹横肌,可使胸腰筋膜紧张,同时增加腹压。

雪又滑又重,因此需要膈肌为脊柱增加一些稳定性。膈肌与周围的组织一起组成"组织桶"围绕内脏(第210页)。腹前外侧肌及其腱膜组成桶的前侧壁,盆底肌组成桶的底,膈肌则为桶的顶盖。这些组织壁一起将腹腔内容物置于密闭的空间内,并帮助腹横肌形成必需的胸腰筋膜张力。

此时你感到越来越累,膈肌逐渐开始参与呼吸运动。现在是开始做决定的时候,肌必须选择如何去转移它的力:维持稳定还是参与呼吸。虽然膈肌可能对腰部进行妥协,但是此时膈肌一般会聪明地选择参与呼吸运动。这是一个艰难的选择,腰部受伤总比窒息要好得多。

## 甩头

无论出于什么原因,重金属音乐会煽动歌者和歌迷不断地甩头:将头和颈椎不断地前屈和后伸。公平地说,这种类型的音乐有点与之不相干,早期的披头士乐迷喜欢左右摇摆头颈。

让我们来看一下典型的颈部前屈和后伸运动,而不是在疯狂音乐会上的那种。中立位状态下,头部的前屈一般不受胸锁乳突肌和斜角肌的控制,而是在重力作用下前屈,受控于颈后肌的收缩。同样,颈椎由中立位后伸时也是在重力的作用下,受控于前方的胸锁乳突肌和斜角肌。

在甩头的过程中,肌的作用不断变化。这主要是由于头部向前向后的速度比重力的作用速度快。

让我们来做个实验,以最大的力向心性收缩胸锁乳突肌和斜角肌,你的头冲向前去弯曲。为了避免你的嘴碰到胸骨,颈后肌群(头半棘肌、斜方肌、头夹肌等)开始进行离心收缩,使头颈停止前移。

头在完全屈曲状态下仅仅停留一眨眼的工夫,就进入了下一个节奏。这时,颈后肌群开始进行向心性收缩使头先处于中立位,然后向后伸展,此时胸锁乳突肌和斜角肌来阻止头向后过伸而可能引起的撕裂伤。实际上,头颈部不一定会出现撕裂伤,但是这种反常的活动机制,久而久之会对颈椎造成危害,就如同坐汽车时,汽车加速或减速造成颈部过度屈曲或后伸损伤一样(第179页)。

# 是站还是坐——腰大肌的困惑

在现代久坐不动的生活中,身体不断地面对不同坐和站的要求。这场争斗中的受害者之一就是腰大肌及其在腰部的作用。

利用教室里的标本来测量腰大肌附着于骨的起点和止点间的距离。很明显,腰大肌是一块长肌,当站立时,其纤维和筋膜处于一个相对延长的位置。

但若让那个标本坐下,可看到腰椎和股骨近端相互靠拢30%。如果经常坐很长时间,这些肌筋膜单元将模仿这个新的、更短的长度。当你回到站立姿势时,它们可能不容易(或不愿意)延长到以前的长度。

如果一直坐着,随着时间的推移,这将使这个减少的长度变成它真正的长度。

这非常适合减轻负载,当你站起来后肌肉做什么呢?有付出总会有收获。由于腰大肌有两个移动端:股骨和腰椎,它们中的一个或两个需要移动并靠近肌的中心。移动股骨将很困难,因为站立时它处在一个固定的位置。因此腰椎最终被拉向前,增加其前凸的曲率。

这样一来它变得更加糟糕:由于腰椎和骨盆在腰骶关节有着固定的联系,椎体的转动使骨盆向前方倾斜。这进一步增加了腰椎的前凸,使腰部潜在"下凹",为椎间盘移位提供了可能。

(郑雪峰 译,丁自海 校)

# 参考文献

1. CALAIS-GERMAIN, BLANDINE. Anatomy of Movement. Seattle: Eastland Press, 2007.

2. CHAITOW, LEON, JUDITH D. Clinical Application of Neuromuscular Techniques, Volume 1: The Upper Body. 2nd ed. Edinburgh: Churchill Livingstone Elsevier, 2008.

3. CHAITOW, LEON, JUDITH W D. Clinical Application of Neuromuscular Techniques, Volume 2: The Lower Body. Edinburgh: Churchill Livingstone, 2002.

4. DIMON, THEODORE, JR. The Body in Motion: Its Evolution and Design. Berkeley, CA: North Atlantic Books, 2011.

5. EVERETT, TONY, CLARE K, et al. Human Movement: An Introductory Text. 6th ed. Edinburgh: Churchill Livingstone Elsevier, 2010.

6. FLOYD, R. T. Manual of Structural Kinesiology. 17th ed. New York: McGraw-Hill, 2009.

7. FOSTER, MARY A. Therapeutic Kinesiology, Musculoskeletal Systems, Palpation, and Body Mechanics. Boston: Pearson, 2012.

8. HAMILTON, NANCY, WENDI W, et al. Kinesiology: Scientific Basis of Human Motion. 11th ed. New York: McGraw-Hill, 2008.

9. JUHAN, DEANE. Job's Body: A Handbook for Bodywork. 3rd ed. Barrytown, NY: Barrytown/Station Hill, 2003.

10. LEVANGIE, PAMELA K., CYNTHIA C. N. Joint Structure and Function: A Comprehensive Analysis. 4th ed. Philadelphia: F. A. Davis, 2005.

11. LIPPERT, LYNN S. Clinical Kinesiology and Anatomy. 4th ed. Philadelphia: F. A. Davis, 2006.

12. MANSFIELD, PAUL J, DONALD A. Neumann. Essentials of Kinesiology for the Physical Therapist Assistant. St. Louis, MO: Mosby Elsevier, 2009.

13. MUSCOLINO, JOSEPH E. Kinesiology: The Skeletal System and Muscle Function. 2nd ed. St. Louis, MO: Elsevier Mosby, 2011.

14. MYERS, THOMAS W. Anatomy Trains: Myofascial Meridians for Manual and Movement Therapists. 3rd ed. Edinburgh: Churchill Livingstone Elsevier, 2013.

15. NETTER, FRANK. Atlas of Human Anatomy. Summit, NJ: CIBA-GEIGY, 1989.

16. NEUMANN, DONALD A. Kinesiology of the Musculoskeletal System: Foundations for Rehabilitation. 2nd ed. St. Louis, MO: Mosby Elsevier, 2010.

17. OATIS, CAROL A. Kinesiology: The Mechanics and Pathomechanics of Human Movement. 2nd ed. Baltimore: Lippincott Williams & Wilkins, 2009.

18. OSAR, EVAN. Corrective Exercise Solutions to Common Hip and Shoulder Dysfunction. Chichester, UK: Lotus Publishing, 2012.

19. OSAR, EVAN. Form and Function: The Anatomy of Motion. 2nd ed. 2005.

20. ROLF, IDA. Rolfing and Physical Reality. Rochester, VT: Healing Arts Press, 1990.

21. ROLF, IDA P. Rolfing: The Integration of Human Structures. New York: Harper & Row, 1977.

22. SALVO, SUSAN G. Massage Therapy: Principles and Practice. 3rd ed. St. Louis, MO: Saunders Elsevier, 2007.

23. SCHLEIP, ROBERT, THOMAS W. Findley, Leon Chaitow, and Peter A. Huijing. Fascia: The Tensional Network of the Human Body. Edinburgh: Churchill Livingstone Elsevier, 2012.

24. SCHULTZ, R., ROSEMARY F. The Endless Web: Fascial Anatomy and Physical Reality. Berkeley, CA: North Atlantic Books, 1996.

25. Taber's Cyclopedic Medical Dictionary. 17th ed. Philadelphia: F. A. Davis, 1993.

26. TORTORA, GERARD J., BRYAN D. Principles of Anatomy and Physiology. 11th ed. Hoboken, NJ: John Wiley & Sons, 2006.